北京师范大学历史学院"励耕文库"系列

宋代易学文献汇考

姜海军／编著

人民出版社

励耘文库编辑委员会

顾　问　刘家和　瞿林东　陈其泰　郑师渠　晁福林
主　任　杨共乐
副主任　李　帆
委　员（按姓氏笔画排序）
　　　　　毛瑞芳　宁　欣　刘林海　安　然　杜水生
　　　　　吴　琼　张　升　张　越　张　皓　张建华
　　　　　张荣强　罗新慧　周文玖　庞冠群　郑　林
　　　　　侯树栋　姜海军　郭家宏　董立河

出版说明

在北京师范大学的百余年发展历程中,历史学科始终占有重要地位。经过几代人的不懈努力,今天的北京师范大学历史学院业已成为史学研究的重要基地,是国家"211"、"985"工程重点建设单位,首批博士学位一级学科授予权单位。拥有国家重点学科、博士后科研流动站、教育部人文社会科学重点研究基地等一系列学术平台。科研实力颇为雄厚,在学术界声誉卓著。

近年来,北京师范大学历史学院的教师们潜心学术,以探索精神攻关,陆续完成了众多具有原创性的成果,在历史学各分支学科的研究上连创佳绩,始终处于学科前沿。特别是崭露头角的部分中青年学者的作品,已在学术界引起较大反响。为了集中展示北京师范大学历史学院的这些优秀学术成果,也为了给中青年学者的后续发展创造更好条件,我们组编了这套"北京师范大学励耘文库",希冀在促进北京师范大学历史学科更好发展的同时,为学术界和全社会贡献一批真正立得住的学术力作。这些作品或为专题著作,或为论文结集,但内在的探索精神始终如一。

当然,作为学术研究的励耘文库丛书,特别是以中青年学者作品为主的学术丛书,不成熟乃至疏漏之处在所难免,还望学界同仁不吝赐教。

北京师范大学历史学院
北京师范大学史学理论与史学史研究中心
北京师范大学励耘文库编辑委员会
2019 年 3 月

目　录

序　言 ·· 1

《正易心法》一卷,麻衣道者撰。存 ·· 1
《易龙图》一卷,陈抟撰。未见 ·· 3
《易论》三十三卷,王昭素撰。佚 ·· 7
《大衍义》一卷,李觉撰。佚 ··· 9
《周易演圣通论》十六卷,胡旦撰。佚 ·· 9
《周易异议论》十卷,刘遵撰。佚 ··· 10
《卦气图》一篇,李溉撰。存 ··· 11
《周易注》十卷、《周易绝笔书》四卷,龙昌期撰。佚 ······················ 11
《卦变反对图》八篇、《六十四卦相生图》一篇,李之才撰。存 ········· 12
《大易源流图》一卷、《易证坠简》二卷,范谔昌撰。佚 ··················· 13
《补正太玄经》十卷,范谔昌撰。佚 ·· 16
《周易会元纪》,徐复、林瑀等撰。佚 ·· 16
《太玄经注》十卷、《太玄经释文》一卷,林瑀撰。佚 ······················ 18
《太玄解》十卷,宋惟干撰。佚 ··· 18
《太玄经讲疏》四十六卷、《太玄经发隐》三卷、《太玄图》一卷,
　章詧撰。佚 ·· 18
《周易化源图》,高志宁撰。佚 ··· 19
《周易言象外传》十卷,王洙撰。佚 ·· 20
《古易》十二卷,王洙撰。佚 ··· 20
《易义》一卷、《四德说》一篇,范仲淹撰。存 ······························ 21
《周易口义》十二卷,胡瑗讲述,倪天隐辑录。存 ··························· 22

《周易口义》,石介撰。佚 ·· 23
《刘牧王弼易辨》二卷,石介撰,或云宋咸撰。佚 ···················· 25
《易训》三卷、《易补注》十卷,宋咸撰。佚 ·································· 26
《太玄音》一卷,宋咸撰。佚 ·· 27
《太玄论》一卷,苏洵撰。存 ·· 27
《易筌》六卷,阮逸撰。佚 ·· 28
《周易注解》,张公裕撰。佚 ·· 28
《易学释疑》,郑升撰。佚 ·· 29
《周易略例》一卷、《周易编例》十卷,桂询撰。佚 ···················· 29
《易传》,于房撰。佚 ·· 29
《否泰一十八卦论》,柯述撰。佚 ·· 29
《易索蕴》四十卷,杨绘撰。佚 ·· 30
《易数钩隐图》三卷,刘牧撰。存 ·· 30
《新注周易》十一卷,刘牧撰。存 ·· 34
《略例义》一卷、《室中记师隐诀》一卷,黄黎献撰。佚 ············ 34
《易源》一卷,常豫撰。佚 ·· 35
《周易图义》二卷,叶昌龄撰。佚 ·· 35
《周易义略》九卷、《易问难》二十卷,张简撰。佚 ···················· 36
《制器尚象论》一卷、《钩易图辨》一卷,陈希亮撰。佚 ············ 36
《周易口诀》六卷,王锜撰。佚 ·· 36
《易义》,何维翰撰。佚 ·· 37
《易义》,刘纬撰。佚 ·· 37
《易义》,陈文佐撰。佚 ·· 37
《易义》,袁建撰。佚 ·· 37
《易义》,卢穆撰。佚 ·· 37
《易义》,白勔撰。佚 ·· 37
《易义》,薄洙撰。佚 ·· 38
《易义》,汪铅撰。佚 ·· 38
《易义》,于弇撰。佚 ·· 38
《易义》,邓至撰。佚 ·· 38

《易解》,彭宗茂撰。佚 ………………………………………… 38
《周易衍注》四卷、《周易纲旨》二十篇,王皙撰。佚 …………… 38
《易解》,石牧之撰。佚 ………………………………………… 39
《易枢》十卷,李见撰。佚 ……………………………………… 39
《周易解》五卷,邵古撰。佚 …………………………………… 40
《周易会通正义》三十二卷,纵康乂撰。佚 …………………… 40
《白云子述周易元统》十卷,撰者不详。佚 …………………… 40
《易范》八篇,林巽撰。佚 ……………………………………… 41
《周易析蕴》十卷,孙坦撰。佚 ………………………………… 41
《周易指要》二十卷,代渊撰。佚 ……………………………… 42
《周易意学》十卷,陆秉撰。佚 ………………………………… 42
《周易发隐》二十卷,陈良献撰。佚 …………………………… 43
《周易通神》一卷,吴秘撰。佚 ………………………………… 43
《乾生归一图》十卷,石汝砺撰。佚 …………………………… 43
《河图传》一卷,李平西撰。佚 ………………………………… 44
《周易意学》十卷,陆东撰。佚 ………………………………… 45
《时用书》《明用书》《易传》《易传辞》《传辞后语》,郑夬撰。佚 … 45
《周易意蕴凡例总论》一卷、《卦变解》二卷,徐庸撰。佚 …… 47
《易义》十卷,黄晞撰。佚 ……………………………………… 48
《周易集解》十卷、《周易流演遁甲图》一卷,掌禹锡撰。佚 … 49
《易义》一卷,黄通撰。佚 ……………………………………… 49
《周易注》,刘彝撰。佚 ………………………………………… 49
《易解》十九卷,皇甫泌撰。未见 ……………………………… 50
《易疏精义》,令狐揆撰。佚 …………………………………… 50
《易论》十三篇,李觏撰。存 …………………………………… 51
《删定易图序论》一卷,李觏撰。存 …………………………… 51
《易童子问》三卷,欧阳修撰。存 ……………………………… 53
《易解》十卷,张巨撰。佚 ……………………………………… 54
《周易注》二十卷,赵承庆撰。佚 ……………………………… 54
《周易重注》十卷,鲍极撰。佚 ………………………………… 55

3

《易释解》五卷,孙奭撰。佚 ……………………………………… 56
《周易图义》二卷,叶昌龄撰。未见 …………………………… 56
《易义》,李畋撰。佚 ……………………………………………… 56
《易解》,罗适撰。佚 ……………………………………………… 57
《易解》,王存撰。佚 ……………………………………………… 57
《易意》,朱长文撰。存 …………………………………………… 57
《揲蓍新谱》一卷,庄绰撰。佚 ………………………………… 58
《易论》十卷,陈皋撰。佚 ……………………………………… 59
《易义》,薛温其撰。佚 …………………………………………… 59
《易义》,金君卿撰。佚 …………………………………………… 60
《周易广疏》三十六卷,勾微撰。佚 …………………………… 60
《周易义略》十卷,冀震撰。佚 ………………………………… 60
《易讲义》二卷,陈襄撰。存 …………………………………… 61
《易义》十卷,周希孟撰。佚 …………………………………… 61
《易补注》六卷,龚鼎臣撰。佚 ………………………………… 62
《易解》二十卷,王安石撰。佚 ………………………………… 62
《周易义类》三卷,顾棠撰。佚 ………………………………… 63
《周易新义》二卷,沈季长撰。佚 ……………………………… 63
《易义》二卷,叶子长撰。佚 …………………………………… 64
《易发题》一卷、《明疑录》一卷、《启玄》一卷,张元撰。未见 … 64
《河图洛书解》一卷、《伏羲俯仰画卦图》一卷,沈济撰。佚 … 64
《易传》十卷、《乾德指说》一卷,王逢撰。未见 …………… 64
《同人卦说》一篇,傅耆撰。佚 ………………………………… 65
《易义》一卷,周孟阳撰。佚 …………………………………… 65
《太极图说》一篇,周敦颐撰。存 ……………………………… 66
《易通》一卷,周敦颐撰。存 …………………………………… 66
《先天图》,邵雍撰。存 …………………………………………… 68
《古周易》八卷,邵雍撰。未见 ………………………………… 70
《皇极经世书》十二卷,邵雍撰。存 …………………………… 73
《温公易说》六卷,司马光撰。存 ……………………………… 75

《潜虚》一卷,附《潜虚发征论》一卷,司马光撰。存 …………… 76
《法言集注》十卷,司马光撰。存 …………………………………… 77
《横渠易说》三卷,张载撰。存 ……………………………………… 78
《易传》,谯定撰。佚 ………………………………………………… 80
《易解、先天图说》一卷,陈易撰。佚 ……………………………… 81
《易解》,罗志冲撰。佚 ……………………………………………… 81
《易图》一卷,黄庶先撰。佚 ………………………………………… 81
《易说》十卷,周秩撰。佚 …………………………………………… 81
《易谈》二十卷,徐铎撰。佚 ………………………………………… 82
《易说》九卷,林虑撰。未见 ………………………………………… 82
《周易开奥图》,周克颐撰。佚 ……………………………………… 82
《易发微》十卷,赵令湑撰。佚 ……………………………………… 82
《葆光易解》十卷,张弼撰。佚 ……………………………………… 83
《卜子夏易传解》,张弼撰。佚 ……………………………………… 85
《易论》一篇,范浚撰。存 …………………………………………… 85
《易传》,孙觉撰。佚 ………………………………………………… 85
《周易古经》二卷,吕大防撰。存 …………………………………… 86
《易传》,王岩叟撰。佚 ……………………………………………… 88
《东坡易传》九卷,苏轼撰。存 ……………………………………… 88
《易说》三篇,苏辙撰。存 …………………………………………… 92
《易解》,邹浩撰。佚 ………………………………………………… 92
《易系辞义》三卷,邹浩撰。未见 …………………………………… 93
《周易新讲义》十卷,耿南仲撰。存 ………………………………… 93
《周易续解义》十七卷,龚原撰。佚 ………………………………… 95
《周易圣断》七卷,鲜于侁撰。佚 …………………………………… 96
《程氏易传》四卷,程颐撰。存 ……………………………………… 97
《兼山易解》二卷,郭忠孝撰。缺 …………………………………… 103
《四学渊源论》三卷,郭忠孝撰。佚 ………………………………… 104
《周易辨惑》一卷,邵伯温撰。存 …………………………………… 105
《吴园易解》九卷,张根撰。存 ……………………………………… 106

《周易解》，曾元忠撰。佚 ································· 107
《易论要纂》一卷、《易说拾遗》二卷，尹天民撰。佚 ··· 108
《易数》三十卷、《易问》五卷、《易传》十卷，林震撰。佚 ··· 108
《周易解》，饶子仪撰。佚 ································· 108
《广川易学》二十四卷，董逌撰。佚 ······················ 109
《先天易钤》一卷，牛师德撰。佚 ························· 109
《易传》十卷，谭世绩撰。未见 ···························· 109
《了翁易说》一卷，陈瓘撰。存 ···························· 110
《易义》二卷，李贲撰。佚 ································· 111
《西河图传》一卷，李平撰。佚 ···························· 111
《录古周易》八卷，晁说之撰。存 ························· 112
《易规》一卷，晁说之撰。存 ······························ 114
《京氏易式》，晁说之撰。佚 ······························ 114
《易学》一卷，王湜撰。存 ································· 115
《易说》十卷，乔执中撰。佚 ······························ 117
《易论》三篇，李清臣撰。存 ······························ 117
《易著》，史通撰。佚 ······································· 117
《易传》，黄黉撰。佚 ······································· 118
《易解》，王端礼撰。佚 ···································· 118
《易义》十卷、《伏羲俯仰画卦图》一卷，彭汝砺撰。佚 ··· 118
《周易义海》一百卷，房审权撰。缺 ······················ 119
《周易义类》三卷，顾思叔撰。不详 ······················ 120
《易义》，米芾撰。缺 ······································· 120
《易索》十三卷，张汝明撰。佚 ···························· 120
《易要义》三卷，潘鲠撰。佚 ······························ 121
《周易澶州讲义》一篇，黄裳撰。存 ······················ 122
《周易解》，何执中撰。佚 ································· 122
《周易解义》三十卷，苏伯材撰。佚 ······················ 122
《易解》二卷，沈括撰。未见 ······························ 123
《易传》，朱玠撰。佚 ······································· 123

《易章句》一卷，吕大临撰。佚 …………………………………………… 123
《芸阁先生易解》一卷，吕大临撰。不详 ……………………………… 124
《易传》九卷，陈禾撰。未见 …………………………………………… 124
《八卦数图》二卷，陈高撰。佚 ………………………………………… 124
《易说》一卷，游酢撰。存 ……………………………………………… 125
《易说》，杨时撰。缺 …………………………………………………… 125
《易义》十二卷，谢湜撰。佚 …………………………………………… 126
《刘郑注周易》六卷，撰者不详。佚 …………………………………… 126
《周易集解》六卷，凌唐佐撰。佚 ……………………………………… 126
《周易系辞解》十卷，刘概撰。佚 ……………………………………… 127
《易说》，林师说撰。佚 ………………………………………………… 127
《易说》，林纮撰。佚 …………………………………………………… 127
《易说》，汪天任撰。佚 ………………………………………………… 128
《易索隐》六卷，郑廷芬撰。佚 ………………………………………… 128
《周易拾遗》二卷，马永卿撰。佚 ……………………………………… 128
《易解》十卷，程迨撰。佚 ……………………………………………… 128
《逍遥公易解》八卷、《周易疑问》二卷，李椿年撰。未见 ………… 129
《易说》，王升撰。佚 …………………………………………………… 130
《易说》十卷，王俊乂撰。佚 …………………………………………… 131
《周易全解》十卷，李彦章等撰。佚 …………………………………… 131
《太学十先生易解》十二卷，林疑独撰。佚 …………………………… 131
《河图解》二卷，康平撰。佚 …………………………………………… 132
《周易口义》，雷度撰。佚 ……………………………………………… 132
《易解》三十卷，李宏撰。佚 …………………………………………… 132
《易解》三十卷，李开撰。佚 …………………………………………… 132
《周易宗经》十卷，喻唐撰。佚 ………………………………………… 133
《周易正例》三卷，李勃撰。佚 ………………………………………… 133
《周易卦象赋》一卷，陈正中撰。佚 …………………………………… 133
《易卦象赋》二卷，黄宗旦撰。佚 ……………………………………… 133
《周易歌》一卷，杜令贲撰。佚 ………………………………………… 133

《易论》二十四卷,刘不疑撰。未详 …………………………… 133

《周易卦断》一卷,丘铸撰。未详 …………………………… 134

《周易口诀》六卷,王锜撰。未详 …………………………… 134

《周易口诀》六卷,史之证撰。未详 ………………………… 134

《周易明文》十卷,郭思永撰。未详 ………………………… 134

《周易精微》三卷、《周易义证总要》二卷,周镇撰。未详 … 134

《周易略例疏》一卷,庄道名撰。未详 ……………………… 134

《周易析微通说》三十卷、《周易质疑卜传》三十卷,楚泰撰。未详 … 135

《易诀》一卷,许季山撰。未详 ……………………………… 135

《周易太清易经诀》一卷,王晓撰。未详 …………………… 135

《周易探元》九卷,王守一撰。未详 ………………………… 135

《周易卦颂》一卷,黄景元撰。未详 ………………………… 135

《周易玉鉴颂》一卷,阮兆撰。未详 ………………………… 135

《周易八仙经疏》一卷,邢朝宗撰。未详 …………………… 136

《易镜》三卷、《周易通神歌》一卷,王鄯撰。未详 ………… 136

《周易缭绕词》一卷,张胥撰。未详 ………………………… 136

《周易述解》,郝氏撰。佚 …………………………………… 136

《易传》,许翰撰。佚 ………………………………………… 137

《汉上易传》十一卷、附《卦图》三卷、《丛说》一卷,朱震撰。存 … 138

《易解》,尹躬撰。佚 ………………………………………… 141

《周易传》一卷,王苹撰。佚 ………………………………… 142

《梁溪易传内外篇》十九卷,李纲撰。佚 …………………… 143

《周易窥余》十五卷,郑刚中撰。存 ………………………… 146

《周易疑难图解》二十五卷、《易说》三卷、《先天图注》一卷,
　郑东卿撰。未见 …………………………………………… 149

《易论》三卷,冯时行撰。佚 ………………………………… 151

《学斋占毕》,史绳祖撰。佚 ………………………………… 152

《易训诂传》十八卷,晁公武撰。佚 ………………………… 152

《周易讲义》九卷,夏休撰。佚 ……………………………… 153

《易解》,徐珦撰。佚 ………………………………………… 153

《存古易》,郑厚撰。佚 ··· 153

《易说》,徐良能撰。佚 ··· 154

《易传》,陈天麟撰。佚 ··· 154

《艮园易说》,诸葛说撰。佚 ····································· 154

《易本旨》十六卷、《易大传》三卷、《易图》一卷,陈知柔撰。佚 ······ 154

《易范》《易训释》,郑耕老撰。佚 ······························ 155

《易说》,王刚中撰。佚 ··· 155

《易直解》,陈研撰。佚 ··· 155

《周易解颐》,刘季裴撰。佚 ····································· 155

《易说》三卷,钱俣撰。佚 ······································· 156

《周易义解》《神授易图》《易证诗》《易义文图》,彭与撰。佚 ········ 156

《周易解》,宋大明撰。佚 ······································· 157

《周易图说》,黄开撰。佚 ······································· 157

《易说》二十卷,鲁訔撰。佚 ····································· 157

《易传》一卷,芮烨撰。佚 ······································· 157

《易索隐》,柴翼撰。佚 ··· 158

《二五君臣论》一卷,闾丘昕、胡寅撰。未见 ······················· 158

《易古今考异释疑》一卷、《周易通义》二十卷、《古易考义》十
卷、《古今易总志》三卷,洪兴祖撰。佚 ······················· 158

《易断》,钱述撰。佚 ··· 159

《易说》十二卷、《变卦》八卷、《变卦纂集》一卷,林俊撰。佚 ······ 159

《易解通义》三十卷,李授之撰。佚 ······························ 160

《易解》六卷,刘翔撰。佚 ······································· 160

《读易详说》十卷,李光撰。存 ·································· 161

《紫岩居士易传》十卷,张浚撰。存 ······························ 162

《述衍》十八卷、《皇极经世索隐》二卷、《观物外卷衍义》九卷、
《元包数义》二卷、《潜虚衍义》十六卷、《翼元》十二卷、《通变》
四十卷,张行成撰。存 ······································ 163

《虚谷子解卦周易传》三卷,刘烈撰。佚 ·························· 165

《易外传》一卷,胡宏撰。存 ····································· 166

《易解》一卷,林光朝撰。佚 ··· 166
《易占》《图书注》,刘朔撰。佚 ··· 166
《周易解》,蒋夔撰。佚 ··· 167
《周易集注》,韩大宁撰。佚 ··· 167
《周易解微》三卷,徐畸撰。佚 ·· 167
《易传》,徐人杰撰。佚 ··· 167
《周易先天流衍图》十二卷,孙份撰。佚 ·································· 168
《周易卦气图》一卷,乐洪撰。佚 ··· 168
《东溪易传》,刘熊撰。佚 ·· 168
《周易集传》,刘庭直撰。佚 ··· 168
《易说》四卷,施师点撰。佚 ··· 168
《周易解说》,何逢原撰。佚 ··· 169
《易说》一卷,黄舜祖撰。佚 ··· 169
《易解》,曹粹中撰。佚 ··· 169
《周易解》,金安节撰。佚 ·· 170
《易通解》十卷,程克俊撰。佚 ·· 170
《周易义海撮要》十二卷,李衡撰。存 ····································· 170
《周易宏纲》八卷,刘文郁撰。佚 ··· 172
《龙舒易解》一卷、《淮系易象》二十四卷,王日休撰。佚 ··········· 173
《榕台易论》,林维屏撰。佚 ··· 173
《易辨说》十篇,郭彦逢撰。佚 ·· 174
《易集解》五卷,赵彦真撰。佚 ·· 174
《易说》,黄颜荣撰。佚 ··· 174
《渔樵易解》十二卷,兰廷瑞撰。佚 ·· 174
《周易观画》二卷,李椿撰。佚 ·· 175
《古文周易》十二卷,薛季宣撰。佚 ·· 176
《易春秋》二十卷,郭填撰。未见 ··· 178
《易说》,罗泌撰。佚 ·· 178
《易传拾遗》十卷,胡铨撰。佚 ·· 178
《南轩易说》五卷,张栻撰。存 ·· 179

《周易释象》五卷,曾几撰。佚 …………………………………… 180
《易解》二十卷,王庭珪撰。佚 …………………………………… 180
《龟津易传》,何兑撰。佚 ………………………………………… 181
《易说》,王师心撰。佚 …………………………………………… 181
《易原》十卷,程大昌撰。存 ……………………………………… 181
《周易启蒙》,余端礼撰。佚 ……………………………………… 182
《易说》二十卷,高昙撰。佚 ……………………………………… 183
《易小传》六卷,沈该撰。存 ……………………………………… 183
《易璇玑》三卷,吴沆撰。存 ……………………………………… 186
《易解》,郭伸撰。佚 ……………………………………………… 188
《易论》十二卷,王义朝撰。佚 …………………………………… 188
《易卦补遗》,张抡撰。佚 ………………………………………… 189
《易议》,丘砺撰。佚 ……………………………………………… 189
《周易证义》十卷,王大宝撰。佚 ………………………………… 189
《周易详解》四十卷,吴㯃撰。未见 ……………………………… 190
《易说》,周聿撰。佚 ……………………………………………… 190
《易传》,徐霖撰。佚 ……………………………………………… 190
《易解》二卷,章服撰。佚 ………………………………………… 190
《揲蓍古法》一卷,郑克撰。未见 ………………………………… 191
《易说》十卷,李中光撰。佚 ……………………………………… 191
《易解》五卷,刘藻撰。佚 ………………………………………… 191
《易传》一卷,关注撰。佚 ………………………………………… 191
《易变体义》十二卷,都絜撰。存 ………………………………… 191
《京口说易》十四卷,都絜撰,佚 ………………………………… 194
《泰轩易传》六卷,李中正撰。存 ………………………………… 194
《易义》,喻樗撰。佚 ……………………………………………… 194
《易传》,李郁撰。佚 ……………………………………………… 195
《易说》,蔡和撰。佚 ……………………………………………… 195
《易说》,郑思永撰。佚 …………………………………………… 195
《易书》,张元德撰。佚 …………………………………………… 195

11

《易说》，黄以翼撰。佚 ·· 196

《周易经传集解》三十六卷，林栗撰。存 ························· 196

《易说》十一卷，张栻撰。存 ······································· 200

《易章句》十卷（佚）、《周易外编》一卷（存）、《古易考》一卷（未见）、《古易占法》一卷（存），程迥撰。 ···················· 200

《古周易》一卷，吕祖谦撰。存 ····································· 201

《东莱易说》二卷，吕祖谦撰。存 ··································· 203

《古易音训》二卷，吕祖谦撰。存 ··································· 203

《周易系辞精义》二卷，吕祖谦撰。存 ······························ 205

《周易古经象》一册，吕祖谦撰。佚 ································· 205

《读易纪闻》一卷，吕祖谦撰。存 ··································· 206

《周易古经》八篇（存）、《易学》五卷（佚），李焘撰。 ········· 206

《九江易传》九卷，周燔撰。佚 ····································· 207

《郭氏传家易说》十一卷（存）、《卦辞旨要》六卷（佚），郭雍撰。 ···· 208

《复斋易传》六卷，赵彦肃撰。存 ··································· 211

《易说》二卷，赵善誉撰。佚 ······································· 212

《周易义说》，李吕撰。佚 ··· 213

《周易解》，石墪撰。佚 ··· 213

《易说》，丘义撰。佚 ··· 213

《读易管见》，邵因撰。佚 ··· 214

《周易本义》十二卷，朱熹撰。存 ··································· 214

《易学启蒙》四篇，朱熹、蔡元定撰。存 ···························· 215

《皇极经世指要》《太玄潜虚指要》《大衍详说》，蔡元定撰。存 ···· 215

《朱文公易说》二十三卷，朱鉴编。存 ······························ 215

《正易心法》，戴师愈撰。存 ·· 216

《易学索隐》一卷、《易传解义》《周易辨异》《易童子问》，袁枢撰。佚 ·· 216

《大易集解》，杨焕撰。佚 ··· 216

《周易玩辞》十六卷，项安世撰。存 ································· 217

《诚斋易传》二十卷，杨万里撰。存 ································· 220

《大易粹言》十卷,方闻一撰,曾穜辑。存 ……………………… 225
《周易图说》二卷(存)、《古周易》十二卷(未见)、《集古易》一卷
　（存),吴仁杰撰。…………………………………………… 227
《易经解》,戴梦申撰。佚 …………………………………………… 233
《易稗传》二卷,林至撰。存 ………………………………………… 233
《易疑问答》,赵善佐撰。佚 ………………………………………… 235
《周易集义》六十四卷,潘柄撰。佚 ………………………………… 235
《易集义》,何镐撰。佚 ……………………………………………… 235
《易解》,许升撰。佚 ………………………………………………… 236
《周易师训》,董铢撰。未见 ………………………………………… 236
《周易象数总义》一卷,詹体仁撰。佚 ……………………………… 237
《读易记》三卷,徐侨撰。佚 ………………………………………… 237
《易经说》,刘爚撰。佚 ……………………………………………… 237
《周易训解》六卷,江默撰。佚 ……………………………………… 238
《易解》十卷,孙调撰。佚 …………………………………………… 238
《易学启蒙或问》三卷,郑文通撰。佚 ……………………………… 238
《童溪易传》三十卷,王宗传撰。存 ………………………………… 238
《易鉴》三卷,陈舜申撰。佚 ………………………………………… 241
《易解发题》,邹安道撰。佚 ………………………………………… 241
《易则》十卷,薛绂撰。佚 …………………………………………… 242
《周易说》三卷,赵汝谈撰。佚 ……………………………………… 242
《周易总义》二十卷、《易学举隅》四卷,易祓撰。未见 …………… 242
《周易总义》二卷,戴端明撰。佚 …………………………………… 244
《周易注》,郑鉴撰。佚 ……………………………………………… 244
《易通释》,丁锬撰。佚 ……………………………………………… 244
《易说举要》,朱质撰。佚 …………………………………………… 244
《易传发微》三卷,陈德一撰。未见 ………………………………… 245
《述释叶氏易说》一卷,袁聘儒撰。佚 ……………………………… 245
《易说》,叶秀发撰。佚 ……………………………………………… 245
《易解》,叶皆撰。佚 ………………………………………………… 245

《易说》,李起渭撰。佚 ·· 246

《易志》十卷,刘庄孙撰。佚 ······································ 246

《讲易会要》二卷,贺一正撰。佚 ································ 246

《懋翁玩易》十卷,方仪撰。佚 ···································· 246

《易解》,苏竦撰。佚 ·· 246

《西溪易说》十二卷,李过撰。存 ································ 247

《周易讲义》三篇,陈淳撰。存 ···································· 248

《慈湖己易》十卷,杨简撰。存 ···································· 248

《周易经传训解》四卷,蔡渊撰。存 ···························· 250

《易象意言》一卷,蔡渊撰。存 ···································· 252

《读易笔记》八卷、《易数稽疑》,王炎撰。佚 ·············· 252

《丙子学易编》十五卷,李心传撰。缺 ························ 256

《毓斋易说》,李沐撰。佚 ·· 258

《四尚易编》,牟子才撰。佚 ·· 258

《周易讲义》三卷,汤义撰。不详 ································ 259

《易说》,王万撰。佚 ·· 259

《周易提纲》,陆持之撰。佚 ·· 259

《易传》三卷,罗之纪撰。佚 ······································ 259

《大易约解》九卷,潘梦旗撰。未见 ···························· 259

《易通》十卷,赵以夫撰。存 ······································ 260

《学易蹊径》二十卷,田畴撰。未见 ···························· 261

《易解》一卷,高元之撰。佚 ······································ 262

《易解》三十卷,钱佃撰。佚 ······································ 262

《易说》《易林》,胡谦撰。佚 ······································ 262

《先后天图》,司马子巳撰。佚 ···································· 263

《三易图说》十卷,柳申锡撰。佚 ································ 264

《大易要言》二十卷、《易类》五卷,杨泰之撰。佚 ······ 265

《易心学》,任直翁撰。佚 ·· 265

《古易》,林叔清撰。佚 ·· 265

《易说》,虞刚简撰。佚 ·· 266

《周易直说》，徐相撰。佚 ································· 266
《古易补音》，赵共父撰。佚 ······························· 266
《易翼传》二卷，郑汝谐撰。存 ····························· 268
《易传》，傅子云撰。佚 ·································· 270
《周易筮传》，汤建撰。佚 ································· 271
《周易会通》，叶味道撰。佚 ······························· 271
《易解》三卷，林万顷撰。佚 ······························· 271
《周易口义》，张孝直撰。佚 ······························· 272
《易说》，申孝友撰。佚 ·································· 272
《易稿》，刘弥邵撰。佚 ·································· 272
《周易说约》八卷、《周易或问》四卷、《周易续问》八卷、《周易指
  问》四卷、《学易补过》六卷，赵善湘撰。佚 ··················· 273
《警心易赞》，孟珙撰。佚 ································· 274
《易说》十卷，林子云撰。佚 ······························· 274
《易解》十卷，罗大经撰。佚 ······························· 274
《易讲义》四卷，林希逸撰。未见 ··························· 274
《易原》十卷，陈冲飞撰。佚 ······························· 275
《易解》，卓得庆撰。佚 ·································· 275
《易通》，谢升贤撰。佚 ·································· 275
《读易管见》，萧山撰。佚 ································· 275
《读易》四卷，尤彬撰。佚 ································· 276
《准斋易说》一卷，吴如愚撰。佚 ··························· 276
《易注解义》，方濯撰。佚 ································· 276
《周易释传》二十卷，钱时撰。未见 ························· 276
《易传》三十卷，张志道撰。佚 ····························· 277
《易说》，戴蒙撰。佚 ···································· 277
《易论》，吴昶撰。佚 ···································· 277
《易解》，林学蒙撰。佚 ·································· 278
《易传》，陈文蔚撰。佚 ·································· 278
《易辨》三卷、《渊源录》三卷，何万撰。佚 ··················· 278

15

《易本传》三十三卷，李舜臣撰。佚 …………………………………… 279

《易训》三十卷、《易说》二卷，倪思撰。佚 ……………………………… 280

《易解》，蔡戡撰。佚 ……………………………………………………… 280

《易讲义》五卷，陈炳撰。佚 ……………………………………………… 280

《易英》十卷，冯诚之撰。佚 ……………………………………………… 281

《周易训传》，王时会撰。佚 ……………………………………………… 281

《续东溪易传》，刘光祖撰。佚 …………………………………………… 281

《易学指要》，史弥大撰。佚 ……………………………………………… 281

《易辨》，范飞卿撰。佚 …………………………………………………… 282

《易经集解》《学易管见》七卷，吕大奎撰。佚 …………………………… 282

《易原》，丘巽之撰。佚 …………………………………………………… 282

《易说》一卷，陈造撰。佚 ………………………………………………… 282

《易说》，杨大法撰。佚 …………………………………………………… 283

《周易讲义》一卷，商飞卿撰。佚 ………………………………………… 283

《周易解义》四十卷，胡有开撰。佚 ……………………………………… 283

《易说》，杨炳撰。佚 ……………………………………………………… 283

《周易集注》五卷，义太初撰。佚 ………………………………………… 284

《周易述释》一卷，叶适撰。未见 ………………………………………… 284

《易系集传》，柴中行撰。佚 ……………………………………………… 284

《易说》，林应辰撰。佚 …………………………………………………… 285

《周易总说》二卷，戴溪撰。佚 …………………………………………… 285

《易书》四十卷，吕凝之撰。佚 …………………………………………… 285

《西山复卦说》一卷，真德秀撰。存 ……………………………………… 285

《周易要义》十卷，魏了翁撰。存 ………………………………………… 286

《周易集义》六十四卷，魏了翁撰。存 …………………………………… 286

《六经图》七卷，叶仲堪撰。佚 …………………………………………… 290

《六经正误》六卷，毛居正撰。存 ………………………………………… 290

《易传》十一卷、《外传易辨》，毛璞撰。未见 …………………………… 290

《周易解》，黄龟朋撰。佚 ………………………………………………… 291

《易解》，宋闻礼撰。佚 …………………………………………………… 292

《易解》,徐雄撰。佚 …… 292
《易源》,李诚之撰。佚 …… 292
《易传撮要》四卷,张志行撰。佚 …… 292
《易学理窟》一卷,艾谦撰。佚 …… 292
《易说指图》十卷,王宗道撰。佚 …… 293
《易爻变义》一卷,王太冲撰。佚 …… 293
《易原》九卷,杨忱中撰。未见 …… 293
《周易解》,吴渊撰。佚 …… 294
《周易述解》九卷,蔡齐基撰。佚 …… 294
《周易详解》十六卷,李杞撰。未见 …… 294
《古易考》,王应麟撰。未见 …… 294
《周易郑康成注》一卷,王应麟撰。存 …… 295
《易象通义》一卷,冯去非撰。佚 …… 296
《学易管见》,吕奎撰。佚 …… 296
《易故》,欧阳守道撰。佚 …… 297
《易传集解》,蔡模撰。佚 …… 297
《周易家说》,戴侗撰。未见 …… 297
《易传》,戴仔撰。佚 …… 297
《易外传》五卷,方逢辰撰。未见 …… 298
《周易见一》,胡仲云撰。佚 …… 299
《水村易镜》一卷,林光世撰。存 …… 299
《存斋易说》,阳枋撰。佚 …… 300
《易说》,阳岊撰。佚 …… 301
《周易大义》《周易卦赞》,时少章撰。佚 …… 301
《大易卦体》五十卷,季可撰。佚 …… 302
《学易说》一卷,周方撰。未见 …… 302
《读易日抄》一卷,黄震撰。存 …… 302
《五十家易解》四十二卷,杨文焕撰。佚 …… 304
《易注》,郑起撰。佚 …… 304
《易图》一卷,吕中撰。佚 …… 305

《易释》二十卷，舒浒撰。佚 ………………………………………… 305
《周易附说卦变图》，齐梦龙撰。佚 …………………………………… 305
《玩易汇编》，王懋撰。佚 ………………………………………………… 305
《周易辑闻》六卷（存）、《约说》八卷（佚）、《或问》四卷（佚）、《指要》四卷（佚）、《续问》八卷（佚）、《补过》六卷（佚），赵汝楳撰。 ……………………………………………………………………… 306
《易雅》一卷，赵汝楳撰。存 …………………………………………… 307
《筮宗》三卷，赵汝楳撰。存 …………………………………………… 308
《易序丛书》十卷，赵汝楳撰。存 ……………………………………… 309
《周易传义附录》十四卷，董楷撰。存 ………………………………… 309
《学易记》九卷，李简撰。存 …………………………………………… 311
《易发挥》，徐端方撰。佚 ……………………………………………… 312
《易图》，程新恩撰。佚 ………………………………………………… 312
《读易记》，陈沂撰。佚 ………………………………………………… 313
《易说》，黄以翼撰。佚 ………………………………………………… 313
《易说》，饶鲁撰。佚 …………………………………………………… 314
《易辑》，徐几撰。佚 …………………………………………………… 314
《玩易手抄》，毛友诚撰。佚 …………………………………………… 314
《周易释传》，章元崇撰。佚 …………………………………………… 315
《周易会粹》，杨明复撰。未见 ………………………………………… 315
《易筌蹄》，胡维宁撰。佚 ……………………………………………… 315
《周易正义》，戴希贤撰。佚 …………………………………………… 315
《易象》二卷，李桂老撰。佚 …………………………………………… 316
《易统论》，李豪撰。佚 ………………………………………………… 316
《复古蓍法》，孙义伯撰。佚 …………………………………………… 316
《周易阐微诗》六卷，冀珍撰。佚 ……………………………………… 316
《周易罔象成名图》一卷，张杲撰。佚 ………………………………… 316
《周易说》九卷，李赞撰。佚 …………………………………………… 317
《大易观象》三十二卷，郑子厚撰。佚 ………………………………… 317
《易撼卦总论》十卷，朱承祖撰。佚 …………………………………… 317

《易解》十卷,刘禹偁撰。佚 …………………………………………… 317
《周易讲义》三卷,汤义撰。佚 ………………………………………… 317
《易解》六卷,邹巽撰。佚 ……………………………………………… 317
《周易解义》二卷,安泳撰。佚 ………………………………………… 318
《易义》五卷,赵仲锐撰。佚 …………………………………………… 318
《易统》,刘赞撰。佚 …………………………………………………… 318
《易述古言》二卷,林起鳌撰。佚 ……………………………………… 318
《羲易正元》一卷,刘半千撰。佚 ……………………………………… 318
《易解》,江泳撰。佚 …………………………………………………… 319
《周易管见》,田君右撰。佚 …………………………………………… 319
《易说》《观象元契图》,潘植撰。佚 ………………………………… 319
《易说》,刘泽撰。佚 …………………………………………………… 319
《易说》,冯大受撰。佚 ………………………………………………… 319
《易说》,储泳撰。佚 …………………………………………………… 320
《易说》,吴绮撰。佚 …………………………………………………… 320
《易解》,陈义宏撰。佚 ………………………………………………… 320
《易口义》一卷,方泳之撰。佚 ………………………………………… 320
《易说》,谭大经撰。佚 ………………………………………………… 320
《周易思斋口义》,翁泳撰。佚 ………………………………………… 320
《周易讲义》三卷,汤焕撰。佚 ………………………………………… 321
《易说》,徐君平撰。佚 ………………………………………………… 321
《易解》十卷,郭长孺撰。佚 …………………………………………… 321
《易经集解》《学易管见》七卷,吕大圭撰。佚 ……………………… 321
《读易管见》,孙嵘叟撰。佚 …………………………………………… 322
《易通》一卷,王幼孙撰。佚 …………………………………………… 322
《读易析疑》《易中正考》《易吟》,方回撰。佚 …………………… 322
《周易说约》一卷,黎立武撰。佚 ……………………………………… 322
《易肤说》,高斯得撰。佚 ……………………………………………… 323
《易解》六卷,徐直方撰。未见 ………………………………………… 323
《余学斋易说》,胡次焱撰。未见 ……………………………………… 324

19

《易衍》二卷，何梦桂撰。未见 ·· 324
《古易口义》，方公权撰。佚 ·· 324
《易解大全》三十卷，孟文龙撰。佚 ·· 325
《周易辑说》，曾子良撰。佚 ·· 325
《朴山易说》十四卷，严肃撰。佚 ·· 325
《易管见》六十卷、《筮易》七卷、《太玄潜虚图说》十卷，
　　吴霞举撰。佚 ·· 326
《易究》十卷，史蒙卿撰。佚 ·· 326
《周易辑解》十卷、《学易说约》五篇，丘富国撰。佚 ················ 326
《易注》，包天麟撰。佚 ·· 327
《易图说》，郑仪孙撰。佚 ·· 327
《易学蠡测》，魏新之撰。佚 ·· 327
《周易占例》，汪深撰。佚 ·· 328
《大易发微》，练未撰。佚 ·· 329
《易解义》，丘葵撰。佚 ··· 329
《周易互言总论》十卷，石一鳌撰。佚 ···································· 330
《易传庸言》，饶宗鲁撰。佚 ·· 331
《周易讲义》，熊采撰。佚 ·· 331
《易经集说》，卫富益撰。佚 ·· 331
《易经解注》二册（未见）、《易讲义》一卷（存），陈普撰。 ········ 331
《易传宗》，陈焕撰。佚 ··· 332
《易说》，谢枋得撰。未见 ·· 332
《易学启蒙发挥》二卷，何基撰。未见 ···································· 332
《读易记》十卷、《涵古易说》一卷、《大象衍义》一卷，王柏撰。
　　未见 ·· 335
《三易备遗》十卷，朱元升撰。存 ·· 335
《见易篇》《周易分注》，王埜翁撰。佚 ···································· 340
《周易集疏》，熊禾撰。未见 ·· 342
《易论》二卷，方汝一撰。佚 ·· 342
《易象宝鉴》，王镒撰。佚 ·· 342

《易抄》,薛舜俞撰。佚 …………………………………………… 343
《大易内解》,詹天锡撰。佚 ………………………………………… 343
《易义指归》四卷,陈廷言撰。未见 ………………………………… 343
《易心》三卷,王恺撰。未见 ………………………………………… 343
《易学启蒙通释》二卷,胡方平撰。存 ……………………………… 343
《周易集说》四十卷(存)、《读易举要》四卷(未见)、《易图纂要》
　二卷(存)、《易古占法》一卷(未见)、《易外别传》一卷(存)、
　《易经考证》(佚)、《易传考证》(佚)、《读易须知》(佚)、《六十
　四卦图》(佚)、《卦爻象占分类》(佚)、《易图合璧连珠》(佚)、
　《大易会要》(佚),俞琰撰。 ………………………………………… 346
《清全斋读易编》三卷,陈深撰。未见 ……………………………… 352
《易说》,龚焕撰。佚 ………………………………………………… 352
《易纂图》一卷,刘整撰。佚 ………………………………………… 352
《易象发挥》《易孟通言》《易童子问》一卷,陈宏撰。未见 ……… 353
《易象占》,周敬孙撰。佚 …………………………………………… 353
《周易通义》二十卷、《周易或问》五卷、《周易释蒙》五卷、《周易
　发例》三卷,黄超然撰。佚 ………………………………………… 353
《经进易解》,朱知常撰。佚 ………………………………………… 356
《齐博士易解》,不详撰者。佚 ……………………………………… 356
《董氏易传觉》,不详撰者。佚 ……………………………………… 356
《李氏易辨证》,不详撰者。佚 ……………………………………… 356
《三官易》一卷,朱失名撰。佚 ……………………………………… 356
《周易讲疏》十三卷,何失名撰。佚 ………………………………… 356
《周易六十四卦赋》一卷,陈佚名撰。佚 …………………………… 357
《易说》九卷,林德祖撰。佚 ………………………………………… 357
《周易发题》一卷,任奉古撰。佚 …………………………………… 357
《愚庵易注》,沈佚名撰。佚 ………………………………………… 357
《易解》,尹彦颐撰。佚 ……………………………………………… 357
《易传灯》四卷,徐总干撰。存 ……………………………………… 358
《厚斋易传》五十二卷,冯椅撰。存 ………………………………… 358

《易通》六卷，赵以夫撰。存 …………………………………… 360
《集注朱子本义》，张清子撰。佚 …………………………………… 360
《易学启蒙小传》一卷、附《古经传》一卷，税与权撰。存 …… 361
《校正周易古经》十二卷，税与权撰。缺 …………………… 363
《淙山读周易》八卷，方实孙撰。存 …………………………… 364
《大易集传精义》六十四卷，陈友文撰。存 ……………………… 370
《周易象义》十六卷，丁易东撰。存 …………………………… 371
《大衍索隐》三卷，丁易东撰。存 ……………………………… 376
《青城山人揲蓍法》一卷，不详撰者。佚 ……………………… 377
《方舟先生易互体例》一卷，李石撰。存 ……………………… 377
《白云子周易元统》十卷，不详撰者。未见 …………………… 378
《不为子揲蓍法》一卷，不详撰者。佚 ………………………… 379
《灵隐子周易河图术》一卷，不详撰者。佚 …………………… 379
《天门子周易卜法》二卷，不详撰者。佚 ……………………… 379
《乐只道人羲文易论微》六卷，不详撰者。佚 ………………… 379
《金华先生易辨疑》，不详撰者。佚 …………………………… 379
《玉泉易解》，不详撰者。佚 …………………………………… 379
《太学新讲义》三十七篇（又《统例》一卷），不详撰者。佚 … 379
《刘郑注周易》六卷，不详撰者。佚 …………………………… 380
《周易十二论》一卷，不详撰者。佚 …………………………… 380
《周易外义》三卷，不详撰者。佚 ……………………………… 380
《易正误》一卷，不详撰者。佚 ………………………………… 380
《周易传》四卷，不详撰者。佚 ………………………………… 380
《周易口义》六卷，不详撰者。佚 ……………………………… 381
《周易枢》十卷，不详撰者。佚 ………………………………… 381
《周易解微》三卷，不详撰者。佚 ……………………………… 381
《周易卦类》三卷，不详撰者。佚 ……………………………… 381
《周易明疑录》一卷，不详撰者。佚 …………………………… 381
《易说精义》三卷，不详撰者。佚 ……………………………… 381
《周易节略正义》一卷，不详撰者。佚 ………………………… 382

《易旨归义》一卷,不详撰者。佚 ··· 382
《周易经类》一卷,不详撰者。佚 ··· 382
《周易括囊大义》十卷,不详撰者。佚 ··· 382
《易义类》三卷,不详撰者。佚 ·· 382
《周易释疑》一卷,不详撰者。佚 ··· 382
《周易隐诀》一卷,不详撰者。佚 ··· 382
《易箱精义》二卷,不详撰者。佚 ··· 383
《穷理尽性经》一卷,不详撰者。佚 ··· 383
《周易义证总要》二卷,不详撰者。佚 ·· 383
《周易类纂》一卷,不详撰者。佚 ··· 383
《周易通真释例》一卷,不详撰者。佚 ·· 383
《周易三备杂机要》一卷,不详撰者。佚 ·· 383
《周易问卜》十卷,不详撰者。佚 ··· 383
《八卦小成图》一卷,不详撰者。佚 ··· 384
《周易稽颐图》三卷,不详撰者。佚 ··· 384
《周易八仙诗》一卷,不详撰者。佚 ··· 384
《周易鬼谷林》一卷,不详撰者。佚 ··· 384
《周易六神颂》一卷,不详撰者。佚 ··· 384
《周易六十四卦歌》一卷,不详撰者。佚 ·· 384
《周易十门要诀》一卷,不详撰者。佚 ·· 385
《周易玄鉴林》三卷,不详撰者。佚 ··· 385
《周易卜经》一卷,不详撰者。佚 ··· 385
《周易灵真述》一卷,不详撰者。佚 ··· 385
《周易备要》一卷,不详撰者。佚 ··· 385
《周易象罔玄珠》五卷,不详撰者。佚 ·· 385
《八卦杂决》一卷,不详撰者。佚 ··· 385
《周易卦纂神妙决》一卷,不详撰者。佚 ·· 386
《周易鬼灵经》一卷,不详撰者。佚 ··· 386
《周易三十八章》一卷,不详撰者。佚 ·· 386
《周易竹木经》一卷,不详撰者。佚 ··· 386

《周易杂筮占》四卷,不详撰者。佚 …………………………………… 386
《周易枯骨经》一卷,不详撰者。佚 …………………………………… 386
《周易断卦梦江南》一卷,不详撰者。佚 ……………………………… 386
《周易断卦例头》一卷,不详撰者。佚 ………………………………… 387
《周易飞燕绕梁歌》一卷,不详撰者。佚 ……………………………… 387
《周易飞燕转关林竅》一卷,不详撰者。佚 …………………………… 387
《周易辘轳关杂占》一卷,不详撰者。佚 ……………………………… 387
《周易要决占法》一卷,不详撰者。佚 ………………………………… 387
《周易灰神寿命历》一卷,不详撰者。佚 ……………………………… 387
《周易轨限算》一卷,不详撰者。佚 …………………………………… 387
《轨革易赞》一卷,不详撰者。佚 ……………………………………… 388
《周易八帖》四卷,不详撰者。佚 ……………………………………… 388
《地理八卦图》一卷,不详撰者。佚 …………………………………… 388
《六十四卦火珠林》一卷,不详撰者。未见 …………………………… 388
《龁骨林》一卷,不详撰者。佚 ………………………………………… 388
《周易钻颂》六卷,不详撰者。佚 ……………………………………… 388
《周易神镜鬼谷林》一卷,不详撰者。佚 ……………………………… 388
《周易灵祕诸关歌》一卷,不详撰者。佚 ……………………………… 389
《周易髓要杂诀》一卷,不详撰者。佚 ………………………………… 389
《周易三略经》三卷,不详撰者。佚 …………………………………… 389
《诸家易林》一卷,不详撰者。佚 ……………………………………… 389
《易旁通手鉴》八卷,不详撰者。佚 …………………………………… 389
《周易通真》三卷,不详撰者。佚 ……………………………………… 389
《周易口诀开题》一卷,不详撰者。佚 ………………………………… 389
《周易括世应颂》一卷,不详撰者。佚 ………………………………… 390
《周易三空诀》一卷,不详撰者。佚 …………………………………… 390
《周易三十六占》六卷,不详撰者。佚 ………………………………… 390
《周易爻咏》八卷,不详撰者。佚 ……………………………………… 390
《周易鬼镇林》一卷,不详撰者。佚 …………………………………… 390
《周易金鉴歌》一卷,不详撰者。佚 …………………………………… 390

《周易连珠论》一卷,不详撰者。佚 ············ 390
《易辘轳图颂》一卷,不详撰者。佚 ············ 391
《易大象歌》一卷,不详撰者。佚 ············ 391
《周易玄理歌》一卷,不详撰者。佚 ············ 391
《周易察微经》一卷,不详撰者。佚 ············ 391
《周易鬼御算》一卷,不详撰者。佚 ············ 391
《易鉴》三卷,不详撰者。佚 ············ 391
《易诀杂颂》一卷,不详撰者。佚 ············ 391
《易林祕林》一卷,不详撰者。佚 ············ 392
《易大象林》一卷,不详撰者。佚 ············ 392
《易法》一卷,不详撰者。佚 ············ 392
《周易籔书》一卷,不详撰者。佚 ············ 392
《周易火籔》一卷,不详撰者。佚 ············ 392
《周易旁通历》一卷,不详撰者。佚 ············ 392
《周易八龙山水论》一卷,不详撰者。佚 ············ 392
《易玄图》一卷,不详撰者。佚 ············ 393
《周易图》三卷,不详撰者。未见 ············ 393

参考文献 ············ 395
  一、基本典籍 ············ 395
  二、著述 ············ 397
  三、论文 ············ 397

序　言

宋代是我国易学发展史上的顶峰,出现了一大批名家、名作。宋人借助易学建构的学术思想体系和理论学说在中国古代思想史上具有承上启下的重要意义。对于宋代易学文献本身的研究与著录,自当时便已经开始了。如宋人王尧臣《崇文总目》、方闻一所辑《大易粹言》、冯椅《厚斋易学》、晁公武《郡斋读书志》、陈振孙《直斋书录解题》、尤袤《遂初堂书目》、李衡《周易义海撮要》、魏了翁《周易要义》、王应麟《玉海》、黄震《黄氏日钞》、俞琰《读易举要》等,元人脱脱《宋史·艺文志》、马端临《文献通考·经籍考》、胡一桂《周易本义启蒙翼传》等,明人解缙《永乐大典》、胡广等《周易大全》、黄宗羲《宋元学案》等,清人胡渭《易图明辨》、朱彝尊《经义考》、纪昀《四库全书总目》、纳兰成德《通志堂经解》等著述,这些著述记载了宋代易学研究的重要观点、论据,也对很多易学文献作了深入的分析,如易学文献的卷次、内容、版本等情况也作了著录相关评价和辨析。

近代以来,宋代易学文献的著录和研究随着社会文化的变迁,并没有得到应有的重视和研究。从台湾学者林庆彰《经学研究论著目录(1912—1987)》《日本研究经学论著目录(1900—1992)》所著录的文章来看,海内外学者对于宋代易学文献的研究还是集中在周敦颐、邵雍、程颐、朱熹、蔡门诸子等名家、名作以及象数易图的研究和诠释上,而对于一般影响的著者及其易学文献鲜有提及。

近二十年以来,海内外对于易学有了更深更广的研究,出现了大量的工具书和研究专著都涉及宋代易学文献的考释和研究。有提要性质的易学著述,如由萧元、廖名春主编的《周易大辞典》,对宋代知名易学文献作了简要评介;潘雨廷先生的《读易提要》《易学史论丛》,对宋代六十多家易学文献作了解题。王铁《宋代易学》,除了对宋代主要名家易学文献作了提要解释外,还对当时影响较大但不为今人所重视的一些易学家著述也作了分析,但大体仍不出其师潘雨廷《读易提要》的解读范围。张善文《历代易家考略》对宋代易学名家作了介绍,其《历代易学要籍解题》则对重要的六十二种宋代易学文献作了考释。陈乐素《宋史艺文志考证》则对宋代《艺文志》中著录的宋代易学文献作了简要考证。此外还有宋志锐《宋明易学概论》、林忠军主编的《历代易学名著研究》等也对宋代名家易学文献作了分析。而林忠军《历代象数易学发展史》(第二卷)、李申《易图考》等则对宋代象数易学思想作了研究。

另外,还有大量的易学研究著作也涉及了宋代易学文献内容、思想体系、哲理的研究。就大陆而言,具有代表性的如朱伯崑《易学哲学史》,就专门对宋代著名《易》学家的易学哲学思想作了深入分析,并勾勒出了宋代易学哲学的大体面貌。又如侯外庐、邱汉生、张岂之主编的《宋明理学史》(上),重点分析了宋代《易》学文献所蕴含的理学思想。陈远宁《中国古代易学发展第三个圆圈的终结:王船山易学思想研究》也涉及了几位宋代易学名家名作的解析。另外如唐明邦、汪学群《易学与长江文化》、刘大钧《周易概论》、朱伯崑《周易通释》、余敦康《汉宋易学解读》、梁韦弦《易学考论》等都涉及了很多宋代易学文献的评介和解读。除此之外,还有很多专门研究宋代名家易学文献的著作、硕博士论文或期刊论文,如丁原明《横渠易说导读》、萧汉明《周易本义导读》、杨倩描《王安石易学研究》、金生杨《苏氏易传研究》等。就中国台湾而言,所涉足宋代易学文献的研究更为多些,如徐芹庭《易经源流:中国易经学史》《易图源流:中国易经图书学史》便涉及了大量宋代易学文献的著录和归类提要。何广棪《陈振孙之经学及其〈直斋书录解题〉经录考证》对宋代易学著述卷次、内容作了考辨。黄尚信《周易著述考》则对宋代易学著述版本存佚作了简要考证。高怀民《宋元明易学史》主要分析了周、张、二程、朱熹、蔡门诸子、易图象之学。另外还有大量的论文等。海外学者,如日、美、韩等国家的学者也大多对宋代易学名家、名篇作了研究,代表人物如日本的今井宇三郎、户田丰三郎、吾妻重二等,韩国的金演宰等,美国的成中英、杜维明等人,他们都对宋代易学文献研究做了不同程度的贡献。

研究宋代的易学文献具有重要的意义。宋代易学文献是宋代历史文献的重要组成部分,它是宋学的重要体现。易学是宋代经学与学术思想的核心与重要组成部分,它对宋代哲学、文学、历史、宗教、教育、政治等产生了直接或间接的影响。宋代很多易学著述的作者,他们本身也多是朝廷的官僚或执政,他们将其政治思想贯注于易学著述之中,来表达他们对现实政治、社会文化的考虑和态度,所以梳理和分析他们的易学著述,无疑对研究宋代政治社会具有重要的学术价值。

历代前贤、时哲对于宋代易学的著述与思想,尤其是宋代重要的名家及经典之作作了著录、分析与研究,这为宋代易学文献学的梳理和研究做出了不可磨灭的贡献。但国内外绝大多数的学者都将范围集中于名家、名作的考释和解读,在内容上也多是易学思想与哲学思想的解释,并较少涉及宋代易学著述作文献学方面的研究。这样并不能反映宋代易学发展的真实状况,也不能对宋代易学发展脉络作出客观、全面的评价。宋代易学文献卷帙浩繁,单笔者初步统计被著录的就有700多部。所以全面系统地梳理宋代易学文献著者生平、内容、卷次、主旨、历代评价、版本存佚等,为正确、客观认识和理解宋代易学的内容、思想特征、学术意义及其历史地位,提供了重要的文献基础,这也为宋代易学史、经学史以及哲学史研究提供了重要的文献依据,对于宋代社会政治思想、社会意识形态的分析具有极为重要的学术价值,也为当前我国国学、传统文化的兴起和发展提供了可资依赖的经典文献依据与研究基础。

《正易心法》一卷，麻衣道者撰。存

麻衣道者，姓李，名和，盖为五代宋初人。据宋王象之《舆地纪胜》卷一五八载，麻衣道者曾与陈抟同在崇龛（今四川安岳）修道，二人辟谷修练，后在青城山尸解。在宋代许多典籍中，都有麻衣道者的记载，如《宋史·太祖本纪》《邵氏闻见录》《贵耳集》《续闻见录》《湘山野录》《洞微志》等书籍之中，都记载有麻衣道者的事迹。陈抟曾经赞誉麻衣道者："道行高洁，学通天人，至于知人，尤为有神仙之鉴。"麻衣道者其人，据以上记载可知为一隐士，他既精通修道、辟谷，又擅长易学、术数。

麻衣道者留下的著述不多，据说由他传下来的书籍有《麻衣相法》《火珠林》（也可能是托名，内为六爻卦法）等。另外，还有一部由其弟子陈抟以注释形式流传下来的易学论著《麻衣正易心法》一卷，麻衣道者的思想在其中得到了充分体现。旧传麻衣道者曾以《正易心法》传给陈抟，宋释志盘《佛祖统记》卷四十四载："五季之际，有方服而衣麻者，妙达易道，始发'河图'之秘，以授希夷，希夷始著诀传世。"该书卷四十三又载，开宝四年（971年）"处士陈抟，受《易》于麻衣道者，得所述《正易心传》四十二章，理极天人，历诋先儒之失"。宋李简易《玉溪子丹经指要》卷首《混元仙派图》中，有《麻衣道者传》，其下即系以陈抟。这都表明麻衣道者与陈抟有师承关系。

《麻衣道者正易心法》，又名《正易心法》，共一卷。据宋释志磐著《佛祖统记》卷四十三载："陈抟受《易》于麻衣道者，得所述《正易心法》四十二章，理极天人，历诋先儒之失，抟始为之注。及受《河图》《洛书》之决，发易道之秘，汉晋诸儒如郑康成、京房、王弼、韩康伯皆所未知也。"此中的《正易心法》四十二章即是此书。此书后被《正统道藏》误认为已亡佚，故写入《道藏缺经目录》。其实并未湮没，只是当时未能勤加搜求罢了。学者或疑《正易心法》乃伪托之书，非麻衣道者所著[1]。后世术家盛传之《火珠林》一卷，亦曾题麻衣道

---

[1] 如龚延明、李裕民认为"《正易心法》一卷，麻衣道者撰。实为宋人戴师愈所作"。（龚延明、李裕民：《宋人著作辨伪》，《宋史研究论文集》（第十一辑），巴蜀书社2006年版）

者撰,然学者多视为伪托之作。

对于此书,宋人冯椅《厚斋易学·附录二》有著录,并云:

> 《正心易法》,麻衣道者,《正心易法》四十二章,章四句,句四言,题"希夷先生受并消息"。李寿翁刊于当涂。熙宁三年,庐峰隐者李潜几道后序云:得之庐山一异人,注"或云许坚"。或有疑而问者,应之曰:"世有能作之者乎?虽非麻衣,是亦麻衣之徒者也。"窃谓麻衣止是善相,陈图南引以相钱若水耳,未闻《易》能相人也。必庐山隐士有粗知《易》者撰为此书,又自解释讬之图南,以傅会其说耳。虽李潜亦不敢为决然之辞,欲讬之许坚而不敢正言。乾道间,南康戴师愈孔文始为之跋以行,未可据也。其间亦粗有小小得处,而谬妄实多。毛伯玉曰:其说谓学者当于羲皇心地上驰骋,无于周、孔脚迹下盘旋。此理诚有之,然专论互体、卦变,此汉儒之说,而谓之羲皇心地、孔子之所不及,疏矣哉!

元胡一桂《周易启蒙翼传·中篇》有记载,并称:

> 麻衣道《正易心法》(《宋志》),四十二章,章四句,句四言,题"希夷先生受并消息"。李寿翁刊于当涂。乾道间,南康戴师愈孔文始为之跋以行,未可据也。案朱子云:麻衣《心易》如所谓"雷自天下而发,山自天上而坠"之类,皆无理之妄谈;所谓"一阳生于子月,而应在卯月"之类,乃术家之小数;所谓"由破体炼之,乃成全体",则炉火之末技;所谓"人间万事,悉是假合",又使者之幻语尔。其他比比非一,不容悉举。要必近年术数末流,道听途说,掇拾老、佛、医、卜诸说之陋者以成其书。夫麻衣为方外之士,然其为希夷所敬如此,则其为说必有奇绝过人者,岂若是之庸琐哉?(小注:跋麻衣《易》节文)又曰:予为此说,后二年,假守南康,有前湘阴主簿戴师愈者来谒,即及麻衣《易说》,其言暗涩,殊无伦次。问其师传所自,则曰得之隐者,彼不欲世人知其姓名,不敢言。复问之邦人,皆曰书独出戴氏,莫知所自来。后至其家,见几间有所著杂书一编,读之则辞语气象,宛然麻衣《易》也,予以是始疑伪作者即此老。既归,取观,则最后跋语固其所为,而一书四人之文,体制规模乃出一手,然后始益信所疑之不妄矣。(小注:《再跋节文》)又云戴既死,某在他家借得渠所作《易图》看,皆与麻衣相应,将逐卦牵合取象画成图子,《需》卦画作共食之象,以《坎》卦一画作卓子,两阴爻作饮食,乾三爻作三人向之食,《讼》卦则三

人背饮食,坐《蒙》卦以笔牵合六,如此小儿。

按:《麻衣道者正易心法》是由麻衣道者著,宋初陈抟注。曾刊入《范氏奇书》《津逮秘书》《学津讨原》《丛书集成初编》《艺海珠尘》等丛书,今收入《藏外道书》第5册。北京大学图书馆现藏明嘉靖范钦刻本《麻衣道者正易心法》一卷。

《易龙图》一卷,陈抟撰。未见

陈抟(？—989),字图南,自号扶摇子,豪州真源(今河南鹿邑)人,五代宋初道士。举进士不第,隐居华山。宋太宗赐号希夷先生。《宋史》《东都事略》有传。陈抟著述甚多,据《宋史》本传记载,抟"好读《易》,手不释卷,常自号扶摇子。著《指玄篇》八十一章,言导养及还丹之事。宰相王溥亦著八十一章,以笺其指。抟又有《三峰寓言》及《高阳集》《钓潭集》、诗六百余首"。又据郑樵《通志·艺文略》著录,他有《赤松子八诫录》一卷、《指玄篇》一卷、《九室指玄篇》一卷、《人伦风鉴》一卷。《宋史·艺文志》有《易龙图》一卷,宋吕祖谦编的《宋文鉴》存有《龙图序》一文。今仅存《龙图序》一文,其他皆佚。陈抟的易学特征为以图式解《易》,他所提出的易学图式,包括象和数两方面的内容,为宋代象数之学和图书学派的创始人。

陈抟《易龙图》共一卷,宋人冯椅《厚斋易学·附录二》有著录,并云:"《中兴书目》:《易龙图》一卷,本朝处士陈抟撰。抟,字图南,亳州人。隐居华山三峰,赐号白云。后赐号'希夷'。邵子文云:抟好读《易》,以数学授穆修伯长,伯长授李之才挺之,挺之授尧夫以象学授种放,放授许坚,坚授范谔昌。毛伯玉曰:挺之《易》学专论象耳,未尝及数学也。子文既分象、数为二,而又以为其象学殊不可晓。希夷故是异人神仙与？学问自是两途。子文,尧夫子也。"《宋史·艺文志》亦载"陈抟《易龙图》一卷"。《周易启蒙翼传·中篇》亦载"陈抟《易龙图》一卷"。

《龙图序》为陈抟仅存于今的易学文献,它反映了陈抟图书易学的基本思想。全文收录于吕祖谦编《宋文鉴》卷八十五,现移录于下:

且夫龙马始负图,出于羲皇之代,在太古之先也。今存已合之位,或疑之,况更陈其未合之数耶？然则何以知之？答曰:"于仲尼三陈九卦之义探其旨,所以知之也(小注:九卦谓:《履》《谦》《复》《恒》《损》《益》《困》《井》《巽》之九卦也)。"况夫天之垂象,的如贯珠,少有差则不成次序矣。故自一至于盈万,皆累累然如系之于缕也。且若《龙图》本合,则圣人不得见其象,所以天意先未合而形其象,圣人观象而明其用。是《龙图》者,天散而示之,伏羲合而用之,仲尼默而形之。始《龙图》之未合也,惟五十五数。上二十五,天数也,中贯三、五、九,外包之十五,尽天三、天五、天九,并十五之用,后形一六无位(小注:上位去一,下位去六),又显二十四之为用也,兹所谓天垂象矣。下三十,地数也,亦分五位(小注:五位言四方中央也),皆明五之用也(小注:上位形五,下位形六),十分而为六(小注:五位六五,三十数也),形坤之象焉(小注:坤用六也)。六分而几四象(小注:成七、九、八、六之四象),地六不配(小注:谓中央六也。一分在南边,六几少阳七。二分在东边,六几少阴八。三分在西边,六几老阳九。惟在北边,六便成老阴数,更无外数添也),在上则一不用,形二十四;在下则六不用,亦形二十四(小注:上位中心去其一,见二十四,下位中心去其六,亦见二十四,以一岁三百六旬,周于二十四气也,故阴阳进退皆用二十四)。后既合也,天一居上为道之宗,地六居下为气之本(小注:一六上下覆载之中,运四十九之数,为造化之用也),天三幹地二、地四为之用(小注:此更明九六之用,谓去三统地二地四,几九为乾元之用也,九幹五行几数四十,是谓大衍之数五十,其用四十有九也)。三若在阳则避孤阴,在阴则避寡阳(小注:成八卦者,三位也,谓一、三、五之三位;二与四,只两位,两位则不成卦体。是无中正,不为用也。二与四在阳,则为孤阴,四二是也;在阴则为寡阳,七九是也。三皆不处之,若避之也)。大矣哉!《龙图》之变,歧分万涂,今略述其梗概焉。

考陈抟易学的传承,一般史料均认为他受之于麻衣道者。据《佛祖统记》卷四十三的记载:"处士陈抟,受《易》于麻衣道者,得所述《正易心法》四十二章。理极天人,历诋先儒之失。抟始为之注。及受《河图》《洛书》之诀,发《易》道之秘,汉晋诸儒如郑康成、京房、王弼、韩康伯皆未所知也。"麻衣道者其人其事,正史不载。宋代章炳文《搜神秘览》、王象之《舆地纪胜》、邵伯温《邵氏闻见录》等均记有其逸事逸闻,《张三丰先生全集》将麻衣道者与陈抟一起列入道教隐仙派,则陈抟《易》学思想自非儒门正统可知。

清人朱彝尊《经义考》卷十六载"《宋志》：'一卷。'未见。"并引：

《东都事略》："陈抟，字图南，亳州真源人。举进士不第，隐武当山，移居华山。周世宗闻其名，召见，命为谏议大夫，辞不受。尝乘白驴欲入汴，中涂闻太祖登极，大笑，坠驴，曰：'天下于是定矣。'太祖召之，以羽服见于延英殿，赐号希夷先生。抟好读书，常自号扶摇子。"

抟《自序》曰："原夫龙马负图，出于羲皇之代，在太古之先，今存已合之位，犹或疑之，况更陈其未合之数耶？然则何以知之？答曰：'于仲尼三陈九卦之义探其旨，所以知之也。'且天之垂象，的如贯珠，少有差忒，则不成次序，故自一至于盈万，皆累累然如丝之于缕也。使《龙图》本合，则圣人不得见其象矣，所以天意先未合而形其象，圣人观象以明其用。是《龙图》者，天散而示之，伏羲合而陈之，仲尼默而形之者也。其未合也，惟五十五数。上二十五，天数也，中贯三、五、九，外包十五，尽天三、天五、天九，并五十之用，后形一六无位，又显二十四之为用也，兹所谓天垂象矣。下三十，地数也，六分五位，皆明五之用也，十分而为六，形地之象焉。六分而成四象，地六不配，在上则一不动，形二十四，在下则六不用，亦形二十四。其既合也，天一居上，为道之宗，地六居下，为气之本，天三干地二、地四为之。用三若在阳则避孤阴，在阴则避寡阳。大矣哉！《龙图》之变，岐分万途。今略述其梗概焉。"

王湜曰："《先天图》传自希夷，前此则莫知其所自来也。"

邵伯温曰："希夷先生学《易》，生于意言象数，不烦文字解说，止有一图《先天方圆图》，亦非创意以作，孔子《系辞》述之明矣，真穷理尽性之学也。"

朱子曰："先天之学，康节得于李之才挺之，挺之得于穆修伯长，伯长得于希夷。"

魏了翁曰："先天之学，秦汉而后，惟魏伯阳窥见此意，至华山陈处士始尽发其秘。"

吴澄曰："《河图》《洛书》，邵所传原于穆，刘所传原于种，皆得自希夷者也。"

胡一桂曰："按：《龙图序》希夷正以五十五数为《河图》，则刘牧以四十五数为《图》，托言出于希夷者，盖亦妄矣。"

王申子曰:"《先天圆图》,阳左阴右,《易》之体也。《后天横图》,阴左阳右,《易》之用也。此二《图》不知希夷以前何所托,至希夷始出,亦已奇矣。"

雷思齐曰:"宋初,陈图南始创意推明象数,自谓因玩索孔子三陈九卦之义,得其遗旨,新有书述,特称《龙图》。离合变通,图余二十,贯穿《易》理。"

黄宗炎曰:"周茂叔之《太极图》,邵尧夫之《先后天图》,同出于陈图南。夫阴阳老少之说,未尝见于《十翼》,不过后人以揲蓍求卦,著于版上,以为分别纪数也,故称其名,俗而不古。然犹强解曰:'画卦自下而上,有一画,始有二画,以至三画。'故作此影响之论。若夫六画之卦,一《乾》为主,为下卦,是为贞卦;而递以八卦加之,为上卦,为是悔卦。其它七卦,莫不皆然。安得于此时拆去其上二画而为四画,拆去其上一画而为五画也哉?如既已重之,则一卦各错八卦,显然成六十四卦,安得于此中有先后去取之殊,而为十六、为三十二也哉?图南本黄冠师,此图不过仙家养生之所寓,故牵节候以配合,毫无义理,再三传而尧夫受之,指为:'性天窟宅,千古不发之精蕴,尽在此图。'《本义》崇而奉焉,证是羲皇心传,置夫大《易》之首。以言乎数,则不逮京房、焦赣之可征;以言乎理,则远逊辅嗣、正叔之可据。且曲为之说曰:'此《图》失自秦火,流于方外,自相授受,不入人间。'夫《易》为卜筮之书,不在禁例,宜并其图而不禁,岂有止许民间藏卦爻而独不许藏图之事?朱元晦《与王子合书》云:'邵氏言伏羲卦位近于穿凿附会,且当阙之。'乃《易学启蒙》《本义》又如此其敬信,不可解也。"

徐善曰:"图南之书已亡,度其目约二十一篇,而《图》、《书》二象居其末。马氏《经籍考》不载,则由其徒秘不示人,故当时未传尔。其《序》文义晦涩,叶梦得以为伪作,良是。"又曰:《图》《书》得图南而始显,乃昧者缘之,复滋异辞。有谓《天地十数列九五位之图》为伏羲自造者,范谔昌也;有谓《河图》止一圈,而九宫非《河图》者,丰坊也;有谓九宫、五位、二象皆《河图》者,章俊卿、王采也;有谓撰十图以尽《河图》变体,妄相传述者,赵以夫、黄镇成、熊朋来也;至雷思齐则但信九数为《图》,而不信有《书》,蒋德之则但信十数为《书》,而不信有《图》,其持论皆不能无疵。

及乎西山蔡氏反《易》之后，异解更多。有托言青城隐者，阴阳相含，就其中八分之以当八卦，谓之《河图》，用井文界分九宫，谓之《洛书》者，罗愿也；有谓《河图》即《太极图》者，赵谦也；有仿佛八卦作《坎》《离》中画交流，谓之真《河图》，得于异人传授者，谢枋得也；若乃《图》《书》形状，亦人人殊，袭汉人者，谓《图》呈于龙甲，信星点者谓龟文如玳瑁。杨龟山谓《图》《书》但出于水，无龟与龙。俞琰谓河图之文镌于宝石，若近世喻国人谓泉脉上涌而纹成水面，则益怪矣。呜呼！又奚怪司马君实、欧阳永叔、王子充、归熙甫诸人之欲尽废《图》《书》也哉！

宋初陈抟创"龙图《易》"。吸收汉唐九宫说与五行生成数，提出一个图式，名《龙图》，即《河图》。其特点在于"不烦文字解说，止有一图，以寓其阴阳消长之数，与卦之生变"（邵伯温《易学辨惑》）。据传曾作《无极图》和《先天图》，前者乃道家所主张万物生成归源于"无极"的图说，后者为六十四卦的衍生图式。陈抟所著《易龙图》《九室指玄篇》等，均已亡佚。今存题为陈抟所作的《阴真君还丹歌注》，收入《道藏》。

《易论》三十三卷，王昭素撰。佚

王昭素（904—982），宋开封酸枣（今河南延津）人。《宋史》称他常聚徒教授以自给，李穆与弟肃及李恽皆常师事焉。博通九经，兼究老庄，尤精《诗》《易》，撰有《易论》三十三卷。宋太祖曾召问《易经》及养生治世之道，并拜国子博士。七十多岁时宋太祖召见他，任为国子博士，后以国子博士致仕。

《宋史》记载《易论》为二十三篇，实则三十三卷。宋王尧臣《崇文总目》、宋冯椅《厚斋易学》、李焘《续资治通鉴长编》及《宋史·艺文志》、元胡一桂《周易启蒙翼传》等都记载为三十三卷，故"二"系"三"之误。《易论》内容，主要是对王弼、韩康伯、孔颖达等人易学的评议，并断以己意，如《宋史》所称："以为王、韩注《易》及孔、马《疏》义或未尽是，乃著《易论》。"宋人冯椅《厚斋易学·附录一》亦载："《崇文总目》：《易论》三十三卷，本朝处士王昭素撰。以注疏异同，互相诘难，蔽以己意。太祖时尝召令讲《易》。昭素，开封酸枣人。后有徐徽撰《易论纂要》一卷。王介父《题》云：'予尝苦王先生《易论》晦而难读，徐徽生删取其略，以示予，又取其义可传及虽不足传而犹可论者存之'。"此书特点在于修正汉唐《易》注的缺失或不足,兼采众家之长而为,《经义考》卷十六引《崇文总目》云"昭素《易论》取诸家之善,参以其言折衷之"。王昭素对汉以来的卦气说也持批判态度。《经义考》卷十六引胡旦云:"京房学于焦赣,七日来复,其说则源于《易》矣。东汉郎顗明六日七分之学最为精妙,自杨子云、马融、郑康成、宋衷、虞翻、陆绩、范望并传此学,至昭素独非之。"从目前的佚文来看,《易论》依旧采用注疏的解经方法。

清人《经义考》卷十六载"《宋志》:'三十三卷。'未见。"并引:

《长编》:"开宝三年三月,以处士王昭素为国子博士致仕。昭素,酸枣人,笃学有志行,著《易论》三十三篇,学者多从之游。上闻其名,召见便殿,时年已七十余。上问曰:'何以不仕致,相见之晚。'昭素谢不能。上令讲《乾》卦,至'九五,飞龙在天',则敛容曰:'此爻正当陛下今日之事。'援引证据,因示风谏微旨。上甚悦,留月余,数求归,故有是命。年八十七,乃卒于家。"

《崇文总目》:"昭素《易论》取诸家之善,参以其言折衷之。"

《中兴书目》:"昭素以王、韩注《易》及孔、马《疏》义或未尽,乃著此《论》。"

胡旦曰:"京房学于焦赣,七日来复,其说则源于《易》矣。东汉郎顗明六日七分之学最为精妙,自杨子云、马融、郑康成、宋衷、虞翻、陆绩、范望并传此学,至昭素独非之。"

晁公武曰:"昭素隐居求志,行义甚高,史臣以王烈、管宁比之。太祖时,尝召令讲《易》。其书以《注》《疏》异同,互相诘难,蔽以己意。"

吕中曰:"古今言《易》者失之拘,在陛下则为'飞龙在天',在臣下则为'利见大人',善言《易》者莫如王昭素矣。古今言阴阳者失之泥,时事未判时属阳,已判时属阴,善言阴阳者莫如张咏矣。"

王应麟曰:"王昭素谓:'《序卦》有:离者,丽也。丽必有所感,故受之以《咸》,《咸》者,感也。凡十四字。'晁以道《古易》取此三句,增入正文,谓后人妄有《上下经》之辨。吴仁杰亦从王、晁之论。"

胡一桂曰:"此书专辨《注》《疏》同异,往往只是文义之学。而朱文公《语录》云:'太祖一日问昭素:《乾》九五:'飞龙在天,利见大人。'常人何可占得此爻?"昭素曰:"何害? 若臣等占得,则陛下'是飞龙在天',臣等'利见大人',是利见陛下。"此说得最好。'以此观之,解中说象占,必有可观者。"

《大衍义》一卷,李觉撰。佚

李觉(947—993),字仲明,北宋青州人。太平兴国五年(980年),举九经及第,授将作监丞。历任通判建州、知泗州、《礼记》博士、国子博士、判国子监等职。曾与孔维等校定《五经正义》,又累上书言时务,述养马、漕运、屯田三事。官终司门员外郎。撰有《算雉兔首足法》《大衍义》等。

《大衍义》一卷,多讲君臣之道。《周易启蒙翼传·中篇》载:"李觉《大衍义》一卷。"《东都事略》卷一百十三载:

> 李觉,字仲明,青州益都人也。举九经,起家为将作监丞,通判建州,迁知泗州,转秘书丞。孔维荐觉学行,迁《礼记》博士。……迁国子博士,太宗幸国子监,……太宗令有司张帏幕、设别坐,诏觉讲《周易》之《泰》卦,觉因述天地感通,君臣相应之旨。太宗甚悦,加直史馆。命觉详校群经及《春秋正义》,改判国子监,迁司门员外郎。卒年四十六。

元胡一桂《周易启蒙翼传》中篇也记载曰:"李觉《大衍义》一卷。"

《周易演圣通论》十六卷,胡旦撰。佚

胡旦(955—1034),字周父,滨州渤海(今山东惠民)人。宋太宗大平兴国三年(978年)戊寅科状元。曾任将作监丞、左拾遗、殿中丞、尚书户部员外郎、知制诰等职。胡旦喜读书,学识渊博,著述甚丰,有《汉春秋》《五代史略》《将帅要略》《周易演圣通论》《唐乘》《家传》三百余卷传世。按:宋有两胡旦,一字周父,滨州渤海人;一字明远,居德安。此处当为前者。

《周易演圣通论》共十六卷。《厚斋易学》《周易启蒙翼传》《玉海》著录皆为十六卷,而《文献通考》误录为六十卷。另,王俨有七十三卷、朱震有七十二卷等说法,其实皆误。《周易演圣通论》一书对传统易学注疏多有驳正,据《玉海》卷三十六载:"胡旦有《易演圣通论》十六卷,多引《注》《疏》及王昭素《论》,为之商榷。"《文献通考》卷一百八十五载:"《演圣通论》六十卷,《崇文

总目》：皇朝秘书监致仕胡旦撰。以《易》《诗》《书》《论语》先儒传注得失参糅，故作论而辩正之。《易》百篇，《书》五十六篇，《诗》七十八篇，《论语》十八篇，凡二百五十二。天圣中献之。晁氏曰：其所论《易》十六卷，《书》七卷，《诗》十卷，《礼记》十六卷，而《春秋论》别行。天圣中尝献于朝，博辩精详，学者宗焉。陈氏曰：《易》十七，《书》七，《诗》十，《礼记》十六，《春秋》十，其第一卷为目录。"

  清人朱彝尊《经义考》载"《宋志》：'十六卷。'佚。"并引：

  晁公武曰："胡旦，字周父，渤海人。太平兴国三年进士第一人，知海州。上《河平颂》，先是卢多逊、赵普罢，《颂》有'逆逊投荒，奸普屏外'之句，太宗怒贬商州团练副使。上《平燕八议》，召复官，再迁知制诰，终秘书监。景德初，以目疾致仕。"

  王偁曰："旦隽辨强敏，退老汉上，既丧明，犹令人读经史，凭几听之，未尝少辍，著《演圣通论》七十三卷。"

  朱震曰："先儒数十篇之次，其说不一，独胡旦为不失其旨。"

  《长编》："天圣四年正月，秘书监致仕胡旦言撰成《演圣通论》七十卷，以驳正《五经》，家贫不能缮写，奏御。庚子，赐旦钱十万、米百斛。五年十二月，旦上所撰《演圣通论》七十二卷。景祐九年七月，旦妻盛氏上旦所撰《续演圣论》。"

  董真卿曰："旦，字周父，滨州人，仕宋知制诰。《易演圣通论》，《经》二篇，《传》十篇，《彖》一、《大象》二、《小象》三、《乾·文言》四、《坤·文言》五、《上系》六、《下系》七、《说卦》八、《序卦》九、《杂卦》十。多引经《疏》及王昭素《论》为之商榷。"

《周易异议论》十卷，刘遵撰。佚

  刘遵，生平事迹不详，曾撰有《周易异议论》等。
  《周易异议论》共十卷，宋郑樵《通志》卷六十三载"《周易异议论》十卷"。元胡一桂《周易启蒙翼传·中篇》："刘遵《易异议论》十卷，《外义》三卷。"清人朱彝尊《经义考》卷十六载"《通志》：'十卷。'佚。"并引：

  朱震曰："'七日来复'之义，自子夏、京房、陆绩、虞翻皆以阳涉六阴、极而反初为七日,王昭素畅其说,胡旦难之。刘遵谓:'天行躔次有十二,阴行其六,阳行其六,当于阴六,阳失位,至于七,则阳复本位。此周天十二次,环转反复,其数如此,施之于年月日时并同。故一日之中,七时而复;一月之中,七日而复;一年之中,七月而复;一纪之中,七岁而复。'胡旦复难以为妄论,然遵论阴阳运行之数,得天道之行七日必复之理,但不本于《乾》《坤》二卦消息之象以论之,是以其言漫漶,要之亦有所长,未可斥之为妄也。"

《卦气图》一篇,李溉撰。存

李溉,生卒年不详。据史书记载,他当为陈抟的再传弟子。据《宋史·朱震传》称:"陈抟以《先天图》传种放,放传穆修,穆修传李之才,之才传邵雍。放以《河图》《洛书》传李溉,溉传许坚,许坚传范谔昌,谔昌传刘牧。"李溉易学著述不可尽见,所见《卦气图》载于朱震《汉上易传》与惠栋《易汉学》之中。

《卦气图》一篇,朱震认为其说源于《易纬》,俞琰《读易举要》卷三认为:"其说出于纬书,盖焦、京占候之学也。"此图以汉儒的卦气说为主,以图来解说卦气,直观形象。清人朱彝尊《经义考》卷十六载"李氏溉《卦气图》一篇。存":

朱震曰:"李溉《卦气图》,其说原于《易纬·类是谋》、《通卦验》。"

杨时乔曰:"溉得《易》图于种放,放得之陈希夷,希夷诸《图》皆《易·说卦》所言者,此《图》与之不同。想溉所自作,无关于《易》之大义,然亦依傍《易》说,可以节取。"

《周易注》十卷、《周易绝笔书》四卷,龙昌期撰。佚

龙昌期,字起之,号竹轩,北宋陵州(今四川仁寿)人。一生研读经书、讲学、博览群籍,曾注《易》《诗》《书》《孝经》《阴符经》《老子》等。有《竹轩小集》《龙昌期集》,不传。事见《宋史》卷二九九《胡则传》。

关于龙昌期生平学术,王辟之《渑水燕谈录》卷六《文儒》载:"龙昌期,陵州人。祥符中,别注《易》《诗》《书》《论语》《孝经》《阴符》《道德经》,携所注

游京师。范雍荐之朝,不用。韩魏公安抚剑南,奏以为国子四门助教。文潞公又荐,授校书郎,讲说府学。明镐再奏,授太子洗马致仕。明堂泛恩,改殿中丞。又注《礼论》,注《政书》《帝王心鉴》《八卦图精义》《入神绝笔书》《河图》《照心宝鉴》《春秋复道三教图》《通天保正名等论》《竹轩小集》。昌期该洽过人,著撰虽多,然所学杂驳,又好排斥先儒,故为通人所罪,而其书亦不行。年八十九,卒,鲜于子骏为志其墓。"

关于龙昌期《易》学著述,清朱彝尊《经义考》卷十六载"《周易注》,《通志》:'十卷。'佚。《周易绝笔书》,《通志》:'四卷。'佚。"并引:

文彦博曰:"武陵先生龙君平,陵阳人也,藏器于身,不交世务,闭关却扫,开卷自得,著书数万言,穷经二十载,名动士林,高视西蜀。"

范仲淹曰:"岷山处士龙昌期,论《易》深达微奥,福唐部将延与郡人讲《易》,率钱十万遗之,范公雍以所著书奏御,遂行于时。"

《宋史》:"昌期尝注《易》《诗》《书》《论语》《孝经》《阴符经》《老子》,其说诡诞穿凿,至诋斥周公。初用荐者补国子四门助教,文彦博守成都,召至府学,奏改秘书省校书郎,后以殿中丞致仕。著书百余卷,嘉祐中诏取其书,昌期时年八十余,野服自诣京师,赐绯鱼绢百匹,欧阳修言其'异端害道,不当推奖',夺所赐服,罢归,卒。"

《卦变反对图》八篇、
《六十四卦相生图》一篇,李之才撰。存

李之才,字挺之,青州(今山东青州)人,《宋史》作青社人。天圣八年(1030年)同进士出身,曾任主簿、司法参军殿中丞等职。李志才曾师从河南穆修。穆修(979—1032),字伯长,郓州汶阳(今山东汶上)人,累仕颍州文学参军。穆修曾师从陈抟,并传其图书易学。后邵雍出其门下,有《穆参军集》传世。《宋史》《东都事略》有传。李之才的《易》学著述已失传,今所见者存留于朱震《汉上易传》、林至《易裨传》、黄宗羲《易学象数论》、胡渭《易图明辨》、胡煦《周易函书约存》等书中的卦变图中。

李之才易学主卦变说,其卦变图有两个:一为变卦反对图,一为六十四卦相生图。变卦反对图,由八个图组成,故有八篇。主要内容为"六十四卦刚柔

相易周流而变易",故称变卦。此注重卦与卦之间的反对关系。六十四卦相生图，与变卦反对图一样，也是一种卦变图，他注重由爻变而卦变。清人朱彝尊《经义考》卷十七载："李氏之才《变卦反对图》八篇。阙。《六十四卦相生图》一篇。存。"并引：

《东都事略》："之才，字挺之，青州人。举进士，后为殿中丞，佥书泽州判官。初，华山陈抟读《易》，以数学授穆修，修授之才，之才授邵雍。"

晁说之曰："挺之师河南穆伯长，时苏子美亦从伯长学《易》，其专授受者惟挺之。伯长之《易》受之种征君明逸，征君受之希夷先生陈图南，其源流为最远。究观三才象数变通，非若晚出尚辞以自名者。"

林至曰："李挺之《卦变反对图》八篇、《六十四卦相生图》一篇，汉上朱氏以为康节之子伯温传之于河阳陈四丈，陈传之于挺之。长杨郭氏《序》李氏《象学先天变卦》曰：'陈图南以授穆伯长，伯长以授李挺之，挺之以授邵尧夫、陈安民，安民以授兼山'。"

杨时乔曰："杨甲《六经图》谓之才卦图传之邵子，邵子传之河阳陈氏。是图不独八卦能生，六十四卦又旁通相生。得此，然后《易》之《象辞》可知其所从来，所谓象学也。"

《大易源流图》一卷、《易证坠简》二卷，范谔昌撰。佚

范谔昌，建溪人，天禧年间人。他曾师从李处约，撰有《大易源流图》《易证坠简》等。

《大易源流图》一卷，多言纳甲、纳音之说。《易证坠简》二卷，《宋志》《文献通考》《经义考》皆言一卷。此书对《周易》经传多有辩证，后来胡瑗、程颐多取之。《读易举要》卷四称：

（范谔昌）撰《易证坠简》二卷，序言任职毗陵，因事退闲，盖尝失官也。又言得于溢浦李处约，李得于庐岳许坚，其上卷如郭京《举正》，下卷辨《系辞》非孔子命名，止可谓之"赞"，系今《爻辞》乃可谓之《系辞》。又重定其次序。又有《补注》一篇，辨周、孔述作，与诸儒异。为《乾》《坤》二传，末有《四时晷刻图》一篇。《馆阁书目》止一卷。又有《源流图》一卷，言纳甲、纳音者，即此下卷《补注序》中语也。世或言刘牧之学出于谔

昌，而谔昌之学出于种放，未知信否？晁以道、邵子文、朱子发皆云尔。

宋人冯椅《厚斋易学·附录二》载："《大易源流图》《证坠简》，《中兴书目》参《读书志》：《大易源流图》一卷。天禧中毗陵从事范谔昌撰。其说先定纳甲之法，以见纳音之数。谔昌，建溪人，又撰《周易证坠简》一卷，自谓其学出于溢浦李处约，李得于庐山处士许坚。其书酷类郭京《举正》，如《井·象》'木'字为'水'，《颐》爻'颐'字作'经'之类。《震·象辞》内脱去'不丧匕鬯'，程正叔取之；《渐》上六，疑'陆'字，胡翼之取之。"其中记载《易证坠简》一卷，后《文献通考》卷一百七十五也载《易证坠简》一卷，并引：

> 晁氏曰："皇朝天禧中，毗陵从事范谔昌撰。其书酷类郭京《举正》，如《震卦·象辞》内云：脱'不丧匕鬯'四字，程正叔取之；《渐》卦上六，疑'陆'字误，胡翼之取之。自谓其学出于溢浦李处约、庐山许坚，意者岂果有师承，故程、胡取之？"

> 陈氏曰："其上卷如郭京《举正》，下卷辨《系辞》非孔子命名，止可谓之'赞'，系今《爻辞》乃可谓之《系辞》。又重定其次序。又有《注补》一篇，辨周、孔述作，与诸儒异。为《乾》《坤》二传，末有《四时晷刻图》一篇。《馆阁书目》止一卷。又有《源流图》一卷，言纳甲、纳音者，即此下卷《补注序》中语也。世或言刘牧之学出于谔昌，而谔昌之学亦出种放，未知信否？晁以道、邵子、朱子发皆云尔。"

范谔昌之学，系宋图书之学，根据《宋史》《东都事略》《佛祖统纪》等文献记载，当出自许坚，后范谔昌又将此学传给刘牧。如《东都事略》卷一一三载："华山陈抟读《易》，以象学授种放，放授许坚，坚授范谔昌。"

清人朱彝尊《经义考》卷十七载："《大易源流图》，《宋志》：'一卷。'佚。《易证坠简》，《宋志》：'一卷。'佚。"并云：

> 《东都事略》："华山陈抟读《易》，以象学授种放，放授许坚，坚授范谔昌。"

> 晁说之曰："谔昌受《易》于种征君，以授彭城刘牧，而聱隅先生黄晞及陈纯臣之徒皆由范氏知名者也。其于康节之《易》，源委初同，而浅深不伦矣。"

> 晁公武曰："皇朝天禧中，毗陵从事建溪范谔昌撰，其书酷类郭京《举正》。如《震卦·象辞》内云脱'不丧匕鬯'四字，程正叔取之；《渐卦·上

六》疑'陆'字误,胡翼之取之。自谓其学出于溢浦李处约、庐山许坚,意者果有师承,故程、胡有所取焉。"

朱震曰:"范谔昌著《易证坠简》,曰:'诸卦《彖》《象》《爻辞》《小象》《乾、坤·文言》,并周公作。自《文言》以下,孔子述也。'以经传考之,《明夷》之《彖》曰:'内文明而外柔顺,以蒙大难,文王以之。利艰贞,晦其明也,内难而能正其志,箕子以之。'则《彖》非文王作,断可知矣。盖《彖》者,孔子赞《易》十篇之一,先儒附其辞于《卦辞》之下,故加《彖》以明之。谔昌以《乾·彖》释'元亨利贞',《文言》又从而释之,疑其重复,谓'非孔子之言',且引穆姜之言证之,此又不然。《文言》者,文其言也,犹序《彖》《说卦》之类,古有是言,或文王,或周公之辞,孔子因其言而文之,以垂后世尔。穆姜之言曰:'元,体之长也。亨,嘉之会也。利,义之和也。贞,事之干也。体仁足以长人,嘉德足以合礼,利物足以和义,贞固足以干事。'以今《易》考之,删改者二,增益者六,则古有是言,孔子文之为信然矣。谔昌遂以'六十四卦之《彖》皆出于周公',则误也。又谓:'《乾卦》答问以下,为孔子赞《易》之辞,非《文言》也。'此亦误也。孔子作十篇以赞《易》,《彖》也、《大象》也、《小象》也、《系辞》上下也、《乾·文言》也、《坤·文言》也、《说卦》也、《序卦》也、《杂卦》也,若以答问以下为非《文言》,则先儒未以《文言》附于《乾》《坤》之下,其辞当列于何篇耶?盖《文言》之后,又有此言赞《乾》《坤》六爻之义,故通谓之《文言》,如《系辞》之中,广述《困》《解》《否》《豫》《复》五卦之爻是也。圣人以《易》之蕴尽在《乾》《坤》,而六十二卦由此而出,故详言爻义,以例诸卦耳。又谓'《大象》《小象》皆出于周公',亦误也。且八卦成列,象在其中矣,因而重之,爻在其中矣。圣人有以见天下之赜,拟诸其形容,象其物宜,是故谓之象。有卦之象焉,有爻之象焉。《象》也者,言乎其象者也,言卦之象也。爻象动乎内,言爻之象也,方设卦变爻之时,其象已具乎卦爻之中,如曰:'君子以非礼勿履。'则孔子所系之《大象》也,何以明之?且以《复卦·大象》言之,曰:'雷在地中,《复》,先王以至日闭关,商旅不行,后不省方。'考之《夏小正》:'十一月,万物不通。'则至日闭关,后不省方,夏之制也。周制以十一月北巡狩,至于北岳矣。以是知系《大象》之时,非周公作也。崔杼欲娶东郭偃之姊,筮之,遇《困》之《大过》,陈文子曰:'不可娶也。'且其繇曰:'困于石,据于蒺藜,入于其宫,不见其妻,凶。'其繇与今《困》卦六三爻辞正同,是时《小象》未作,故文子曰:'困于石,往不济也。据于蒺藜,所恃伤也。入于其宫,不见其妻,凶,无所归也。'使《小象》亦周公作,则文子必稽之矣,故曰误也。"

陈友文曰:"《十翼》,先儒皆谓夫子作,独范谔昌、王昭素乃谓:'《彖》《象》《爻辞》《小象》《文言》,并周公作。'不知何据?"

王应麟曰:"范谔昌《证坠简·震·彖辞》脱'不丧匕鬯'四字,程子取之。《渐·上六》疑'陆'字误,胡安定取之。"

胡一桂曰:"《大易源流图》一卷,其说先定纳甲之法,以见纳音之数。《证坠简》一卷,谓:'诸卦《彖》《象》《爻辞》《小象》《乾、坤·文言》,并周公作,自《文言》以下,孔子述也。'朱汉上极辨其非。谔昌,建溪人。天禧中毗陵从事。"

雷思齐曰:"谔昌著《大易源流》,称:'龙马负《图》出河,羲皇穷天人之际,重定五行生成之数,定地上八卦之体,故老子自西周传授孔子造《易》之源,天一正北,地二正南,天三正东,地四正西,天五正中央,地六配子,天七配午,地八配卯,天九配酉,地十配中,寄于末,乃天地之数五十有五矣'。"

《补正太玄经》十卷,范谔昌撰。佚

朱彝尊《经义考》卷二百六十九载"范氏谔昌《补正太玄经》,《通志》:'十卷。'佚。"

《周易会元纪》,徐复、林瑀等撰。佚

徐复,生卒未详,字复之,徐寅曾孙,莆田延寿人(《宋史》云建州人)。宋庆历(1041—1048年)初以布衣召见,除大理评事,固辞,赐号冲晦处士。林瑀,生卒年不详,兴化军莆田人,天圣二年(1024年)进士,康定中擢天章阁侍讲。徐复、林瑀注重象数易学,尤重术数,共撰有《周易会元纪》一书。

《周易会元纪》一书注重占筮,多借助谶纬之学,推论吉凶。清人朱彝尊

《经义考》卷十七,著录为"佚",并引:

《东都事略》:"徐复,字复之,建州人。常游京师,举进士不第,退而学《易》,通流衍卦气之法,自知无禄,故不复进取。庆历初,范仲淹过润州,问以衍卦,占西边用兵,日月无少差。其后与郭京同召对,问以天时人事,复举京房《易》卦,推今年所配年月日时当《小过》:'刚失位而不中,宜在强君德。'仁宗又问明年主何卦,复对曰:'《乾卦》用事。'说至《九五》而止。明日特除复大理评事,固辞,乃赐号冲晦处士。"

曾巩曰:"徐复,字希颜,莆田人。康定中,李元昊叛,诏求有文武材可用者,参知政事宋绶、天章阁侍读林瑀皆荐复,诏赐装钱,州郡迫趣上道。既至,仁宗见复于崇政殿,因命讲《易》《乾》《坤》《既济》《未济》,又问今岁直何卦?西兵欲出如何?复对岁直《小过》,而太乙守中宫,兵宜内不宜外。仁宗善其言,欲官之,复固辞,乃留复登闻鼓院,与林瑀同修《周易会元纪》。岁余,固求东归,仁宗礼以束帛,赐号冲晦处士。因家杭州,以《周易》《太玄》授学者。"

叶梦得曰:"京房《易》世久无通其术者,复遇隐士,得之,而杂以六壬遁甲,自筮终身无禄,遂罢举。仁宗召见,命以大理评事,不就,赐号冲晦处士,归杭州万松岭其故庐也。"

《闽书》:"林瑀,莆田人,举天圣二年进士,授太常博士。康定初,仁宗亲擢天章阁侍读,寻命与徐复同修《周易天人会元纪》,赐五品服。"

《长编》:"景祐末,灾异数起,上忧之,瑀言灾异皆有常数,不足忧,依《周易》推演五行阴阳之变,为书上之。参知政事程琳言瑀所挟书多图纬之言,而上大好之。庆历二年二月,太常博士天章阁侍读林瑀落职,通判饶州。先是瑀奉诏撰《周易天人会元纪》,其说用天子即位年月日辰占所直卦,以推吉凶,且言自古圣王即位,必直《乾》卦,若汉高祖及太祖皇帝皆是也。书成上之,诏学士院看详,皆言瑀所编定事涉图纬,乞藏秘阁,诏赐瑀银绢各五十两疋。御史中丞贾昌期尝面折瑀所言不经,瑀与昌期辨于上前,由是与昌期忤。及是瑀又言:'上即位,其卦直《需》,其象曰:"云上于天,《需》,君子以饮食燕乐。"臣愿陛下频出宴游,极水陆玩好之美,则合卦体,当天心矣。'上骇其言,因问太宗即位直何卦,瑀对非《乾》卦。问真宗,对亦然。上始厌瑀之迂诞,昌期即劾奏瑀,儒士不师圣人之言,专挟邪说罔上听,不宜在经筵,上乃谓辅臣曰:'人臣虽有才学,若过为巧伪,终涉形迹。'遂罢黜瑀。"

朱彝尊最后下按语云:按:冲晦处士徐复以荐召见于崇政殿,留登闻鼓院,与林瑀同修《周易会元纪》,亦见杜大圭《名臣琬琰之集》。

《太玄经注》十卷、《太玄经释文》一卷,林瑀撰。佚

《经义考》卷二百六十九,载:"林氏瑀《太玄经注》,《通志》:'十卷。'佚。《太玄经释文》,《通志》:'一卷。'佚。"《太玄经释文》一卷,而据《兴化府志》作《太乙释文》一卷。

《太玄解》十卷,宋惟干撰。佚

宋惟干,郓州须城(今山东东平)人,曾任起居舍人、陕西转运使、中大夫等职。曾撰有《太玄解》一书。

《太玄解》十卷,乃宋惟干取宋衷、陆绩、范望三家的训解,并别为之注而成。《经义考》卷二百六十九,载"宋氏惟干《太玄解》("干",《通志》作"翰。")《通志》:'十卷。'未见。(《宗旨》一篇存)"并引:

晁公武曰:"皇朝宋惟干注。惟干尝得《太玄》古本于昭应。咸平中,知滑台,取宋衷、陆绩、范望三家训解别为之注,仍作《太玄》《宗旨》两篇附于后。其学盖师济东田告,司马温公所谓小宋者也。"

王应麟曰:"景德元年五月,直昭文馆宋惟干上《太玄新注》十卷,付史馆。"

《太玄经讲疏》四十六卷、《太玄经发隐》三卷、《太玄图》一卷,章詧撰。佚

章詧,字隐之,本福建人,后迁居成都双流。少孤,为兄嫂养育。博通经学,尤长《易》《太玄》,撰有《太玄经讲疏》《太玄经发隐》《太玄图》等。

《经义考》卷二百六十九,载"章氏詧《太玄经讲疏》,《通志》:'四十六

卷。'(《通考注》:"十四卷,《疏》三十卷。")佚。《太玄经发隐》,《通志》:'三卷。'未见。《太玄图》,一卷。佚。"并引:

> 李焘曰:"其说以范望为宗,望所否者辄改正之。大抵《玄》之吉凶专在昼夜,而子云之辞或奇奥难晓,诸家往往迷误,指凶为吉,违背经义。詧独以昼夜订其辞,于吉凶无所差,比诸家诚最优焉。詧,成都人,字隐之,博通《五经》,尤长于《易》《太玄》。王素、赵抃守蜀,皆宾礼之,赐号冲退,素所请也。詧将死,其乡人梦詧以小童自随,投谒告别,曰:'此闲嚣尘,非修行地,吾归阆苑矣。'詧盖明术数得道者。"又曰:"詧有《太玄讲疏》四十九卷,其说甚备,《发隐》之作盖在《讲疏》以前,其大略可见矣。下篇所称王莽旦筮,遇《乾》之一、五、七,乃宋衷、陆绩旧注,本寓言也。而詧谓宋、陆皆居汉世,去扬雄未远,必得之传闻,故因用之,要恐非实耳,然亦不害学者,观其意焉可也。"

> 《长编》:"至和元年十二月,以益州布衣章詧为本州岛助教。詧通经术,尤深于《太玄》,著《发隐》三篇,《讲疏》四十五卷,田况上其《发隐》,特录之,詧辞不拜。嘉祐四年十一月,赐号冲退处士。"

> 《玉海》:"皇祐五年闰七月,章詧上《太玄经发隐》三篇,又《太玄图》一卷,庆历中撰《发隐》,始序雄出处本末、著《玄》之意,中陈准《易》造《玄》之法,末论《玄》之妙以适变通。"

《周易化源图》,高志宁撰。佚

高志宁,字宗儒,河南洛阳人,精通六经,尤善易学。撰有《周易化源图》等。朱彝尊《经义考》卷十六载"《周易化源图》,佚。"并引:

> 韩琦《志墓》曰:"志宁,字宗儒,河南洛阳人。幼通《六经》,尤深于大《易》。咸平中,举明经,应识洞韬略运筹决胜科,召对龙图阁,言兵事莫备于《师卦》,因讲其卦于上前,真宗大悦,授大理评事。又应才识兼茂明于体用科,执政罢之,改太子左赞善大夫。天圣中,充河北沿边安抚副使,以右领军卫大将军致仕,享明堂恩,转卫尉卿,所著《周易化源图》行于世。"

《周易言象外传》十卷,王洙撰。佚

王洙(997—1057),字原叔,应天宋城(今河南商丘)人,少聪颖,博览强记,遍览图纬、方技、阴阳、五行、算数、音韵、训诂、篆隶之学,无所不通。尝预修《崇文总目》《国朝会要》,著杂文千余篇。撰有《周易言象外传》《古易》《王氏谈录》等。

《周易言象外传》十卷,共十二篇,主要是汇集前儒《易》学,折衷义理,并辅以新说。因其以王弼易学为"内传",故其著述为"外传"。此书宋王尧臣《崇文总目》卷一有著录。宋人冯椅《厚斋易学·附录一》载:"《崇文总目》:《周易言象外传》十卷,《中兴书目》云十二篇,本朝王洙撰。洙,字原叔,应天人。以通经侍讲天章阁,集诸儒《易》说,折衷其理,依卦变为类。《自序》云:'论次旧义,傅以新说。以王弼《传》为内,摘其异者,表而正之,故云《外传》'。"宋人俞琰《读易举要》卷四称:"翰林学士王洙原叔,应天府宋城人,撰《易言象外传》十卷。其《序》言学《易》于处士赵期,论次旧义,附以新说,凡十二篇。以王弼为内,摘其要者,表而正之,故曰《外》云。嘉祐元年卒,年六十一。"清人朱彝尊《经义考》卷十七载"《宋志》:'十卷。'佚。"并引:

《宋史》:"王洙,字原叔,应天宋城人。举进士,为翰林学士,以兄子尧臣参知政事,改侍读学士兼侍讲学士。卒,谥文,著《易传》十卷。"

《崇文总目》:"皇朝王洙原叔撰。洙以通经侍讲天章阁,乃集前世诸儒《易》说,折衷其理,依卦变为类,其论以王弼《传》为内,故自名曰《外》。"

《中兴书目》:"《周易言象外传》十卷,侍讲王洙撰,凡十二篇。《序》云:'论次旧义,附以新说,以王弼《传》为内,摘其要者,表而正之,故云《外》也'。"

《古易》十二卷,王洙撰。佚

王洙编《古易》十二卷,其上下经仅载《爻辞》,而把《卦辞》移居《十翼》之首,名曰"彖辞",《彖辞》《彖传》不分上下,而把大、小《象》分而为二。以《卦

辞》为《十翼》之首者,盖仅此一家。清人朱彝尊《经义考》卷十七载"《宋志》:'十二卷。'存。"并引:

叶梦得曰:"吾尝于睢阳王原叔家得古《易》本,自《乾》《坤》而下,分《咸》《恒》为二篇,但有六爻之文,如《乾》《坤》首言'初九,潜龙勿用。九二,见龙在田'之类。至《繇辞》《彖辞》《大象》《小象》《序卦》《说卦》《杂卦》《文言》与今上、下《系辞》,皆别为卷。今本各以《彖》《象》之辞系每卦之下,而取孔氏之《传》谓之《系辞》者,王辅嗣之误也。"

陈振孙曰:"《古易》十二卷,亦出王原叔家。《上、下经》惟载爻辞,外《卦辞》一、《彖辞》二、《大象》三、《小象》四、《文言》五、《上系》六、《下系》七、《说卦》八、《序卦》九、《杂卦》十。叶石林以为此即《艺文志》所谓古《易》十二篇者。按:隋、唐《志》皆无古《易》之目,当亦后人依仿录之耳。"

《易义》一卷、《四德说》一篇,范仲淹撰。存

范仲淹(969—1052),字希文,苏州吴县(今江苏苏州)人。宋真宗朝进士。庆历三年(1043年)七月,授参知政事,主持庆历改革,因守旧派阻挠而未果。《宋史·范仲淹传》称他"泛通六经,尤长于《易》",曾撰有《易义》等。

在《易义》中,范仲淹将易学诠释与社会政治变革相结合,对《周易》二十七卦大义进行阐发和诠释,不重章句注疏之学,而注重其中的思想义理,由此推动了宋代义理易学的发展。清人朱彝尊《经义考》卷十七有著录,并云"《易义》一卷,存(缺)"。朱彝尊按语云:"按范公《易义》载《集》中,仅存《乾》《咸》《恒》《遯》《大壮》《晋》《明夷》《家人》《睽》《蹇》《解》《损》《益》《夬》《萃》《升》《困》《井》《革》《鼎》《震》《艮》《渐》《丰》《旅》《巽》《兑》二十七卦。"

范仲淹《易义》很短,约三四千字,载于《范文正公集》中,无单行本。另外,范仲淹还有《四德说》一篇,《经义考》卷六十九有著录,称"范氏仲淹《四德说》,一篇。存"。

《周易口义》十二卷,胡瑗讲述,倪天隐辑录。存

胡瑗(993—1059),字翼之,泰州海陵(今江苏泰州)人,一说泰州如皋人,官至太常博士,与孙复、石介并称为"宋初三先生"。因祖籍陕西安定堡,故学者称其为安定先生。倪天隐,字茅冈,桐庐人,与阮逸同时。为胡瑗弟子。他曾于嘉祐、治平、熙宁间,讲学于桐庐、合肥等地,弟子千人,人称千乘先生。

《周易口义》十二卷,或十三卷,又名《易传》《易解》《口义》。宋人冯椅《厚斋易学·附录一》载:"《中兴书目》:《周易口义》十卷,又有《系辞》《说卦》三卷,本朝国子监直讲胡瑗撰。瑗以《易》说授其弟子,因记之为《口义》,大抵祖王弼。"该书乃宋代义理易学的代表之作。全书对《周易》"变易"进行诠释,重点阐述了儒家人生吉凶消长之理,进退存亡之道,以及修身治国之法。对于这部书,《周易启蒙翼传·中篇》著录并评价云:"胡瑗《周易口义》十卷、《系辞说卦》二卷,授其弟子,记之为《口义》,大抵祖王弼。愚案:《语录》或问天行健,朱子曰:'惟胡安定说得好。'因举其说曰:'天者,乾之形;乾者,天之用。天形苍然,南极入地下三十六度,北极出地上三十六度,状如倚杵,其用则一昼一夜行九十余万里。人一呼一吸谓之一息,一息之用,天行八十余里。人一昼一夜有三万三千六百余息,故天行九十余万里,天之行健可知。'观此则,先生解中好处甚多也。又案:晁公武云此解甚详,或云门人倪天隐所纂,非其自著也,无《系辞》等解。"胡瑗易学在宋代颇有影响,曾深受程颐、朱熹等人的推崇,邵伯温《闻见前录》称:程颐《与谢堤书》言"读《易》当先观王弼、胡瑗、王安石三家"。足见胡氏易学在北宋时已备受程颐推崇。

清人朱彝尊《经义考》卷十七云:"胡氏瑗《易传》(《宋志》作'易解'。)《宋志》:'十卷。'(又'《口义》十卷,《系辞说卦》三卷'。)《口义》,存。"并云:

《东都事略》:"胡瑗,字翼之,泰州如皋人。为人师,言行而身化之。景祐、明道以来,学者有师,惟瑗与孙复、石介三人。瑗以布衣召见,论乐,拜校书郎。嘉祐中,迁太子中允,充天章阁侍讲,以太常博士致仕。"

晁公武曰:"安定《易解》甚详,或云门人倪天隐所纂,非其自著也,无《系辞》。"

陈振孙曰:"新安王晦叔尝问南轩曰:'伊川令学者先看王辅嗣、胡翼

之、王介甫三家《易》,何也?'南轩曰:'三家不论互体,故云尔,然杂物撰德,具于中爻,互体未可废也。'南轩之说虽如此,要之程氏专主文义,不论象数,三家者文义皆坦明,象数殆于扫除略尽,非特互体也。"

朱子曰:"胡安定《易》分晓正当,伊川亦多取之。"

赵汝楳曰:"《易》画备于包犧,辞详于三圣,性命道德之蕴,夫子尽已发之。顾乃灾异于西汉,《图纬》于东都,老、庄于魏、晋之交。赖我朝王昭素、胡安定诸儒挽而回之,伊、洛益闳其说,究极指归,然后始复为性命道德之言。"

黄震曰:"先生明体用之学,用范文正荐,白衣召对,教授湖学,又主太学,师道之立,自先生始。然其始读书泰山,十年不归,及既教授,犹夙夜劳瘁二十余年,人始信服,立己立人之难如此。"

胡一桂曰:"安定《口义》解中,好处甚多。"

董真卿曰:"胡氏《易传》十卷,《经》二篇,《传》十篇,《上象》一、《下象》二、《大象》三、《小象》四、《文言》五、《上系》六、《下系》七、《说卦》八、《序卦》九、《杂卦》十。"又曰:"胡氏著《周易口义》十卷,《系辞说卦》三卷,授其弟子记之,大抵祖王弼。"

李振裕曰:"《宋艺文志》既列胡瑗《易解》,复列《口义》十卷、《系辞说卦》二卷(四库本作三卷),而《扬州志》亦仍其目,误也。盖安定讲授之余,欲著述而未逮,倪天隐述之,以其非师之亲笔,故不敢称《传》,而名之曰《口义》。传诸后世,或称《传》,或称《口义》,各从其所见,无二书也。"

《周易口义》,石介撰。佚

石介(1005—1045),字守道,兖州奉符(今山东泰安)人。曾居徂徕山(泰安城东南)下,时人尊称徂徕先生。仁宗天圣八年(1030年)进士,历任郓州观察推官、南京留守推官、国子监直讲等职。撰有《徂徕石先生文集》二十卷。

《周易口义》,亦作《周易解义》。《厚斋易学》《读易举要》《宋志》《周易启蒙翼传》《经义考》等皆著录为十卷。石介《周易口义》本王弼之说,只解六十四卦,以传其师孙复之学。如《厚斋易学·附录一》称:"《中兴书目》:《周易口义》十卷,本朝直集贤院石介撰。建本作《解义》。说本王弼。介字守道,号徂徕先生,兖州人,传孙明复之学。"俞琰《读易举要》卷四亦称:"直讲徂徕石介守道撰《周易解义》,止解六十四卦,传明复之学。卒,年四十一。晁以道尝谓:'守道说:"孔子作《彖》《象》系六爻之前,《小象》系六爻之下,惟《乾》悉属之后者,让也。"他人尚何责哉?'今观《解义》,言王弼注《易》,欲人易见,使相附近,他卦皆然,惟《乾》不同者,欲存旧本而已,更无说。不知晁氏何以云尔也。按:宋咸《补注》首章颇有此意,晁殆误记也耶。"

清人朱彝尊《经义考》卷十八,载:"石氏介《周易解》(《宋志》作'口义',建本作'解义'。)《宋志》:'十卷。'(《绍兴书目》卷同,题曰'《易义通考》',作'五卷'。)佚。"并云:

晁公武曰:"石介,字守道,兖州奉符人。天圣八年登进士第,迁直集贤院,作《庆历圣德诗》,专斥夏竦。其后守道死,竦因诬以北走契丹,请剖棺验视云。"又曰:"景迂云:'《易》古文十二篇,先儒谓费直专以《彖》《象》《文言》参解《易》爻,以《彖》《象》《文言》杂入卦中者,自费直始。'孔颖达云:'王辅嗣又分爻之《象辞》各附当爻。'则费氏初变古制时,犹若今《乾卦》《彖》《象》系卦之末欤?古经始变于费氏,卒大乱于王弼,惜哉!今学者曾不之知也。石守道亦曰:'孔子作《彖》《象》于六爻之前,《小象》系逐爻之下,惟《乾》悉属之于后者,让也。呜呼!他人尚何责哉?'家本不见此文,岂介后觉其误改之欤?"

陈振孙曰:"所解止六十四卦,解亦无大发明。晁景迂言守道云云,今观此《解义》,言王弼注《易》,欲人易见,使相附近,他卦皆然,惟《乾卦》不同者,欲存旧本而已。更无他说,不知景迂何以云尔也。按:宋咸《补注》首章颇有此意,晁殆误记耳。"

黄震曰:"先生奇士也,折节师事泰山孙先生,拜起必扶侍,躬耕徂徕山下,葬不葬者七十丧,高风笃行,有益世教为多。惟其志存忧国,作为文章,极陈古今,指切当世。自谓:'我言不用,虽获祸死不悔。'致夏竦辈深憾之,几不免身后剖棺之祸,悲夫!"

董真卿曰:"徂徕传孙明复学,《周易口义》十卷,建本作《解义》,说本王弼旨。"

《刘牧王弼易辨》二卷，石介撰，或云宋咸撰。佚

宋咸，字贯之，建州建阳人。北宋天圣二年（1024年）进士。累官至都官郎中。撰有《易训》《易补注》《毛诗正纪》《论语增注》《朝制要览》《扬子法言补注》等。

《刘牧王弼易辨》的作者，一说为石介所撰，一说为宋咸所撰。如宋人冯椅《厚斋易学·附录一》载："《中兴书目》：《刘牧王弼易辨》二卷，凡二十八篇，石介撰。又云宋咸撰。"不过，《宋史·艺文志》称为宋咸撰："宋咸《易训》三卷，又《易补注》十卷，又《刘牧王弼易辨》二卷。"今不辨孰是孰非，存而不论。

《刘牧王弼易辨》，主要维护王弼义理易学，但对刘牧图书易学的不当之处多有辩驳。《厚斋易学》称："（宋咸）其说取王弼，谓刘牧以五十五数天五退藏为四象者，为《钩隐图》之精义，非是，独摘《乾》《坤》二卦以见其余。"《读易举要》卷四称："秘书丞宋咸贯之撰《易明》，凡一百九十三条，以证亡误。及得郭京《举正》于欧阳公，遂参验为《补注》。皇祐五年，表上之。别有《易训》，未见。《辨》凡二十篇，辨王弼、刘牧之失。刘牧之学大抵求异先儒，穿凿破碎，故李、宋或删之，或辨之。一说云：'《王刘易辨》是石介撰'。"《周易启蒙翼传·中篇》载："（宋咸）康定元年自序《易辨》曰：'近世刘牧既为《钩隐图》以画象数，尽刊文王，直用己意代之。业刘者实繁，谓刘可专门，王可焚瘗。咸闻骇之，摘《乾》《坤》二卦中王、刘义及《钩隐图》以辨之也。凡二十篇，为二卷，题曰《王刘易辨》云。'案：宣和四年，蔡攸上其书曰：'咸引《正义》以辨，然颖达专以弼为宗，非所以辨二家之得失。至谓孔子不系《小象》于《乾卦》，以尊文王周公，不知《易》本各自为篇，岂孔子旨哉？咸尝注扬子《法言》，纠李轨之误五百余义，盖亦工于诃人者。"

朱彝尊《经义考》卷十六载"《王刘易辨》，一卷。（《绍兴书目》二卷）佚。"并引：

> 胡一桂曰："咸以既补注《易》，以其余百余篇大可疑者三十有六，题曰《易训》，谓训其子而已。《易辨》，康定元年《自序》，宣和四年蔡攸上其书曰：'咸引《正义》以辨。'然颖达专以弼为宗，非所以辨二家之得失。

至谓孔子不系《小象》于《乾卦》,以尊文王、周公,不知《易》本各自为篇,岂孔子旨哉?咸尝注扬子《法言》,纠李轨之误五百余义,盖亦工于诃人者。"

《易训》三卷、《易补注》十卷,宋咸撰。佚

《宋史·艺文志》载:"宋咸《易训》三卷,又《易补注》十卷,又《刘牧王弼易辨》二卷。"宋人冯椅《厚斋易学·附录一》载:"《中兴书目》:《易训》三卷,本朝至和中屯田郎中宋咸撰。咸以既补注《易》,以其余义百余篇,大可疑者三十有六,题曰《易训》,谓训其子而已。"《周易启蒙翼传·中篇》亦载:"宋咸《易补注》十卷,《易训》三卷,《王刘易辨》二卷。至和中,咸以既补注《易》,以其余百余篇,大可疑者三十有六,题曰《易训》。谓训其子而已。"

朱彝尊《经义考》卷十六载宋咸还撰有《易补注》,《宋志》云十卷,注释"佚",另外还有《王刘易辨》一卷,而《绍兴书目》记为两卷,并云:

《闽书》:"宋咸,字贯之,建阳人。天圣二年进士,庆历初,知尤溪县,移知韶州,转职方员外郎,官至都官郎中。所撰有《易注》《毛诗正纪外义》《论语增注》。所注《易》,大为欧阳文忠所称赏,咸自序《易训》曰:'予既以《补注易》奏御,而男亿请余义,凡百余篇端,因以《易训》名之。'盖言不敢以传世,特教其子而已。"

咸自序《易辨》曰:"近世刘牧既为《钩隐图》以画象数,尽刊王文,直以己意代之。业刘者实繁,谓:'刘可专门,王可焚窜。'咸闻骇之,摘《乾》《坤》二卦中王、刘义及《钩隐图》以辨之也。凡二十篇,为二卷,题曰《王刘易辨》云。"

余靖序《补注》曰:"《易》之道深矣,自汉兴,有施、孟、梁丘、京氏、费、高诸家之学列于庠序。而传异端、师异说,往往入于五行谶纬之术,故其学中绝焉。王氏之学,传自魏、晋,盛于隋、唐之际,大都言阴阳变化,人事得失,不悖于三圣,不荡于术数,故独为学者所宗。近世言《易》者,复以奇文诡说相尚,自成一家之言,考之《卦》《彖》《爻》《象》《彖》《系》之微,有所不通矣。今广平宋君贯之补注《周易》,盖惩诸儒之失,而摘去异端,志在通王氏之说,合圣人之经,字有未安,意有未贯,必引而伸之,用明文

王、周公之旨。初著《易明》数十篇，后得唐郭京《举正》之说，意与己合，遂采郭氏《举正》与《易明》相参，缀于经注之下，辨《坠简》之所缺，启后人之未悟，朱墨发端，粲然可观，其自叙详矣。吁戏！古之儒者以明经为本，两汉名臣未尝不以经进，自儒林、文苑派分以来，缙绅之士，视经为蘧庐耳。贯之学必稽古，言必贯通，以词章取科第，以通博副名实。皇祐元年，岁在荒落，《补注》既成，闻于旒扆，俄颁中旨，附邮投进。其明年，蛮事平息，因谈经义，遂得副本为示，乃周而研之。尝观刘氏《钩隐图》言宓羲氏因《龙图》《龟书》之文以画八卦，又言天五地五，大衍之用，其深于数者。及观贯之之释，以为宓羲稽象于天，取法于地，观鸟兽之文，通万物之情以画卦，奚独取于龙马之文耶？又其言《乾》《坤》之策生于四象，其于尼父之《经》，辅嗣之《注》，亡所戾而有所明焉。固可秘之藏室，流之学官，宁止是正文字而已哉！叹其言近旨远，故题而序之。"

胡旦曰："咸读《易疏》，恶《易纬》之学，而并废消息之卦，岂得为善观书者乎？"

晁公武曰："《易训》凡三卷，颇论陆希声、刘牧、鲜于侁得失云。"

陈振孙曰："咸尝撰《易明》，凡一百九十三条，以正亡误。及得郭京《举正》于欧阳公，遂参验为《补注》十卷。皇祐五年，表上之。别有《易训》，未见。《易辨》凡二十篇，为一卷。刘牧之学大抵求异先儒，穿凿破碎，故李、宋或删之、或辨之。"

《玉海》："至和元年十二月，宋咸上注《周易》十卷，诏褒谕。"

《太玄音》一卷，宋咸撰。佚

《经义考》卷二百六十九，载"宋氏咸《太玄音》，一卷。佚。"

《太玄论》一卷，苏洵撰。存

苏洵（1009—1066），字明允，号老泉，眉州眉山人。北宋散文家。与其子苏轼、苏辙合称"三苏"，均被列入"唐宋八大家"。苏洵注重经学，在其《嘉祐集》中，有《六经论》《洪范论》《太玄论》《谥法》《衡论》《权书》以及政论、杂诗等诸作;他还曾撰有《易论》百篇,惜未成而卒。

《太玄论》,现存于《嘉祐集》卷八中。清人朱彝尊《经义考》卷二百九十六,著录为"一卷。存"。

《易筌》六卷,阮逸撰。佚

阮逸,字天隐,建州建阳(今属福建)人。天圣五年(1027年)进士。曾任典乐事、户部员外郎等职。曾与胡瑗合撰有《皇祐新乐图记》三卷、《易筌》六卷。

《易筌》注重人事,以史解经,即每解一爻,即援引古史以证其义,但多牵强附会。《玉海》卷三十六载:"《书目》:阮逸《易筌》六卷,凡三百八十四筌。"《读易举要》卷四载:"《易筌》六卷,太常丞建安阮逸天隐撰。每爻各以一古事系之,颇多牵合。"清人朱彝尊《经义考》十七载"《宋志》:'六卷。'佚。"并引:

> 陈振孙曰:"逸,字天隐,每一爻各以一古事系之,颇多牵合。"
> 王应麟曰:"《易》著人事,皆主商、周。'帝乙归妹''高宗伐鬼方''箕子之明夷',商事也。'密云不雨,自我西郊,王用享于岐山',周事也。阮逸云。"

《周易注解》,张公裕撰。佚

张公裕(1023—1083),字益孺,蜀州江原(今四川崇州)人。仁宗皇祐中进士,曾任戎州军事推官、忠武军节度掌书记、太子中允、知太常礼院、承议郎等职。张公裕博览群书,曾撰有《周易注解》《春秋注解》《诗注解》《老子注解》《阴符注解》《家集》等,后均佚。

《周易注解》,清人朱彝尊《经义考》卷十七,注释"佚",并云:

> 范纯仁《墓志》曰:"公裕,字益孺,蜀之江源人。皇祐中,应进士举,中甲科,为戎州军事推官,调忠武军节度掌书记,改太子中允,知定州唐县。以韩魏公荐,英宗选充秘阁校理,同知太常礼院,改判吏部,丐郡,知嘉州,迁太常博士。以父丧哀毁致疾,服除,请闲官就医,授管勾成都府玉局观,会改官制,为承仪郎,终于官。公于书无所不读,而于《诗》《易》《春秋》尤能究达其义,各为之注解,共三十三卷。"

《易学释疑》,郑升撰。佚

郑升,字元举,仙游(今福建)人。仁宗皇祐元年(1049年)进士,曾任秘书省校书郎等职。郑升博览群书,尤深于《周易》《礼》《春秋》等。

《易学释疑》,清人朱彝尊《经义考》卷十七,载:"郑氏升《易学释疑》,佚。《兴化府志》:'郑升,字符举,仙游人。皇祐元年进士,试秘书省校书郎'。"

《周易略例》一卷、《周易编例》十卷,桂询撰。佚

桂询,字谋道,贵溪(今江西)人。皇祐年间进士,曾任益州新都尉、司理、直讲、应天府右军巡判等。其事迹可见于《同治贵溪县志》卷八、《江西通志》卷四十九。

《周易略例》《周易编例》,《周易启蒙翼传·中篇》载:"桂询《略例》一卷,《周易编例》十卷。"《通志》卷六十三《艺文略》与此同。清人朱彝尊《经义考》卷十七,载:"《通志》:'一卷。'佚。《江西通志》:'贵溪人,皇祐五年登第。'按:凌氏《万姓统谱》称是晋人,误。"

《易传》,于房撰。佚

清人朱彝尊《经义考》卷十七,载:"于氏房《易传》,佚。按:房《易传》载王氏《续文献通考》。《姓谱》有'景祐四年知奉化县事'者,系定襄人;《金华志》有'嘉祐四年进士,官屯田员外郎'者,系浦江人,不知谁为《易传》者?"

《否泰一十八卦论》,柯述撰。佚

柯述(1017—1111),别名柯世程,字仲常,北宋南安(今福建泉州)人。嘉祐年间,柯述举进士。官至朝议大夫,直龙图阁。通百家诗史,更精于《易》,撰有《否泰十八卦》。

《否泰一十八卦论》论君子小人之义,《经义考》卷六十九载:"佚。《闽

书》:'柯述,字仲常,泉州南安人。嘉祐四年登第。元祐、元符中,两知福州,历福建提刑、湖南转运使,终朝议述大夫直龙图阁。述粹于《易》,著《否泰一十八卦》,以明君子小人之分'。"

《易索蕴》四十卷,杨绘撰。佚

杨绘(1027—1088),字元素,自号天为子,汉州绵竹(今四川绵竹)人。皇祐年间进士,历任知制诰、知谏院、翰林学士、御史中丞等职。《宋史》卷三百二十二有《传》。

《易索蕴》,《文献通考》亦载四十卷。《经义考》卷二百四十二载:"杨氏绘《群经索蕴》,《宋史》:'三十三卷。'佚。"《宋史·艺文志》载:"杨绘《元运元气本论》一卷。《谏疏》七卷。"《郡斋读书志》卷一载:"杨元素《书九意》一卷。"《范太史集》卷三十九《天章阁待制杨公墓志铭》载:"《群经索蕴》三十卷,《无为编》三十卷,《西垣集》三卷,《谏疏》七卷,《台章》七卷,《翰林词稿》七卷。"《读易举要》卷四称:"天章阁待制杨绘,字元素,绵竹人。皇祐五年进士第二人。有《群经索蕴》三十卷。长于《易》《春秋》,居无为山,号无为子。以其学背时好,乃名所居堂曰'自信'。元祐三年卒,年六十二。"《周易义海撮要》卷十二载有杨绘撰"八卦方位""坤兑不言方""释类"等篇。

清人朱彝尊《经义考》卷十七,注释"佚",并云:

范祖禹《志墓》曰:"杨绘,字元素,汉州绵竹人。治经济,尤长于《易》《春秋》。皇祐五年进士第二人,终天章阁待制。"

陈师道曰:"杨内翰绘云:'庄遵以《易》传扬雄,雄传侯芭,自芭而下,世不绝传,至沛周郏。郏传乐安任奉古,奉古传广凯,凯传绘。所著《索蕴》,乃其学也'。"

《丁未录》:"杨绘过池阳,见丘璿,璿曰:'明年当改元,以《周易》步之,《丰》卦用事,必以丰字纪年。'果改元丰。"

《易数钩隐图》三卷,刘牧撰。存

刘牧(1011—1064),字先之,墓志铭作字先民,号长民,世称长民先生。

《四库全书总目》记载为彭城（今江苏徐州）人，弘治《衢州府志》则谓衢州西安（今浙江衢州）人。举进士不中，经范仲淹、富弼等人的推举，任兖州观察推官、大理寺丞、尚书屯田郎中等职。曾师从范仲淹为学，"又学《春秋》于孙复，与石介为友"，由此被《宋元学案》列入"泰山学案"中。

刘牧作为宋代图书易学的代表人物，其学源于陈抟、种放、范谔昌等人，撰有《新注周易》《卦德通论》《易解》《易数钩隐图》《周易先儒遗论九事》等多种。对于刘牧的易学著述，陈振孙《直斋书录解题·易类》曾著录有"《新注周易》十一卷、《卦德统论》一卷、《略例》一卷，又《易数钩隐图》二卷，太常博士刘牧长民撰，黄黎献为之《序》。又为《略例图》，亦黎献所序。"宋人冯椅《厚斋易学·附录二》亦载："《中兴书目》云：《新注周易》十一卷，本朝太常博士刘牧撰。吴秘表进，田况序。牧字长民，彭城人。仁宗时，言数者皆宗之。又有《周易卦德通论》一卷，论元、亨、利、贞、四时。《易数钩隐图》一卷，采撼天地奇耦之数，自太极生两仪而下，至于河图，凡六十四位点之成图，于图之下各释其义。《读书志》云：'凡四十八图，并《遗事九》。欧阳永叔序，而其文殊不类。'吴秘又撰《周易通神》一卷，凡三十四篇，注云，所以释《钩隐》。黄黎献受之于牧，秘受之于黎献，久之无传，因作《通神》以奏之。"《玉海》卷三十六载："牧撰《易数钩隐图》一卷，采撼天地奇耦之数，自太极生两仪而下，至于河图，凡六十四位点之成图，于图之下各释其义，凡四十八图。黄黎献受于牧，撼为《略例》一卷、《隐诀》一卷。吴秘受于黎献，作《通神》一卷，以释《钩隐》，奏之，凡三十四篇。"《周易启蒙翼传·中篇》亦载："刘牧《周易解》十二卷（晁氏《志》作十五卷），又撰《卦德通论》一卷（《宋志》有），又撰《钩隐图》一卷（晁《志》作三卷）。案：晁氏曰：'仁宗时，言数者皆宗之。庆历初，吴秘献其书于朝，田况为序（此《易解》也）。'又曰：'《钩隐图》五十四图，并《遗事九》，欧公序，其文不类。'愚尝见其《钩隐》一书，自易置《河图》《洛书》二图外，余皆破碎穿凿。江西李觏泰伯只存其图书及八卦三图，余尽删去。且云牧又注《易》，所谓新意者，合牵象数而已，其余则援辅嗣之意，而往往改其辞，此即所谓《易解》十五卷是也。"

《易数钩隐图》是刘牧易学的代表作之一，该书有三卷，或曰二卷、一卷，此书之后附有《易数钩隐留遗论九事》一卷。九事：一为《太皞氏授龙马负图》、二为《六十四卦推荡诀》、三为《大衍之数五十》、四为《八卦变六十四卦》、五为《辨阴阳卦》、六为《复见天地之心》、七为《卦终未济》、八为《蓍数揲法》、九为《阴阳律吕图》。对此,《四库全书总目·易数钩隐图提要》称:

> 汉儒言《易》,多主象数;至宋,而象数之中复歧出图书一派。牧在邵子之前,其首倡者也。牧之学出于种放,放出于陈抟,其源流与邵子之出于穆、李者同。而以九为《河图》、十为《洛书》,则与邵异。其学盛行于仁宗时。黄黎献作《略例隐诀》,吴秘作《通神》,程大昌作《易原》,皆发明牧说。而叶昌龄则作《图义》以驳之,宋咸则作《王刘易辨》以攻之,李觏复有《删定易图论》。至蔡元定则以为与孔安国、刘歆所传不合,而以十为《河图》、九为《洛书》。朱子从之,著《易学启蒙》。自是以后,若胡一桂、董楷、吴澄之书皆宗朱、蔡,牧之图几于不传。此本为通志堂所刊,何焯以为自《道藏》录出。今考《道藏目录》,实在《洞真部灵图类云字号》中(按:明《正统道藏》收入洞真部王诀类)。是即图书之学出于道家之一证。录而存之,亦足广异闻也。南宋时,刘敏士尝刻于浙右漕司,前有欧阳修《序》。吴澄曰:"修不信《河图》而有此《序》,殆后人所伪为,而牧之后人误信之者。"俞琰亦曰:"《序》文浅俚,非修作。"其言有见,故今据而削之。其《遗论九事》:一为《太皞授龙马负图》,二为《六十四卦推荡诀》,三为《大衍之数五十》,四为《八卦变六十四卦》,五为《辨阴阳卦》,六为《复见天地之心》,七为《卦终未济》,八为《蓍数揲法》,九为《阴阳律吕图》。以先儒之所未及,故曰《遗论》。本别为一卷,徐氏刻《九经解》,附之《钩隐图》末,今亦仍之焉。

《四库全书总目》此处所论"图书之学出于道家"一事,余嘉锡进行辨析说道:"《四库全书总目》卷一百四十六《道家类·道藏目录》,《提要》列举其所收诸书多非道家言,而议其一概收载为牵强。首举刘牧是书,谓旧入《易》类,从无以为道家者。是《提要》于彼,则讥其收入此书为非;于此,又以曾经收入,为此书出于道家之证:前后互异,未免近于矛盾。夫图书之学,出于道家,原有明征,不必引此为证。如谓收入《道藏》即为出于道家,则执一羽流之言,可以定古今学术乎? 恐转不足服牧之心矣。方东树《汉学商兑》卷上云:'刘牧《易数钩隐图》三卷,要是《道藏》收牧之书,非汉儒以来说河、洛者皆从《道藏》中来也'。"(《四库提要辨证》卷一)

清人朱彝尊《经义考》卷十六载:"《新注周易》,《宋志》:'十一卷。'(《绍兴书目》:'十卷。')佚。《卦德通论》,(《绍兴书目》作'统论'。)《宋志》:'一卷。'存。《周易先儒遗论九事》,一卷。存。"并说:

按:九事者,《太皞受龙马负图》第一,《重六十四卦推荡诀》第二,《大衍之数五十》第三,《八卦变六十四卦》第四,《辨阴阳卦》第五,《复见天地之心》第六,《卦终未济》第七,《蓍数揲法》第八,《阴阳律吕图》第九。

对于《易数钩隐图》,《宋志》载为一卷,《读书志》《绍兴书目》均作三卷,朱彝尊认为这与当时流传本同。并说:

牧《自序》曰:"夫《易》者,阴阳气交之谓也,若夫阴阳未交,则四象未立,八卦未分,则万物安从而生哉?是故两仪变易而生四象,四象变易而生八卦,重卦六十四,于是乎天下之能事毕矣。夫卦者,圣人设之,观于象也。象者,形上之应,原其本则形由象生,象由数设,舍数则无以见四象所由之宗矣。是故仲尼之赞《易》也,必举天地之极数,以明成变化而行鬼神,则知《易》之书必极数以知其本也。详夫注疏之家,至于分经析义,妙尽精研,及乎解释天地错综之数,则语惟简略,与《系辞》不偶,所以学者难晓其义也。今夫撮天地奇偶之数,自太极生两仪而下至于《复》卦,凡五十五位,点之成图,于逐图下各释其义,庶览之者易晓耳。夫《易》道渊邈,虽往哲难窥于至微。牧也蕞生祖述,诚愧其狂简,然则象有实位,变有定数,不能妄为之穿凿者,博雅君子试为详焉。"

朱震曰:"刘牧画图为《乾》者四,为《坤》者四。《乾》天左旋,《坤》地右转,《乾》《坤》上下自然相交而成六子,则夫数策之义也。"

晁公武曰:"皇朝刘牧长民撰。仁宗时,言数者皆宗之。庆历初,吴秘献其书于朝,优诏奖之,田况为《序》。又有《钩隐图》三卷,皆《易》之数也。凡四十八图,并《遗事九》,有欧阳永叔《序》,而文殊不类。"

陈振孙曰:"黄黎献为之序,又为《略例图》,亦黎献所序。又有三衢刘敏士刻于浙右庾司者,有欧公《序》文,浅俚,决非公作,其书三卷,与前本大同小异,牧《易》学盛行庆历时。"

林千之曰:"孔安国、马融、郑康成、关子明诸儒皆谓自一至十为《河图》,自一至九为《洛书》,惟刘牧反是。牧非无见而然也。按:《春秋纬》:'《河图》之篇有九,《洛书》之篇有六,《河》以通乾出天苞,《洛》以流坤吐地符。《河图》本于天,宜得奇数而居先,《洛书》本于地,宜得偶数而居后。'此其所据,依以为左验者也。"

王应麟曰:"牧撰《易数钩隐图》,黄黎献受于牧,撰为《略例》一卷,《隐诀》一卷。吴秘受于黎献,作《通神》一卷,以释《钩隐》。奏之,凡三十四篇。"

胡一桂曰:"《钩隐》一篇,自《易》至《河图》《洛书》二图外,余皆破碎穿凿。"

雷思齐曰:"自图南五传而至刘长民,增至五十五图,名以《钩隐》,师友自相推许,更为唱述。各于《易》间有注释,曰《卦德论》、曰《室中语》、曰《记师说》、曰《指归》、曰《精微》、曰《通神》,亦总谓《周易新注》,每欲自神其事,及迹而究之,未见其真能有所神奇也。"

黄瑞节曰:"杨鼎卿汇《六经》为图,唐仲友辑《经世图谱》,并守刘牧之说。"

王道曰:"牧以九为《图》,十为《书》,朱、蔡不能辨倒,仍为两可之辞以支吾,可见牧之所执者是也。"

最后,朱彝尊下按语云:刘长民《河图》数九,《洛书》数十,此受于师者然尔,西山蔡氏乃更之,非长民易置也。

《易数钩隐图》,宋刊本,藏于国家图书馆,《正统道藏》收录在洞真部灵图类云字号中,《通志堂经解》本即从《道藏》中录出,又有《四库全书》本。

《新注周易》十一卷,刘牧撰。存

《新注周易》,《宋史·艺文志》载刘氏《新注周易》十一卷,《直斋书录解题》《厚斋易学》等都有著录。

《略例义》一卷、《室中记师隐诀》一卷,黄黎献撰。佚

黄黎献,为太常博士刘牧弟子。其所撰《略例义》《室中记师隐诀》皆传承、发展刘牧图书易学。

《略例义》又称《周易略例》,共一卷;《室中记师隐诀》一卷。皆传承发展刘牧易学。宋人冯椅《厚斋易学·附录二》载:"《中兴书目》:《周易略例》一

卷,本朝黄黎献撰。黎献学《易》于刘牧,采撷其纲宗以为《略例》一本,总之于《新注周易》,以《通神》为第十四卷,《略例》为第十五卷,此为牧之学者集而为一书也。黎献又以学《易》于牧,笔其《隐诀》,目为《室中之记》,一卷,题《室中记师隐诀》。"《周易启蒙翼传·中篇》载:"黄黎献《略例义》一卷,又《室中记师隐诀》一卷。献学于刘牧,采摘其纲宗,以为《略例》。又以《易》学于牧,笔其《隐诀》,目为《室中记》。又郑氏《通志》云有《续钩隐图》一卷。"清人朱彝尊《经义考》卷十六亦载:"黄氏黎献《续钩隐图》,一卷。佚。《略例义》,一卷。佚。《室中记师隐诀》,《宋志》:'一卷。'佚。胡一桂曰:'黎献学于刘牧,采摘其纲宗,以为《略例》,又笔其隐诀,目为《室中记》。'按:《宋志》载黎献《钩隐图略例》一卷,《绍兴书目》分载《续钩隐图》《略例义》各一卷,今从之。"

《易源》一卷,常豫撰。佚

常豫,字伯起,河内人,撰有《易源》一卷。《易源》主要继承和发展了刘牧易学。宋人冯椅《厚斋易学·附录二》载:"《中兴书目》:《易源》一卷,本朝太常博士常豫撰。范阳卢经《序》云:《易》之蕴数,世莫得传,刘既能窥其端,常乃善继。其《序》总斯大旨,著乎六篇,命曰《易源》。刘谓牧也。"《宋史》载:"常豫《易源》一卷。"

清人朱彝尊《经义考》卷十八载:"《宋志》:'一卷。'佚。"并引:"胡一桂曰:'豫,字伯起,为太常博士。《易源》一卷,范阳卢泾《序》之,云:《易》之缊,数世莫得传,刘既窥其端,常乃善继其绪,总斯大旨,著乎六篇,命曰《易源》。'刘谓牧也。"

《周易图义》二卷,叶昌龄撰。佚

刘牧在北宋中期易学界影响甚大,但其图书学遭到了宋咸、陈希亮、李觏等人的批驳,而叶昌龄也是其中之一。叶昌龄所作《图义》,旨在校证刘牧《钩隐图》之失。

《周易图义》共两卷,旨在辨正刘牧《易数钩隐图》之失。《中兴馆阁书目》载:"《周易图义》二卷,治平中叶昌龄撰。以刘牧《钩隐图》之失,遂著此书,凡四十五门。"后宋人冯椅《厚斋易学·附录二》又转录:"《中兴书目》:《周易图义》二卷,治平中职方员外郎叶昌龄撰。昌龄,钱塘人。以刘牧《钩隐图》之失,遂著此,凡四十五门。"《玉海》卷三十六,载:"《治平周易图义》:《书目》:二卷,治平中叶昌龄撰。以刘牧《钩隐图》之失,遂著此书,凡四十五门。"《读易举要》卷四称:"钱塘叶昌龄,治平间人。撰《周易图义》,以证刘牧《钩隐图》之失。"

《周易义略》九卷、《易问难》二十卷,张简撰。佚

《周易启蒙翼传·中篇》载:"张简《易义略》九卷,又《易问难》二十卷。"清人朱彝尊《经义考》卷十八载:"《通志》:'九卷。'佚。《易问难》,二十卷。佚。"

《制器尚象论》一卷、《钩易图辨》一卷,陈希亮撰。佚

陈希亮(1014—1077),字公弼,眉州青神(今四川眉山)人,原籍京兆(今陕西西安)。天圣八年(1030年)进士,历任知长沙县、鄠县知县、知房州、提点刑狱江东、太常少卿等职。撰有《制器尚象论》《钩易图辨》等。

《制器尚象论》一卷,重在阐发韩康伯象数易学;《钩易图辨》一卷,又称《辨刘牧易》,旨在辨正刘牧易学。元胡一桂《周易启蒙翼传·中篇》载:"陈希亮《制器尚象论》一卷。长于《易》,谓韩康伯著十三象,徒释名义,莫得尚象之制,故作《论》以明之。(蜀人,天圣中第进士,仕至太常少卿。)又《辨刘牧易》一卷(郑《志》)。"清人朱彝尊《经义考》卷十七,载"陈氏希亮《钩易图辨》(《绍兴书目》作'《辨刘牧易》')一卷。佚。"另,"《制器尚象论》,《通志》:'一卷。'佚"。

《周易口诀》六卷,王锜撰。佚

清人朱彝尊《经义考》卷十八载:"《通志》:'六卷。'佚。"

《易义》,何维翰撰。佚

清人朱彝尊《经义考》卷十八载:"何氏维翰《易义》,佚。《四川总志》:'何维翰,字叔良,成都人。韩魏公安抚剑南,荐授四门助教。'"

《易义》,刘纬撰。佚

清人朱彝尊《经义考》卷十八,载:"刘氏纬《易义》,佚。《四川总志》:'刘纬,遂宁人。'"

《易义》,陈文佐撰。佚

清人朱彝尊《经义考》卷十八载:"陈氏文佐《易义》,佚。《四川总志》:'陈文佐,普州人。'"

《易义》,袁建撰。佚

清人朱彝尊《经义考》卷十八,著录为"佚"。

《易义》,卢穆撰。佚

清人朱彝尊《经义考》卷十八,著录为"佚"。

《易义》,白勳撰。佚

清人朱彝尊《经义考》卷十八,著录为"佚"。

《易义》,薄洙撰。佚

清人朱彝尊《经义考》卷十八,著录为"佚"。

《易义》,汪铅撰。佚

清人朱彝尊《经义考》卷十八,著录为"佚"。

《易义》,于弇撰。佚

清人朱彝尊《经义考》卷十八,载:"于氏弇《易义》,佚。按:王锜、袁建、卢穆、白勋、薄洙、汪沿、于弇俱《义海》所引,时代爵里莫考。"

《易义》,邓至撰。佚

清人朱彝尊《经义考》卷十八,载:"邓氏至《易义》,佚。《四川总志》:'邓至,双流人,通《六经》,翰林学士绾之父,尚书左丞洵仁、知枢密院事洵武之祖。'"

《易解》,彭宗茂撰。佚

清人朱彝尊《经义考》卷十八,载:"彭氏宗茂《易解》,佚。《长沙府志》:'彭宗茂,字尚英,湘阴人。隐居好学,作《易解》,始于《屯》《蒙》,终于《乾》《坤》,吴猎、吴旂序之,漕使邓汝谠置之学宫。'"

《周易衍注》四卷、《周易纲旨》二十篇,王晳撰。佚

王晳,真宗、仁宗时期人,曾任兵部郎中等职。《周易启蒙翼传·中篇》载:"王晳《周易衍注》四卷,《周易纲旨》二十篇。《名卦》在第二,谓:'伏羲作

八卦,则八卦之名,伏羲所制也,因而重之,则六十四卦盖亦然也。或假其象,或举其义,或以一言而定,或以二字而成,随义象名之也。'蔡攸上其书曰:'皙著《易衍注》,又撮纲要成此书,其论名《易》之义,信能不惑于多歧者。'末有《脱误》一篇,大率稽述郭京、范谔昌之说,间出己意,断以去取。"

《周易衍注》《周易纲旨》,清人朱彝尊《经义考》卷十八,注释"俱佚",并引:

> 胡一桂曰:"皙为兵部郎中,集贤校理,《周易衍注》四卷,《周易纲旨》二十篇,《名卦》在第二,谓:'伏羲作八卦,则八卦之名,伏羲所制也,因而重之,则六十四卦盖亦然也。或假其象,或举其义,或以一言而定,或以二字而成,随义象名之也。'蔡攸上其书曰:'皙著《易衍注》,又撮纲要成此书,其论名《易》之义,信能不惑于多歧者。'末有《脱误》一篇,大率稽述郭京、范谔昌之说,间出己意,断以去取。"

可见,王皙易学主宗郭京、范谔昌之说,并断以己意。

《易解》,石牧之撰。佚

石牧之(1015—1093),字圣咨,越州新昌(今浙江绍兴)人。庆历二年(1042年)进士,曾任秘书省校书郎、朝议大夫、太学教授等职。事见《苏魏公集》卷五十五《石君墓碣铭》。

《易解》,《绍兴府志》作《易论解》。清人朱彝尊《经义考》卷十八,著录为"佚"。

《易枢》十卷,李见撰。佚

《玉海》卷三十六载:"天禧二年七月戊寅,富顺监言李见撰《易枢》十卷,诏附驿以闻。"明人曹学佺《蜀中广记》卷四十六载:"李见,富顺人。父英恪尝诛王均有功,擢知富顺监。见读《易》于神龟山,著《易枢》。"又卷九十一载:"《易枢》五卷,江阳李见著。见尝读《易》于神龟山。天禧中,令附驿以闻,不起,乃终隐焉。"

清人朱彝尊《经义考》卷十六载:

李氏见《易枢》,十卷。(《蜀中著作记》:"五卷。")佚。《玉海》:"天禧二年七月戊寅,富顺监言李见撰《易枢》十卷,诏附驿以闻。"

曹学佺曰:"江阳李见读《易》于神龟山,著《易枢》五卷,天禧中,令附驿以闻,不起,乃终隐焉。"

《周易解》五卷,邵古撰。佚

邵古(986—1064),字天叟,晚年自号伊川丈人,邵雍之父,冀州衡水人,祖籍范阳。撰有《正声》《正字》《正音》等三十篇。

清人朱彝尊《经义考》卷十六载:

邵氏古《周易解》,《通考》:"五卷。"未见。(《一斋书目》有。)

晁公武曰:"古,字天叟,雍之父也。世本范阳,而卒于洛,其学先正音文云。"

古孙伯温曰:"大父伊川丈人,年七十有九,以治平四年正月一日捐馆。先公谋葬大父,与正叔程先生同卜地于伊川神阴原。"

《周易会通正义》三十二卷,纵康乂撰。佚

《周易启蒙翼传·中篇》:"纵康乂《会同正义》三十二卷。"《宋史·艺文志》:"纵康乂《周易会通正义》三十三卷。"清人朱彝尊《经义考》卷十六载:"纵氏康乂《周易会通正义》,《宋志》:'三十二卷。'佚。按:《绍兴书目》有之。"

《白云子述周易元统》十卷,撰者不详。佚

《白云子述周易元统》,撰者不详。此书主要从图与数的角度,谈宇宙发生变化之意。元胡一桂《周易启蒙翼传·中篇》载:

《白云子述周易元统》十卷,不著名氏。其书成于庆历乙酉岁。大略谓乾坤阴阳之根本,坎离阴阳之性命,坎为乾之游魂,离为坤之游魂。仲尼云"游魂为变",神机泄矣,《易》道明矣。乃作《元统》,其一明混元,其

二明五太,其三明天地,其四述乾坤,其五示龙图,其六画八卦,其七衍揲蓍,其八明律候,其九敷礼乐之元,其十说《序卦》之由。凡二十八宿、五行、十日、十二辰、四时、八节、六律、六吕、三统、五运以至一人之身五藏六气,皆总而归之于《易》,故备存之以广异闻云。臣蔡攸谨上。

《易范》八篇,林巽撰。佚

林巽(生卒年不详),字巽之,世称草范先生,潮州海阳(今广东潮州)人。精研《周易》,撰有《卦元》《卦经》《卦纬》《丛辞》《起律》《吹管》《范余》《叙和》八篇,总名《易范》。

《易范》,清人朱彝尊《经义考》卷十六,著录为"佚",并引:

《姓谱》:"林巽,字巽之,海阳人。天圣中应才识兼茂明于体用科,庆历中投匦论事,仁宗异之,除徐州仪曹,不就。南归读《易》,著书八篇,曰:《卦元》《卦经》《卦纬》《丛辞》《起律》《吹管》《范余》《叙和》,总名曰《易范》。人称为草范先生。"

陈淳曰:"林贤良草范之书,度越流俗,恨学无本原,用心良苦,无加损于《易》。"

《周易析蕴》十卷,孙坦撰。佚

孙坦(?—1085),事迹不详,撰有《周易析蕴》等。

《周易析蕴》有二卷、一卷或十卷多个版本。《读易举要》卷四载:"孙坦撰《周易析蕴》二卷。首言《子夏传》非卜商作,尝证以《左氏传》。又得十八占,称天子曰县官,疑是汉杜子夏,及读《杜传》,见引《明夷》对策,疑始释然。坦不知何人,《国史志》《中兴书目》皆不著。"《文献通考》卷一百七十六载:"《周易析蕴》二卷。陈氏曰:孙坦撰。凡二卷。其首言子夏辞不甚粹,或取《左氏传》语证之。晚又得十八占,称天子曰县官,尝疑汉杜子夏之学,及读《杜传》,见引《明夷》对策,疑始释然。坦不知何人,《国史志》及《中兴书目》皆不著。"元胡一桂《周易启蒙翼传·中篇》载:"孙坦《周易析蕴》一卷,《易箭精义》二卷,《周易通神》二卷。"

清人朱彝尊《经义考》卷十六，著录为："孙氏坦《周易析蕴》十卷，佚。"并引：

《玉海》："皇祐三年九月，评事孙坦上《周易析蕴》十卷，帝嘉其勤博。"

陈振孙曰："坦不知何人，《国史志》及《中兴书目》皆不著。"

《周易指要》二十卷，代渊撰。佚

代渊（985—1057），字蕴之，本代州人。天圣二年（1024年）举进士，得清水主簿，累官至太常丞。曾撰《周易旨要》《老佛杂说》数十篇。

《周易指要》二十卷，清人朱彝尊《经义考》卷十六载："代氏渊《周易指要》，《宋志》：'二十卷。'佚。"并引：

《隆平集》："代渊，字仲颜，永康军人。天圣二年登进士第，累迁至太常丞，知益州。田况表其所著《周易指要》二十卷，朝廷特授祠部员外郎。"

《长编》："皇祐四年五月，太常丞致仕代渊为祠部员外郎。渊，导江人，举进士甲科，得清水主簿，叹曰：'禄不及亲，何所为耶？'还家教授，著《周易指要》，翰林学士田况上其书，诏优加两官。渊晚年日菜食，巾褐山水间，自号虚一子。"

《周易意学》十卷，陆秉撰。佚

陆秉，字端夫，旧名东，大中祥符间为怀安主簿，景祐二年（1035年）赐同进士出身。尝通判蜀州。撰有《周易意学》十卷，其书首篇论《易》之名，颇采《参同契》之说。

《周易意学》六卷或十卷，《读易举要》卷四载："陆秉撰《周易意学》六卷。其说多异先儒，穿凿无据。"《周易启蒙翼传·中篇》："陆秉《周易意学》十卷。云欲撰《易决蕴》，难就，今只成此书，亦如前代传《易》之说，自题曰'齐鲁后人'。（案："秉"字冯氏作"东"字。）"

朱彝尊《经义考》著录为"佚"。

《周易发隐》二十卷，陈良献撰。佚

陈良献，生卒年事迹不详。撰有《周易发隐》。宋人冯椅《厚斋易学·附录二》载："《中兴书目》：《周易发隐》二十卷，嘉祐中，陈良献撰。《序》云：自第一卷首序《乾》《坤》，至十二卷有疑义者，辄著于篇，所以尊卦德也。自第十三卷至末，明天地之数、阴阳五行之变，所以终其要也。"

清人朱彝尊《经义考》卷十八载："《宋志》：'二十卷。'佚。"并云：

> 胡一桂曰："《周易发隐》二十卷，嘉祐中良献《自序》云：'第一卷首序《乾》《坤》，至十二卷有疑义者，辄著于篇，所以尊卦德也。自第十二卷至末，明天地之数、阴阳五行之变，所以终其要也。'"

《周易通神》一卷，吴秘撰。佚

吴秘，生卒年不详，字君谟，福建瓯宁人。景祐元年（1034年）进士。历官侍御史知谏院，后出任豪州知府、提点京东刑狱。吴秘好学，以钻研经典闻名。撰有《春秋三传集解》《周易通神》等书。

《周易通神》，《宋志》著录为一卷，宋冯椅《厚斋易学·附录二》载吴秘撰《周易通神》一卷，"凡三十四篇，注云所以释《钩隐》，黄黎献受之于牧，秘受之于黎献，久之无传，因作《通神》以奏之"。清人朱彝尊《经义考》卷十六载："《闽书》作五卷，佚。"关于《周易通身》的卷次，文献记载多为一卷，如元胡一桂《周易启蒙翼传·中篇》载"吴秘《周易通神》一卷"。《通志》卷六十三载"《周易通神》二卷"。《福建通志》卷六十八载"吴秘《周易通神》五卷"。《授经图义例》卷四载"《周易通神论》一卷（吴秘）"。

《经义考》卷十六载"吴氏秘《周易通神》，《宋志》：'一卷。'（《闽书》作五卷。）佚。"

《乾生归一图》十卷，石汝砺撰。佚

石汝砺，字介夫，号碧落子，浈阳（今广东英德）人。精通五经，尤重《周易》,撰有《乾生归一图》等。

《乾生归一图》共十卷,多注重以佛老之学解读《周易》。《通志》卷六十三载"《周易乾生归一图》十卷,彭汝砺"。《玉海》卷三十六,载"石汝砺《乾生归一图》二卷"。《授经图义例》卷四载"《周易乾生归一图》十卷,石汝砺"。宋人冯椅《厚斋易学·附录二》载:"《中兴书目》:《乾生归一图》,嘉祐中石汝砺撰。石,英州人。取《乾》为生生之本,万物归于一也,画图著论,共十卷。《读书志》止两卷。云先辨卦彖、爻象之别,后列数图,颇杂以释、老之说。"元胡一桂《周易启蒙翼传·中篇》载:"石汝砺《乾生归一图》十卷,嘉祐中撰。取《乾》为生生之本,万物归于一也,画图著论。晁氏《志》作二卷,云先辨卦彖、爻象之别,后列数图,颇杂释、老之说。(英州人。)"

清人朱彝尊《经义考》卷十七:"石氏汝砺《乾生归一图》,《宋志》:'十卷。'(《通考》:'二卷。')佚。"并引:

晁公武曰:"皇朝石汝砺撰。先辨《卦》《彖》《爻》《象》之别,后列数图,颇杂以释、老之说。"

陈振孙曰:"汝砺,嘉祐初人。序取《乾》为生生之本,万物归于一也,有论有图,亦颇与刘牧辨,然或杂以释、老之学。其所谓一者,自注云:'一则灵寂真元。'首篇论道,专以灵明无体无生为主。又曰:'因灵不动,而生寂体。'岂非异端之说乎?"

胡一桂曰:"石氏画图著论,先辨《卦》《彖》《爻》《象》之别,后列数图,颇杂释老之说。"

《广东通志》:"石汝砺,英德人,号碧落子。《五经》都有解说,于《易》尤契微妙。尝曰:'《易》不须注,但熟读自见,互相发明,总一"《乾》,元亨利贞"之道。'晚年进所著《易解》《易图》于朝,为荆公所抑。苏轼谪惠州,遇之圣寿寺,与之谈《易》,至暮方散。"

《河图传》一卷,李平西撰。佚

李平西,字西坪,岳州平江人。元符中进士。撰有《河图传》一卷。生平事迹据《福建通志》卷四十八载:"李平西,纲从子。知沣州,专务德化,诲民孝弟,劝课农桑,累迁枢密院承旨。金人攻汴,与伯父纲画守御策。金兵再至,乞诏诸道勤王兵决策一战,执政不能用。又纲族孙东受学于朱熹,隆兴元年进士,为庐陵簿,秩满,周必大赠诗云:'地跨江南秀气兼,玉成界尺直方廉。西曹久处习凿齿,高士惟知孙子严。'迁知万安。黄榦亦尝荐之。"

宋人冯椅《厚斋易学·附录二》载:"《中兴书目》:《河图传》一卷,政和中朝奉郎李平西撰。"元人胡一桂《易学启蒙翼传·中篇》也载:"李平西《河图》一卷(政和中)。"《宋史》卷二百二《艺文志》载"李平西《河图传》一卷"。

《周易意学》十卷,陆东撰。佚

宋人冯椅《厚斋易学·附录二》载:"《中兴书目》:《周易意学》十卷,题齐鲁后人陆东撰。云欲撰《易决蕴》,难就,今只成此书,亦如前代传《易》之说。"

《时用书》《明用书》《易传》《易传辞》《传辞后语》,郑夬撰。佚

郑夬,字扬庭,一字明用,江州德安(今江西九江)人。皇祐中登进士第,复中说书科,后以字为名。其学出于刘牧,精于群经,尤长于易学。撰有《时用书》二十卷(《宋史》著录为十二卷查武英殿刻本《宋史》写为二十卷)、《明用书》九卷、《易传辞》三卷、《易传辞后语》一卷。

《时用书》《明用书》是郑夬主要著述,主要阐发群经要义,认为"古今圣贤与《六经》,无非出于《易》"。宋人冯椅《厚斋易学·附录二》载:"林俛序《时用书》云:扬庭补《春秋传》,《测易》,赞《连山》《归藏》,外撮群经大要、诸子余论,成书一十九卷。《明测》至《明象》十五篇,皆以《易》为说。《明书》《明诗》《明春秋》《明礼乐》四篇并次例一篇,共二十卷。谓古今圣贤与《六经》,无非出于《易》,亦无非可用者。扬庭自序《明用书》云:'先儒已具乎用,从而明之,非已作也。'《明测》《明数》《明象》《明书》《明诗》《明春秋》《明礼乐》七卷与《时用书》同,间有详略,有《明太极》《明三易》二篇,《时用书》无之。案:刘、郑注《周易》,首云郑著辞六卷,总为《传辞》。今所存者,第十卷《明数》,第十一卷《明象》,十二卷《明传》,并氏书此下有'道'字。"

郑夬另有《易传》,亦作《江东易传》,计有十二卷,《直斋书录解题》《玉

海》俱载十二卷,但《文献通考》载十三卷,后《宋史·艺文志》无著录。此书当为郑夬所撰,盖邵伯温辨郑夬易学窃自邵雍,故后人不再著录此书。《厚斋易学·附录二》载:"(郑夬)墓志云:著《江东易传》十二卷行于世,并氏书有之。又有《明数》《明象》《明传道》《明次例》《明范》五篇,在《易传》之外。窃意扬庭初为《时用书》,后著《易传》,却删《时用书》为《明用书》,以与《易传》并行。后人或以为《传辞》,或循其《时用书》之旧,是以复出如此。姚嗣宗谓刘牧之学授之吴秘,秘授之扬庭,虽不及黄黎献,而要是牧之源流不疑。邵尧夫乃言扬庭窃其学于王豫,沈存中亦谓扬庭之学似尧夫云。"

《宋史》卷二百二《艺文志》载:"郑扬庭《时用书》十二(殿本作二十)卷,又《明用书》九卷,《易传辞》三卷,《易传辞后语》一卷。"清人朱彝尊《经义考》卷十九,载:"《通考》:'十三卷。'(《读书志》《玉海》俱作'十二卷',《宋志》不列《易传》,别著《时用书》二十卷、《明用书》九卷、《易传辞》三卷、《易传辞后语》一卷。)佚。"并引:

司马光《札子》曰:"伏见并州盂县主簿郑扬庭,自少及长,研精《易》道,撰著所传成《易测》六卷,不泥阴阳,不涉怪妄,专用人事,指明六爻,求之等伦,诚难多得,臣不敢蔽,辄取进呈。"

沈括曰:"江南人郑夬,字扬庭,曾为一书谈《易》,其间一说曰:'《乾》《坤》,大父母也,《复》《姤》,小父母也。《乾》一变生《复》,得一阳;《坤》一变生《姤》,得一阴云云。至《乾》六变生《归妹》,本得三十二阳;《坤》六变生《渐》,本得三十二阴;《乾》《坤》错综,阴阳各得三十二,生六十四卦。'夬之为书,皆荒唐之论,独有此变卦之说,未知其是非。予后见兵部员外郎秦玠论夬所谈,骇然曰:'何处得此法?'玠曰:'尝遇一异人授此历数,推往古兴衰、运历,无不皆验,尝恨不能尽其术。西都邵雍亦知大略,已能洞知吉凶之变,此人乃形之于书,必有天谴,此非世人所得闻也。'"

邵伯温曰:"先君《易》学微妙玄深,不肖所不得知也。其传授本末,则受《易》于李之才挺之,挺之师穆修伯长,伯长师陈抟图南。先君之学虽有传授,而微妙变通则其所自得也。平时未尝妄以语人,惟大名王天悦、荥阳张子望尝从学,又皆蚤(早)死。秦玠、郑夬尝欲从先君学,先君以玠颇好任数,夬志在口耳,多外慕,皆不之许。玠尝语夬以王天悦传先君之学,夬力求之,天悦不许。天悦感疾且卒,夬赂其仆,于卧内窃得之,遂以为已学,著《易传》《易测》《明范》《五经明用》数书,皆破碎妄作,穿凿不根,尝以变卦图示秦玠。夬窃天悦书入京师,补国子监解试,策问八卦次序,夬以所得之说对,有司异之,擢在优等。既登第,以所著书投贽公卿之门,后以赃罪窜秦,谓必有天谴,恐指此。秦既知夬窃书,乃谓夬何处得此法,又谓西都邵某闻大略,近乎自欺矣。然谓得之异人,盖指希夷而言也。"

晁公武曰:"姚嗣宗谓刘牧之学授之吴秘,秘授之夬,邵雍言:'夬窃其学于王豫。'沈括亦言:'夬之学似雍。'云。"

吴仁杰曰:"郑夬以《序卦》为文王六十四卦,《杂卦》为伏羲六十四卦,其说非是。"

马中锡曰:"夬著书谈《易》变,曰:'《乾》一变生《复》,得一阳;二变生《临》,得二阳;三变生《泰》,得四阳;四变生《大壮》,得八阳;五变生《夬》,得十六阳;六变生《归妹》,得三十二阳。《坤》一变生《姤》,得一阴;二变生《遯》,得二阴;三变生《否》,得四阴;四变生《观》,得八阴;五变生《剥》,得十六阴;六变生《归妹》,得三十二阴。《乾》《坤》错综,阴阳各三十二;《乾》《坤》,大父母也;《复》《姤》,小父母也;《归妹》者,归宿之地也。'一时无人解其旨,独秦玠者知之,谓所亲曰:'此天地之秘藏,西都邵雍稍知粗迹,已能洞达吉凶之变,郑君何敢笔之于书,当必有天谴。吾因达是,动遭坎轲,恐亦不久于世矣。'已而郑与秦果俱死,此即焦延寿所谓四千九十六卦者耶?"

《周易意蕴凡例总论》一卷、《卦变解》二卷,徐庸撰。佚

徐庸,字叔平,生平事迹不详。宋仁宗皇祐年间人,东海人。其所撰《周易意蕴凡例总论》《卦变解》,主要因汉、唐易学《注》《疏》错讹,故重新注解《周易》,其学渊源于刘牧、陆秉等人。宋人冯椅《厚斋易学·附录二》载:"《中兴书目》:《周易意蕴凡例总论》一卷,皇祐初徐庸撰。庸,东海人。以《注》《疏》漶漫,故著论九篇,始于《易蕴》,终于《大衍》。又撰《周易卦变解》,《序》云:皇祐初,述《周易》凡例,粗验象辞,然未罄万事之变。阅唐李氏所集

诸儒《易注》,遂成《周易卦变解》二卷。盖明卦有意象,爻有通变,以矫汉、魏诸儒旁通互体推致之失。"

《读易举要》卷四载:"东海徐庸,皇祐间人。撰《周易意蕴凡例总论》一卷,凡为论九篇。《馆阁书目》又有《卦变解》,未见。"《周易启蒙翼传·中篇》载:"徐庸《周易意蕴凡例总论》一卷,《周易卦变解》二卷。"

清人朱彝尊《经义考》卷十七载:"徐氏庸《周易意蕴凡例总论》,《宋志》:'一卷。'佚。《卦变解》,《宋志》:'二卷。'佚。"并云:

庸自序《卦变解》曰:"皇祐初,述《周易凡例》,牺验《彖辞》,然未罄万事之变。阅唐李氏所集诸儒《易注》,遂成《周易卦变解》二卷,益明卦有意象,爻有通变,以矫汉、魏诸儒旁通互体推致之失云。"

晁公武曰:"皇朝徐庸以《春秋》凡例,《易》亦有之,故著书九篇,号《意蕴凡例总论》,其学祖刘牧、陆秉云。"

陈振孙曰:"庸,皇祐时人,凡为论九篇,《馆阁书》又有《卦变解》,未见。"

胡一桂曰:"庸,东海人,皇祐初撰,以《注》《疏》漶漫,故著论九篇,始于《易缊》,终于《大衍》。"

赵镗《衢州府志》:"徐庸,其先汴人,有名炼者,仕钱氏,官于衢,因家焉。庸,直集贤院,尝表上《周易意蕴》。"

《易义》十卷,黄晞撰。佚

黄晞(约997—1057),字景微,福建建安人,自号聱隅子。撰有《易义》十卷等。

《易义》,《周易启蒙翼传·中篇》载:"黄晞《聱隅先生易义》十卷。"清人朱彝尊《经义考》卷十七,载"《通志》:'十卷。'佚。"并引:

《长编》:嘉祐元年十一月,黄晞为太学助教致仕。晞少通经,聚书数千卷,学者多从之游,著《聱隅书》十卷,自号聱隅子。庆历中,石介在太学,遣诸生以礼聘召,不至。至是枢密使韩琦表荐之,受命,一夕而卒。

《周易集解》十卷、
《周易流演遁甲图》一卷,掌禹锡撰。佚

掌禹锡(990—1066),字唐卿,许州郾城(今河南郾城)人。天禧三年(1019年)进士,历官道州司理参军、尚书屯田员外郎、并州通判、侍御史、集贤院校理、崇文院检讨、光禄卿、直秘阁学士。英宗即位后,官至太子宾客。博学多闻,好储书,于命术、地理、医药诸学均有研究,著述颇多。

《周易集解》《周易流演遁甲图》,清人朱彝尊《经义考》卷十七,著录两书皆"佚",并引:

> 苏颂《志墓》曰:"许之郾城有儒学之老,曰尚书工部侍郎致仕。掌公,讳禹锡,字唐卿,起布衣,取进士第,凡仕四十六年,由太子宾客迁贰卿,谢事还里,所著述有《周易集解》十卷。生平笃信推命之学,自撰《周易流演遁甲图》一卷。"

> 《长编》:"至和元年,禹锡以太常少卿掌集贤院,嘉祐三年,以光禄卿直秘阁。"

《易义》一卷,黄通撰。佚

黄通,又名黄德通,字介夫,邵武(今福建邵武)人。嘉祐二年(1057年)进士,任江西饶州浮梁主簿,与范仲淹友好,后任澧县知县,官至大理寺丞。撰有《易义》《易集》等。

清人朱彝尊《经义考》卷十七,载"黄氏通《易义》,《通志》:'一卷。'佚。《姓谱》:'通,字介夫,邵武人,嘉祐初进士,除大理丞。'"

《周易注》,刘彝撰。佚

刘彝(1017—1086),字执中,福州闽县(今福建福州)人。幼从胡瑗学。登庆历六年(1046年)进士第。曾任邵武尉、高邮簿、朐山令、都水丞、两浙转运判官、知虔州、知桂州、均州团练副使等职。撰有《七经中议》一百七十卷,

《明善集》三十卷,《居阳集》三十卷,均《宋史》有传,并传于世。

《周易注》,《周易启蒙翼传·翼传》载:"刘彝《易注》一部。"清人朱彝尊《经义考》卷十七,著录为"刘氏彝《周易注》,佚。"并引"董真卿曰:'彝,字执中,福州人,有《易注》一部,安定门人也。"蒋垣曰:"怀安刘彝、邵武游烈、汀州徐唐,俱从安定胡先生受业。'"

《易解》十九卷,皇甫泌撰。未见

皇甫泌,生卒年不详。北宋中期人,官至尚书右丞,治平三年以工部侍郎致仕。撰有《易解》等。

《易解》有十四卷、十九卷两种记载。宋人俞琰《读易举要》卷四载"尚书右丞皇甫泌撰《易解》十四卷,曰《述闻》、曰《隐诀》、曰《补解》、曰《精微》、曰《师说》、曰《明义》。其学得于恒山抱犊山人,而莆阳游中传之。刘彝、钱藻皆为之序。山人者,不知其名氏,盖隐者也。泌尝守海陵,治平以前人。"元人胡一桂亦称:"皇甫泌《周易述闻》一卷,《隐诀》一卷,《补解》一卷,《精微》三卷,又有《纪师说》《辨道》为八卷。"《宋史》卷二百二《艺文志》载"皇甫泌《易解》十九卷。"

清人朱彝尊《经义考》卷十七,载:"皇甫氏泌《易解》,《宋志》:'十九卷。'(《通考》:'十四卷。')未见。"并引:

晁公武曰:"泌官至尚书右丞,有《述闻》一卷、《隐诀》一卷、《补解》一卷、《精微》三卷,又有《纪师说》《辨道》,通为八卷。"

朱震曰:"皇甫泌谓互体不可取。"

陈振孙曰:"其学得之常山抱犊山人,而莆阳游中传之,刘彝、钱藻皆为之序,山人不知名,盖隐者也。泌尝守海陵,治平以前人。"

《玉海》:"治平三年四月,工部侍郎皇甫泌上所著《周易精义》,赐帛。"

《易疏精义》,令狐揆撰。佚

令狐揆,生卒年不详,字子先,北宋湖北安陆人。曾作员州(今湖北黄冈)

理刑掾,任满还乡,居涢溪之南,弹琴著书自得。与宋庠、宋祁为挚友。撰有《易疏精义》等,已佚。事见《尘史》卷中。

清人朱彝尊《经义考》卷十七载:"令狐氏揆《易疏精义》,佚。王得臣曰:'先生字子先,安陆名儒。筮仕齐安理掾,岁满还里,卜筑涢溪之南,耕钓之外,弹琴著书而已。于书无所不读,著《易疏精义》,予尝从同堂兄伯苣假观。'"

《易论》十三篇,李觏撰。存

李觏(1009—1059),字泰伯,北宋建昌郡南城(今江西南城)人。李觏博学通识,尤长于礼,人称盱江先生。撰有《礼论》七篇、《易论》十三篇、《删定易图序论》《周礼致太平论》五十一篇(并序)等。

《易论》十三篇,而《读易举要》《厚斋易学》记载为十九篇。十九系十三之误,大概后人多将《易论》十三篇与《删定易图序论》六篇,合为十九篇,故称十九篇。此书以义理解易,专讲人事,以服务于当时社会政治,正如其在《自序》中所言,"援辅嗣之注以解义,盖急乎天下国家之用"。《周易启蒙翼传·中篇》载:"李觏《易论》十三篇。自序云:援辅嗣注以解义,急乎天下国家之用而已。又删定刘牧易图,复详说成六论。愚谓不过文义之学,象数概乎其未有闻也。(觏,字泰伯,盱江人。此解与《钩隐图》同刊,《宋志》不载。)"

《删定易图序论》一卷,李觏撰。存

《删定易图序论》一卷(六篇),《文献通考》亦著录为一卷。而《中兴书目》《厚斋易学》《宋志》皆载六卷,六卷系六篇之误。《删定易图序论》是李觏义理易学的重要组成部分,是书多言儒家义理,而驳斥刘牧图书易学。如《删定易图序论·序》云:

> 觏尝著《易论》十三篇,援辅嗣之《注》以解义,盖急乎天下国家之用,毫析幽微所未暇也。世有治《易》根于刘牧者,其说日不同,因购牧所为《易图》五十五首观之,则甚复重,假令其说之善,犹不出乎《河图》《洛书》、八卦三者之内,彼五十二皆疣赘也,而况力穿凿以从傀异。考之破

碎,鲜可信用,大惧诖误学子,坏隳世教,乃删其图而存之者三焉,所谓《河图》也、《洛书》也、八卦也。于其序解之中,撮举而是正之,诸所触类,亦复详说,成六论,庶乎人事修而王道明也。其小得失,不足喜愠者,不尽纠割。别有一本,黄黎献为之序者,颇增多诞谩,自郐以下,可无讥焉。牧又注《易》所以为新意者,合牵象数而已,其余则攘辅嗣之指而改其辞,将不攻自破矣。先代诸儒各自为家,好同恶异,有甚寇仇,吾岂斯人之徒哉?忧伤后学,不得已焉耳!①

李觏认为刘牧所作五十有五之《易图》,"观之则甚复重,假令其说之善,犹不出乎《河图》《洛书》、八卦三者之内",认为它重复穿凿,大体沿袭《河图》《洛书》、八卦而已。而牧所注《周易》,无非"合牵象数","攘辅嗣之指而改其辞"而已。

清人朱彝尊《经义考》卷十七载:"李氏觏《易论》,集一卷。存。《删定易图序论》,《宋志》:'六卷。《通考》:'一卷。'存。"并云:

《东都事略》:"李觏,字泰伯,盱江人,有富国强兵之学,著《礼论》《易论》行于世,以海门簿召赴太学,说书以卒。"

范仲淹进状曰:"伏见建昌军草泽李觏前应制科,首被召试,有司失之,遂退而隐,竭力养亲,不复干禄,乡曲俊异,从而师之。善讲论《六经》,博辨明达,释然见圣人之旨,著书立言,有孟轲、扬雄之风义,实无愧于天下之士,而朝廷未赐采收,识者嗟惜,可谓遗逸者矣。臣窃见往年处州草泽周启明攻于词藻,又江宁府草泽张元用及近年益州草泽龙昌期并老于经术,此三人者,皆蒙朝廷特除京官,以示奖劝。臣观李觏于经术文章,实能兼富,今草泽中未见其比,臣今取到本人所业《礼论》七篇、《明堂定制图》一篇、《平土书》三篇、《易论》十三篇,共二十四篇,为十卷,谨缮写上进,伏望圣慈当乙夜之勤,一赐御览,则知斯人之才之学,非常儒也。其人以母老不愿仕,伏乞朝廷优赐,就除一官,许令侍养,亦可光其道业,荣于闾里。"

胡一桂曰:"《宋志》不载其说,与《钩隐图》同刊,不过文义之学,象数概乎其未有闻也。"

---

① 《李觏集》卷三《删定易图序论》,中华书局1981年版,第52页。

雷思齐曰："李泰伯著《六论》以驳刘长民非是,至谓：'惧其诖误学子,坏隳世教,而删其图之重复,存之者三焉,《河图》也、《洛书》也、八卦也。'夫长民之多为图画,固未知其是,而泰伯亦元未识此图之三本之则一耳。"

《易童子问》三卷,欧阳修撰。存

欧阳修(1007—1073),字永叔,号醉翁,又号六一居士。吉安永丰(今江西永丰)人,自称庐陵。谥号文忠,世称欧阳文忠公。曾任知制诰、翰林学士、枢密副使、参知政事、兵部尚书等职。卒谥文忠。

《易童子问》三卷,是欧阳修的易学代表作。是书以问答的形式,对《周易》作者、解易思路、易学思想等做了一定的阐释。此书卷一、卷二说六十四卦卦辞及《彖》《象》大义。卷三则考辨《易传》七种之内容,认为《系辞》《文言》《说卦》《序卦》《杂卦》五种非出自一人之手,也非孔子所作。《读易举要》卷四载："参政文忠公庐陵欧阳修永叔撰《易童子问》,设为问答,其上下卷专言《系辞》《文言》《说卦》而下,皆非圣人之所作。"此说发前人之所未发,在《易》学史上产生过重大影响。

清人朱彝尊《经义考》卷十八,著录此书,并引：

《东都事略》："修,字永叔,吉州庐陵人。举进士,试国子监、礼部皆第一,遂中甲科。嘉祐五年,为枢密副使,明年,拜参知政事,以观文殿学士、太子少师致仕。卒,颁太子太师,谥文忠。修于《六经》,长于《易》《诗》《春秋》,其所发明,多古人所未见,有《易童子问》三卷、《诗本义》十四卷。"

施德操曰："欧阳公论《易》,谓《文言》《大系》皆非孔子所作,乃当时《易》师为之,韩魏公心知其非,然未尝与辨,但对欧阳公终身不言《易》。"

陈振孙曰："欧阳永叔撰。设为问答,其上下卷专言《系辞》《文言》《说卦》而下,皆非圣人之作。"

程迥曰："陆希声深病《爻辞》之不类,辄欲去取。欧阳公《童子问》、王景山《儒志》亦疑于《易》文,圣人之言固难知也,谓不类,非也。"

朱子曰："欧阳作《易童子问》,正王弼之失数十事,然因《图》《书》之疑,并《系辞》不信,此是欧公无见处。"

公之孙谦益曰:"初公作《易或问》三篇,第二篇论《卦》《爻》《彖》《象》,其后删去,别作一篇论《系辞》,《集》所载是也。元论卦《卦》《爻》《彖》《象》一篇,诸本皆不载,恐遂弃遗,今编入《外集》。"

王应麟曰:"欧阳公以《河图》《洛书》为怪妄。东坡云:'著于《易》,见于《论语》不可诬也。'南丰云:'以非所习见,则果于以为不然,是以天地万物之变为可尽于耳目之所及,亦可谓过矣。'苏、曾皆欧阳公门人,而议论不苟同如此。"

胡一桂曰:"《易》之不可无《十翼》审矣,欧阳公乃致疑,于其书《童子问》中,直以《系辞》与《文言》为非夫子作,是何其无见于《易》一至此耶?"

《易解》十卷,张巨撰。佚

张巨,字微之,晋陵人。嘉祐中举明经,荐为国子监直讲。曾师从欧阳修为学,并撰有《易解》等。

《易解》,清人朱彝尊《经义考》卷十八,载"张氏巨《易解》,《续通考》:'十卷。'佚。"并引:

欧阳修《序》曰:"《易》之为书,无所不备,故其为说者,亦无所不有。盖滞者执于象数以为用,通者流于变化而无穷,语精微者务极于幽深,喜夸诞者不胜其广大,苟非其正,则失而皆入于贼。若其推天地之理以明人事之始终,而不失其正,则王氏超然远出于前人,惜乎不幸短命而不得卒其业也。张子之学,其勤至矣,而其说亦详焉,其为《自序》尤多所发明。昔汉儒白首一经,虽孔子亦晚而学《易》,今子年方壮,所得已多,而学且不止,其有不至者乎。"

《毗陵志》:"张巨,字微之,擢嘉祐二年第,与蒋之奇、胡宗愈、丁骘为四友,学《易》于欧阳公,《易解》十卷,公为之序。"

《周易注》二十卷,赵承庆撰。佚

赵承庆(1001—1039),字佑之,秦王赵廷美之孙,赵德恭长子。生平事迹不详。仁宗时,累官至和州团练使。撰有《周易注》等。

《周易注》二十卷,探究《周易》中性与天道的思想。清人朱彝尊《经义考》卷十八,著录为"佚",并引:

> 杨杰撰《碑略》曰:"天水郡公承庆,字佑之,秦悼王之孙,武信军节度使,追封循国公,谥康简。生平博览坟典,尝注《易》二十卷,极天人性命之理,天子览而嘉叹,赐以金币。国朝以来,宗室著述自公始也。"

《周易重注》十卷,鲍极撰。佚

鲍极,生卒事迹不详,宋英宗时人。鲍极鉴于当时各家各派众说纷纭,故撰写《周易重注》,以对《周易》进行了重新注解。是为《周易重注》。

《周易重注》十卷,探究《周易》义理思想。冯椅《厚斋易学·附录一》载:"鲍极《重注》,《中兴书目》:《周易重注》十卷,治平中,建昌军司户鲍极撰。右司谏郑獬表进秘阁校理,钱藻《序》。宣和中,秘书少监孙近重行改定,取翼赞附经之末,以全一家之书。"宋郑獬《郧溪集》卷十二《进鲍极注周易状》云:

> 《易》与天地俱出,而隐于视听之表,伏羲始钩而得之,象之以卦。经文王、孔子然后其道益完以显,故其为书最古,最为宏衍幽深,魁卓而不可穷。后世学者,虽终身穷考而欲究其奥极,常患不至。故其注释者比他经为最多,如康成之博学,其所解经莫不传于世。至于注《易》,则学者所不齿,晚乃有王弼者。自弼而降,有陆希声、刘牧,此最可称道。然弼为义多老、庄无用之说。希声削文王、孔子系象,而著以己说,兹非罪人耶?然其注差胜弼、牧之注本,沿蹈于希声,而又益以茫昧荒虚、不可究之象数,兹数子者俱不免于诋訾,则宜说者之不息也。臣伏见:某官强力积学,深于《易》义,致思十年别为注解,斥诸家之浮杂,抗圣经而独骛,包罗大义,横穿直贯,其有高处超然出于学者之意。外臣实惜其埋郁而未能光明于世,辄令缮写编成五册,共一十卷,谨随状进呈。乞下儒臣看详,特赐施行,庶几传经之士有所闻益矣。

《宋志》十卷,清人朱彝尊《经义考》卷十八,注"佚",并云:

> 朱震曰:"鲍极论卦变之义,曰:'《遯》,阴长之卦,邪道并兴,圣人易一爻而成《无妄》,欲以正道止其邪也。'"

胡一桂曰:"《周易重注》十卷,治平中,建昌军司户鲍极撰,右司谏郑獬表进秘阁校理,钱藻《序》。宣和中,秘书少监孙近重行改定,取赞附经之末,以全一家之书。"

《易释解》五卷,孙载撰。佚

孙载,字积中,昆山(江苏昆山)人。治平二年(1065年)进士。曾任河中府户曹、知考城、通判陕州、广东转运判官、河东路转运判官、淮西路提点刑狱等职。大观中,迁任朝议大夫。有《易释解》五卷,文集五十卷,已佚(《至正昆山郡志》卷四)。宋人龚明之《中吴纪闻》卷四载:孙载"少喜读《易》,慕唐人为诗。著《易释解》五卷、《文集》五十卷,藏于家。"朱彝尊《经义考》卷十八著录为"佚"。

《周易图义》二卷,叶昌龄撰。未见

叶昌龄,字子长,钱唐人。撰有《周易图义》一书。
《周易图义》二卷,旨在驳斥刘牧图书易学。《厚斋易学·附录二》载:"《图义》,《中兴书目》:《周易图义》二卷,治平中职方员外郎叶昌龄撰。昌龄,钱塘人。以刘牧《钩隐图》之失,遂著此,凡四十五门。"《玉海》卷三十六,载"治平周易图义",《书目》:二卷,治平中叶昌龄撰。以刘牧《钩隐图》之失,遂著此书,凡四十五门。牧撰《易数钩隐图》一卷,采摭天地奇耦之数,自太极生两仪而下,至于河图,凡六十四位点之成图,于图之下各释其义,凡四十八图。黄黎献受于牧,摭为《略例》一卷、《隐诀》一卷。吴秘受于黎献,作《通神》一卷,以释《钩隐》,奏之,凡三十四篇。常豫撰《易源》一卷。"

《易义》,李畋撰。佚

李畋《易义》,清人朱彝尊《经义考》卷十八,著录为"佚",并引:

晁公武曰:"畋,蜀人张咏客也,与范镇友善,熙宁中致仕,归编《该闻录》。"

《宋史·张咏传》:"初蜀士知向学而不乐仕宦,咏察郡人张及、李畋、张逵者,皆有学行,为乡里所称,遂敦勉就举,而三人者悉登科,士由是知劝。"

《四川总志》:"李畋,字渭父,华阳人。淳化中登第,知荣州,尝著《孔子弟子传赞》六十卷。"

《易解》,罗适撰。佚

罗适(1029—1101),字正之,号赤城,浙江台州人。治平二年(1065年)进士。曾任安徽桐城尉、山东泗水令、济阴令、河南开封令及两浙路、京西北路提点刑狱、著作佐郎、朝散大夫等职。曾师从胡瑗学习,撰有《易解》《赤城集》等。

《易解》一作《易说》,是书见舒亶所撰墓志宏志云其家尚有钞本,此书见嘉定《赤城天台志》。清人朱彝尊《经义考》卷十八,载:"罗氏适《易解》,佚。《台州府志》:'罗适,字正之,宁海人。治平中进士,提点两浙刑狱。'"

《易解》,王存撰。佚

王存(1023—1101),字正仲,润州丹阳(今江苏镇江)人。庆历六年(1046年)进士,历官嘉兴主簿、国子监直讲、秘书省著作佐郎、馆阁校勘、集贤校理、史馆检讨、知太常礼院、国史编修、龙图阁直学士、知开封府、尚书左丞等。累上书陈时政,常为宋神宗所采纳。曾参与撰修《元丰九域志》等。

清人朱彝尊《经义考》卷十八,载:"王氏存《易解》,佚。《宋史新编》:'王存,字正仲,丹阳人。登进士第,累迁尚书左右丞,进资政殿学士、吏部尚书。'"朱彝尊又按:"王氏《易解》,《宋志》不载,见尤氏《遂初堂书目》。"

《易意》,朱长文撰。存

朱长文(1039—1098),字伯原,自号灊溪隐夫,苏州吴县(今江苏苏州)人。嘉祐四年(1059年)举进士。元祐中召为太学博士,迁秘书省正字。元符初卒。撰有《吴郡图经续记》等。

清人朱彝尊《经义考》卷十八,载:"朱氏长文《易意》,佚。"并引:

张景修《志墓》曰:"乐圃先生朱伯原,讳长文。擢嘉祐四年进士第,为苏州教授,历五考,召为太学博士,改宣德郎,除秘书省正字兼枢密院编修文字,伤足,不果仕。安贫乐道,因旧圃葺台榭池沼,竹石花木,有幽人之趣,太守章伯望表所居曰乐圃坊,乡人尊之,称乐圃先生。"

子发曰:"先人自少年登科,即婴足疾,绝意仕进,以著书立言为事。受《春秋》于孙明复,得发微深旨,作《通志》二十卷;书有《赞》,《诗》有说,《易》有意,《礼》有《中庸解》,乐有《琴台志》,自成一家书。"

《揲蓍新谱》一卷,庄绰撰。佚

庄绰(1079—1149),字季裕,泉州惠安人。嘉祐四年(1059年)进士,曾任鄂州、筠州知府等职。其学有渊源,多识轶闻旧事。撰有《鸡肋篇》《杜集援证》《灸膏肓法》《本草蒙求》等。

《揲蓍新谱》一卷,对《周易》揲蓍之法多有阐发。清人朱彝尊《经义考》卷十八,注释"佚",并云:

薛季宣《序》曰:"圣人之道行于古,圣人之法具于经,学者不务穷经,泥夫师说,故圣经法则晦以不明。士当以经为据依,断然不惑于习,略去众多之论,以尽其心,夫然后圣典森然,无不得也。《易》,《六经》之原委也,揲蓍之法详《系辞》,可按以考也。自脱于秦火,师法纷纶,而经暗不通,举世罔知攸定,士服先儒为用,久且不疑,旅出一途,而著法隐矣。《揲蓍新谱》毅然《易大传》之从,始谓一三为奇,二四为偶,得奇偶之正,无偏陂之失,契于经旨,有足多者。其引征以张辕揲蓍之法,可以为审矣,而《师春氏》说,又略与符同。其法用蓍四十九茎,总策把之,以意中分,扐一小指间,四揲之。第一指揲,余一二足满五,余三四足满九;第二、第三指揲,余一二足满四,余三四足满八。四五为少,八九为多,三多老阴交分,三少老阳重分;两少一多,少阴拆分;两多一少,少阳单分。是法最为近古,然而余二足五,余三足九,与张氏说皆不与《易》通。走尝闻巫山隐者袁道洁先生言,特与庄氏会,第以四八为多为未尽,走甚疑而参考之。

惟策数几庄氏，何则？《乾》之策三十有六，《坤》之策二十有四，庄氏英悔亏二，袁氏则二差而为《乾》矣。以知庄氏之说容有未当，何哉？《系辞》之云盖十八变而成卦，夫爻一三少变，六爻而数通矣，不必皆大变也。先儒自陈图南、邵尧夫辈，爻之再变已用四十有八，庄氏则尽用四十九。故从先儒则合于策，而四十九之用失矣；从庄氏则合于用，而二篇之筴赢矣。惟刘禹锡《辨易九六论》撰以三指，其法与师春同，既用无四十八之伪，而筴复与二篇叶，是则庄氏之奇偶，师春之变卦既可信，皆可从，作《易》之道其不外是矣。"

赵汝楳曰："庄氏《新谱》，三揲皆用四十九数，挂一不在奇偶数中，为九为六者各八，为七为八者各二十四。按：古法次揲用初揲挂扐余蓍，三揲用次揲余蓍，今三揲皆用四十九，又挂一不用，是与古戾矣。"

朱彝尊按语：按陈傅良作《薛季宣行状》，称其校雠是书，且为之序。今存《浪语集》中，绰尝著《鸡肋编》者也。

《易论》十卷，陈皋撰。佚

陈皋，字希古，蜀人，撰有《易论》十卷。《周易启蒙翼传·中篇》载："陈皋《易论》十卷。"清人朱彝尊《经义考》卷十八，载"《通志》：'十卷。'佚"，并云："按：陈皋，字希古，见文同《梓州处士张公墓志》，当是蜀人。"

《易义》，薛温其撰。佚

薛温其，生卒年不详，北宋中期人。曾撰有《易义》。清人朱彝尊《经义考》卷十八，著录为"佚"，并云：

按：薛氏《易》说散见《周易义海》，其释《蛊·二》云："危行言孙，信而后谏。"非梁公之徒，孰能与此？又释《涣·象》云："二以身入险，四则辅君任事，上下同济，厥事乃济。李晟入险，陆贽辅后，二爻之象。"又释《既济·象》云："衰乱之起，必自逸乐，开元之盛，继以天宝，初吉终乱之验也。"皆引唐事以为之证，当属宋初人。

按：薛温其《易义》当为史事《易》学。

《易义》,金君卿撰。佚

金君卿,字正叔,饶州浮梁(今江西景德镇)人。生卒年不详,约宋仁宗至和中前后在世。尝读书浮梁山,登庆历进士。皇祐二年(1050年)官秘书丞,五年官太常博士,累知临川,权江西提刑,入为度支郎中。君卿善诗文,尝与范仲淹、欧阳修、曾巩相唱和。《江西通志》卷八十一有小传。撰有文集十五卷,及《易说》(或称《易笺见》)并传于世。

清人朱彝尊《经义考》卷十八,注释"佚",并云:

洪迈曰:"君卿策高科,历郡守部使者,积代至度支郎中。"

《江西通志》:"金君卿,字正叔,浮梁人。登庆历二年进士,历官秘书丞、太常博士、知临州,权江西提刑,入为度支郎中。尝著《易说》。"

朱彝尊下按语云:"按:曾氏《元丰类稿》有《卫尉寺丞金君墓志》文,曰:'皇祐二年,祀明堂,推恩群臣,秘书丞金君得以其父为大理评事。五年,郊,金君为太常博士,又得以其父为卫尉寺丞。惟卫尉府君有四子,曰君卿,博士也,兄弟皆举进士。'"

《周易广疏》三十六卷,勾微撰。佚

《周易启蒙翼传·中篇》在:"勾微《易广疏》三十六卷。"清人朱彝尊《经义考》卷十八,载"《绍兴书目》作'句徽',《通志》:'三十六卷。'佚。"并引:"董真卿曰:'陈皋、勾微,郑氏《通志》不载何代。'按:凌氏《万姓统谱》以微为南北朝人。观其论《周易》义云:'唐卫元嵩作《元包》,以《坤》卦为首,《乾》卦后之。'疑是宋初人。"

《周易义略》十卷,冀震撰。佚

《玉海》卷三十六载"《国史志》:冀震《周易义略》十卷(亦曰疏)"。《宋史·艺文志》载"冀震《周易义略》十卷"。清人朱彝尊《经义考》卷十八,注释"佚"。

《易讲义》二卷,陈襄撰。存

陈襄(1017—1080),字述古,号古灵先生,福州侯官(今福建福州)南通古灵人。幼拜老儒为师,及长就学福州,与陈烈、周希孟、郑穆为友,称"海滨四先生"。庆历二年(1042年)进士,历任浦城主簿、知谏院、侍御史等职。撰有《易义》《中庸义》《古灵集》等。全祖望称其"倡道之功,则固安定(胡瑗)、泰山(孙复)之亚,较之程(程颢、程颐)、张(载),为前茅焉"。《宋元学案》于安定、泰山、高平(范仲淹)、庐陵(欧阳修)之后立《古灵四先生学案》,《宋史》并有传。

《易讲义》,清乾隆间编纂的《福州府志·艺文》载:"陈襄《易讲义》一卷。"又清人朱彝尊《经义考》卷十七,载"存。缺。"并云:

> 李纲曰:"古灵先生未仕,刻意于学,得乡士陈烈、周希孟、郑穆相与为友,以古道鸣于海隅,四先生名动天下。既登第,累官剧邑,所至修学校,率邑之子弟,身为横经讲说,士风民俗翕然丕变。官至枢密直学士、尚书右司郎中,累赠少师。"

朱彝尊下按语云:按:陈述古《易讲义》载《古灵先生集》中,仅存《师》《大有》《谦》《豫》《随》五卦而已。《易讲义》版本,有清张氏诒经堂抄本(清丁丙跋),现藏于南京图书馆。

《易义》十卷,周希孟撰。佚

周希孟(约1013—1054),字公辟,侯官(今福建福州)人。年少通五经,尤精于《易》,与郑穆、陈襄为友。提倡经学,持经讲道。撰有《诗义》十卷、《易义》十卷、《春秋义》三十卷,《杂文》二卷。

《易义》,清乾隆间编纂的《福州府志·艺文》载:"周希孟《易义》一卷。"又清人朱彝尊《经义考》卷十七,注释"佚",并云:

> 蒋垣曰:"希孟,字公辟,侯官人。通《五经》,尤邃于《易》,与陈襄、陈烈、郑穆为友,称为海滨四先生。诏授国子监四门助教,力辞。弟子七百余人,撰有《易》《诗》《春秋义》。"

《宋元学案·古灵四先生学案》称周希孟"遍诵《五经》,尤邃于《易》","所著有《易义》《诗义》《春秋义》,今皆不传"①。

《易补注》六卷,龚鼎臣撰。佚

龚鼎臣(1010—1086),字辅之,号东原,郓州须城(今山东东平)人。幼孤自立,景祐元年(1034年)进士,曾任平阴主簿、泰宁军节度掌书记、起居舍人、京东东路安抚使,知青州等职。撰有《东原录》等。

清人朱彝尊《经义考》卷十七载"龚氏鼎臣《易补注》,《宋志》:'六卷。'佚。"并引:

《姓谱》:"鼎臣,字辅之,郓州人。景祐初进士,为泰宁军节度掌书记。石介死,谗者谓其北走辽,诏兖州劾状,鼎臣愿以阖门证其死,寻知谏院。以忤王安石,出知兖州,再知青州。"

《易解》二十卷,王安石撰。佚

王安石(1021—1086),字介甫,晚号半山,小字獾郎,抚州临川人。封荆国公,世人又称王荆公、临川先生。北宋著名的政治家、思想家、文学家、经学家。

王安石的《易》学代表作《易解》(其改订本称《易义》,为二十卷),为王安石早年所作,高克勤先生考证认为此书于宋仁宗的嘉祐年间(1056—1063)②,到宋英宗治平元年(1064年),《易解》已经完成并流传于世了。《易解》卷数文献记载多有不同,《宋史·艺文志》著录有"《易解》十四卷,今已佚",《宋史》为元代初年所作,看来到元代时此书已失传。宋人冯椅《厚斋易学·附录一》载:"《中兴书目》:《易解》十四卷(原小注:《读书志》云:《易义》二十卷,建本二十七卷)。"《易解》一书为王学科场考试所作,据《郡斋读书志》解题云:"介甫《三经义》皆颁学宫,独《易解》自谓少作未善,不专以取士。故绍圣

---

① [清]黄宗羲著,全祖望补修:《宋元学案》卷五《古灵四先生学案》,中华书局1986年版,第239页。
② 高克勤:《王安石著述考》,《复旦学报》(社会科学版),1988年第1期,第83—89页。

后复有龚原、耿南仲注《易》,三书偕行于场屋。"①宋人冯椅《厚斋易学·附录一》载:"《易解》十四卷。有《上、下经》至《杂卦》,外有《卦象论》,统解易象。《读书志》云,介甫《三经义》皆颁学官,谓之《新经》,独《易解》自谓少作,不专以取士。故绍圣后复有龚原、耿南仲三书,偕行于场屋。"由此我们可以得知,王安石《易解》虽然没有在熙宁的科制改革中不专用以取士,但绍圣以后最终还是和弟子龚原、耿南仲两人的《易》学,"三书偕行于场屋"了。所以《易解》长期被作为科举考试的教材,为士子所习读。

《周易义类》三卷,顾棠撰。佚

顾棠,字叔始,吴人。为王安石门人。撰有《周易义类》三卷。《读易举要》卷四载:"《周易义类》三卷,《序》言先儒论说甚众,而其旨未尝或同卦爻,或有所同,而辞固尝不一,各分标目,总而聚之。"《周易启蒙翼传·中篇》载:"顾棠《周易义类》三卷,《经类》《卦类》《杂纂》各一卷。"清人朱彝尊《经义考》卷十九,载"《宋志》:'三卷。'佚。"并引:

> 陈振孙曰:"叔思,未详何人。《序》言先儒论说甚众,而其旨未尝不同,卦爻或有不同,而辞意未尝不一,各立标目,总而聚之。"

> 胡一桂曰:"《周易义类》三卷,以先儒论《易》不同,因取其辞说同者,分目而聚之,凡九十五条。"

> 《吴中人物志》:"棠,字叔思,与张仅、几道皆为王安石门下士,安石作《三经义》,仅、棠与焉。"

《周易新义》二卷,沈季长撰。佚

沈季长(1027—1087),字道源,又作道原,其先湖州武康(今浙江德清)人,徙家真州扬子(今江苏仪征),王安石小妹婿。治平二年(1065年)举进士,曾任越州司法参军、南京国子监教授、天章阁侍讲、管勾国子监公事、淮南节度判官等职。有文集十五卷,《诗传》二十卷,已佚。事见《王魏公集》卷七

---

① 晁公武:《郡斋读书志》卷一《王介甫易义》解题。

《沈公墓志铭》。

沈季长《周易新义》,《周易启蒙翼传·中篇》载:"沈季长《易义》上下二卷。"朱彝尊《经义考》卷十九载:"《通志》:'二卷。'佚。《长编纪事》:'季长,钱唐人,王安石妹壻(婿)也,判国子监。'"并下按语说:"按:曾氏《元丰类稿》有《贵池县主簿沈君夫人元氏墓志》:'子三人,曰季长,越州司法参军。'"

《易义》二卷,叶子长撰。佚

叶子长,生卒年事迹不详。《周易启蒙翼传·中篇》载:"叶子长《易义》二卷。"

《易发题》一卷、《明疑录》一卷、《启玄》一卷,张元撰。未见

《周易启蒙翼传·中篇》:"张元《易发题》一卷、《明疑录》一卷、《启玄》一卷。"

《河图洛书解》一卷、《伏羲俯仰画卦图》一卷,沈济撰。佚

《周易启蒙翼传·中篇》:沈济《河图洛书解》一卷、《伏羲俯仰画卦图》一卷。

《易传》十卷、《乾德指说》一卷,王逢撰。未见

王逢(1005—1063),字会之,太平州当涂(今安徽马鞍山)人。博学,能属文,尤长于讲说,曾在苏州讲学。晚年中进士,任南雄州军事判官,归为国子监直讲,兼陇西郡王宅教授,以太常博士通判徐州,未至而卒。与胡瑗交游甚善。撰有《易传》十卷、《乾德指说》一卷、《复书》七卷。

《易传》十卷,学宗王弼,旨在阐发易理。宋人《厚斋易学·附录一》载:

"《读书志》:《易传》十卷,王逢撰。逢为国子直讲,其学宗王弼,号广陵,为王介父客。年虽不寿,著述甚富。"《读易举要》卷四载:"广陵王令逢原撰《易传》,为王介甫客。年二十八,终于布衣,年虽不寿,著述甚富。介甫志其墓,不言其所著书。"朱彝尊《经义考》卷十九载:"《通考》:'十卷。'未见。"并引:

> 王安石作《墓志》曰:"逢,字会之,太平州当涂县人。以进士起家,权南雄州军事判官,留为国子监直讲。于书无所不观,而尤喜《易》。作《易传》十卷、《乾德指说》一卷、《复书》七卷,名士大夫多善其书者。"
> 晁公武曰:"逢尝为国子直讲,著《易传》十卷,其学宗王弼。"
> 董真卿曰:"逢为王介甫客,官国子直讲,《易传》十卷,宗王弼。"

《同人卦说》一篇,傅耆撰。佚

傅耆,字伯成,一作字伯寿,北宋遂州遂宁(今四川遂宁)人。仁宗皇祐间进士,励志为学,尝从周敦颐于合州。官至知汉州,列名元祐党籍。

《同人卦说》,朱彝尊《经义考》卷六十九,载:"傅氏耆《同人卦说》一篇,佚。"并引度正曰:"濂溪先生摄邵州事,以改定《同人说》寄傅伯成,伯成复书云:'蒙寄《同人说》,改易数字,皆人意所不能到。'宜乎使人宗师仰慕之不暇也。"又引曹学佺曰:"耆,遂宁人,字伯成,年十四荐于乡,知平羌县。"

《易义》一卷,周孟阳撰。佚

周孟阳(1006—1074),字春卿,其先成都府人,徙泰州海陵(今江苏泰州)。宝元元年(1038年),进士及第,曾任潭王宫教授、诸王府记室、同知太常礼院、集贤殿修撰、同判太常寺兼侍讲,累拜工部郎中、天章阁侍制等职。

《易义》,《周易启蒙翼传·中篇》载:"周孟阳《易义》二卷"。清人朱彝尊《经义考》卷十七载"周氏孟阳《易义》,《通志》:'一卷。'佚。"并引:

> 《宋史》:"周孟阳,字春卿,其先成都人,徙海陵。第进士,为潭王宫教授,加直秘阁,同知太常礼院,迁集贤殿修撰,兼侍读。神宗初立,拜天章阁待制。"
> 《长编》:"治平元年十月,屯田员外郎直秘阁同知礼院周孟阳引对于

延和殿,自是数召见,最后至隆儒殿,在迩英殿后苑中,群臣未尝至也。"

《太极图说》一篇,周敦颐撰。存

周敦颐(1017—1073),字茂叔,原名敦实,因避宋英宗旧讳,改名敦颐,卒,谥元公,北宋道州营道(今湖南道县)人。因其住在庐山莲花峰下的溪水旁,故以濂溪名之,世称濂溪先生。曾任洪州分宁县主簿、南安军司理参军、郴州桂阳与南昌县令、合州判官、虔州通判、永州通判、广南东路转运官、提点本路刑狱等。

周敦颐精于易学,潘兴嗣在《濂溪先生墓志铭》中说他"善谈名理,深于《易》学,作《太极图》《易说》《易通》数十篇。"①后朱熹潘氏此语解释说:"故清逸潘公志先生之墓,而叙其所著之书,特以作《太极图》为首称,而后乃以《易说》《易通》系之,其知此矣。"②作为宋代著名《易》学家、理学的奠基者,传世著述有《太极图说》一篇,又有《通书》四十篇。

《太极图说》是周敦颐的代表作,是通过图式和简短的文字,以"无极""太极"为核心来论证宇宙世界的生成过程。后周敦颐又作《通书》来阐发《太极图》的意蕴。所以周敦颐的《易》学是以《图》和《说》为基本特征,其旨意是探究万物之终始,明天理之根源。《太极图》首见于朱震《卦图》上卷。

《易通》一卷,周敦颐撰。存

《易通》又称《濂溪通书》《周子通书》,一卷,四十章。《读易举要》卷四载:"濂溪先生春陵周惇颐茂叔撰《易通》四十篇,即《通书》是也。又撰《太极图说》。熙宁六年卒,年五十七。"

《易通》,又称《通书》,主要阐发了易理,并借助易学注解建构了其理学体系。清人朱彝尊《经义考》卷十九载:"周子敦颐《易通》(即《通书》)一卷。佚。"并云:

---

① 《周子全书》卷二十。
② 《太极图说·通书书后》,《周子全书》卷十一。

《东都事略》:"周敦颐,字茂叔,春陵人。以荫为将作监、主簿,调南安军司理参军,后通判永州,擢广南东路转运判官,移提点刑狱,以病求知南康军,病剧,上南康印,分司南京。敦颐酷爱庐阜,买田其旁,筑室以居,号曰濂溪,倡明道学,著《通书》行于世。"

胡宏《序》曰:"《通书》四十章,周子之所述也。周子,名敦颐,字茂叔,春陵人。推其道学所自,或曰:'传《太极图》于穆修,修传《先天图》于种放,放传于陈抟。'此殆其学之一师欤?非其至者也。希夷先生有天下之愿,而卒与凤歌荷筱长往不来者伍,于圣人无可无不可之道,亦似有未至者。程明道先生尝谓门弟子曰:'昔受学于周子,令寻仲尼、颜子所乐者何事。'而明道先生自再见周子,吟风弄月以归。道学之士皆谓程颢氏续孟子不传之学,则周子岂特为种、穆之学而止者哉?粤若稽古孔子,述三、五之道,立百王经世之法。孟轲氏辟杨、墨,推明孔子之泽,以为万世不斩,人谓孟氏功不在禹下。今周子启程氏弟子以不传之妙,其功盖在孔、孟之间矣。人见其书之约也,而不知其道之大也;见其文之质也,而不知其义之精也;见其言之淡也,而不知其味之长也。顾愚何足以知之,然服膺有年矣,试举一二语为同志者起予之益乎。患人以发策决科,荣身肥家,希世取宠为事也,则曰:'志伊尹之所志。'患人以知识见闻为得而自画,不待价而自沽也,则曰:'学颜子之所学。'人有真能立伊尹之志、修颜子之学者,然后知《通书》之言包括至大,而圣门之事业无穷矣。故此一卷书皆发端以示人者,宜其度越诸子,直与《易》《书》《诗》《春秋》《语》《孟》同流行乎天下。是以叙而藏之,遇天下之善士,又尚论前修而欲读其书者,则传焉。"

朱子《跋》曰:"《通书》者,濂溪夫子之所作也。夫子姓周氏,名敦颐,字茂叔。自少即以学行有闻于世,而莫或知其师传之所自。独以河南两程夫子尝受学焉,而得孔、孟不传之正统,则其渊源因可概见。然所以指夫仲尼、颜子之乐,而发其吟风弄月之趣者,亦不可得而悉闻矣。所著之书又多放失,独此一篇,本号《易通》,与《太极图说》并出程氏,以传于世,而其为说实相表里。大抵推一理、二气、五行之分合,以纪纲道体之精微,决道义、文辞、利禄之取舍,以振起俗学之卑陋。至论所以入德之方、经世之具,又皆亲切简要,不为空言。顾其宏纲大用,既非秦、汉以来诸儒所及,而其条理之密、意味之深,又非今世学者所能骤而窥也。是以程氏既殁,而传者鲜焉。其知之者,不过以为用意高远而已。熹自蚤岁即幸得其遗编,而伏读之初,盖茫然不知其所谓,而甚或不能以句。壮岁获游延平先生之门,乃始得闻其说之一二,比年以来,潜玩既久,乃若粗有得焉。虽其宏纲大用,所不敢知,然于其章句文字之间,则有以实见条理之愈密、意味之愈深,而不我欺也。顾自始读以至于今,岁月几何,倏焉三纪。慨前哲之益远,惧妙旨之无传,窃不自量,辄为注释。虽知凡近不足以发夫子之精蕴,然创建大义,以俟后之君子,则万一其庶几焉。"

周敦颐《太极图书》和《通书》,一般都为《周子全书》所收录。据中华书局校点本所载,《周子全书》的版本有五种①,按时间顺序排列为:(一)明嘉靖五年吕柟编《宋四子抄释》,后收入《惜阴轩丛书》(简称吕本)。(二)清康熙四十七年张伯行编《周濂溪先生全集》,版藏于福州正谊书院(简称张本)。(三)清乾隆二十一年江西分巡吉南赣宁道董榕编辑进呈本《周子全书》(简称董本)。(四)清道光二十七年邓显鹤根据《道州濂溪志》原本编辑《周子全书》(简称邓本)。(五)清光绪十三年贺瑞麟编辑《周子全书》,版藏于传经堂(简称贺本)。民国时期,商务印书馆编《丛书集成》时,曾根据张本排印,称《周濂溪集》。这五种版本,以吕本最为简要,董本为最庞杂。中华书局1990年校点本以贺本为底本,参校他本整理而成。

《先天图》,邵雍撰。存

邵雍(1011—1077),字尧夫,谥康节,祖为范阳(今河北涿县)人,幼随父迁共城(今河南辉县),隐居于苏门山百源之上,故被后人称为百源先生,其学派被称为"百源学派"。屡被推荐为官,均坚辞不受,终生以研究《周易》为业。后居洛阳,与富弼、司马光、吕公著等从游甚密。勤奋好学,潜心学问。共城令李之才曾授以"物理性命之学",即《周易》象数之学,往其探索,多所自得,在《易》学象数派中"自为一家",以先天象数之学名于世,和周敦颐、张载、程颢、程颐并称为北宋五子。邵雍精于《易》,长于诗律,存世的著述有《皇极经世》

---

① [宋]周敦颐著,陈克明点校:《周敦颐集》,中华书局1990年版,校点说明。

《观物内外篇》《渔樵问对》《伊川击壤集》等。

关于《先天图》，宋人冯椅《厚斋易学·附录二》载："《先天图》，本朝邵雍撰。易《先天图》外圆内方，其说曰：圆者天也，方者地也。雍，字尧夫，河南人，谥康节。前知来物，其始学之时，睡不施枕者至三十年。然而数学也，惟毛伯玉论之为详，谓：尧夫之筮，虞翻、管辂、郭璞之学也；尧夫之数，陆绩、赵实、李淳风之流也。独其人品高耳，若其精于数则所深讳也，故避其名而自托于《易》，述先天之图，推卦变之说，衍大玄之象。邵氏既托之《易》以自神其数，学者神其数而并信其《易》。世传邵氏《易全解》，殊浅谬，意后人假托耳。抑观子文所叙尧夫之学，盖自陈希夷，陈授穆、李，此数学也。而尧夫《易》学，大抵专于论象，则托之象以隐其数尔。尧夫得司马君实，以尊其学；得程伯淳，以志其墓。相与交推其所长，而不言其所偏，故世莫得而窥之。然伯淳兄弟亦有抑扬，其志墓也言其学出于穆、李，而不言陈抟。君实又自祖《太玄》，不传其《易》学云。"

邵雍的先天图，乃是五幅卦图，即《伏羲先天八卦次序图》《伏羲先天六十四卦次序图》《伏羲先天八卦方位图》《伏羲先天六十四卦方位图》和《文王后天八卦次序图》。冠名伏羲，实则是邵雍托名伏羲而作。邵雍的先天图数之学是从"太极"推导出来的。他将"太极"作为宇宙之始，太极又被视作整体的"一"。由一通过"神"的作用，由一而二，由二而四，由四而八，随着数的发展分化，直到万物。正如其在《观物外篇》中所云："太极，一也。不动生二，二则神。神生数，数生象，象生器。"程颢将此称为"加一倍法"。邵雍以二分的方法，以数为基础，用图像表示这种演化过程，从而产生了八卦和六十四卦。这个八卦和六十四卦的次序与原来的卦序不同，于是邵雍将新生成的卦序称之为"先天"，托名伏羲所制，而将原来的卦序称之为"后天"，为文王所制。以伏羲先天卦序进行组合，形成了《伏羲先天八卦方位图》《伏羲先天六十四卦方位图》，由图体现了阴阳消长的生生变化。"邵雍《易》学的最大贡献，就是继承了陈抟的思想，发展了图和数。"①邵雍的先天图数之学对后来《易》学产生了深远的影响，特别是南宋的朱熹作《周易本义》和《易学启蒙》，将先天图数纳入其《易》学思想体系，成为宋以后《易》学发展的重要组成部分。宋、元、

---

① 徐志锐编著：《宋明易学概论》，辽宁古籍出版社1996年版，第17页。

明、清诸儒,凡溯图像者,多本之。

《古周易》八卷,邵雍撰。未见

清人朱彝尊《经义考》卷十九载:"邵子雍《古周易》八卷(小注:《宋志》无,见《周易会通因革》。)未见。"并云:

《宋史》:"雍,字尧夫,河南人。事北海李之才,受《河图》《洛书》、宓牺八卦六十四卦图象,探赜索隐,妙悟神契,玩心高明,以观天地之运化、阴阳之消长,远而古今世变,微而飞走草木之性情,深造曲畅,庶几所谓不惑。而非依仿象类,亿则屡中者,遂演宓牺先天之旨,著书十余万言行于世。嘉祐诏求遗逸,留守王拱辰以雍应诏,授将作监主簿,复举逸士,补颍川团练推官,皆固辞,乃受命,竟称疾不之官。卒,赠秘书省著作郎,元祐中赐谥康节。"

程子曰:"先生之学得之李挺之,挺之得之穆伯长,推其源流,远有端绪。今穆、李之言及其行事概可见矣,而先生纯一不杂,汪洋浩大,乃其所自得者多。"

张峋曰:"先生覃思于《易经》,夜不设寝,日不再食,三年而学以大成。大名王豫天悦博达之士,尤长于《易》,闻先生之笃志,爱而欲教之,既与之语三日,得所未闻,始大惊服,卒舍其学而学焉,北面而尊师之,卫人乃知先生之有道也。"

邵博曰:"古《易·卦、爻》一,《彖》二,《象》三,《文言》四,《系辞》五,《说卦》六,《序卦》七,《杂卦》八,其次序不相杂也。予家藏大父手写百源《易》,实古《易》也。百源在苏门山下,康节读书之处。"

王炎曰:"邵氏之学长于古《易》。夫文王之演《易》,不专为占筮用也,静而正心诚意,动而开物成务,《易》皆具焉。惟以占筮论之,则古人如管辂、郭璞、关朗之徒,足以尽《易》之道矣,不特邵氏能之也。"

魏了翁曰:"众人以《易》观《易》而滞于《易》,先生以《易》观心而得于心。其《方圆图》《皇极经世》诸书,消息阴阳之几,贯融内外之分,盖洙、泗后绝学也。"

黄震曰:"《易》言天地定位者,天尊而上,地卑而下,其位一定而不可易;《易》取其象,于卦为《乾》《坤》,凡二者为天地之气之统宗,譬诸父母,虽若无所施为,实主宰乎一家而居其尊者也。山泽,通气者,山泽一高一下,水脉灌输,而其气实相通,通之为言贯也;《易》取其象,于卦为《艮》《兑》。雷风,相薄者,雷风一迅一烈,气势禽合而其形实相薄,薄之为言逼也;《易》取其象于卦为《震》《巽》。水火,不相射者,水火一寒一热,宜若相息灭,而下然上沸,以成《既济》之功,乃不相射,不相射者,言不如射者之相射害也;《易》取其象,于卦为《坎》《离》。凡六者皆天地之气之为,譬如六子迭相运用,而悉出于父母者也。圣人设此章以释八卦之义,似不过如此而已。历汉、唐以至本朝伊、洛诸儒,未有外此而他为之说者,惟邵康节得陈希夷数学,创为《先天》之图,移《易》卦之《离》南《坎》北为《乾》南《坤》北,曰:'此取《易》之天地定位也。'然《易》曰:'《离》也者,明也,南方之卦也;《坎》者,水也,正北方之卦也。'则《离》南《坎》北,经有明文矣。'天地定位',于经未尝明言其为南北也,何以知其此为先天之卦位言,徒以卦言位,或彼或此,犹固未可知。今以事理之实可见者考之,则风一从南,即盎然以温,风一从北,即冷然以寒,南方属夏,其热如此,北方属冬,其冻如此。《离》南《坎》北,信乎其如今《易经》之言矣。康节移之以位《乾》《坤》,将何所验以为信耶?康节既移《乾》《坤》于南北,又移《艮》以居西北,移《兑》以居东南,曰:'此取《易》之山泽通气也。'然《易》曰:'《艮》,东北之卦也。'又曰:'《兑》,正秋也。'则《艮》居东北,《兑》居正西,经有明文矣。若山泽通气,特言其通气而已,于经未尝明言《艮》为西北,《兑》为东南也,康节何所考而指此为先天之卦位?若以事理之实而考之,山必资乎泽,泽必出乎山,其气相通,无往不然,岂必卦位与之相对而后气可相通耶?康节既移东北之《艮》于西北,遂移《震》于东北,而移《巽》于西南,曰:'取《易》之雷风相薄也。'然《易》曰:'《震》,东方也。'又曰:'《巽》,东南也。'则《震》居东方,《巽》居东南,经有明文矣。若雷风相薄,特言其相薄而已,于经未尝明言《震》为东北,《巽》为西南也,康节何所考而指此为先天之卦位?若以事理之实考之,《震》惟居正东,《巽》惟居东南,逼近而合,故言相薄,若远而相对,安得相薄?而东北为寅时,方正月,又岂雷发之时耶?康节既移《离》《坎》之位以位《乾》《坤》,乃移《离》于正东,移《坎》于正西,曰:'取《易》之水火不相射也。'然南方为《离》,北方为《坎》,经文万世不磨,水火不相射,特言其性相反而用则相资耳。于经未尝明言《离》为东方之卦,《坎》为西方之卦也,康节又何所见而指此为先天之卦位?说者虽指火为日,遂以《离》为东,指水为月,遂以《坎》为西,然按《说卦》先言'《离》为火',然后言'《离》为日',独言'《坎》为水',而未尝言'《坎》为月',盖日乃太阳之精,非特可以《离》言,月乃太阴之精,非特可以《坎》言。月虽阴而其出必于东,日虽阳而其没必于西,周流运转,昼夜不停,非若水火之定位于一方者比也,又可借日月以代水火为言耶?《易》画于伏羲,演于文王,系于孔子,传之天下万世,惟此一《易》而已,未闻有先天后天之分也。虽曰:'未有天地,已有此理。'然而作《易》始于伏羲,不言先天,康节特托《易》以言数,诸儒未有以此而言《易》者也。晦庵以理学集诸儒之大成,原圣人因卜筮而作《易》,始兼以康节之说而详之。若据门人所录《语类》,乃因康节之先天而反有疑于文王、孔子之《易》,及有疑于伊川之《易传》,且有疑于《易经》此章八卦之位。然按晦庵先生《答王子合书》,明言:'康节言伏羲卦位,近于穿凿附会,且当阙之。'以此概彼门人所录,其一时之言尔,抑录之者未必尽当时之真耶?盖《易》所言者道,而康节所言先天者,数也。康节虽贤,不先于文王、孔子也。康节欲传伊川以数学,伊川坚不从,则不可以其数学而反疑伊川之《易》学又可知也。学者且当以晦庵亲答王子合之言为正,毋以门人记录晦庵之言为疑。"又曰:"邵子无《易》解,不过《观物》《经世》《先天图》。"又曰:"邵《易》不藐之为象数,则惮其难知。"

董真卿曰:"邵子《古周易》八卷,与晁氏说之本同。"

朱升曰:"邵子发明《易》之数,而一动一静之间,天地人之至妙,邵子固以理而妙是数矣。"

王祎曰:"自周、秦以来,伏羲之图鲜或传授,而沦落于方技家。孔子于《系辞》《说卦》固尝言之,学者不察也,邵子始发挥之。盖邵子得之李挺之,挺之得之穆伯长,伯长得之陈希夷,所谓先天之学也。自先天之学明,人知有伏羲之《易》,而学《易》者不断自文王、周公始矣。"

王廷相曰:"《易》虽有数,圣人不论数而论理,要诸尽人事尔。故曰:'得其义则《易》数在其中。'故邵子以数论天地人物之变,弃人为而尚定命,以故后学论数纷纭,废置人事,别为异端,害道大矣。"

杨慎曰:"《易图》,《先天》始于希夷,《后天》续于康节。盖康节因孔子《易传》难明,因希夷之图,又作《后天图》以示人,如周子因孔子'《易》有太极'一句而作《太极图》。朱子所以不明言者,因其出于希夷而讳之,恐人疑其流于神仙也。"

杨时乔曰:"希夷所传诸《图》,旧只存《图》而已。康节始以圆者为天,方者为地,次序为横图,乃皆还之于《易》。自此而《说卦》自'天尊地卑'至'天地定位',诸书辞变象数之学,皆粲如指掌,不然。孰从而知所为位?所为象数哉?"

《皇极经世书》十二卷,邵雍撰。存

《皇极经世书》十二卷,探究宇宙万物、人类社会的变迁。《周易启蒙翼传·中篇》:"康节先生邵雍《皇极经世书》十二卷。朱文公《语录》曰:'《经世》以元经会,以会经运,以运经世。'又曰:'邵子之学,只把元会运世四字贯尽天地万物。又作《叙篇》《系述》二卷,《观物外篇》六卷,(门人张岷记雍言。)《观物内篇解》二卷,(雍之子伯温作。)《辨惑》一卷。(伯温作。)'晁公武云:'《经世》起于尧即位之二十二年甲辰,终于周显德六年己未。编年纪兴亡治乱事,以符其学。又有《观物篇》系于后。其子伯温解。'"

《皇极经世书》十二卷,卷一至卷六以《易》六十四卦分配元会运世、年月日辰,以证古今治乱,卷七至卷十为律吕声音,此十卷总合为《内篇》;卷十一、十二比物引类,发挥蕴奥,为《外篇》。《四库全书》将之列入"子部术数类",《四库总目》称:"《皇极经世》盖即所谓物理之学也。其书以元经会,以会经运,以运经世,起于尧帝甲辰,至后周显德六年己未,凡兴亡治乱之迹,皆以卦象推之。厥后王湜作《易学》,祝泌作《皇极经世解起数诀》,张行成作《皇极经世索隐》,各传其学。《朱子语录》尝谓:'自《易》以后,无人做得一物如此整齐,包括得尽。'又谓:'康节《易》看了,都看别人的不得。'其推之甚至。然《语录》又谓:'《易》是卜筮之书,《皇极经世》是推步之书。《经世》以十二辟卦管十二会,绷定时节,却就中推吉凶消长,与《易》自不相干。'又谓:'康节自是《易》外别传。'蔡季通之《数学》亦传邵氏者也,而其子沈作《洪范皇极》内篇,则曰:'以数为象则畸零而无用,《太玄》是也;以象为数则多耦而难通,《经世》是也。'是朱子师弟子于此书亦在然疑之间矣。明何塘议其天以日月星辰变为寒暑昼夜,地以水火土石变为风雨露雷,涉于牵强。又议其《乾》不为天而为日,《离》不为日而为星,《坤》反为水,《坎》反为土,与伏羲之卦象大异。至近时黄宗炎、朱彝尊攻之尤力。夫以邵子之占验如神,则此书似乎可信,而此书之取象配数,又往往实不可解。据王湜《易学》所言,则此书实不尽出于邵子。流传既久,疑以传疑可矣。至所云'学以人事为大',又云'治生于乱,乱生于治,圣人贵未然之防,是谓《易》之大纲。'则粹然儒者之言,非术数家所能及。斯所以得列于周、程、张、朱间欤?"

《读易举要》卷四载:"康节先生河南邵雍尧夫撰《皇极经世书》。熙宁十年卒,年六十七。其子右奉直大夫伯温子文为之序系,具载先天、后天、变卦、反对诸图,又为《易学辨惑》一篇,叙传授本末真伪,康节门人太常寺主簿张岷子望撰《观物外篇》,记其平生之言,虽十才一二,而足以发明成书者为多,故名《观物外篇》。若《观物内篇解》二卷,则伯温所撰,即《经世书》之第十一第十二卷也。"《四库全书总目·子部七》有云:

《皇极经世书》十四卷,宋邵雍撰。邵子数学本于李挺之、穆修,而其源出于陈抟。当李挺之初见邵子于百泉,即授以义理性命之学。其作《皇极经世》,盖出于物理之学,所谓《易》外别传者是也。其书以元经会,以会经运,以运经世,起于帝尧甲辰,至后周显德六年己未,而兴亡治乱之迹,皆以卦象推之。朱子谓《皇极》是推步之书,可谓能得其要领。朱子又尝谓:"自《易》以后,无人做得一物如此整齐,包括得尽。"又谓:"康节《易》看了,却看别人的不得。"而张岷亦谓:"此书本以天道质以人事,辞约而义广,天下之能事毕矣。"盖自邵子始为此学,其后自张行成、祝泌等数家以外,能明其理者甚鲜,故世人卒莫穷其作用之所以然。其起而议之者则曰:元会运世之分无所依据,十二万九千余年之说近于释氏之劫数,水火土石本于释氏之地水火风,且五行何以去金去木。《乾》在《易》为天而《经世》为日,《兑》在《易》为泽而《经世》为月,以至《离》之为星,《震》之为辰,《坤》之为水,《艮》之为火,《坎》之为土,《巽》之为石,其取象多不与《易》相同,俱难免于牵强不合。然邵子在当日用以占验,无不奇中,故历代皆重其书。且其自述大旨,亦不专于象数,如云:"天下之事,始过于重犹卒于轻,始过于厚犹卒于薄。"又云:"学以人事为大。"又云:"治生于乱,乱生于治,圣人贵未然之防,是谓《易》之大纲。"又云:"天下将治,则人必尚义也;天下将乱,则人必尚利也。尚义则谦让之风行焉,尚利则攘夺之风行焉。"类皆立义正大,垂训深切。是《经世》一书,虽明天道而实责成于人事,洵粹然儒者之言,固非谶纬、术数家所可同年而语也。

关于《皇极经世书》的撰述旨趣,在于弘扬儒学、重视人事之用,把古今成败治乱之变看成《易》学的旨归。邵雍之子邵伯温曾解释说:"穷日月星辰、飞走动植之数,以尽天地万物之理;述皇帝王霸之事,以明大中至正之道。阴阳之消长,古今之治乱,较然可见矣,故书谓之《皇极经世篇》,谓之《观物篇》焉。"[①]

主要版本有民国间上海商务印书馆据明正统刻万历续刻本影印《道藏》本,通行本为《四部备要》本。另有《皇极经世》十卷、《观物内篇》二卷明万历刘尧海刻本,现藏于北京大学图书馆。

《温公易说》六卷,司马光撰。存

司马光,字君实,北宋陕州夏县(今山西夏县)人,封温国公,故后世称为司马温公。经仁宗、英宗、神宗三朝,历天章阁待制兼知谏院、龙图阁直学士、翰林学士、枢密副使、尚书左仆射兼门下侍郎等职。司马光喜读经史,尤好《左传》。撰有《资治通鉴》《资治通鉴考异》《法言集注》《切韵指掌图》《涑水纪闻》《稽古录》等书。

《温公易说》又名《易说》,《直斋书录解题》作三卷,《郡斋读书志》及《宋史·艺文志》皆为一卷。宋人冯椅《厚斋易学·附录二》载:"《中兴书目》:《易说》一卷,本朝尚书左仆射司马光撰。首篇设问答语,后有《系辞杂说》。晁氏云:'杂解《易》义,无诠次,未成书也。'光字君实,陕州人,封温国公。又有《系辞说》二卷,前袁州分宜主簿刘彦校正本。"《读易详说》卷四载:"丞相温公涑水司马光君实撰《易说》三卷,杂说无诠次,未成书也。元祐元年卒,年六十八。"《周易启蒙翼传·中篇》载:"司马温公光《易说》一卷,《系辞说》二卷。案朱子云,尝得《温公易说》于洛人范仲彪炳文,尽《随卦》六二之半,其后

[①] 《邵子全书》卷一。

缺焉。炳文言：'使人就膳公手稿，适至而兴亡之，故所存止此。'后数年乃得全书，云好事者于北方互市得版本，始亦喜其复全，今不无疑，然亦无以考真伪也。"

清人朱彝尊《经义考》卷十九载："《宋志》十卷（又三卷），佚。"并云：

晁公武曰："司马光君实，陕州夏县人。初以父荫入官，举进士甲科，除馆阁校理。神宗即位，擢翰林学士、御史中丞，后除枢密副使，力辞而去。元祐初，拜门下侍郎，继迁尚书左仆射。卒，谥文正。《易说》杂解《易》义，无铨次，盖未成书也。"

朱子曰："尝得温公《易说》于洛人范仲彪炳文，尽《随卦》六二之半，其后缺焉。后数年，好事者于北方互市得版本，始亦喜其复全，然无以考其真伪也。"

陈仁子《序》曰："九师兴而《易》道微，《易》之微岂专九师咎哉？《彖》《翼》而下，旁博深广，留七分者亡几。田、丁、施、费，脉脉师授，俾勿坠。龙龟《图》《书》，或左用之而不悟，京房守纬数，其失也泥。韩康伯谈名理，其失也浮。二千年间，《易》道佅佅，如蒙雾行，述而不论，河、汾犹难之。历越五闰，真人御宇王泽萃钟，异人间出，希夷抉羲画而成于邵，濂溪泄周经而融于程，以至汇为汉上而尚变，演为考亭而尚占，支析为合沙而尚象，三圣玄蕴，剖抉靡遗，而读者了然如生三代之世。晚得温公《易说》一编，视诸老犹最通畅，今流传人间世，稿虽未完，其论太极、阴阳之道，《乾》《坤》律吕之交，正而不颇，明而不凿，猎猎与濂、洛贯穿，中间分刚柔，中正配四时，微疑未安，学者宜心会尔。《易》之作，圣人吉凶与民同患之书也，非隐奥艰深而难见也，谈《易》而病其隐且艰，非深《易》者也，参习是编，《易》道庶其明乎。"

《潜虚》一卷，附《潜虚发征论》一卷，司马光撰。存

《四库全书总目》卷一百八称：

宋司马光撰。光有《温公易说》已著录，是编乃拟《太元》而作。晁公武《读书志》曰：此书是五行为本，五行相乘为二十五，两之为五十。首有气、体、性、名、行、变、解七图，然其辞有阙者，盖未成也。其手写草稿一

通，今在子建侄房。朱子跋张氏《潜虚图》亦曰：范仲彪炳文家多藏司马文正公遗墨。尝示予《潜虚》别本，则其所阙之文甚多。问之，云温公晚著此书，未竟而薨，故所传止此。近见泉州所刻，乃无一字之阙，始复惊疑。读至数行，乃释然曰："此赝本也。其说与公武合。"此本首尾完具，当即朱子所谓泉州本，非光之旧。又公武言气、体、性、名、行、变、解七图，熊朋来则言《潜虚》有气图，其次体图，其次性图，其次名图，其次行图，其次命图，其目凡六。而张氏或言八图者，行图中有变图，解图也。是命图为后人所补。公武言五行相乘为二十五，两之为五十，而今本实五十五行，是其中五行亦后人所补，不止增其文句已也。吴师道《礼部集》有此书后序，称初得《潜虚》全本，又得孙氏阙本，续又得许氏阙本。归以参校，用朱子法，非其旧者悉以朱圈别之，然其本今亦不传。林希逸尝作《潜虚精语》一卷，今尚载《鬳斋》十一稿中。凡所存者，皆阙本之语，而续者不载，尚可略见大概。然于阙本中亦不全取，究无以知某条为赝本，盖世无原书久矣，姑以源出于光而存之耳。陈淳讥其所谓虚者，不免于老氏之归。要其吉臧平否凶之占，以气之过不及为断，亦不失乎圣贤之旨也。张敦实论凡十篇，据吴师道《后序》，则元时已附刻于后，今亦并存。敦实，婺源人。官左朝奉郎监察御史，其始末无考。考《太元经》，末有右迪功郎充浙江提举盐茶司干办公事张实校勘字，疑即一人，或南宋避宁宗讳，重刻《太元经》时删去敦字欤？是不可得而详矣。

《法言集注》十卷，司马光撰。存

《法言集注》共十卷，乃司马光兼采众家之长、断以己意而成。《四库全书总目》卷九十一《法言集注》提要：

> 汉扬雄撰，宋司马光集注。雄有《方言》，光有《易说》，皆已著录。考《汉书·艺文志》儒家扬雄所序三十八篇，注曰：《法言》十三。雄本传具列其目，曰学行第一，吾子第二，修身第三，问道第四，问神第五，问明第六，寡见第七，五百第八，先知第九，重黎第十，渊骞第十一，君子第十二，孝至第十三。凡所列汉人著述，未有若是之详者，盖当时甚重雄书也。自程子始谓其蔓衍而无断，优柔而不决。苏轼始谓其以艰深之词，文浅易之

说。至朱子作《通鉴纲目》,始书莽大夫扬雄死。雄之人品著作,遂皆为儒者所轻。若北宋之前,则大抵以为孟、荀之亚。故光作《潜虚》以拟《太元》,而又采诸儒之说以注此书。考自汉以来,有侯芭注六卷,宋衷注十三卷,李轨解一卷,辛德源注二十三卷。又有柳宗元注,宋咸广注,吴祕注。至光之时,惟李轨、柳宗元、宋咸、吴祕之注尚存,故光裒合四家,增以己意,原序称各以其姓别之。然今本独李轨注不署名,余则以宗元曰,咸曰,祕曰,光曰为辨,盖传刻者所改题也。旧本十三篇之序,列于书后,盖自《书序》《诗序》以来,体例如是。宋咸不知《书》序为伪孔《传》所移,《诗序》为毛公所移,乃谓子云亲旨反列卷末,甚非圣贤之旨。今升之章首,取合经义。其说殊谬。然光本因而不改,今亦仍之焉。

《横渠易说》三卷,张载撰。存

张载(1020—1077),字子厚,世居大梁(今河南开封),后侨居凤翔郿县(今陕西眉县)横渠镇,世称横渠先生。历云岩令、崇文院校书、太常礼院等职。少孤、自立,喜谈兵。曾上书谒见范仲淹,公勉以读《中庸》。后读佛、老之学,累年无所得,转而习《六经》。撰有《横渠易说》三卷、《正蒙》十篇、《经学理窟》十二篇,编入《张子全书》。

《横渠易说》为弟子辑录而成。成书时间,潘雨廷先生认为,可"以嘉祐元年(1056年)年论"①。宋人冯椅《厚斋易学·附录一》载:"《易说》三卷,题横渠先生。韩元龙刊于建康府,漕台主管文字胡大元校勘。按张载字子厚,秦人,号横渠先生。旧坐虎皮与诸生讲《易》。一日见程伯淳兄弟,及讲《易》,辄彻去虎皮。谓诸生曰:'有二程明《易》,前此所讲说未是,可往见之。'不知此书子厚晚年以所得删正邪?或好学者以门人所记录与《正蒙》类为此书也。多所发明,有二程未到处。"《周易启蒙翼传·中篇》称:"横渠先生张载《易说》三卷。冯氏曰:坐虎皮讲《易》,不知此书。子厚晚年以所得删正耶?或好学者以门人所记,偶与《正蒙》类为此书也。多所发明二程有所未到处。"

《横渠易说》三卷,《宋志》十卷,清人朱彝尊《经义考》卷十九,有云:

---

① 潘雨廷:《读易提要》,上海古籍出版社2006年版,第90页。

《东都事略》:"张载,字子厚,长安人。学古力行,笃学好礼,为关中士人所宗,世所谓横渠先生者也。举进士,为祁州司法参军,神宗召见,除崇文检书,以疾求去,筑室南山下。敝衣疏食,专精治学,召还,同知太常礼院,复以疾请归,道病卒。"

《宋史》:"先生之学,以《易》为宗,以《中庸》为体。"

晁公武曰:"载居横渠,故以名书。其解甚略,《系辞》差详。"

程珌曰:"宋兴百年,名儒辈出,胡安定得其义,邵康节得其数,程明道、伊川得其理,周濂溪得其体,张横渠得其用,然后《易》之道大明于天下。"

董真卿曰:"《横渠易说》三卷,发明二程所未到处。"

吕柟曰:"《横渠易说》简易精实,于发经开物修身,教人甚切,当为先生之书无疑。窃谓《易》本为人事而作,虽历四圣,其究一揆,非专说天以道阴阳也。故孔子以'君子行此四德'解《乾》'元亨利贞',示诸卦爻,皆此例尔。今以质诸《易说》,益笃信焉。"

杨时乔曰:"今本止六十四卦,无《系辞》,实未全之书。"

《横渠易说》上、下经各为一卷,《系辞传》以下至《杂卦传》为一卷。末有总论十一则,附有吕大临《横渠先生行状》一文。张载注解《周易》时,并不是遍及所有经文,"往往经文数十句中一无所说,末卷更不复全载经文,载其有说者而已"①,六十四卦中有很多都是有经无注,而《系辞》《说卦》《序卦》《杂卦》部分则不全载经文,只有援引数条语句对之进行引申发挥。潘雨廷评价说:"此书似系门人所裒集,未解处甚多,又繁简失当,略有重复。"②张载之学以《易》为宗,以《中庸》为体,以孔、孟为法。认为世界本源是太虚一元之"气",万物皆由"气"聚散变化而成。其学说主要是在易学的基础上建构起来的③。《宋史》本传称张载之学"以《易》为宗,以《中庸》为体,以孔孟为法",后来,王夫之也说:"张子之学,得之《易》者深","张子之言,无非《易》。"④通观张载之

---

① 《四库全书总目》卷2《横渠易说》提要。
② 潘雨廷:《读易提要》,上海古籍出版社2006年版,第91页。
③ 如朱伯崑说:"从《易说》到《正蒙》,说明张载的哲学是以其《易》学为基础而发展起来的。"(朱伯崑:《易学哲学史》第二卷,第256页。)
④ 《张子正蒙注·序论》。

学,所评无不恰当。

《横渠易说》现存最早的版本为嘉靖十七年(1538年)吕楠校刻本,现藏于国家图书馆、湖北省襄阳地区图书馆,存两卷(上经一卷、下经一卷)。清有《通志堂经解》本,并收入《摛藻堂四库全书荟要》中。1989年上海古籍出版社《四库易学丛刊》收入,与《温公易说》刊为一册。

《易传》,谯定撰。佚

谯定(1023—?),字天授,人称谯夫子,自号涪陵居士。曾师事程颐。曾撰有《易传》(后人称《谯子易传》)等。《宋元学案》卷三十《刘李诸儒学案》称其:"少喜佛,后学《易》于郭氏。郭氏世家为南平,始祖在汉为严君平之师,盖象数之学也。先生后至京,闻伊川讲道于洛,特往见之,得闻精义,造诣深至,浩然而归。……后以《易》学授刘白水勉之、胡籍溪宪,而冯时行、张行成则得先生之余意者也。"谯定曾受到程颐《易》学的影响,撰《易传》,又将其《易》学传给张浚、冯时行、张行成。张浚撰《紫岩易传》、冯时行撰《易论》、张行成撰《周易通变》等,这在当时产生了一定的影响。

清人朱彝尊《经义考》卷二十一,载:"《易传》,佚。"并云:

程迥曰:"谯定,字天授,涪州人。尝受《易》于羌中郭载,载告以'见乃谓之象'与'拟议以成变化'之义。郭本蜀人,其学传自严君平,定尝过武侯庙,观《八阵图》,谓必本于《易》。见伊川先生于涪,伊川欲与同修《易》书。后和国许公荐于朝,授通直郎。"

《宋史》:"定学《易》于郭曩氏,自'见乃谓之象'一语以入郭曩氏者。世家南平,始祖在汉为严君平之师,世传《易》学,盖象数之学也。定至汴,闻伊川程颐讲道于洛,洁衣往见,弃其学而学焉。其后颐贬涪,实定之乡也,北山有岩,师友游咏其中,涪人名之曰'读《易》洞'。靖康初,吕好问荐之,召为崇政殿说书,辞不就。高宗即位,定犹在汴,许翰又荐之,诏宗泽津遣诣行在。会金兵至,定复归蜀,爱青城大面之胜,栖邂其中,蜀人指其地曰谯岩,称之曰谯夫子,绘象祀之。定《易》学授之胡宪、刘勉之,而冯时行、张行成则得定之余意者也。"

《易解、先天图说》一卷,陈易撰。佚

陈易,生卒年不详,字体常。所撰《易解、先天图说》一卷。清人朱彝尊《经义考》卷二十一注"佚。"并载:"《兴化总志》:陈易,字体常,兴化县人。崇宁初,举遗逸。又举八行,辞不赴。"《仙游图经》有云:"(陈)易晚逃禅学,与僧有需(俗姓陈)同隐,所著《易解》主先天说,亦宋人图书之流派也。"

《易解》,罗志冲撰。佚

罗志冲,合州(今重庆合川)人,宋徽宗大观年间在世。潜心于六经,尤精于《易》学。撰有《易解》,发明二程之说为多。

《易解》,清人朱彝尊《经义考》卷二十一,著录为"佚"。并引:"《姓谱志》:冲,合州人。精于《易》,作解发明程氏为多。"《四川通志》有传。

《易图》一卷,黄庶先撰。佚

《宋志》载六卷,佚。清人朱彝尊《经义考》载"一卷,佚",并云:

文同《跋》曰:"京房受《易》于焦延寿,延寿谓'房必以吾道亡其身',后果然。岂以其自置太审而尚凿与?取六十卦更直用事,候一岁风雨寒湿,以验其灾祥,独以《坎》《离》《震》《兑》号方伯监司,以分至专王之气主之。强配不精,后人临文而惑,此庶先之论所由兴也。庶先少游四方,博学善辨,悟周流六虚之说,遂以完合京之罅漏,散八卦所重之画,均诸消息而著之图焉。终始出入,无一悖谬。如瑶之聚斗,如辐之拥毂,循睨偻指,不失伦类。复撰《明闰》《演图》《卦气》三篇,以证诸家之未至。世之君子考其图、阅其书,不待讲解而其法自得矣。"

《易说》十卷,周秩撰。佚

清人朱彝尊《经义考》卷二十一,注"十卷,佚",并云:"《扬州府志》:周

秩,字重实,泰州人。熙宁癸丑,与兄稺同举进士,仕终集贤殿修撰,赠徽猷阁待制。"

《易谈》二十卷,徐铎撰。佚

徐铎,字振文,宋兴化莆田人。《易谈》,清人朱彝尊《经义考》卷二十一,注"二十卷,佚",并云:"《兴化府志》:徐铎,莆田人。熙宁九年,进士第一,官至吏部尚书。"

《易说》九卷,林虙撰。未见

清人朱彝尊《经义考》卷二十一,载:"《宋志》九卷,未见。(《一斋书目》有)"并引:

> 陆友仁曰:"林虙,字德祖,其先福清人,今为吴县人。绍圣四年进士,教授润州、常州、扬州,擢河北西路提举学事,除开封府左司录。一日上章请老,夜自书牍,旦报可,家人无知者,即日束装出国门,士大夫走饯皆不及。既归,杜门与宗族故党啸咏山水间,无一言及世事。所著有《易说》《诗义》《书》《礼解》。"

《周易开奥图》,周克颛撰。佚

《玉海》卷三十六,载:"《熙宁周易图》,熙宁九年五月二十二日,宗子克颛进《周易开奥图》,克孝进《孝经传》,诏褒之。"清人朱彝尊《经义考》卷二十一,注"佚。"并引:"《玉海》:熙宁九年五月,宗子克颛进《周易开奥图》,诏褒之。"

《易发微》十卷,赵令湑撰。佚

《宋史·艺文志》"赵令湑《易发微》十卷"。清人朱彝尊《经义考》卷二十一,著录为"《宋志》:'十卷。'佚"。

《葆光易解》十卷,张弼撰。佚

张弼,生卒不详,字舜元,福建仙游人。曾授福州司户参军,充泉州教授,未赴任而卒。撰有《葆光易解》十卷,已佚。

《葆光易解》各家书目都有著录,如《宋史·艺文志》作《易解义》,《遂初堂书目》作《易传》,郑樵《通志略》作《张葆光周易》、《郡斋读书志》作《张弼易》,陈振孙《直斋书录解题》作《葆光易解义》,《经义考》作《葆光易解》。卷数都是十卷,仅《仙游志·儒林传》载是九卷。

《葆光易解》,《宋志》作"易解义"。该书旨在折中象数、义理之学。宋冯椅《厚斋易学·附录一》载:

《葆光解》,《中兴书目》:"《易解》十卷,绍圣中泉州教授张弼撰。弼,字舜元,莆阳人。按绍圣二年《章惇剳进》,其《周易解义》九卷,今建本二十五卷。赐葆光处士。三年,授福州司户参军,充泉州州学教授。黄裳、龚原皆序之,称其明于象数,古今之说阅之殆尽,未能当意。默诵《系辞》二十年,一日释然,而悟得大例几百条。毛伯玉云其《易》专主辅嗣,今观其义,亦主卦变如朱子发。"

《读易举要》卷四载:"泉州教授莆田张弼舜元撰《葆光易解义》十二卷。绍圣中,以章惇等荐,赐号'葆光处士'。后又以为福州司户,教授其乡郡。其说多取象。"

《周易启蒙翼传·中篇》:"张汝弼《易解》十卷,绍圣中撰。(小注:字舜元,泉州教授,莆阳人。)冯氏曰:案绍圣二年,章惇剳进其《周易解义》九卷,今建本二十五卷。赐葆光处士。三年,授福州司户参军,充泉州州学教授。黄裳、龚原皆序之,称其明于象数,古今之说阅之殆尽,未能当意。默诵《系辞》二十年,一日释然,而悟得大例几百条。毛伯玉云:其《易》专主辅嗣,今观其义,亦主卦变如朱子发。"

清人朱彝尊《经义考》卷二十一,载"《宋志》十卷,佚",并云:

黄裳《序》曰:"《易》之为道,不出乎象数,不足以为圣人,以前民用;不用乎象数,不足以为天下,以同民患。是故圣人方其坐进乎道,恍乎惚其中有物,惚兮恍其中有象,有物即有象,有象即有数,及其恍惚之象数、杳冥之真精,相遇而为混沌,然后二仪、万物、五行、四象皆存乎其中,可以作《易》。故惟圣人为能知象之所以立,知数之所以起,知言之所以默云,知意之所以用舍。以蓍得爻,以爻得卦,吉凶之兆,祸福之证,如响之声,如形之影,可以善胜,难以幸免。盖夫神《易》之在圣人,入而反一,则形而上者与之为体,出而应物,则形而下者与之为用,惟象与数,本于道、行于神,圣人取其无乎不为之《易》,以济民行,以同民患,乃命以为书焉。舜元读《易》于山中,辄自大悟,以谓后世之学《易》者,类以臆论,徒说义理,第为虚言,无补于事。盖夫圣人不以前民用,则何事乎为《易》?不用乎象数,则何以前民用?于是范天地之化而得象,围天地之化而得数,圣人言意,本于爻象,象数本于神《易》,舜元推于爻卦之变动,祸福之兆,休废之理,密与人事,合若符节。因民之言动而贰之以是非,使之趋吉而背凶,因民之向往而贰之以迷悟,使之违恶而依善。一气之起灭、五行之衰盛,有常有幸,或依或违,使之知所避以幸而遂免,使之知所修以常而获报。而彼末学方用区区之说,与人徒论人事,虽执以归,竟无其实,然则舜元之学当与秦、汉之高士议其优劣,诸生其勤而承之,不可失也。"

晁公武曰:"弼,兴化军人。字舜元,章惇荐于朝,赐号葆光处士。绍兴二年,黄裳等再荐之,诏以为福州司户、本州教授,其学《易》颇宗郑氏。"

林至曰:"马融、虞翻、崔憬多论互体,近世张弼专用以解《易》,其说曰:'《大传》二与四同功而异位,三与五同功而异位。'此正论互体,不知圣人以六位当否,言而非为互体设也。"

董真卿曰:"莆阳张汝弼泉州教授,赐号葆光处士。《周易解义》十卷,绍圣三年章惇进其书九卷。建本二十五卷。黄裳、龚原皆序之,称其明于象数古今之说,未能当意。默诵《系辞》二十年,一日释然而悟,得大例几百条。毛伯玉谓其专主辅嗣,然亦主卦变,如朱子发。"

胡一桂曰:"舜元,莆阳人。绍圣二年,章惇札进其《周易解义》九卷。三年,授福州司户参军,充泉州州学教授。"

何乔远曰:"弼刻意于《易》,以为《系辞》者,圣人所以翼《易》,其大例当在于此。乃置诸家传注,独执经诵之,凡三十年,释然领悟,不觉引鼓自抖,穷日不已,久而益信,推明为书,根象数、原义理,虽与前此谈《易》

者异同,而用于爻象之辞,一字皆有所本,有汉晋《易》家所不到者。"

《卜子夏易传解》,张弼撰。佚

清人朱彝尊《经义考》卷二十一,载"佚",并按语:"《弼子夏易解》见尤氏《遂初堂书目》。"

《易论》一篇,范浚撰。存

清人朱彝尊《经义考》卷二十一,注"一篇,存",并引:

> 陈岩肖曰:"先生姓范氏,名浚,字茂明,家世父祖为名卿贤刺史,昆弟多居膴仕,而先生了无仕进意。今天子诏复科举,公卿有以先生应诏者,先生立辞。予尝过香溪之上,见先生危坐一室,尘埃栖户牖、凝几席,败帷故器,人所不堪,而先生神宇泰然,其言经术如亲得圣人而授其旨,其为文辩博而峻整,非志于道而全其气者,能若是乎?"

《易传》,孙觉撰。佚

孙觉(1028—1090),字莘老,江苏高邮人。少学于胡瑗,进士及第。曾任合肥主簿、右正言、知谏院、同修起居注、知审官院、太常少卿、侍讲、给事中、御史中丞等职,撰有《易传》等书。清人朱彝尊《经义考》卷十九载"佚",并云:

> 游酢《序》曰:"《易》之为书,该括万有,而以一言蔽之,则顺性命而已。阴阳之有消长,刚柔之有进退,仁义之有隆污,三极之道皆原于《易》而会于理。其所遭者,时也;其所托者,义也;其所致者,用也。知斯三者而天下之理得矣。斯理也,仰则著于天文,俯则形于地理,中则隐于人心,而民之迷日久不能以自得也,冥行于利害之域,而莫知所尚,圣人有忧之,此《易》之所为作也。伏羲象之而八卦成。文王重之而六爻具。周公系之辞,仲尼训其义。自伏羲至于仲尼,则《易》之书不遗余旨矣。盖将领天下于中正之涂,而要于时措之宜也。居则观象而玩辞,动则观变而玩占,以研心则虑精,以应物则事举,天且助之,人且与之,而何凶咎之有?

故曰:'是兴神物以前民用。'又曰:'因贰以济民行。'此四君子之用心也。孙公莘老少而好《易》,常以是行己,亦以是立朝,或进或退,或语或默,或从或违,皆占于《易》而后行也。晚而成书,辞约而旨明,义直而事核,又将于学者共之,盖亦先圣之所期,岂徒为章句以自名家而已?此先生传《易》之意也,学者宜以是观之。"

晁公武曰:"高邮孙觉,字莘老。元丰末,自秘书少监,除右谏议大夫。元祐初,迁给事中、吏部侍郎。莘老素与王介甫善,后为谏官,论新法,遂绝。"

《周易古经》二卷,吕大防撰。存

吕大防(1027—1097),字微仲,京兆蓝田(今陕西蓝田)人,吕大忠之弟。皇祐元年(1049年),举进士第,历任主簿、监察御史里行、知休宁县、知永兴军、尚书右丞等职。后为章纯等所构,贬死。高宗绍兴初,赠太师、宣国公,追谥正愍。曾撰有《文录》二十卷、《文录掇遗》一卷,《文献通考》并传之于世。

《周易古经》二卷,旨在恢复王弼以前的《易经》文本。据宋人俞琰《读易举要》卷四称,是书撰成于元丰五年(1082年):

宋元丰壬戌,汲郡吕正愍公大防以学者不见完经,遂改正为十二篇,如刘歆《六艺略》首所列施、孟、梁丘三家者,名曰《周易古经》,刻板置成都学官。建中靖国辛巳,嵩山晁氏说之乃并十二篇为八篇,名曰《古周易》。绍兴戊辰,广陵张成己知袁州,刻板于袁之郡庠。绍兴二十一年,眉州李文简公焘重刻《周易古经》,其后序云:吕于文字句读无增损。晁氏又辑诸异同,断以己意,有增有损。晁氏多取许叔重《说文》、陆德明《音义》、僧一行、李鼎祚、陆希声及王昭素、胡翼之、黄聱隅辈所论。淳熙九年,东莱吕成公祖谦所定《古文周易经传》十二篇与吕汲公同,又作《音训》一篇,则其门人金华王莘叟之所笔受也。淳熙九年,紫阳朱文公刻之于临漳会稽,益以程氏是正文字及晁氏说。淳祐戊申,巴郡税与权作《易学启蒙小传》,备述诸公得失,且曰:王弼以上经《乾传》至下经《丰传》,分为六卷。及韩康伯又以上下《系》为七八卷,而《说卦》为第九,则统《序卦》第十,《杂卦》第十一,通谓之《周易》,卷第九复以王弼《略例》,足成

《周易》十卷,使上下二篇不成二篇,十翼不成十翼。税氏有《周易古经》,以六十四卦约为二十六,而爻辞皆系于左,《屯》之辞书向下,《蒙》之辞书向上。陈《直斋书录解题》云:《古易》十二卷出睢阳王洙家,上下《经》惟载爻辞《外卦辞一》《彖辞二》《大象三》《小象四》《文言五》《上系六》《下系七》《说卦八》《序卦九》《杂卦十》,叶石林以为此即《艺文志》所谓《古易》十二篇者也。按隋、唐《志》皆无古《易》之目,当是后人依仿录之尔。又有《周易古经》十二卷,汲郡吕大防所录。又有《古周易》八卷清丰晁氏说之所录。又有《古易》十二卷、《音》二卷,东莱吕祖谦所定。又有《古易》十二卷,吴郡吴仁杰所录。又有九江周燔所次,附见吴氏书篇末。又有沙随程迥《古易考》十二篇。按汉世传《易》者,施、孟、梁丘、京、费,费最晚出,不得立于学官。刘向校中古文《易经》,诸家或脱"无咎,悔亡",惟费氏与古文同,东京名儒马、郑皆传之其后,诸家皆废而费学孤行以至于今。其合《彖》《象》《文言》于经,盖自康成辅嗣以来展转相传,学者遂不识古文本经,甚至今世考官命题,或连《彖》《象》、爻辞为一。对大义者,志得而已,往往穿凿附会,而经旨破碎极矣。凡此诸家所录,虽颇有同异,大较经自为经,传自为传,而于传之中《彖》《象》《文言》亦各不相混,稍复古人之旧,均有补于学者,宜并存之。

清人朱彝尊《经义考》载:"《通考》二卷(《书录解题》十卷),存。"并云:

大防《自序》曰:"《周易》古经者,《彖》《象》所以解《经》,始各为一书。王弼专治《彖》《象》以为《注》,乃分缀卦爻之下,学者于是不见完经。而《彖》《象辞》次第贯穿之意,亦缺然不属。予因案古文而正之,凡《经》二篇,《彖》《象》《系辞》各二篇,《文言》《说卦》《序卦》《杂卦》一篇,总一十有二篇。"

晁公武曰:"吕大防,字微仲,京兆蓝田人。皇祐初,中进士。哲宗即位,召知制诰,翰林学士,拜尚书左仆射兼门下侍郎。绍圣初,谪授舒州团练副使、循州安置,未逾岭,卒。《古经》凡十二篇,别无解释。"

尤袤《与吴仁杰书》曰:"顷得吕东莱所定古《易》一编,朱元晦为之跋,尝以板行,乃与左右所刊吕汲公《古经》无毫发异,而东莱不及微仲,尝编此书,岂偶然同耶?"

陈振孙曰："吕大防微仲所录《上》《下经》,并录《爻辞》《彖》《象》,随《经》分上下,为六卷。《上》《下系》二卷,《文言》、《说卦》各一卷。"

胡一桂曰："古《易》之乱,肇自费直,继以郑玄,而成于王弼。古《易》之复,始自元丰汲郡吕微仲,嵩山晁以道继之,最后东莱先生又为之更定,实与微仲本暗合,而东莱不及微仲,尝编此,盖偶未之见也。"

董真卿曰："吕氏《周易古经》,《上经》第一,《下经》第二,《上彖》第三,《下彖》第四,《上象》第五,《下象》第六,《系辞上》第七,《系辞下》第八,《文言》第九,《说卦》第十,《序卦》第十一,《杂卦》第十二。其所次序本末,并与东莱定本同,但东莱只分《上经》《下经》,而无第一、第二字,又东莱称《彖上传》第一至《杂卦传》第十,小有不同尔。"

《易传》,王岩叟撰。佚

王岩叟(1043—1093),字彦霖,大名清平(今山东临清)人。曾任监察御史、侍御史、吏部侍郎、开封府知府、左司谏、起居舍人、中书舍人、枢密院直学士、签书院事等职。一生才华横溢、刚直不阿,政绩卓著,受到司马光、苏辙、吕公著等人的高度评价。撰有《易传》《诗经传》《春秋传》《韩魏公别录》等。

《易传》,清人朱彝尊《经义考》卷十九,著录为"佚",并引:"《东都事略》:岩叟,字彦霖,大名清平人。举明经。元丰末,为监察御史。元祐六年,拜枢密直学士,佥书枢密院事。七年罢为端明殿学士。卒,赠正议大夫。绍圣中,坐元祐党,追贬雷州别驾。"

《东坡易传》九卷,苏轼撰。存

苏轼(1037—1101),字子瞻,号东坡居士,北宋眉州眉山(今四川眉山)人。曾任中书舍人、翰林学士兼侍读等职。著有《东坡志林》《东坡易传》《论语说》《仇池笔记》《东坡书传》《渔樵闲话》等。

《东坡易传》乃苏洵、苏轼父子共同完成,宋人冯椅《厚斋易学·附录一》载:"《中兴书目》:《易传》九卷(原小注:《读书志》云:《毗陵易传》当是蜀本。),本朝翰林学士苏轼撰。父洵作此《传》未竟,疾革,命轼卒其业。轼,字子瞻,眉州人。晁氏云:谓卦不可爻别而观之,其论卦必先求其所齐之端,则六爻之义未有不贯者,未尝凿而通也。"《读易举要》卷四载:"端明殿学士眉山苏轼子瞻撰《东坡易传》十卷,盖述其父洵之学也。"《周易启蒙翼传·中篇》载:"苏轼《易传》九卷。晁氏谓'东坡毗陵《易传》十一卷,其学出于父洵,且谓卦不可爻别而观之,其论卦必先求其所齐之端,则六爻之义未有不贯者,未尝凿而论也'。冯氏曰:'洵作此《传》未竟,疾革,命轼卒其业。'愚案:文公有辨苏氏《易》,即此书也。尝观《闻见录》,晁以道问东坡曰:'先生《易传》当传万世。'曰:'尚恨其不知数学耳。'东坡亦可谓不自欺者矣。"

清人朱彝尊《经义考》卷十九载:"《宋志》九卷(《通考》十一卷),存。"并云:

《东都事略》:"苏轼,字子瞻,眉山人。试礼部第二,中甲科,除大理评事、金书凤翔判官,召试秘阁,直史馆,判官诰院,通判杭州,徙知密州、徐州、湖州。言者摭轼诗,谓之讪上,坐贬黄州团练副使安置,徙汝州。哲宗即位,起知登州,召为礼部郎中,除起居舍人,迁中书舍人,寻迁翰林学士兼侍读,以龙图阁学士知杭州,召为翰林学士,承旨兼侍读。复请外,以龙图阁学士知颍州,徙扬州,俄以兵部尚书召还,兼侍读,寻迁端明、翰林侍读二学士,守礼部尚书。绍圣初,落职,知英州,又以宁远军节度副使,惠州安置,贬琼州别驾昌化军安置。徽宗即位,移廉州,改舒州团练副使,徙永州。未几,提举玉局观,寻致仕,卒。父洵晚读《易》,作《易传》未究,疾革,命轼述其志,卒以成书,复作《论语说》,最后居海南作《书传》,三书既成,抚而叹曰:'后有君子,当知我矣。'"

苏籀记其祖辙《遗书》曰:"公言先曾祖晚岁读《易》,玩其爻象,得其刚柔远近、喜怒逆顺之情,以观其辞皆迎刃而解,作《易传》,未完,疾革,命二公述其志。东坡受命,卒以成书。初,二公少年皆读《易》,为之解说。各仕他邦,既而东坡独得文王、伏羲超然之志,公乃送所解于坡,今《蒙卦》犹是公解。"

晁公武曰:"东坡自言其学出于父洵,且谓卦不可爻别而观之。其论卦,必先求其所齐之端,则六爻之义未有不贯者,未尝凿而通之也。"

陆游曰:"苏氏《易传》,方禁苏氏学,故谓之毗陵先生。"

冯椅曰:"苏洵作《传》,未竟,命轼卒其业。朱子有辨苏氏《易》,即此书也。"

胡一桂曰:"晁以道问东坡曰:'先生《易传》,当传万世?'曰:'尚恨其不知数学耳!'东坡亦可谓不自欺者矣。"

《四库全书总目·东坡易传》云:

宋苏轼撰。是书一名《毗陵易传》。陆游《老学庵笔记》谓其书初遭元祐党禁,不敢显题轼名,故称"毗陵先生",以轼终于常州故也。苏籀《栾城遗言》记苏洵作《易传》未成而卒,属二子述其志。轼书先成,辙乃送所解于轼,今《蒙》卦犹是辙解,则此书实苏氏父子兄弟合力为之,题曰轼撰,要其成耳。籀又称洵晚岁读《易》,玩其爻象,因得其刚柔、远近、喜怒、逆顺之情,故朱子谓其惟发明爱恶相攻、情伪相感之义,而议其"粗疏"。胡一桂记晁说之之言,谓轼作《易传》,自恨不知数学,而其学又杂以禅,故朱子作《杂学辨》,以轼是书为首。然朱子所驳,不过一十九条,其中辨文义者四条。又一条谓"苏说无病,然有未尽其说"者,则朱子所不取者仅十四条,未足以为是书病。况《朱子语类》又尝谓其"于物理上亦有看得著处",则亦未尝竟废之矣。今观其书,如解《乾卦·彖传》性命之理诸条,诚不免杳冥恍惚,沦于异学,至其它推阐理势,言简意明,往往足以达难显之情,而深得曲譬之旨。盖大体近于王弼,而弼之说惟畅玄风,轼之说多切人事,其文辞博辨,足资启发,又乌可一概屏斥耶?李衡作《周易义海撮要》,丁易东作《周易象义》,董真卿作《周易会通》,皆采录其说,非徒然也。明焦竑初得旧本刻之。乌程闵齐伋以朱墨板重刻,颇为工致,而无所校正。毛晋又刻入《津逮秘书》中。三本之中,毛本最舛,如《渐卦》上九并《经》文皆改为"鸿渐于逵",则他可知矣。今以焦本为主,犹不甚失其真焉。

《东坡易传》又名《易传》《毗陵易传》。此书实际上是苏氏父子三人合力为之,题名苏轼撰,要其成耳。此书实乃三苏"合力为之"①,最后由苏轼总其成,贡献最大,所以称之为《东坡易传》。王水照先生考察也认为《易传》虽是三人合撰,但毕竟出自苏轼一人之手,苏洵、苏辙之说只供参考而已,所以"《易传》

---

① 《四库全书总目》卷二。

视为苏轼的个人著作,是他的哲学思想体系的集中表述"①,此说立论充分,可从。《四库全书总目》评价说它:"推阐理势,言简意明,往往足以达难显之情,而深得曲譬之旨。盖大体近于王弼,而弼之说惟畅玄风,轼之说多切人事。其文词博辨,足资启发。"②后人多有引述,如李衡作《周易义海撮要》、丁易东作《周易象义》、董真卿作《周易会通》等,皆采录其说。

有学者研究认为由于苏轼受到朱熹的抨击,《东坡易传》受到冷遇,直到明末万历年间才受到一些有识之士的重视。从明末起,《东坡易传》便分为两个体系流传③:其一是陈所蕴从杭州卓尔康(1570—1644,撰有《易学全书》)出所获的《苏氏易解》八卷,陈氏于万历二十二年(1594年)以冰玉堂的名义印行。两年后,吴之鲸等又以《苏长公易解》为名重刻;其后闵齐伋曾以朱墨版重印,未加校订;毛晋将它定名为《苏氏易传》,编入"津逮秘书"。清嘉庆乙丑(1805年)张海鹏编辑"学津讨源"丛书,将该书与另一通行本《东坡先生易传》参照修订,改为九卷,仍称《苏氏易传》。由于《丛书集成初编》将此书收入,《苏氏易传》变成了目前人们容易见到的和流传颇广的版本。另一体系名为《东坡先生易传》,它是万历名士焦竑(1541—1620)年轻时从唐宋派大家唐顺之(1507—1560)手中得到的古本,焦竑于万历二十五年(1597年)将它收入《两苏经解》,由毕氏刻印于沧州;万历三十八年(1610年)又由顾氏刊于江西。顾氏刻本今难以见到,但它便是张海鹏用来参校《苏氏易传》的,从张氏校订结果来看,这个本子比毕氏刻本要差得多,即使如此,也比毛晋编入"津逮秘书"的《苏氏易传》要强些。乾隆年间(1772—1781)纪昀等人从副都御使黄登贤处得到焦竑序本,参照闵氏所刻《苏氏易解》进行了校勘,定名为《东坡易传》,收入《四库全书》。

浙江省图书馆存有明抄本《苏氏易传》九卷(三册),另外还有《苏氏易解》八卷四册[明万历二十二(1594年)年冰玉堂刻本,八行十七字,左右双边,白口],还有《苏长公易解》八卷二十册[明万历二十四年(1596年)吴之鲸刻本,存六卷,一至六,九行十九字,左右双边,白口],还有《大易疏解》九卷一

---

① 王水照、朱刚:《苏轼评传》,南京大学出版社2004年版。
② 《四库全书总目·易类·东坡易传提要》。
③ [宋]苏轼著,龙吟注评:《东坡易传》,吉林文史出版社2002年版,第3页。

册[明崇祯九年(1636年)顾宾刻本,九行二十字,四周单边,白口]。有《易传》八卷明闵伋刻朱墨套印本,现藏于上海图书馆等。《东坡先生易传》九卷,明万历三十九年(1611年)顾氏刻两苏经解本,现藏于大连市图书馆;另有明万历二十五年(1597年)毕氏刻两苏经解本,现藏于国家图书馆等。《苏氏易传》九卷,明崇祯毛氏汲古阁刻津逮秘书十五集一百四十一种本,现藏于上海图书馆等;另有明抄本,现藏于浙江图书馆;又有明范氏天一阁抄本,现藏于上海图书馆;此外有清嘉庆十年(1805年)张氏照旷阁刻学津讨原二十集一百七十三种本,现藏于中国人民大学图书馆等。有万历二十四年(1596年)吴之鲸刻本(北京师范大学图书馆、中国科学院图书馆、上海图书馆、复旦大学图书馆、山东省图书馆、浙江图书馆等地有藏),明抄本(清丁丙跋、南京图书馆有藏)馆。

《易说》三篇,苏辙撰。存

苏辙(1039—1112),字子由,号颖滨遗老,北宋眉山(今四川眉山)人。仁宗嘉祐间进士,神宗时,王安石行新法,轼、辙力言不便,又尝罢蔡确、韩缜、吕惠卿等,累官尚书右丞门下侍郎,后以事忤元丰诸臣,累贬徙许州(今河南许昌)。徽宗时,复官大中大夫,致仕。卒,谥文定。撰有《诗传》《春秋传》《论语拾遗》《孟子解》《龙川志略》《古史》《老子解》《栾城文集》等。

苏辙所撰《易说》,清人朱彝尊《经义考》卷十九载"三篇,存"。

《易解》,邹浩撰。佚

邹浩(1060—1111),字志完,常州晋陵(今江苏常州)人。元丰五年(1082年)进士,调扬州颍昌府教授。吕公著、范纯仁为郡守,皆礼遇之。哲宗朝,为右正言,累上疏言事。章惇独相用事,浩露章数其不忠,因削官,羁管新州。徽宗立,复为右正言,累迁兵部侍郎,两谪岭表,复直龙图阁。卒,学者称道乡先生。《宋史》有传。浩有《道乡集》四十卷,《四库总目》有收录。

清人朱彝尊《经义考》卷十九载"佚",并引:

浩《自序》曰:"余元祐中为太学博士,讲《易》。讲未终篇,俄以罪去。然《易》之大旨,盖尝潜心矣。后十年,崇宁二年,窜处昭州。因以循省余隙,北面于《易》而承教焉。始也恍若三圣,亲以指授,然而犹有《易》也;中也卦爻象数,一念冰释,然而犹有《易》也;终也在天而天,在地而地,在人而人,在物而物,不知何者非《易》耶?不知何者是《易》耶?索之而不得也,简之而不得也。然则昔之作《易》者,其谁乎?今之学《易》者,其谁乎?不知谁之所以谁者,又其谁乎?不得已而喙鸣焉,盖作《易》者以忧患兴,而学《易》者以忧患入也。作《易》者以忧患兴,经著之矣。学《易》者以忧患入,未有过于孔子者,故曰:'吾再逐于鲁,伐木于宋,削迹于卫,穷于周,围于陈、蔡之间。'亲戚益疏,徒友益散,其所以韦编三绝,是乃《易》之所不得避也。五十而学《易》,有《易》可学也。七十而从心所欲不逾矩,则不可为典要,惟变所适矣。孔子,《易》也;《易》,孔子也。孔子与《易》,虽大智,迷矣。予未得为孔子徒也,然自元祐以来,黜于襄州,窜于新州,又窜于永州、昭州,亲老不得养,兄弟、妻子离散,举夫言罪戾者必归焉。行年四十有五,又适近于孔子言'加我数年'之时也。孔子于是时前言学《易》,予以是时愿学焉,幸而得之,以进于学,则所谓'可以无大过'者。尚窃庶几焉,不瞠若乎其后也。庄子曰:'果有言邪?其未尝有言耶?'予既以夫未尝有言者,容声于笔端矣,于是又为之序。"

《易系辞义》三卷,邹浩撰。未见

《易系辞义》是其易学的著述,宋冯椅《厚斋易学·附录一》载:"邹志完《系辞义》,《中兴书目》:'《易系辞义》三卷,本朝兵部侍郎邹浩撰。'浩,字志完,常州人。"《周易启蒙翼传·中篇》载:"邹浩《易系辞义》二卷。(字志完,兵部侍郎,常州人)"四库馆臣说他:"其受学程门,而特嗜禅理。"[1]邹浩除了《易系辞义》之外,在其《道乡集》中还有《易解序》《系辞序》两篇。

《周易新讲义》十卷,耿南仲撰。存

耿南仲(?—1129),字希道,开封(今河南开封)人。历任资政殿大学士、

---

[1] 《四库全书总目》卷一百五十五《道乡集》提要。

尚书左丞门下侍郎等职。为政畏战主和，依违迁就。《周易新讲义》原名《周易解义》，《宋史·艺文志》著录为十卷。宋人冯椅《厚斋易学·附录一》载："《中兴书目》：'《周易解义》十卷，国子祭酒耿南仲撰。'《读书志》云，《注》二十卷，建本题进《周易解义》。"

清人朱彝尊《经义考》二十二，载："耿南仲《易解义》十卷，存。"并云：

南仲《自序》曰："《易》之为言变也，盖道之□名也。道体常而尽变，乃全著而为书，而滞于言象之间。言有常理而象有常形，则宜于变有所不能尽，然而言象之间，化而裁之，推而行之，而其变无穷焉。是故特以变称而名之曰《易》也。《系辞》之言《易》者屡矣，一言而尽《易》之义者，'易无体'是也。盖有体则定而不易，其所□□合□□屡易而不居者，乃以其无体也。《易》无体也，《易》无体而有书，何也？犹神无方而无蓍龟之神物也，神不在物，则是物外者神之方，乌得为无方？《易》不在书，则是《易》外者《易》之体，乌得为无体？故神□物，乃所以为无方，《易》有书，乃所以为无体也，《易》之为书，始于作卦，作卦则三画而已，终于重卦，重卦则有六爻焉，以谓其六□□□□判焉有定位，易见而法象具，惟天地人之三极耳，故以三画象焉。然而六画则三极之谓也，又有所以极道之□者。天之道曰阴与阳，地之道曰刚与柔，人之道曰仁与义，总之九六，故以六爻具焉。六爻具，而刚柔变化、吉凶悔吝总错其间，探之不得其端，循之不见其绪矣。虽然，《易》之道有要，在无咎而已。要在无咎者何？善补过之谓也。凡天下有侈乎至足之分；拂乎自然之宜者，皆过之：拂乎人情犹为小过，拂乎天道是为大过。圣人之作《易》，顺性命，调而补之，使天下后世观其象而玩其辞，则获自天之佑而无大过，盖所谓善补过者。孔子曰：'加我数年，五十以学《易》，可以无大过矣。'以是知《易》之要，在无咎而已。然而《易》之生蓍倚数、立卦生爻，直诠谛之寄耳，所以为《易》则不在是，故《经》曰：'《易》者，象也。象也者，象此者也。'以为《易》之为象，姑像此而已，非其真也。犹象龙之非真龙也，认象以为真，则失《易》之旨矣。"

耿南仲认为"《易》之道有要，在无咎而已。要在无咎者何，善补过之谓也。"（《周易新讲义自序》)，故该书因象诠理，随事示戒，切实有益。但过于强调无咎，未免有流入黄老之嫌，消极作用亦不可低估。该书六卷《四库全书》文渊阁本收入,并有日本文化五年活字印佚存丛书本,现藏于复旦图书馆。

《周易续解义》十七卷,龚原撰。佚

龚原(约1043—1110),字深之,一作深甫(或作父),号武陵,处州遂昌人。少与陆佃同师王安石。仁宗嘉祐八年(1063年)进士。历任国子直讲、国子丞、太常博士、秘阁校理、两浙转运判官、侍讲、工部侍郎等职。有文集七十卷,已佚。《宋史》有传。

《周易续解义》共十七卷,传承发展了王安石易学的思想。宋人冯椅《厚斋易学·附录一》载:"《中兴书目》:'《周易续解义》十七卷。'《读书志》云:'《注》二十卷。'工部侍郎龚原撰。原字深之,括苍人。学者多师之。一十五卷后乃《杂义》,有《释卦》《释彖》《释象》《辨重卦》《辨上下位》《辨上下系》《辨古今篇》。按:二家《解义》,而晁氏为之注且卷数多于书目,岂蜀本以《注》行邪?杨中立颇不然之。"《读易举要》卷四载:"给事中遂昌龚原深之撰《易讲义》十卷。嘉祐八年进士。初以经学为王安石引用。元符后入党籍。"《周易启蒙翼传·中篇》载:"龚原《易续解义》十七卷(晁志云二十卷),一十五卷后乃《杂义》,有《释卦》《释彖》《释象》《辨重卦》《辨上下位》《辨上下系》等。学者多师之。"

清人朱彝尊《经义考》卷二十,载:"龚氏原《易传》,《宋志》十卷,未见。《续解易义》,《宋志》十七卷,未见。"并云:

《东都事略》:"龚原,字深父(文渊阁《四库》本作'文'),处州遂昌人,举进士。绍圣初,为国子司业,迁秘书少监,改起居舍人,擢中书舍人。徽宗朝,为兵部侍郎。原力学以经术,尊敬王安石,始终不易也。有《易传》《春秋解》《论语》《孟子解》各十卷。"

邹浩《序》曰:"《易》之旨不明于世久矣,神宗皇帝以道莅天下,于是造士以经,表通经者讲于太学,以训迪(文渊阁《四库》本作'迪训')四方。时陆公佃《诗》,孙公谔《书》,叶公涛《周礼》,周公常《礼记》,而先生专以《易》授,诸公咸推先焉。先生盖王文公门人之高弟也。三圣之所秘,文公既已发之于前,文公之所略,先生又复申之于后,始而详说之,终以反说约。故自熙宁以来,凡学《易》者靡不以先生为宗师。因以取上科、跻显位、为从官、为执政,被明天子所眷遇,而功名动一时者,踵相蹑而起,至于今不绝也。先生之于斯文,岂曰小补之哉?某获从先生游二十余年矣,始见之广陵,乃先生废黜之后也,听其言而观其貌,未尝戚然,犹在太学也。中见之京师,乃先生复用之初也,听其言而观其貌,未尝欣然,犹在广陵也。晚见之西垣,又见之东省,又见之中台,先生之所以出入进退,数数然矣,恬不以为欣戚,亦无异于前日也。顷闻其殁,初无甚苦,一旦正坐,若隐几然而逝矣。庄子曰:'死生无变于己,而况利害之端乎?'然则先生之于《易》,非徒言之,躬行之矣。是以言天下之至颐(依《四库会要》本、文渊阁《四库》本作'赜')而不可恶,言天下之至静(《四库会要》本、文渊阁《四库》本作'动')而不可乱,使人拟议以成其变化,亦《易》而已。后之学者果忘言而忘象,虽捐书可也,若犹笃志于韦编,则先生之说,方且与《易》皆行而不朽,亦何待于《序》乎?姑以夫可以容声者,塞其子见属之意云。"

杨时曰:"龚深父说《易》,元无所见,一生用功,都无是处。"

陈振孙曰:"原,字深之,嘉祐八年进士。初以经学为王安石引用,元符后,入党籍。"

董真卿曰:"龚侍郎《易续解义》十七卷,晁氏《志》作二十卷。"

胡一桂曰:"一十五卷后乃《杂义》,有《释卦》《释彖》《释象》《辨重卦》《辨上下位》《上下系辨》等说,学者多师之。"

《浙江通志》:"原少从王安石游,笃志明经,以经学为邑人倡。是时周、程尚隐于濂、洛。永嘉先辈之学,以经鸣者,渊源皆出于原。"

《周易圣断》七卷,鲜于侁撰。佚

鲜于侁(1018—1087),字子骏,阆州(今四川苍溪)人。仁宗景祐间进士,历任江陵右司理参军、婺源县令、绵州通判、永兴军判官、利州路转运判官、利州路转运副使、太常寺卿、左谏议大夫、集贤殿修撰等职。撰有《诗传》《易断》等。

《周易圣断》七卷,此书注重义理解经,对王弼、刘牧之学多有辩驳,宋人冯椅《厚斋易学·附录二》载:"《中兴书目》:《周易圣断》七卷,元祐中左谏议大夫、集贤殿修撰鲜于侁撰。每卦为一篇，皆斥王弼之失。侁，字子骏，阆州人。晁氏云：'本之王弼、刘牧，而时辨其非，且云众言淆乱，则折诸圣，故名曰《圣断》。'"《读易举要》卷四称："谏议大夫阆中鲜于侁子骏，年二十登景祐五年科。撰《周易圣断》七卷，多辨王弼、刘牧之非，《乾》《坤》二卦不解爻象，欲学者观《彖》《象》《文言》而自得之。卒年六十九。苏东坡跋其传后。"清人朱彝尊《经义考》卷十九，载："《宋志》七卷，佚。"并引：

  《东都事略》："侁，字子骏，阆州人，举进士第。元祐初，拜左谏议大夫，以请外除集贤殿修撰，知陈州，卒。"

  晁公武曰："鲜于子骏，景祐中，登进士乙科。元祐中，仕至谏议大夫。是书本之王弼、刘牧，而时辨其非，且云'众言淆乱，折诸圣。'故名其篇曰《圣断》。"

  陈振孙曰："其书本于王弼、刘牧，而时辨其非，又《乾》《坤》二卦不解爻象，欲学者观《彖》《象》《文言》而自得之。"

  魏了翁曰："鲜于子骏，裕陵称其文学，司马文正公称其政事，苏文忠公称其文章，泰山孙先生称其经术，其为人大略可概矣。"

《程氏易传》四卷，程颐撰。存

  宋冯椅《厚斋易学·附录一》载："《中兴书目》：《易传》六卷，解六十四卦，本朝崇政殿说书程颐撰。元符二年自序。颐，字正叔，河南人，号伊川先生。其学出于周茂叔。自汉以来言《易》者局于象数之偏，展转推测，流于方技。自王辅嗣一扫群说，独据义理人事言之，虽未能尽识经旨，而《易》可寻矣。本朝诸君子如胡、石，亦只是依近注疏，王、苏又太阔略。至正叔《传》出，义理彰明，而辅嗣之学浅矣。其《答张闳中书》：'《易传》未传，自量精力未衰，尚觊少进。'其不苟如此。尝以《易传》示门人，曰：'止说得七分，后人更须自体究也。'正叔兄颢，字伯淳，号明道先生，亦有说《易》处，载之《语录》，曾穜裒之为《大易粹言》云。"

  清人朱彝尊《经义考》卷二十，载："程氏颐《易传》。《通考》：'十卷。'（《宋志》：'《传》九卷，《系辞解》一卷。'）存。"并引《东都事略》的记载，程颐"有《易传》六卷，诸经解说未成，编者附于《集》。"

程颐《自序》曰：

  《易》，变易也，随时变易以从道也。其为书也，广大悉备，将以顺性命之理，通幽明之故，尽事物之情，而示开物成务之道也。圣人之忧患后世，可谓至矣。去古虽远，遗经尚存，然而前儒失意以传言，后学诵言而忘味。自秦而后，盖无传矣，予生千载之后，悼斯文之湮晦，将俾后人沿流而求源，此《传》所以作也。《易》有圣人之道四焉，以言者尚其辞，以动者尚其变，以制器者尚其象，以卜筮者尚其占。吉凶消长之理，进退存亡之道备于辞，推辞考卦，可以知变象与占在其中矣。君子居则观其象而玩其辞，动则观其变而玩其占；得于辞，不达其意者有矣，未有不得于辞，而能通其意者也。至微者，理也；至著者，象也；体用一源，显微无间。观会通以行其典礼，则辞无所不备，故善学者求言必自近，易于近者非知言者也。予所传者，辞也，由辞以得其意，则在乎人焉（文渊阁《四库》本作"矣"）。

尹焞曰："先生平生用意，惟在《易传》。求先生之学，观此足矣。"《易传》是程颐经学思想的集中体现。

  《程氏易传》的成书时间大体为程颐被流放涪陵、接受编管的时期，《伊川先生年谱》就有"元符二年正月，《易传》成而序之"的记载。元符之前由于朝廷党争，程颐落败，被放归田里，编管涪州，《程氏易传》就是这个时期被逐步完成，《伊洛渊源录》也云："元祐初，司马温公荐（按：伊川）侍讲禁中。……党祸起，责涪州，先生注《周易》，与门人弟子讲学，不以为忧。"[①]这一时期，程颐集中精力完成了《程氏易传》。在程颐晚年病危之际，他将自己所作的《易传》传授给了尹焞、张绎，程颐《年谱》对此也曾作了记载，"其后寝疾，始以授尹焞、张绎"[②]。后来，张绎所传的《程氏易传》后为程颐高徒谢良佐得到，良佐又传给了杨时，杨时对之进行了校订：

  先生得疾，将启手足，以其书授门人张绎，未几，绎卒，故其书散亡，学者所传无善本。政和之初，予友谢显道得其书于京师，示予，错乱重复，几不可读。东归待次毗陵，乃始校定，去其重复，逾年而始完。先生道学足为世师，而于《易》尤尽心焉，其微辞妙旨，盖有书不能传者，恨得其书晚，

---

① 《伊洛渊源录》卷4，文渊阁《四库全书》影印本。
② 《程氏易传》附录《伊川先生年谱》，第345页。

不及亲受旨训。其谬误有疑而未达者,始存之以俟知者,不敢辄加损也。
然学者读其书、得其义,忘言可尔。①

杨时记载说,他所得的《易传》"错乱重复,几不可读",于是他对之进行校订,"去其重复,逾年而始完","其谬误有疑而未达者,始存之以俟知者,不敢辄加损也",经过杨时的整理,《易传》得以修复完善。可以说,经张绎所传、后被杨时所校订的《程氏易传》本成为流传后世中最为原始的祖本之一。而尹焞所传的《程氏易传》本,也多遭逢坎坷。他本人在靖康年间金兵南下并攻陷宋洛阳时,"阖门被害,焞死复苏,门人舁置山谷中而免"②,差点儿丢了性命。后尹焞在从河南商州逃到蜀地的路途中,估计将所传《程氏易传》遗失。后来尹焞"至阆,得程颐《易传》十卦于其门人吕稽中,又得全本于其婿邢纯,拜而受之"③。他又从吕稽中、邢纯手中得到《程氏易传》别本,并对其进行了校订。但据文献记载,到南宋,尹焞所校订的《易传》本为吕祖谦所得,说明尹焞本人将《易传》校订之后,传之后人,此本也成为后来流传的祖本之一。

关于此书的编次问题。宋代所传的《程氏易传》共有六卷,程颐长子程端中为《伊川先生遗文》所作的序中就有"先生有《易传》六卷"的记载。陈振孙《直斋书录解题》亦载:"《伊川易解》六卷。崇政殿说书河南程颐正叔撰。止解六十四卦,不解《大传》,而以《序卦》分置诸卦之首。盖唐李鼎祚《集解》亦然。伊川平生著述惟《易传》为深,而亦不解《大传》。"④《东都事略·程颐传》曰:"有《易传》六卷,《文集》二十卷。"皆记载为六卷。今流传于世的《程氏易传》一般皆为四卷本,而不是宋代原传的六卷本,主要原因是宋代所传的《程氏易传》在流传过程中,经过了后人多次校订和改编使得此书编次发生了较大变化。据文献记载,在传世本《程氏易传》基础上,进行校订的除了尹焞、杨时之外,还有后来的南宋朱熹和吕祖谦。吕祖谦在《东莱吕太史文集》卷七《书校本伊川先生易传后》中曾说:

伊川先生遗言见于世者,独《易传》为成书。《传》摹浸舛失其本真,学者病之。某旧所藏本出尹和靖先生家,标注皆和靖亲笔。近复得新安

---

① 《龟山集》卷25《杨氏校正后序》。
② 《宋史》卷428《程氏门人列传》。
③ 《宋史》卷428《程氏门人列传》。
④ 《直斋书录解题》卷1《易类》,上海古籍出版社1987年版,版本下同。

朱熹元晦所订,雠校精甚,遂合尹氏、朱氏书,与一二同志手自参定,其同异两存之,以待知者。既又从小学家是正其文字,虽未敢谓无遗恨,视诸本亦或庶几焉。会稽周汝能尧夫、鄞山楼锷景山方职教东阳,乃取刊诸学官。①

吕祖谦得到了尹焞《程氏易传》"标注"本,另外又得到了朱熹《程氏易传》"雠校"本,于是,吕祖谦在尹、朱二本的基础之上,"手自参定,其异同两存之",随后此本为宋人刊行于学官。后来,《程氏易传》的"学官"本在元代至正年间被覆刻,传于后世。

《程氏易传》在宋代为六卷,史志目录以及私人目录都有著录。而后来《程氏易传》的编次还有十卷、四卷本的记载,且今传本《二程全书》中的《易传》也是四卷,缘由何在?其实就在于人为造成了编次不同的版本,各家所得只是不同的传本而已。另外,《程氏易传》除了单刻流传之外,还有一个重要的流传形式,便是从宋代开始出现了的程颐《易传》和朱熹《周易本义》的合刻本,此肇始于宋代天台董楷合刻的《周易传义》本,是书编成于宋咸淳年间。瞿镛《铁琴铜剑楼藏书目录》中记录:"《传》《义》合刻,盖始于天台董氏。……董书合《本义》数节之注以从程《传》,则标经文于上,见《本义》之分节,其程《传》分而《本义》合者则否。"②董楷将程《传》、朱《义》合编刊刻,割裂《周易本义》次序分布于《程氏易传》之下,"分为高下字行,以别四圣、二贤之《易》",无非为了阅读和研究的方便而如此合编。另一个原因,是在于折中消弭象数和义理两派之间的分歧,四库馆臣也认为:"合程子《传》、朱子《本义》为一书,而采二子之遗说附录其下,意在理数兼通。"③后永乐年间官方所编的《周易大全》亦采此体例,流传至后世,这样就扩大了《程氏易传》的流传和影响。另外,《程氏易传》还有一个重要的流传形式,即作为《二程全书》的一部分进行流传,编次为四卷。《程氏易传》从六卷本变为四卷本,当为明人所为,清人杨守敬考察就有"《遗书》之四卷,为明人所并"④的说法。作为《二程全书》部分的《易传》四卷本,始于明万历三十四年(1606年)徐必达刻68

---

① 《东莱集》卷7《书校本伊川先生易传后》。
② 《铁琴铜剑楼藏书目录》卷1《程朱二先生周易传义十卷》。
③ 《四库全书总目》卷1《经部·易类》。
④ 《万卷精华藏书记》卷1引。

卷《二程全书》本。徐必达首次将《程氏易传》与《程氏遗书》《程氏外书》《程氏文集》《程氏经说》《程氏粹言》合刊,至于他所用的《程氏易传》底本,至今不详,但是编次与其他《二程全书》本相同,为四卷。《程氏易传》的编次从六卷本到四卷本演变,主要将原来的六卷中的前一、二、三卷合编为前两卷;后四、五、六卷合编为后两卷。明清以来,《程氏易传》四卷本便是以《二程全书》部分的形式流传,这也成为程颐《易传》流传的另一种重要形式。

由于《程氏易传》在中国古代《易》学史上的突出地位,后人对之研习。后人对程颐《易》学评价甚多,朱彝尊《经义考》卷二十引多人评论:

晁公武曰:"朱震言颐之学出于周惇颐,惇颐得之穆修,亦本于陈抟,与邵雍之学本同。然考正叔之解,不及象数,颇与胡翼之相类。景迂云:'胡武平、周茂叔同师润州鹤林寺僧寿涯,其后武平传其学于家,茂叔则授二程。'与震之言不同。"

陈造曰:"程氏之学与苏氏角立,通儒硕士,不可偏废,多所发明。"

吕祖谦《跋》曰:"伊川先生《遗言》见于世者,独《易传》为成书。传摹浸舛,失其本真,学者病之。某旧所藏本出尹和靖先生家,标注皆和靖亲笔。近复得新安朱元晦所订,雠校精甚,遂合尹氏、朱氏书,与一二同志手自参定,其同异两存之,以待知者。既又从小学家是正其文字,虽未敢谓无遗憾,视诸本亦或庶几焉。会稽周汝能尧夫、鄞山楼锷景山,方职教东阳,迺取刊诸学官。"又曰:"程氏《易传》理到语精,平易的当,立言无毫发遗憾。"

冯当可曰:"王辅嗣蔽于虚无,而《易》于人事疏。伊川专于治乱,而《易》与天道远。"又曰:"近有伊川,然后《易》与世故通,而王氏之说为可废,然伊川往往舍画求《易》,故时有不合。又不会通一卦之体,以观其全,每求之《爻辞》离散之间,故其误十犹五六。"

陈振孙曰:"伊川止解六十四卦,不解《大传》,而以《序卦》分置诸卦之首。唐李鼎祚《集解》亦然。"

朱子《跋》曰:"《易》之为书,更三圣而制作不同。若包羲氏之象、文王之辞,皆依卜筮以为教,而其法则异。至于孔子之赞,则又一以义理为教,而不专于卜筮也。是岂其故相反哉?俗之淳漓既异,故其所以为教为法,不得不异,而道则未尝不同也。然自秦汉以来,考象辞者泥于术数,而不得其弘通简易之法,论义理者沦于空寂,而不适乎仁义中正之归。求其因时立教,以承三圣,不同于法同于道者,则惟伊川先生程氏之书而已。"

陈淳曰:"自秦以来,《易》幸全于遗烬,道则晦而不章。卑者泥于穷象数,而穿凿附会为灾异之流;高者溺于谈性命,而支离放荡为虚无之归。程子盖深病焉,于是作《传》以明之,一扫诸儒之陋见。而《传》即日用事物之著,发明人心天理之实,学者于是始知《易》为人事切近之书。"

魏了翁曰:"程《易》明白正大,切于治身,切于用世,未易轻议,故无智愚皆知好之。"

马端临曰:"伊川之《易》,精于义理,而略于卜筮象数,此固先儒之说。然愚尝以为《易》之象数卜筮,岂出于义理之外?盖有此理则有此象、有此数。而卜筮之说,其所谓趋吉避凶,惠迪从逆云者,又未尝不一出于义理。平时本诸践履,则观象玩辞,此义理也;一旦谋及卜筮,则观变玩占,亦此义理也;初不必岐而二之。然言出圣贤之口,则单辞词组,皆有妙理,假借旁通,悉为至教,往往多借《易》以明理,初不拘于说《易》也,自夫子而然矣。何也?'君子学以聚之,问以辨之,宽以居之,仁以行之。'为《乾》《九二》而言也。而《乾》之《九二》,岂有学问、宽仁之义乎?'日往则(文渊阁《四库》本作"而")月来,月往则日来,日月相推而明生焉。寒往则暑来,暑往则寒来,寒暑相推而岁成焉。'为咸九四而言也。而《咸》之《九四》,岂有岁时代谢之义乎?盖其初因讲《易》,遂借《易》以言理,言理虽精,而于《易》此卦此爻之旨则远矣。如程子因'君子豹变'而发为自暴自弃之论,因'君子得舆'而发为匪风下泉之论,亦是意也。晦庵所谓'不看本文,自成一书'者是已。"

董真卿曰:"程《传》正文,只据王弼本,亦只有六十四卦。《系》《序传》有及爻卦者掇入《传》中,故无《系辞》以后。至东莱吕氏始集周子、二程子、张子诸家经说、《语录》,及程子门人共十四家之说,为《精义》以补之。"

朱升曰:"京房吹律,其为数也,徒烦于推衍。王弼亡象,其为理也,遂荒于高虚。程子发明《易》之理,而加一倍法之言,则知数者莫程子若也。"

王祎曰:"邵子之《易》,本于数;程子之《易》,本于理,为得先天后天之秘,而理数二者未始相离也。"

何乔新曰:"自汉以来,考象占者,泥于术数,而不得其弘通简易之法;谈义理者,沦于空寂,而不适乎仁义中正之归。迨程子作《易传》,《易》之义理始大明;朱子作《本义》,《易》之象占始益著。盖程子之《易》,发挥孔子之《十翼》者也。朱子之《易》,则推三圣教人卜筮之旨者也。后世有功于《易》道,非程子而何哉?"

李瓒曰:"伊川之《易》,有用之学也。自是程氏之《易》与孔子《十翼》同功,非特解经而已。或者例以《注》《疏》观之,非真知程子者矣!"

杨时乔曰:"程《传》说理精到,而于卜筮未合。"又曰:"程伯子论《易》理,叔子著《易传》,惟举所闻于周子太极之说与自家体贴发明,无遗理。"

郝敬曰:"程正叔《易传》,大抵因王辅嗣之旧,廓而充之,于象数阔略,徒执君子小人治乱生解,其于三极之道,殊觉偏枯。"

《程氏易传》的版本很多,《易传》四卷收入《四库全书》文渊阁本。《伊川易传》四卷上下篇义一卷,清康熙吕氏宝诰堂刻二程全书本,现藏于复旦大学图书馆、辽宁省图书馆,另有清光绪九年(1883年)江南书局刻本、清光绪中遵义黎氏日本东京使署影印元至正刻古逸丛书本、民国丛书集成初编本。《易传》六卷上下篇义一卷,宋刻本存一卷,现藏于国家图书馆。《伊川程先生周易经传》十卷上下篇义一卷,元刻本,现藏于浙江图书馆。《晦庵先生校正伊川易传》八卷,元刻本,存一至四卷,现藏于国家图书馆。《程氏易传》十二卷,明嘉靖七年(1528年)姜梁刻本,现藏于国家图书馆。《易传》八卷,清同治五年(1866年)金陵书局刻本,现藏于四川省图书馆。在吉林省延边大学图书馆藏有《周易程传》二卷(宋程颐撰,明新安吴勉学刻本,九行十七字,双行三十六字,左右双边,白口)。国家图书馆藏有《易传》六卷上下篇义一卷(宋程颐撰,宋刻本,八行十五字,左右双边,白口)存一卷《上下篇义》。上海图书馆藏有《伊川易传》四卷(宋程颐撰)附《上下篇义》一卷(清康熙吕氏宝诰堂刻,二程全书本,清吴骞、钟文丞校)。

《兼山易解》二卷,郭忠孝撰。缺

郭忠孝(?—1128),字立之,河南府(今河南洛阳)人,逵子,范纯仁婿。

称"兼山先生",因称所创学派为"兼山学派"。忠孝为安定学派胡瑗、濂溪学派周敦颐的再传弟子,从伊川学派程颐学《易》《中庸》二十余年,继承二程理学并有所发展,形成自己的《易》《中庸》学说体系。撰有《兼山易解》《兼山九图》《中庸说》等。其子郭雍幼从其学,以传播父说为己任,亦著《传家易说》《兼山家学》,时称"二郭"。著名学者谢谔、蒋行简等皆从其学,形成了兼山学派。

《兼山易解》"专论互体卦变,与《易传》殊不同"。这部书对象数之学颇有探究,朱熹曾说,"《兼山易解》,溺于象数之学。"后来宋人方闻一、曾穜编撰的《大易粹言》、宋冯椅撰写的《厚斋易学》引用了《兼山易解》的很多内容。清人朱彝尊《经义考》卷二十一载:"《宋志》:'二卷。'阙(惟《大易粹言》所载存)。"

《兼山易解》,今存台北故宫博物院藏内府白棉纸抄本,其内容是从《大易粹言》等书中辑出,并非《兼山易解》原本。台湾新文丰出版公司1983年影印出版。

《四学渊源论》三卷,郭忠孝撰。佚

《四学渊源论》为三卷,分为《总论》《诸卦论》《诸卦杂说》,主要传承程颐易学。宋冯椅《厚斋易学·附录一》载:

> 《中兴书目》:《四学渊源论》三卷,凡四十篇,曰《总论》、曰《诸卦论》、曰《诸卦杂说》。本朝郭忠孝撰。忠孝,字立之,河南人,号兼山先生。曾穜献之以二程、张子厚、游定夫、杨中立并忠孝父子,合七家《易解》为一书,题曰《大易粹言》,刊于龙舒郡斋。以忠孝之《解》为《易说》,与《四学渊源》之目不同,未知馆阁所藏异同也。其子雍,字子和,号白云先生。放浪长杨山谷间,尝诏不起,亦著《易说》。自序其先人受业伊川二十余年,念其学殆将泯绝,于是更潜稽《易》象,以述旧闻。绍兴辛亥岁序。不以《彖》为卦辞,而直循王弼之名,以为孔子自言其《彖》泥于卦变。毛伯玉不以为然,窃谓郭氏虽尝学于伊川之门,而其学不著,至其子自相祖述为一家之学,未为无得于《易》,而非复伊洛之旧闻。尹和靖云:"忠孝自党事起,不与先生往来,及卒,亦不致奠。"

清人朱彝尊《经义考》卷二十一载:"《宋志》三卷,佚。"并云:

晁公武曰:"郭忠孝撰。忠孝,字立之,河南人。颇明象数,自谓得李挺之《卦变论》于陈子惠,因亟读,有得焉。靖康中,持宪关右,死于难,故其书散落大半。"

程迥曰:"《易》者,开物成务,冒天下之道者也。而辞变象占皆《易》中之一体,主于一则用其三。至秦指为卜筮之书,岂秦人以异言对暴君,俾得不焚,抑所见者然耶?近世郭兼山乃曰:'《周易》,古者卜筮之书。'是袭秦人之谬也。"

陆游曰:"郭立之从程先生游最久,程先生疾革,犹与立之有问答语,著于《语录》。而尹彦明独谓'立之自党论起,即与程先生绝,死至不吊祭。'盖爱憎之论也。程氏《易》学,立之父子实传之。"

朱子曰:"兼山《易》书,溺于象数之学。"

陈振孙曰:"忠孝,名将枢密逵之子。自言得先天卦变于河阳陈安民子惠,其书出李挺之,由是颇通象数。仕为永兴军路提刑,死于难,其书散逸。"

《周易辨惑》一卷,邵伯温撰。存

邵伯温(1057—1134),字子文,洛阳人,邵雍之子。曾撰有《易辨惑》《辨诬》《河南集》《邵氏闻见录》《皇极系述》《皇极经世序》《观物内外篇解》等近百卷。

《周易辨惑》一卷,《四库全书》有收录。《四库全书总目·周易辨惑》云:

宋邵伯温撰。伯温,字子文,邵子之子也。南渡后官至利路转运副使。事迹具《宋史·儒林传》。案沈括《梦溪笔谈》载:"江南郑夬,字扬庭,曾为一书谈《易》。后见兵部员外郎秦玠,论夬所谈,玠骇然曰:'何处得此法?'玠尝遇一异人,授此历数,推往古兴衰运历,无不皆验。西都邵雍亦知大略"云云。盖当时以邵子能前知,故引之以重其术。伯温谓邵子《易》受之李之才,之才受之穆修,修受之陈抟,平时未尝妄以语人,惟大名王天悦、荥阳张子望尝从学,又皆蚤死,秦玠、郑夬尝欲从学,皆不之许。天悦感疾且卒,夬赂其仆,于卧内窃得之,遂以为学,著《易传》《易测》《明范》《五经时用》数书,皆破碎妄作,穿凿不根。因撰此书以辨之。《宋史》邵子本传颇采其说。考《书录解题》有郑夬《易传》十三卷,《宋史·艺文志》有郑夬《时用书》二十卷,《明用书》九卷,《易传辞》三卷,《易传辞后语》一卷,今并佚。司马光集有《进郑夬〈易测〉札子》,称其"不泥阴阳,不涉怪妄,专用人事,指明六爻,求之等伦,诚难多得。"与伯温所辨,褒贬迥殊。光亦知《易》之人,不应背驰如是。以理推之,夬窃邵子之书,而变化其说,以阴求驾乎其上,所撰《易测》,必尚随爻演义,不涉术数,故光有"不泥阴阳,不涉怪妄"之荐。至其《时用书》之类,则纯言占卜之法。故伯温辞而辟之。其兼《易测》言之者,不过憎及储胥之意耳。朱彝尊《经义考》载此书,注曰:"未见"。此本自《永乐大典》录出,盖明初犹存。《宋史·艺文志》但题《辨惑》一卷,无"易学"字,《永乐大典》则有之,与《书录解题》相合,故今仍以《易学辨惑》著录焉。

邵伯温继承其父邵雍象数学并加以阐释,提出"一"为宇宙的本原,"一"或"太极"在事物之先而存在,强调"一"或"太极"只存在于圣人心中。其中,《皇极系述》《观物内篇解》两书对邵雍学术加以阐发,《易学辨惑》将世人对邵学的误传、误会进行辨别,《邵氏闻见录》中著录了邵雍行事及学说,并时加褒扬,足资后人考订,对传播邵氏学术起了很大的作用。邵伯温家藏邵雍之书,又将其学传给私淑邵雍的陈瓘、晁说之、王湜等人。

《吴园易解》九卷,张根撰。存

张根(1061—1120),字知常,自号吴园先生,北宋饶州德兴(今江西德兴)人。元丰进士,大观中官至淮南转运使,知直龙图阁。屡次上言陈斥时弊,权贵为之侧目,以朝散大夫终于家。撰有《吴园易解》九卷、《宋朝编年》数百卷、《春秋指南》十卷。

《吴园易解》,《宋史·艺文志》作九卷,《直斋书录解题》与《文献通考》作十卷。《丛书集成》收入九卷。卷后附录《序论》五篇及《杂说》《泰论》各一篇。此书以王弼《易》为本,释义理而不及象数,注文简明而不散漫。《读易提要》卷四载:"《吴园易解》十卷,卷后有《序论》五篇,《杂说》《泰论》各一篇。"《周易启蒙翼传》:张根《解义》九卷,《序论》五卷,《杂说》《泰论》。

清人朱彝尊《经义考》卷二十二,载:"《宋志》:'九卷。'《通考》:'十卷。'存。"并云:

> 孙埈《后序》曰:"召对,时年四十一,浸膺擢用,将漕淮南、江西,升秘阁修撰。闲居十年间,杜门著书,自历代至本朝编年,凡数百卷,《五经》诸子皆为之传注。"

> 董真卿曰:"吴园先生,参政忠定公煮之父也。《易解·义》九卷,《序论》五卷,又《杂说》《泰论》。"

《四库全书总目·吴园易解》云:

> 是书末有其孙埈《跋》,称为"先祖太师"者,其子煮,孝宗时为参知政事,追赠官也。根所撰述甚多,埈《跋》称有《宋朝编年》数百卷,五经、诸子皆为之传注;晁公武《读书志》载有《春秋指南》十卷,今皆未见,惟此《易解》仅存,明祁承爜家有其本。此为徐氏传是楼所钞,自《说卦传》"乾,健也"节以下,蠹蚀残缺,末有康熙壬申李良年《跋》,亦称此本不易得。然《通志堂经解》之中,遗而不刻,岂得本于刻成后耶?书中次第,悉用王弼之本,诠义理而不及象数,不袭河、洛之谈。注文简略,亦无支蔓之弊。末有《序语》五篇、《杂说》一篇,皆论《系辞》,于《经》义颇有发明。又《泰卦论》一篇,于人事天道倚伏消长之机,尤三致意焉,盖作于徽宗全盛时也,亦可云识微之士矣。

《吴园易解》基本袭用王弼注,主义理,而鲜及汉唐象数之学,亦不涉河、洛之说。注文简约,仅具大略,故全书无支蔓之弊。书末附《序语》五篇,《杂说》一篇,都是探讨《系辞》之作,于经义颇有发明。又《泰卦论》一篇,对天道人事颇有阐发。

《吴园易解》九卷附录一卷,书成后,流传不广,《通志堂经解》失收,明代有传是楼抄本,清有《四库全书》本。还有清抄本,国家图书馆有藏。

《周易解》,曾元忠撰。佚

曾元忠,字居正,永丰(今江西吉安)人。撰有《周易解》《论语解》等。《周易解》,清人朱彝尊《经义考》卷二十二,著录为"佚",并引:

> 《江西通志》:"曾元忠,字居正,永丰人。崇宁五年进士,仕司户,改

广州教授。所撰有《春秋历法》《论语解》《周易解》。门人私谥文节先生。"

《易论要纂》一卷、《易说拾遗》二卷,尹天民撰。佚

尹天民,字先觉,赣州会昌(今江西赣州)人,宋神宗年间人。精通经学,对《易》研习尤深。《万姓统谱》载:"尹天民,字光觉,会昌人。为太学博士,出知果州相如县。时王黼得政,黼旧在太学,乃天民所隶斋生也。有强天民谒黼者,天民笑曰:'见王丞相,岂不得好官,但恐为颜、闵所笑。'后除侍讲不就,清议高之。"

宋冯椅《厚斋易学·附录二》:"《易说拾遗》,《中兴书目》:'《易说拾遗》二卷,题王安石、尹天民所编。'"《周易启蒙翼传·中篇》:"尹天民《易论要纂》一卷,又《易说拾遗》二卷。"清人朱彝尊《经义考》卷二十二,注"《易论要纂》,《宋志》:'一卷。'佚。《易说拾遗》,《宋志》:'二卷。'佚。"

《易数》三十卷、《易问》五卷、《易传》十卷,林震撰。佚

林震,生卒不详,字时甫,或字时勇,自号介翁,两宋之际兴化军莆田(今福建莆田)人。宋崇宁二年(1103年)进士,自京畿提举学事,召为国子司业,累官太常卿,直秘阁少监。卒,年四十六。撰有《礼问》《易数》《易问》《易传》多卷。

《易问》《易传》,清人朱彝尊《经义考》卷二十二,著录为"《易问》五卷,佚。《易传》十卷,佚",并引:

> 《闽书》:"林震,字时勇,莆田人。崇宁二年进士,累官左正言,权给事中,迁太常少卿,知镇江府,移守汝州,召入,除起居郎,迁秘书少监,卒。震自号介翁,所著《礼问》三十卷、《易问》五卷、《易传》十卷。"

《周易解》,饶子仪撰。佚

饶子仪,字元礼,抚州临川(今江西抚州)人。曾师从胡瑗、孙复为学。曾

撰有《编年史要》《论语解》等。

《周易解》，清人朱彝尊《经义考》卷二十二，注"佚"，并引："《江西通志》：'饶子仪，字元礼，临川人。结庵于凌云山，杜门著书，王安石欲荐之，不为屈。崇宁中，以经明行修，锡命于朝。著《周易》《论语解》。'"

《广川易学》二十四卷，董逌撰。佚

《广川易学》，《直斋书录解题》《读易举要》《文献通考》等著录为二十四卷。清人朱彝尊《经义考》卷二十二，注"《通考》：'二十四卷。'佚"，并云"陈振孙曰：'中书舍人东平董逌彦达撰'"。

《先天易钤》一卷，牛师德撰。佚

牛师德，字祖仁，生平不详，北宋人。从司马光传邵雍之学。宋王应麟《玉海》卷三十六，载"牛师德《先天易钤》《太极宝局》二卷"。元胡一桂《周易启蒙翼传·中篇》载："牛师德撰《先天易钤》《太极宝局》两卷，自云传康节学于温公，而说近术数。"（《宋志》不载）

清人朱彝尊《经义考》卷二十二，注"《通考》：'二卷。'佚"，并引："晁公武曰：'皇朝牛师德撰。自云传邵雍之学于司马温公，而其说近于术数，未知其信然否？'陈振孙曰：'未详何人，盖为邵氏之学，而专乎术数者也。'"这几处所言的两卷，其实是牛师德《先天易钤》与其子牛思纯《太极宝局》各为一卷，共为二卷。这在《宋史·艺文志》有明确记载。

《易传》十卷，谭世绩撰。未见

谭世绩（1074—1127），字彦成，潭州长沙（今湖南长沙）人。徽宗崇宁间成进士，曾任秘书省正字、吏部员外郎、给事中兼侍读等职。撰有《师陶集》等，后人辑有《谭端洁文集》30卷，《宋史》立传。

清人朱彝尊《经义考》卷二十二，注"《宋志》：'十卷。'未见"，并云："《东都事略》：'谭世绩，字彦成，长沙人。举进士，又中词学兼茂科，为秘书省正字。蔡京得政,世绩不附和,六年不得迁,京罢,始迁员外郎,又迁吏部员外郎、少府监、中书舍人、礼部侍郎,赠端明殿学士。'"

《了翁易说》一卷,陈瓘撰。存

陈瓘(1057—1122),字莹中,自号了翁,学者称了斋先生,北宋南剑州沙县(今福建沙县)人。

《了翁易说》又名《了斋易说》,《宋史·艺文志》著录为一卷。此书只解六十四卦,于卦名之下,分条解说,只解象数,不言其他。《厚斋易学·附录一》载:"陈莹中《易说》,《中兴书目》:《易说》一卷,本朝赠谏议大夫陈瓘撰。瓘,字莹中,南剑人,自号了翁。窃尝从其孙大应见了翁有《易全解》,不止一卷也,多本卦变,与朱子发之说相类。"《读易提要》卷四载:"右司谏延平陈瓘莹中撰《了斋易说》一卷,晚年所著也,止解六十四卦,辞旨深晦。元丰二年登第,宣和六年卒。绍兴十二年,其子正同权常州,刻板置毗陵官舍。"《周易启蒙翼传·中篇》载:"陈瓘《易说》一卷。冯氏曰:窃尝从其孙大应见了翁有《易全解》,不止一卷也,多本卦变,与朱子发之说相类。(字莹中,号了翁,谏议大夫,南剑人。)愚案:刊本只题云《了翁易说》,亦不分卷,其子正同,绍兴十二年知常州,刊于官舍。"

清人朱彝尊《经义考》卷二十载:"《宋志》:'一卷。'存。"并云:

子正同《跋》曰:"先公晚年益绝世念,致一性命之理,尝著《易说》以遗诸孤,正同谨以家藏刊于毗陵官舍,庶几流传,不没先志。绍兴十二年十月。"

晁公武曰:"陈瓘,字莹中,南延平人。建中靖国初为右司谏,移书责曾布及言蔡京及卞之奸,章疏十上,除名,编隶合浦以死。靖康中,赠谏议大夫。瓘自号了翁,《易》数言天下治忽,多验。"

杨时曰:"了翁说《易》,多以一字贯众义。"

陈振孙曰:"了翁晚年所著,止解六十四卦,辞旨深晦。"

冯椅曰:"尝从其孙大应见了翁有《易》全解,不止一卷也,多本卦变,与朱子发之说相类。"

胡一桂曰:"了翁子正同,绍兴十二年知常州,刊于官舍,刊本止题云

《了翁易说》,初不分卷。"
《四库全书总目》卷二,载:

  宋陈瓘撰。瓘,字莹中,了翁其自号也,延平人。元丰二年进士甲科,建中靖国初为右司谏,尝移书责曾布及言蔡京、蔡卞之奸,章数十上,除名,编隶合浦以死。事迹具《宋史》本传。此本为绍兴中,其孙正同所刊。冯椅谓:"尝从其孙大应见了翁有《易全解》,不止一卷,多本卦变,与朱子发之说相类。"胡一桂则谓:"尚见其初刊本,题云《了翁易说》,并未分卷。"此本盖即一桂所见也。邵伯温《闻见录》,称瓘说得康节之学。沈作喆《寓简》则曰:陈莹中尝以邵康节说《易》,讲解象数,一切屏绝,质之刘器之,器曰:"《易》固经世之用,若讲解象数,一切屏绝,则圣人设卦立爻,复将何用?惟知其在象数者皆寓也,然后可以论《易》,故曰:'得意忘象,得象忘言。'方其未得之际而遽绝之,则'吉凶与民同患'之理,将何以兆?恐非筌蹄之意"云云。然则瓘之《易》学又尝质之刘安世,不全出邵子矣。其造语颇诘屈,故陈振孙《书录解题》病其词旨深晦,然晁公武《读书志》谓其以《易》数言天下治忽多验,则瓘于《易》实有所得,非徒以艰深文浅易者,正未可以难读废矣。

《了斋易说》一卷,有清抄本(清周星诒跋),国家图书馆有藏。另外还有清道光二十年(1840年)蒋氏别下斋抄本(清许光清校并跋),国家图书馆有藏。

《易义》二卷,李贲撰。佚

《易义》,清人朱彝尊《经义考》卷二十载:"《通志》:'二卷。'佚。"并云:"按:杨仲良《长编纪事本末》:'崇宁二年,编管党人子弟李贲单州。'又元祐党籍余官中有贲,又中书省开具'元符臣僚章疏',分正上、正中、正下,邪上尤甚、邪上、邪中、邪下七等,贲名在邪上尤甚中,其后追复元祐党人,贲名在余官二等。"

《西河图传》一卷,李平撰。佚

《西河图传》,清人朱彝尊《经义考》卷二十,载:"《宋志》:'一卷。'未见。"

引胡一桂曰:"政和中撰。"朱彝尊认为:"崇宁中籍党人,又诏中书省开具'元符臣僚章疏',姓名列邪中一百五十人,李平与焉。"

《录古周易》八卷,晁说之撰。存

晁说之(1059—1129),字以道,一字伯以,济州钜野(今山东巨野)人。因慕司马光为人,自号景迂生。神宗元丰五年(1082年)进士,曾任兖州司法参军、秘书少监、中书舍人等职。撰有《嵩山文集》(又名《景迂生集》)二十卷、《晁氏客语》等。

《录古周易》,《宋史·艺文志》载为八卷。《读易提要》卷四载:"中书舍人嵩山晁说之以道编《周易》为十二篇,名曰《古周易》。又撰《周易音训》,具列其异同舛讹于字下,其序云:建中靖国元年辛巳题绍兴。戊辰,广陵张成己知袁州,刻板于郡庠。又撰《周易太极传》及《太极外传》一卷,《太极因说》一卷,乾道丁亥,其孙子建知汀州,刻板置临汀郡庠。以道,又字景迂,又字伯,以其学本之邵康节,自言学京氏《易》。绍兴间,遇洛阳杨贤宝得康节二《易》图,又从其子伯温得其遗编,始作《易传》,名曰《商瞿传》,兵火失之,晚年复为此书。又有《易元星纪谱》《易规》二书,见本集中。又有《传易堂》,记述汉以来至本朝传授甚详。"《周易启蒙翼传·中篇》载:"晁说之撰《古周易》八卷,《太极传》五卷,(晁《志》作六卷。)《因说》一卷,《太极外传》一卷。其学本康节,自云初学京房,后遇杨宝宝,宝得其传,初著《商瞿传》,亡之,建炎中再作此。又有《玄星纪谱》一卷。(小注:撰温公《玄历》及康节《太玄准易图》,合而谱之,以见雄以首准卦非出于私意,盖有星候为之机栝,且辨古今诸儒之失。并晁氏《读书志》:晁氏名说之,字以道,号景迂,济北人。得康节学,东坡以著述科荐之,官至徽猷阁待制,兼侍读。乃公武之从父也。)"

清人朱彝尊《经义考》卷二十,载:"《宋志》:'八卷。'(《通考》作十二卷。)存。"此书作于建中靖国元年(1101年),此书旨在重新编订《周易》经传的卷次,也对其中的文字也作仔细的校订。《经义考》卷二十并载:

说之《自序》曰:"《周易》《卦爻》一、《彖》二、《象》三、《文言》四、《系辞》五、《说卦》六、《序卦》七、《杂卦》八。案:晋太康初,发汲县旧冢,得古简编科斗文字,散乱不可训知,独《周易》最为明了,上下篇与今正同,别有《阴阳说》而无《彖》《象》《文言》《系辞》。杜预疑：'于时仲尼造之于鲁，尚未播之远国。'而《汉艺文志》：'《易经》十二篇，施、孟、梁丘三家。'颜师古曰：'上、下《经》及《十翼》，故十二篇。'是则《彖》《象》《文言》《系辞》始附卦爻而传于汉欤？先儒谓费直等专以《彖》《象》《文言》参解《易》爻，以《彖》《象》《文言》杂入卦中者，自费氏始。其初，费不列学官，惟行民间，至汉末陈元方、郑康成之徒皆学费氏，古十篇之《易》遂亡。孔颖达又谓：'辅嗣之意，《象》本释经，宜相附近，分爻之《象辞》各附当爻。'则费氏初变乱古制，时犹若今《乾卦·彖》《象》系卦之末欤？古经始变于费氏，而卒大乱于王弼，惜哉！奈何后之儒生，尤而效之。杜氏分《左氏传》于《经》，宋衷、范望辈散《太玄·赞》与《测》于八十一首之下，是其明比也。揆观其初，乃如古文《尚书》，司马迁、班固《序传》，扬雄《法言·序篇》云尔。今民间《法言》列《序篇》于其篇首，与学官书不同，概可见也。唐李鼎祚又取《序卦》冠之卦首，则又效小王之过也。今悉还其初，庶几学者不执《彖》以狥卦，不执《象》以狥爻云。昔韩宣子适鲁，见《易象》，是古人以卦爻统名之曰象也，故曰：'《易》者，象也。'其意深矣。岂若后之人，卦必以象明，象必以辞显，纷纷多岐哉？呜呼！学者曾未之知也。刘牧云：'《小象》独《乾》不系乎爻辞，尊君也'。石守道亦曰：'孔子作《彖》《象》于六爻之前，《小象》系逐爻之下，惟《乾》悉属之于后者，让也。'呜呼！他人尚何责哉？若夫文字之传，始有齐、楚之异音，卒有科斗、籀、篆、隶书之四变，因而讹谬者多矣。刘向曾以中古文《易经》校施、孟、梁丘《经》，至蜀李撰又尝注古文《易》。则今之所传者，皆非古文也，安得睹夫刘、李之书乎？其幸而诸儒之传，今有所稽考者，具列其异同舛讹于字下，亦庶几乎同复乎古也。或曰：'子能古文，何不以古文写之？'曰：'有改于华而无变于实者，予不为也。'如古者竹简重大，以《经》为二篇，今又何必以二篇成帙哉？谨录而藏诸，以俟博古君子。"

晁公武曰："从父詹事公，讳说之撰。以诸家《易》及许氏《说文》等九十五书考正其文字，且依汉田何本分《易经·上、下》，并《十翼》，通为十二篇，以矫费氏、王弼之失。谓：'刘向尝以中古文《易经》校施、孟、梁丘《经》，至蜀人李撰又尝注古文《易》，遂名曰《古易》。'"

程迥曰："晁说之作《古易》，《彖》《象》别异于卦爻，欲学者不执《彖》

以论卦,不执《象》以论爻。"

  李焘曰:"晁氏专主北学,凡故训多取许叔重《说文解字》、陆德明《章义》,僧一行、李鼎祚、陆希声及本朝王昭素、胡翼之、黄聱隅辈论亦时采掇。吕公书文字句读,初无增损,景迂则辑诸家异同,或断以己意,有增有损。篇第则放费长公未解、辅嗣未注以前旧本,并十二篇为八篇。吕、晁各有师承,初不祖述,而其指归则往往暗合。"

  陈振孙曰:"卷首列名二十余家,文字异同,则散见于诸卦。"

  董真卿曰:"济北晁以道,东坡尝以著述科荐之,其《易》学本康节。"

《易规》一卷,晁说之撰。存

  《易规》共十一篇,晁说之撰,该书完成于建中靖国元年(1101年)六月,旨在批驳王弼义理解《易》。

  清人朱彝尊《经义考》卷二十载:"一卷。存。"并曰:"说之《自序》曰:'某山县无事,辄以所闻读《易》自娱,若著书则不敢,而又未能忘言于斯世也,作《易规》十有一篇。'"

《京氏易式》,晁说之撰。佚

  《京氏易式》,晁说之撰,该书对京房一派的易学多有考述。清人朱彝尊《经义考》卷二十载:"佚",并云:

  说之《自序》曰:"元祐戊辰仲冬,在兖州初学京氏《易》,乃据其《传》为《式》,以便其私,何敢示人?其后江、淮间有好事者颇傅,去今三十年矣。既校正其《传》,而前日之《式》亦不得不修定也。惟是其已出者,殆未容改过,奈何。益知昔人自期死而后传其所著之书,其用意深矣。嗟夫!按《式》以求《传》,因《传》以明《易》,可不敬诸?"

  晁子健曰:"先大父平生著《易》书,曰《易商瞿大传》、曰《易商瞿小传》、曰《商瞿易传》、曰《商瞿外传》、曰《京氏易式》、曰《易规》、曰《易玄星纪谱》,靖康后悉为灰烬。建炎二年,乔寓海陵,作《周易太极传》《外传》《因说》,是年渡江,寓金陵,疾亟,终于舟中。建炎三年七月也,子健访求遗文，编成一十二卷，又得《京氏易式》并《周易太极传》《外传》，因脱稿缮写，藏于家。"

朱子曰："晁氏、吕氏大同小异，互有得失。先儒虽言费氏以《彖》《象》《文言》参解《易》爻，然初不言其分《传》以附《经》也。至谓郑康成始合《彖》《象》于《经》，则《魏志》之言甚明，而《诗疏》亦云：'汉初为传训者，皆与《经》别行，《三传》之文不与《经》连，故《石经》书《公羊传》皆无《经》文，而《艺文志》所载《毛诗故训传》亦与《经》别。及马融为《周礼注》，乃云："欲省学者两读，故具载本文。"而就《经》为《注》焉。'郑相去不远，盖仿其意而为之尔。故吕氏于此义为得之，而晁氏不能无失。至晁谓：'初乱古制时，犹若今之《乾卦·彖》《象》并系卦末，而卒大乱于王弼。'则其说原于孔《疏》，而吕氏不取也。盖孔《疏》之言曰：'夫子所作《彖辞》，元在六爻经辞之后，以自卑退，不敢干乱先圣经世之辞。及至辅嗣之意，以为："《彖》者本释《经》文，宜相附近，其义易了。"故分爻之《彖辞》各附其当爻下言之。'此其以为夫子所作元在经辞之后，为夫子所自定，虽未免于有失，而谓：'辅嗣分爻之《彖》以附当爻。'则为得之。故晁氏舍其半而取其半也。其实今所定复为十二篇者，古经之旧也。王弼注本之《乾卦》，盖存郑氏所附之例也；《坤》以下六十三卦，又弼之所自分也。吕氏于《跋语》虽言：'康成、辅嗣合《传》于《经》。'然于音训乃独归之郑氏而不及王弼，则未知其何以为二家之别。而于王本《经》《传》次第两体之不同，亦不知所以为说矣。岂非阙哉？"

《易学》一卷，王湜撰。存

王湜，南宋时人，乡贡进士，哲学家。平生钻研《易学》，尤喜邵雍之学，撰有《易学》等。

《易学》共一卷，此书旨在发明邵雍之学。宋人马端临《文献通考》一百七十六云："王湜《易学》一卷。"这部书对邵雍的图式分析非常详细，《易学·自序》称："康节先生遗书，或得于家之草稿，或得于外之传闻，间有讹谬，于是抉择是非，以成此书。书中首论太极、两仪、四象、八卦，而皆以先天为主；次论邵雍六十四卦方圆图；次论八卦数；次论揲蓍之法；末为《皇极经世节要法》。"晁公武《郡斋读书后志》卷一载"王湜《易学》一卷",并云:"皇朝王湜,同州人。早潜心于邵康节之学,其《序》曰:康节有云:'理有未见,不可强求使通。'故愚于《观物篇》之所得,既推其所不疑,又存其所可疑,亦以先生之言自慎,不敢轻其去取故也。"《四库全书》将此书列为"子部术数类",并云:"是书《宋志》不著录,其名见晁公武《读书志》,但称同州王湜,而不详其始末。"宋人张世南《游宦纪闻》卷七云:

> 天地万物莫逃乎数,知数之理莫出乎《易》,知《易》之妙惟康节先生。其学无传,观《皇极经世书》概可见矣。此外有所谓《太乙数》,能知运祚灾祥,刀兵水火,阴晴风雨,又能以之出战守城,傍门小法,亦可知人命贵贱。渡江后,有北客同州免解进士王湜,潜心此书,作《太乙肘后备检》三卷,为阴阳二遁,绘图一百四十有四,上自帝尧以来,至绍兴六年丙辰,凡三千四百九十二年,皆随六十甲子表以分野,如《通鉴》编年。前代兴亡,历历可考,然自古及今,应者虽多,不应者亦或有之。

清人朱彝尊《经义考》卷二十一载:"《通考》一卷,存。"并云:

> 湜《自序》曰:"余生平喜《易》,内求于己,外求于人,非一日矣。晚得邵康节《易》学,喜不自禁,昼夜覃思,未尝暂舍,方其有所得也,或不寐达旦。然圣人至理,万物取之不竭,而康节先生遗书,或得于家之草藁,或得于外之传闻,草稿则必欲删而未及,传闻则有讹谬而未实,傥不能用心精择,则是非杂扰,而至理终不出矣。于是平心如权衡,无今古,无物我,无智愚,无彼此,惟道是从而轻重之。自希夷先生陈公而下,如穆伯长、李挺之以至刘长民《钩隐图》之类,兼而思之,罔或遗佚。亦不敢以私知去取,但重别推衍,使明白易见,或见不能窥测藩篱而难尽者,作阙疑说以示方来,俟明哲者之思索焉。大抵道之不明,其说有二,愚不肖者固不足以及此,贤与智者反从而凿之,其于圣人妙意,岂不胥失乎哉?凡诸好学君子,当如是求焉可也。"

《四库全书总目》卷一百八云:

> 是书《宋志》不著录,其名见晁公武《读书志》,但称同州王湜,而不详其始末。张世南《游宦纪闻》称,康节先生《皇极经世》其学无传,此外有所谓《太乙数》。渡江后,有北客同州免解进士王湜,潜心是书,作《太乙肘后备检》三卷,为阴阳二遁,绘图一百四十有四,上自帝尧以来,至绍兴

六年丙辰云云,是南宋初人矣。今《太乙肘后备检》未见传本,此书则《通志堂经解》刊之。书中首论太极两仪四象八卦,而以夜半日中心肾升降之气明之,又有取于《庄子》"肃肃出乎天,赫赫发乎地"之语,全本于道家之说。其《自序》则称于陈抟、穆修、李之才、刘牧之书兼而思之,是亦先天之学出于炉火之证也。然其论先天之图,谓希夷而前,莫知其所自来,其时距邵子未远,而其言如是,可以知传自伏羲,遭秦焚书流于方外之说,出于后儒之附会。其末为《皇极经世节要》。《自序》有云:康节遗书,或得于家之草稿,或得于外之传闻,间有讹谬,于是决择是非,以成此书。示读《皇极》者以门户,亦可知《皇极经世》一书不尽出于邵子。其言可谓皎然不欺,有先儒淳实之遗矣。

《易说》十卷,乔执中撰。佚

乔执中,字希圣,高邮人,乔竦之子。曾任司农丞、提点开封县镇、吏部郎中、起居郎、给事中、刑部侍郎等职。撰有《中庸义》一卷,《周易说》十卷,《诗义》十卷,古律诗赋十五卷,杂文碑记十卷。

清人朱彝尊《经义考》卷二十一载:"《宋志》:'十卷。'未见。"

《易论》三篇,李清臣撰。存

李清臣(1032—1102),字邦直,魏(今河北大名)人。举进士后,曾任知制诰、门下侍郎等职。

《易论》,清人朱彝尊《经义考》卷二十一载:"存。"并引:"《东都事略》:'李清臣,字邦直,魏人。皇祐中举制科,授秘书郎,佥判平江军,召试集贤校理,累迁翰林学士、吏部尚书。元丰六年擢尚书右丞,元祐初为户部尚书,以资政殿大学士知河南府,寻夺职。徽宗即位,以礼部尚书召,复大学士,拜门下侍郎。'"

《易著》,史通撰。佚

史通,字子深,眉州青神(今四川眉山)人。撰有《易著》等。清人朱彝尊

《经义考》卷二十一载:"佚。"并引:

> 唐庚《志墓》曰:"通,字子深,眉州青神人。以贡举不第,退居楠溪之上,杜门著书,绝人事者数年,得《易著》若干卷,《乾坤别解》三卷,《礼记义》一卷,《详说》四卷,《律吕气数》十二卷,《书义》八卷,《诗义》若干卷,《论语、孟子解》各若干卷,《史论》若干卷。其书既出,学者翕然称之。君中元祐三年进士第,历达州、通州尉,资州盘石令。"

《易传》,黄蒉撰。佚

黄蒉,字仲实,福建浦城人。撰有《易传》。《易传》一书主要是阐明大衍之数。清人朱彝尊《经义考》卷二十一载:"佚。"并云:

> 《闽书》:"蒉,字仲实,浦城人。元祐五年进士,为赣尉,罢去,起为宣城丞,调奉新令。尝著《易传》,推明大衍之数,号为精确。"

《易解》,王端礼撰。佚

王端礼,生卒年不详,字懋甫,吉水(今江西吉安)人。元祐戊辰(1088年)进士,官至富川令。撰有《强仕集》《易解》等。

清人朱彝尊《经义考》卷二十一载:"佚。"并引:"《江西通志》:'王端礼,字懋甫,吉水人。元祐三年进士,仕富川令。'"

《易义》十卷、《伏羲俯仰画卦图》一卷,彭汝砺撰。佚

彭汝砺(1041—1095),字器资,饶州鄱阳(今江西鄱阳)人。宋英宗治平二年(1065年)乙巳科状元,历任国子直讲、太子中允、起居舍人、吏部尚书等职。撰有《易义》《诗义》《鄱阳集》等。

《东都事略》载:"彭汝砺,字器资,饶州鄱阳人。举进士为礼部第一。元祐中,拜中书舍人。绍圣初,拜吏部尚书。撰有《易义》《诗义》。"清人朱彝尊《经义考》载:"《易义》,《宋志》:'十卷。'佚。《伏羲俯仰卦图》,《通志》:'一卷。'佚。"

《周易义海》一百卷，房审权撰。缺

房审权，宋熙宁年间人，撰有《周易义海》等。

《周易义海》一百卷，这部书汇集了郑玄以来近百家之说，并予以评议，是书保存了古代诸家易学文献。宋人冯椅《厚斋易学·附录一》载："《读书志》：《周易义海》一百卷，本朝熙宁间蜀人房审权撰。集郑玄至王安石凡百家，摘取其专明人事者为一编。诸家说有异同，辄加评议附之篇末。程可久云：所取《子夏传》赝本也。至绍兴庚辰江都李衡，又删削其文义之重迭者，而益之以伊川、东坡、汉上、龚深父之说，谓之《义海撮要》云。衡，字彦平。"《读易举要》卷四载："蜀人房审权，熙宁间人，编《周易义海》，集郑玄至王安石凡百家。后有江都李衡彦平，删削为《义海撮要》，而益以伊川、东坡、汉上、龚原之说。若房氏百卷之书，则未之见也。衡，乾道中由侍御史为起居郎。《馆阁续书目》云：绍兴监察御史误矣。今观李衡所录者：王弼、孔颖达、韩康伯、荀爽九家、马融、郑玄、王肃、翟元、何晏、何维翰、干宝、虞翻、子夏、蜀才、范氏、徐氏、陆氏、庄氏、陆希声、魏征、薛温其、崔憬、陈皋、陈文佐、刘牧、刘瓛、刘纬、勾微、白动、李畋、薛洙、龙昌期、侯果、孙复、孙坦、王昭素、王锜、王逢、胡旦、胡瑗、鲜于侁、金君卿、石介、阮逸、张简、代渊、杨绘、卢穆、袁建、邓至、房融、张横渠、王介甫、程伊川、苏东坡、朱汉上、龚原，亦不满百家。"在焦竑为明潘士藻所撰《洗心斋读易述》的《序》中有云："称主理莫备于房审权，主数莫备于李鼎祚，士藻裒而择之。则所据旧说，惟采《周易义海》《周易集解》二书，然大旨多主于义理，故取《义海》者较多，《集解》所载如虞翻、干宝诸家涉于象数者，率置不录。盖以房书为主，而李书辅之也。"四库馆臣认为，《义海》一百卷久佚，今所存者乃李衡《撮要》十五卷，非其旧本。[①]

清人朱彝尊《经义考》卷二十一载："《通考》：'一百卷。'阙。"并云：

> 晁公武曰："其书集郑康成至王安石，凡百家，摘取其专明人事者为一编，或诸家说有异同，辄加评议，附之篇末。"

> 陈振孙曰："书只四卷，近时江东李衡彦平稍加删削，而益以东坡、汉上、伊川之说，为撮要十卷，所称百卷，未之见也。"

---

① 《四库全书总目》卷五《洗心斋读易述》提要。

费著曰:"审权,秘书昭庶之子,著《大乐演义》。"

胡一桂曰:"《义海》专明人事,则象数必非所备矣。"

《周易义类》三卷,顾思叔撰。不详

宋冯椅《厚斋易学·附录一》载:"顾思叔《义类》,《中兴书目》:《周易义类》三卷,题顾思叔撰。以先儒论《易》不同,因取其辞说同者,分目而聚之,凡九十五条。"《周易启蒙翼传·中篇》:顾思叔《周易义类》三卷,以先儒论《易》不同,因取其辞说同者,分目而聚之,凡九十五条。(思叔一作叔思。)

《易义》,米芾撰。缺

米芾(1051—1107),北宋书法家、画家、书画理论家。初名黻,后改芾,字元章,号襄阳居士、海岳山人等,祖籍太原,后迁居湖北襄阳,长期居润州(今江苏镇江)。

《易义》,清人朱彝尊《经义考》卷二十一,注"阙。仅存《真迹书》两条",并云:

芾自题曰:"元符元年春、二年夏、三年秋,游中天竺,访堂头禅师。绍圣四年,同佛印访禅师,师已垂年,苦留心于《易》,芾遂赠其《易义》并大书'读易堂'三字遗之。"

周伯琦曰:"米襄阳为天竺大士书《易义》数语,深得乾造坤化之奥。世每以能书让襄阳,而其学识乃如此,岂知米公者哉?"

郑元祐曰:"襄阳论《易》及于《洪范》五行、五位、五性、五味。五味人皆可知,独'金曰从革,从革作辛,辛为辛辣,使以金银铜铁百计煮之,不能辛也'。此虽细事,然于朱子门人固尝以为问,终不能折,其为何如,恨不能起襄阳于九京而质之。"

《易索》十三卷,张汝明撰。佚

张汝明,字舜文,一字祖舜,庐陵(今江西吉安)人,徙真州(今江苏仪征)。

元祐六年(1091年)进士,曾任杭州司理参军、监察御史、殿中侍御史等职。撰有《易索》《张子卮言》《太究经》。

《易索》十三卷,该书重在探究象数之学。宋冯椅《厚斋易学·附录一》载:"张舜文《易索》,《中兴书目》:《易索》十三卷,本朝承议郎张汝明撰。每卦以'索曰'释经,外有《观象》《观变》《玩辞》《玩占》《丛说》,通十三卷。汝明,字舜文,吉州太和人。登元祐壬申第,知岳州,卒,游酢定夫志其墓。其说亦支离,盖以意逆之者也。"《读易提要》卷四亦载:"知岳州太和张汝明舜文撰《易索》十三卷,其说支离。《上、下经》六卷、《观象》三、《观变》《玩辞》《玩占》《丛说》各一。元祐壬申进士,大观初,游酢定夫志其墓。"张汝明《易》学主象数之学。清人朱彝尊《经义考》卷二十一,载:"《宋志》:'十三卷。'佚。"并引:

陈振孙曰:"汝明,字舜文。撰《上、下经》六卷,外《观象》三,《观变》《玩辞》《玩占》《丛说》各一。汝明,元祐壬申进士,大观初为御史省郎,游酢定夫志其墓。"

董真卿曰:"汝明,吉州左利人。登元祐壬申第,知岳州。《易索》每卦以'索曰'释经,又有《观象》《观变》《玩辞》《玩占》《丛说》,通十三卷。"

胡一桂曰:"其说支离,盖以意逆之也。"

《宋史》:"汝明《易》学精微,研象数,所著书不蹈袭前人语。"

《江西通志》:"汝明,泰和人。元祐进士,徽宗时拜御史,后知岳州。"

《易要义》三卷,潘鲠撰。佚

潘鲠,生卒年不详,字昌言,潘堂之长子,寓居地黄州吝安镇,潘大临、潘大观之父。曾从名士周希孟学习。宋元丰己未(1079年)进士,曾任推官、宣德郎、知石康县等职。撰有《易要义》《春秋断义》等。

《易要义》,清人朱彝尊《经义考》卷二十一载,著录为:"三卷,佚。"并引:

张耒《志墓》曰:"齐安有君子,曰潘昌言,其学也正,其言也文,其居家笃于孝弟,其为吏惠下爱民。呜呼!君子哉。君讳鲠,从周希孟学,登元丰己未进士。初调蕲水县尉,迁和州防御推官,知江州瑞昌县,监楚州都盐仓,吉州军事推官,改宣德郎,监汉阳军酒税,以奉议郎致仕。有《春秋断义》十二卷、《讲义》十五卷、《易要义》三卷。"

《周易澶州讲义》一篇,黄裳撰。存

黄裳(1044—1130),字勉仲,延平(今福建南平)人。元丰五年(1082年)进士第一,累官至端明殿学士、礼部尚书,卒赠少傅。撰有《演山先生文集》等。《宋史》有传。

《周易澶州讲义》,清人朱彝尊《经义考》卷二十一,著录为:"一篇。存。载《演山集》。"并引:

> 程瑀撰碑曰:"公讳裳,字勉仲,其先金陵人,五代时迁延平。元丰五年登进士第,历越州签判、太学博士、秘书省校书郎、大宗正丞、尚书考功员外郎、起居舍人、太常少卿。徽宗朝,迁兵部侍郎,又迁礼部侍郎,求外任,差知颍昌府,移河南府,未行,留为礼部尚书。阅数月,申前请,除显谟阁学士出知青州,移庐州,又移郓州,久之,丐宫祠,差提举杭州洞霄宫。政和四年,以龙图阁直学士起知福州,历二任,除龙图阁学士,于是复以提举杭州洞霄宫居钱唐。至宣和七年除端明殿学士,再领宫祠。建炎二年,始归延平,抗章乞致仕,转正议大夫。"

《周易解》,何执中撰。佚

何执中(1053—1116),字伯通,处州龙泉(今浙江龙泉,一说为今浙江丽水)人。熙宁六年(1073年)中进士,曾任宝文阁侍制、中书舍人、兵部侍郎、工部、吏部尚书兼侍讲、尚书右丞等职。《宋史》有传。

何执中所撰《周易解》,清人朱彝尊《经义考》卷二十一,著录为"佚"。

《周易解义》三十卷,苏伯材撰。佚

苏伯材,字廷构,泉州晋江(今福建晋江)人。绍圣四年(1097年)进士,知潮阳,擢知韶州。撰《苏韶州文集》《周易解义》等。《周易解义》,清人朱彝尊《经义考》卷二十一，著录为"三十卷。佚"。

《易解》二卷，沈括撰。未见

沈括（1031—1095），字存中，号梦溪丈人，杭州钱塘人。仁宗嘉祐进士，曾任翰林学士、权三司使、知延州（今陕西延安）等。撰有《易解》《梦溪笔谈》等。

《易解》，清人朱彝尊《经义考》卷二十一载："《通志》：'二卷。'未见。"并云："《东都事略》：'沈括，字存中，吴兴人。举进士，熙宁间为太子中允，迁集贤校理、太常丞，未几，以右正言知制诰权三司使，迁翰林学士。'陈振孙曰：'沈存中《易解》甚略，不过数卦，而于《大、小畜》《大、小过》独详。'"

《易传》，朱玠撰。佚

朱玠，字宝仁，浙江临海人。元丰五年（1082年）进士。事迹详《台州府志·文苑传》。《赤城志》卷三十三，载："朱玠，临海人，字宝仁。终棣州防御判官，赠正议大夫，事见陈侍郎公辅所为铭，有朱氏《易》行于世。"

清人朱彝尊《经义考》卷二十一载："佚。"并云："《赤城志》：'朱玠，字宝仁，临海人。元丰五年进士，终棣州防御判官，有朱氏《易》行于世。'"

《易章句》一卷，吕大临撰。佚

吕大临（1040—1092），字与叔，自号芸阁，京兆府蓝田（今陕西蓝田）人。初于张载门下求学，后师事二程，与谢良佐、游酢、杨时号为"程门四先生"。撰有《考古图》《易章句》《大学说》《中庸说》《礼记传》《论语解》《孟子讲义》等多种。

清人朱彝尊《经义考》卷二十一载："《宋志》：'一卷。'佚。"并云：
晁公武曰："大临，字与叔，登进士第，历太学博士、秘书省正字，从程正叔、张子厚学，通《六经》，尤精于《礼》，解《中庸》《大学》等篇行于世。《易解》甚略，有《统论》数篇，无诠次，未完也。"
朱子曰："吕与叔惜乎寿不永，如天假之年，必所见又别。"

董真卿曰:"芸阁先生微仲亲弟,《易解》一卷,《统论》数篇,无诠次,未成之书也。学出程门,朱子谓吕与叔《易说》精约可看。"

《芸阁先生易解》一卷,吕大临撰。不详

宋人冯椅《厚斋易学·附录一》载:"《读书志》:《芸阁先生易解》一卷,吕大临撰。有《统论》数篇,无诠次,未成书也。大临,字与叔,蓝田人。自号芸阁,学出程氏。"

《易传》九卷,陈禾撰。未见

陈禾,生卒年不详,字秀实,宋鄞县(今浙江宁波)人。元符三年(1100年)进士,任浑州司法,平反甚多。迁太学博士,擢监察御史、殿中侍御史、左正言,疏劾蔡京党徒李孝寿罪,罢其官。

宋冯椅《厚斋易学·附录一》载:"陈禾《传》,《中兴书目》:《易传》十二卷,本朝正言陈禾撰。"《周易启蒙翼传·中篇》:陈禾《周易传》十二卷。(《中兴书目》:宋朝正言陈禾撰。)

清人朱彝尊《经义考》卷二十二,载"《宋志》:'十二卷。'《本传》:'九卷。'未见",并云:

《中兴书目》:"《周易传》十二卷,皇朝正言陈禾撰。"

《宋史》:"陈禾,字秀实,明州鄞县人。元符三年进士,累迁辟雍博士,擢监察御史,迁左正言,除给事中,抗疏劾童贯,谪监信州酒税,起知广德军,移知和州、舒州。卒,谥文介。有《易传》九卷,《春秋传》十二卷,《论语、孟子解》各十卷。"

王明清曰:"绍兴间,史直翁再相,上禾所著《易》与《春秋传》,特官其孙。"

《八卦数图》二卷,陈高撰。佚

《周易启蒙翼传·中篇》:"陈高《八卦数图》二卷。(《宋志》。)"清人朱彝

尊《经义考》卷二十二,载:"《宋志》:'二卷。'佚",并云:"《姓谱》:高,字可中,仙游人。元符三年(1100年)进士第,除太学博士,政和中建医学,除太医学司业,以忤蔡京致仕。"

《易说》一卷,游酢撰。存

游酢(1053—1123),字定夫,建州建阳(今福建南平)人。游酢是洛学的首要传人,与杨时、吕大临、谢良佐并称"程门四先生"。撰有《易说》《中庸义》《诗二南义》《论语杂解》《孟子杂解》等。

《易说》,据宋人冯椅《厚斋易学·附录一》载:"游定夫《易说》,广平游氏《易说》,游名酢,字定夫,建安人,学出程氏。"《读易提要》卷四载:监察御史建安游酢定夫撰《易说》一卷,不全解诸卦,但举其略耳。宣和五年(1123年)卒,年七十一。隆兴二年(1164年),建宁府学教授昭武李安世,刻板置建宁郡庠。

清人朱彝尊《经义考》卷二十一,载:"《宋志》:'一卷。'存。"并云:

> 杨时作《志》曰:"公讳酢,定夫其字,建州建阳人。元丰六年登进士第,用荐为太学录,忠宣范公秉国政,除公太学博士,请外,除徐州签书判官厅公事,再调泉州签判。上皇即位,召为监察御史。"

《易说》,杨时撰。缺

杨时(1053—1135),字行可,后改字中立,号龟山,宋代将乐(今福建三明)人。程颐及门弟子,对二程理学传承颇有贡献。撰有《易说》等。

《易说》主要传承发明程颐易学。胡一桂《周易启蒙翼传·中篇》称:"杨龟山《易说》,学出程氏(时中,字中立,谥文靖公,延平人)。"清人朱彝尊《经义考》卷二十一载:"阙。散见《大易粹言》。"并云:

> 陈振孙曰:"工部侍郎延平杨时中立,及从程明道,卒当建炎四年,年八十七,于程门最为寿考。"
>
> 黄震曰:"《易》自《升》卦以后阙,余皆全书。盖先生平生最用工于《易》,于程门理义之学多有发明。惟其以潜龙为颜子事,见龙为孔子事,

《九三》为周公居摄事,《九四》为颜渊未见其止,飞龙为孔子犹天之不可阶而升,似颇拘。又以'天行健,君子以自强不息'为《乾》象,非圣人不足以尽,故取其行健而已,似不必于本意上更探高一等耳。圣经何以求加为哉?"

《闽大纪》:"公将乐人,熙宁九年进士,除徐州司法,以师礼见程伯子于颍昌,归,送之门曰:'吾道南矣!'明道卒,复师伊川。高丽使至,问龟山先生安在?乃召为秘书郎,寻兼国子祭酒,历工部侍郎,以龙图直学士致仕,赠少师,谥文靖。明弘治九年追封将乐伯,从祀孔子庙廷。"

《易义》十二卷,谢湜撰。佚

谢湜,字持正,四川金堂(今四川成都)人。元丰进士,官至国子博士。曾师从程颐为学。撰有《易义》等书。

《易义》亦作《易记》。清人朱彝尊《经义考》卷二十一,载:"《宋志》:'十二卷。'佚。"并云:"《姓谱》:'湜,金堂人。元丰进士,官至国子博士,伊川高弟也。'"《宋元学案》卷三十《刘李诸儒学案》云:"小程子之高弟。撰有《易记》。"

《刘郑注周易》六卷,撰者不详。佚

宋冯椅《厚斋易学·附录一》载:"《刘郑注》,《中兴书目》:《刘郑注周易》六卷,集刘牧、郑夬二家所注集者,不知其名。"

《周易集解》六卷,凌唐佐撰。佚

凌唐佐(约1072—1132),字公弼,歙州休宁(今安徽黄山)人。元符三年(1100年)进士,曾任提点京畿刑狱、知应天府等职。

《周易集解》有十卷、六卷之别,重在阐发易理。宋冯椅《厚斋易学·附录一》载:"凌唐佐《集解》,《中兴书目》:《周易集解》六卷,本朝朝奉大夫凌唐佐撰。"《读易提要》卷四载:徽猷阁待制新安凌唐佐公弼,撰《易解义》十卷,善析文义,颇简洁,有所发明。《馆阁书目》有《集解》六卷。唐佐建炎初知应天府,以刘豫虚实书奏,被杀,后其妻田氏以死状闻,诏赠待制。《周易启蒙翼传·中篇》:凌唐佐《周易集解》六卷。(朝奉大夫)

清人朱彝尊《经义考》卷二十二,载"《周易集解》,(《通考》作'凌公弼《易解义》'。)《宋志》:'六卷。'(《通考》:'十卷。')佚",并云:

罗愿曰:"凌待制唐佐,字公弼,休宁人。登元符进士第,知严州,暇日与诸生讲学,作《易传》数万言进之。建炎初,提点京畿刑狱,除知应天府。刘豫欲污以枢辖,不从,使留守应天,得豫虚实,密以蜡书奏朝廷,事泄,豫捕致害之,时绍兴二年也。明年诏赠待制。"

陈振孙曰:"其书十卷,善解释,文义颇简洁,有所发明。《馆阁书目》有《集解》六卷,称'朝奉大夫凌唐佐撰',亦不著本末,岂即其人耶?"

《周易系辞解》十卷,刘概撰。佚

宋冯椅《厚斋易学·附录一》载:"刘概《系辞解》,《中兴书目》:《周易系辞解》十卷,刘概撰。有论以括其大意。概,字仲平。"

《易说》,林师说撰。佚

林师说,字箕仲,福建仙游(今福建莆田)人。撰有《易说》。《易说》兼采汉宋以来易说,并折中于程颐、邵雍之学。清人朱彝尊《经义考》卷二十二,著录为"佚",并引:

林光朝《志墓》曰:"公讳师说,字箕仲,仙游人。以进士累迁尚书兵部员外郎,知建昌军,移知江州,改漳州。公不喜为新经偏旁之学,晚而学《易》,取晋、宋以来京房、郭璞、关子明《易》,包诸家之说,而折衷以伊川、康节之书。"

《易说》,林纮撰。佚

林纮,字君章,京兆万年(今陕西西安)人,徙濮州鄄城。中进士,为刑部侍郎。清人朱彝尊《经义考》卷二十二,注"佚",并引:"晁补之《志墓》曰:'(林纮)有《易说》数十篇。'"

《易说》,汪天任撰。佚

汪天任,《江西通志》卷八十七,载:"汪天任,字莘老,浮梁人。大观进士,历知汀州。时方行王安石《字说》,天任独守《六经》不变,所著有《易说》《语孟新意》。"《易说》,清人朱彝尊《经义考》卷二十二,著录为"佚"。

《易索隐》六卷,郑廷芬撰。佚

郑廷芬,《福建通志》卷五十一,载:"郑廷芬,字国华,兴化人。蚤以词艺著声,大观三年登第,自博士加直秘阁,历成都转运副使,卒于官。所著有《易索隐》等书。"清人朱彝尊《经义考》卷二十二,著录"《易索隐》六卷。佚。"

《周易拾遗》二卷,马永卿撰。佚

清人朱彝尊《经义考》卷二十二,注"佚",并引:"《广信府志》:'马永卿,字大年,扬州人。大观三年进士,退居铅山,撰《论语解》十卷、《周易拾遗》二卷。'"

《易解》十卷,程迖撰。佚

程迖,字彦通,浮梁(今江西景德镇)人。撰有《易解》十卷。清人朱彝尊《经义考》卷二十二,著录为:"《宋志》:'十卷。'佚。"并引:

《新安文献志·程克俊传》:"父迖,登政和二年进士,不乐仕,授徒里中,远近来者至不能容,乃建乡校,立宣圣祠,朔望春秋奠谒,习为礼容,相师成俗。有《易解》十卷、《论孟解》十卷、《五经解题》二十卷,学者号九龙先生,赠太师。"

《逍遥公易解》八卷、《周易疑问》二卷，
李椿年撰。未见

李椿年(？—1159)，字仲永，生年不详，江南西路饶州浮梁县(今江西景德镇)人，晚年自号逍遥公。制词中称椿年文艺盖众，胡铨《澹庵集》卷一五《李仲永易解序》称："某故人鄱阳逍遥公李仲永潜心《易》学，衔道甚严，一旦梦弼(王弼)而有得，遂成一家之书，殆与欧阳子之意默契。"

李椿年易学以王弼为宗，注重阐发易理。《厚斋易学·附录二》载："李直院《解》，李直院《易解》八卷。李椿年，字仲永，饶州浮梁人。尝直学士院门人吴说之编集，淳熙乙未龙图阁学士胡铨序，又有吴说之《问疑》二卷，右谏议大夫谢谔跋。其说专主王辅嗣。"《读易提要》卷四载：直学士院李椿年，饶州浮梁人，撰《逍遥公易解》八卷。《疑问》二卷，乃门人鄱阳吴说之景传所录其问答之辞，胡铨邦衡作序，淳熙己亥又有国博宋宜之再序，又有谏议大夫临江谢谔题。《周易启蒙翼传·中篇》：李椿年《易解》八卷，《疑问》一卷。(《宋志》称直院李公。)冯氏曰：门人吴说之编集《易解》八卷，又有吴说之《问疑》二卷。其说专主王辅嗣。(字仲永，尝直学士院，饶州浮梁人。淳熙乙未龙图阁学士胡铨序。)

清人朱彝尊《经义考》卷二十二，载："《逍遥公易解》，《通考》：'八卷。'未见。《周易疑问》，《通考》：'二卷。'未见。"并云：

陈振孙曰："直学士李椿年仲永撰。其门人鄱阳吴说之景傅所述，胡邦衡为作《序》。《疑问》者，说之所录其问答之语也。"

董真卿曰："椿年，字仲永，饶州浮梁人，直学士院。《易解》八卷、《疑问》二卷，门人吴说之编，淳熙乙未胡铨序。"

胡铨序《易解》曰："孔子既没，《易》道微矣。自汉、魏迄今，学《易》者不知几人。欧阳子独称王弼，何也？余尝考东坡、横渠、伊川学，以求其说，又尝闻龟山、文定、紫岩、寂照、了翁、汉上诸老先生謦欬，然后知欧阳子之学盖本于弼。夫《易》至汉分为三，田何也，焦赣也，费直也。田氏始于子夏，传之孔子，有上下二篇，又有《彖》《象》《系辞》《文言》等十篇，而说者自为章句，《易》之本经也，凡学章句者皆祖焉。焦氏无所师授，自言

得之隐者,专于阴阳占察之术,欧阳子谓'不类圣人之经',凡学阴阳占察者皆祖焉。费氏无章句,亦无师授,颛以《彖》《象》《文言》参解《上、下经》,凡以《彖》《象》《文言》杂八卦中者皆祖焉。费氏初微,至东京陈元、郑康成之徒皆学费氏,而田学遂衰,古十二篇遂亡其本。弼注亦用《彖》《象》相杂之经,自晋以后,弼学独行。欧阳子凡说《易》必祖弼,弼不解《系辞》,止解'大衍四十有九',欧阳子亦谓:'《系辞》庞杂,七八九六无老少,《乾》《坤》无定策。'且曰:'《易》无王弼,其沦于异端之说乎?'愚故谓欧阳子之学盖本于弼。其故人鄱阳逍遥公李仲永潜心《易》学,卫道甚严,一旦梦弼,而有得,遂成一家之书,殆与欧阳子之意默契。其门人府庠校正,云岩吴君说之摄其枢要,冠于篇首,丐某正其说,则曰:'就有道而正焉。'某固辞不获,遂书其始末。昔蜀人赵宾为《易释文》,云受孟喜,及宾死,喜因不敢仞,及博士缺,众人荐喜,汉帝闻喜改师法,遂不用喜。若说之,可谓不背本矣。圣上锐精经术,某顷侍迩英,备员侍读,得旨进《六经》解,侧闻不辍丙夜之观,倘逍遥之书达圣听,说之当遂补博士缺矣。孟喜有知,得不泚其颡?仲永,名椿年,尝直学士院云。淳熙乙未。"

胡一桂曰:"其说专主王辅嗣。"

《江西通志》:"李椿年,字仲永,浮梁人。政和进士,历官户部侍郎,兼直学士院,权吏、兵两部,封普宁郡开国侯。"

《易说》,王升撰。佚

王升(1067—1149),字君仪,居严州(今浙江省建德市)乌龙山。撰有《易说》等。《易说》,清人朱彝尊《经义考》卷二十二,著录为"佚",并引:

林之奇曰:"王君仪说《易》,大抵论象,谓:'《易》无非象者,如:《乾·初爻》'潜龙勿用',盖初爻是《震》,故为龙;二爻是《坎》,龙在水下,所以为潜龙。《二爻》'见龙在田',此爻变为《离》,有见龙象。《三爻》'君子终日乾乾,夕惕若',此爻变《兑》,有夕意。《四爻》'或跃在渊',亦如初爻,而《震》为足,故跃。《上九》'亢龙',此爻变《夬》,泽在天上,所以为亢。'"

陆游曰:"王君仪待制《易学》虽出于葆光张先生,然得于心者多矣。"

朱子曰："严州王君仪能以《易》言祸福，其术略如徐复、林瑀之说，以一卦直一年。尝言：'绍兴壬戌，太母当还。'其后果然。人问其说，则曰：'是年《晋》卦直事，有"受兹介福于王母"之文也。'此亦小数偶中尔，若遂以君仪为知《易》，则吾不知其说也。"

《易说》十卷，王俊乂撰。佚

清人朱彝尊《经义考》卷二十二，注"十卷。佚"，并引："《扬州府志》：'王俊乂，字尧夫，如皋人。宣和乙亥，以上舍释褐，官国子博士，进吏部员外郎，迁右司员外郎。与王黼忤，以直秘阁，知岳州，卒。有《易说》二卷。'"

《周易全解》十卷，李彦章等撰。佚

宋冯椅《厚斋易学》载："《四李全解》，《四李先生周易全解》十卷，《说卦》以后三卷，李彦章元达、端行圣与、舜由彦安、士表元卓合成一书。宣和四年序者，不著其名，谓四人者，俱有职于庠序，则太学讲义也。"《读易提要》卷四载："《四李全解》，宣和间太学讲义也。四李者：李彦章、李端行、李舜由、李士表。"清人朱彝尊《经义考》卷二十二，著录为"十卷。佚"。并引：

董真卿曰："李氏彦章元达与李端行圣与、李舜由彦安、李士表元卓合成一书，凡十卷，号《四李先生周易全解》。"

胡一桂曰："《易全解》十卷，《说卦》以后三卷。宣和四年序者不著其名，谓：'四人者，俱有职于庠序。'则太学讲义也。"

《太学十先生易解》十二卷，林疑独撰。佚

宋冯椅《厚斋易学·附录一》载："《太学十先生易解》，林疑独慎微、吴子进、袁志行、李元量、刘仲平、路纯中、洪成季、陈子明、郑正夫、阎彦升共成一书，凡十二卷。又有《说卦》以后论三卷，亦有发明处。"《读易提要》卷四载："《十先生解》，林疑独、吴子进、袁志行、李元量、刘仲平、路纯中、陈子明、郑正夫、阎彦升，皆三舍时文讲义也。"清人朱彝尊《经义考》卷二十二，著录为"十

二卷。佚",并引：

　　董真卿曰："林氏疑独慎微与吴子进、袁志行、李元量、刘仲平、路纯中、洪成季、陈子明、郑正夫、阎彦升共成一书，凡十二卷，号《太学十先生易解》。"

　　胡一桂曰："书凡十二卷，又有《说卦》以后论三卷，亦有发明处。"

朱彝尊下按语云，按《兴化府志》有《林疑独传》，名曰："党附蔡卞，官宣德郎，著《周易解疑》，即十先生之一也。"

《河图解》二卷，康平撰。佚

　　清人朱彝尊《经义考》卷二十二，注"《通考》：'二卷。'佚"，并引："晁公武曰：'皇朝康平撰，凡五十二篇。'"

《周易口义》，雷度撰。佚

　　清人朱彝尊《经义考》卷二十二，注"佚"，并云："《江西通志》：'雷度，字世则，临川人。靖康初为举首，然无意利禄，研精于《易》，有《易口义》。'"

《易解》三十卷，李宏撰。佚

　　《厚斋易学·附录二》载："《易解》，潼川府路转运判官李宏撰，有《进表》。蜀合小舟、芸阁三家解刊之，共三十卷。宏于《杂卦》后又有《余意》一卷。"《周易启蒙翼传·中篇》载："李宏《三家易解》三十卷，有《进表》。合小舟、芸阁三家解刊之。宏于《杂卦》后又有《余意》一卷。（潼州府路转运判官，蜀人。）"

《易解》三十卷，李开撰。佚

　　《周易启蒙翼传·中篇》："李开《易解》三十卷，合李宏、芸阁三家，题'小舟先生'，李开去非撰。"清人朱彝尊《经义考》卷二十二，著录为"三十卷。

佚",并引:

  胡一桂曰:"《三家易解》三十卷,有进表,合李宏、芸阁为三家。宏,潼川府路转运判官,蜀人。"

  熊良辅曰:"小舟李氏开,字去非。"

《周易宗经》十卷,喻唐撰。佚

《绍兴书目》有载,清人朱彝尊《经义考》卷二十二,注"十卷。佚"。

《周易正例》三卷,李勃撰。佚

《绍兴书目》有载,清人朱彝尊《经义考》卷二十二,注"三卷。佚"。

《周易卦象赋》一卷,陈正中撰。佚

《绍兴书目》有载,清人朱彝尊《经义考》卷二十二,注"一卷。佚"。

《易卦象赋》二卷,黄宗旦撰。佚

《绍兴书目》有载,清人朱彝尊《经义考》卷二十二,注"二卷。佚"。

《周易歌》一卷,杜令贲撰。佚

《绍兴书目》有载,清人朱彝尊《经义考》卷二十二,注"一卷。佚"。

《易论》二十四卷,刘不疑撰。未详

清人朱彝尊《经义考》卷二十二,引:"胡一桂曰:'刘不疑《易卦正名论》一卷、《广论》一卷、《大义疑问》二十卷、《大义》一卷、《发义》一卷。'"

《周易卦断》一卷,丘铸撰。未详

《周易启蒙翼传·中篇》载"丘铸《周易卦断》一卷。"清人朱彝尊《经义考》卷二十二,注"《通志》:'一卷。'"

《周易口诀》六卷,王锜撰。未详

《周易启蒙翼传·中篇》:"王锜《周易口诀》六卷。"

《周易口诀》六卷,史之证撰。未详

《周易启蒙翼传·中篇》:"史之证《周易口诀》六卷。"

《周易明文》十卷,郭思永撰。未详

《周易启蒙翼传·中篇》:"郭思永《周易明文》十卷。"清人朱彝尊《经义考》卷二十二,注"《通志》:'十卷。'"

《周易精微》三卷、《周易义证总要》二卷,周镇撰。未详

《周易启蒙翼传·中篇》:"周镇《周易精微》三卷,《穷理尽性经》一卷,《周易义证总要》二卷。"清人朱彝尊《经义考》卷二十二,注"《通志》:'三卷。'"

《周易略例疏》一卷,庄道名撰。未详

《周易启蒙翼传·中篇》:"庄道名《略例疏》一卷。"清人朱彝尊《经义考》卷二十二,注"《通志》:'一卷。'(《绍兴书目》同。)"

《周易析微通说》三十卷、
《周易质疑卜传》三十卷,楚泰撰。未详

《周易启蒙翼传·中篇》:"楚泰《周易析微通说》三十卷,又《周易质疑卜传》三十卷。清人朱彝尊《经义考》卷二十二,注"楚氏泰《周易析微通说》,《通志》:'三十卷。'《周易质疑卜传》,《通志》:'三十卷。'"

《易诀》一卷,许季山撰。未详

清人朱彝尊《经义考》卷二十二,注"《宋志》:'一卷。'"

《周易太清易经诀》一卷,王晓撰。未详

清人朱彝尊《经义考》卷二十二,注"《通志》:'一卷。'郑樵曰:'晓,号玉笥山人。'"

《周易探元》九卷,王守一撰。未详

清人朱彝尊《经义考》卷二十二,注"《通志》:'九卷。'(《宋志》:'本十卷。')"

《周易卦颂》一卷,黄景元撰。未详

清人朱彝尊《经义考》卷二十二,注"《通志》:'一卷。'"

《周易玉鉴颂》一卷,阮兆撰。未详

清人朱彝尊《经义考》卷二十二,注"(《绍兴书目》'鉴'作'镜'《通志》:'一卷。'"

《周易八仙经疏》一卷,邢朝宗撰。未详

清人朱彝尊《经义考》卷二十二,注"《通志》:'一卷。'(《绍兴书目》:'二卷。')"

《易镜》三卷、《周易通神歌》一卷,王鄯撰。未详

清人朱彝尊《经义考》卷二十二,注"《宋志》:'三卷。'。郑樵曰:'中条山道士,号无惑子。'《周易通神歌》,《宋志》:'一卷。'"

《周易缭绕词》一卷,张胥撰。未详

清人朱彝尊《经义考》卷二十二,注"《通志》:'一卷。'"并下按语云:"按:刘不疑以下,时代未详,存佚亦莫可考。"

《周易述解》,郝氏撰。佚

《周易述解》,郝氏撰,是书注重探究治国安邦之道。郝氏,生平事迹不详。清人朱彝尊《经义考》卷二十二有著录,注"佚",并云:

释契嵩《序》曰:"子郝子治《易》,平生得圣人作《易》之大法,乃解《易》以自发其法,谓圣人所以作《易》在治道,治道在君臣,君臣法阴阳以为爻,列爻以成卦,立卦以成《易》。是故求治道者必观乎《易》,求《易》象者必观乎卦,求卦体者必观乎爻,求爻变者必原乎阴阳。阴阳也者,作《易》之本也,治道之大范也。阴爻者,臣道也;阳爻者,君道也。阴阳之爻升降得其所,则卦吉;阴阳之爻失其所,则其卦凶。是故君臣之道正则其政治也,君臣之道谬则政乱也;治则三纲五常修也、三才顺也、万物遂也,乱则彝伦万事斁也;夫天下万世治乱规诫之道,《易》其备矣。方绝笔,乃出其书示于潜子,欲我乱而明之。潜子稽其说,条其绪,虽累百而无不与圣人之法合者,揭然而自立义例,精而且至大,略如《乾》《坤》《小

畜》《大畜》卦之类,虽古之善治《易》者不过是也。潜子因语其人曰:'子之书是也,然《易》之始,固出于《河图》,《河图》所见,惟阴阳之数最为其本也,而君臣之法与有神物皆出矣。虽然,其吉凶治乱之效未着,乃资乎圣人者君天下而发之。故包牺氏出焉,示与神道适会,遂卦之而又爻之,用其法以王天下。然其法非圣人作,君不能张之,圣人非以是不能王之,故《易》与圣人而相需也。孔子,圣人也,虽知其法而无位,叹不得如伏羲行其道于当世,徒文而传之耳。故曰:"凤鸟不至,河不出《图》,吾已矣夫。"然其传自孔子之商瞿,更九世,至汉人杨何而所传遂绝。其后诸儒用己见,各为其家,纷然骋其异说,师弟子相承相胜,不复守圣人之道,其《易》之道遂微。而子当《易》道支离纷错、漫漶难审之时,乃毅然独推圣人之轨法,解其书以遗学者,其于圣人之道亦有力焉。'子郝子益谓潜子曰:'吾考《杂卦》,其说烦且重,殆非圣人之意,是盖后世学者括众卦而歌之之言也。预之十圣,不亦忝乎?吾尝削之,乃离《序卦》为之上下篇,而以裨夫《十翼》可乎?'潜子曰:'扬子云谓学者审其是而已矣,仰圣人而知众说之小也。子非之果是,而排其渎圣人之言者,宜也,何必疑之。'"

《易传》,许翰撰。佚

许翰(?—1133),字嵩老,拱州襄邑(今河南睢县)人,状元许安世之弟。元祐三年(1088年)进士,历任给事中、端明殿学士等职。宋高宗绍兴三年(1133年)五月卒,赠光禄大夫。曾撰有《论语解》《春秋传》等。其事迹载于《宋史》列传第一百二十二,《宋元学案》卷四十五《范许诸儒学案》。

《易传》,清人朱彝尊《经义考》卷二十三,载"许氏翰《易传》,佚",并引:

《林泉野记》:"许翰,字崧老,洪州进士。宣和中,为给事中。靖康初,以李纲荐召为御史中丞,纲黜,翰并罢。建炎初,纲入相,复荐为尚书左丞。"

朱彝尊下按语,按许氏《易传》,《宋志》不载,见尤氏《遂初堂目》。

《汉上易传》十一卷、附《卦图》三卷、《丛说》一卷,朱震撰。存

朱震(1072—1138),字子发,荆门军(今湖北荆门)人。受业于上蔡先生谢良佐,为二程再传弟子,创汉上学派,学者称为汉上先生。《宋史》本传称朱震"经学深醇",精于《易》学。撰有《汉上易传》等。

《汉上易传》十一卷,附《汉上易卦图》三卷、《汉上易丛说》一卷,书首有《进书表》一篇,全书以程颐之说为宗,和会邵雍、张载之论,兼采汉魏以来诸家之说。宋人冯椅《厚斋易学·附录一》载:"《中兴书目》:《易集传》十一卷,绍兴初翰林学士朱震撰。震,字子,发荆门人。晁氏云:'自谓其学以程伊川为宗,和会邵康节、张子厚之论,合郑康成、王辅嗣之学为一,多采先儒之说以成,故曰《集传》。'又有《丛说》一卷、《卦图》三卷。毛伯玉力诋其卦变、互体、伏卦、反卦之失,谓如'《乾》五为《坎》,《坎》变《离》,《离》为飞,故曰飞龙'之类。又如'《蒙》六三,一爻五变,爻无定象,颇中其膏肓'云。"《读易提要》卷四也载:"翰林学士荆门朱震子发撰《汉上周易集传》十一卷,《丛说》一卷,《图》二卷,多采先儒之说,故名《集传》,于象数颇加详焉。起政和丙申,至绍兴五年成书,在经筵表上。毛璞力诋其卦变、伏体之失,谓如'《乾》五为《坎》,《坎》变《离》,《离》为飞,故曰飞龙'之类。"《汉上易传》所附《汉上易卦图》三卷,专门探究图书、象数内涵;《汉上易丛说》一卷,杂论易理。

《四库全书总目》评价此书说道:"其说以象数为宗,推本源流,包括异同,以救庄、老虚无之失。陈善《扪虱新话》诋其'妄引《说卦》,分伏羲、文王之《易》,将必有据《杂卦》反对造孔子《易图》者。'晁公武《读书志》以为'多采先儒之说,然颇舛谬。'冯椅《厚斋易学》述毛伯玉之言,亦讥其卦变、互体、伏卦、反卦之失。然朱子曰:'王弼破互体,朱子发用互体。互体自《左氏》已言,亦有道理,只是今推不合处多。'魏了翁曰:'《汉上易》大烦,却不可废。'胡一桂亦曰:'变、互、伏、反、纳甲之属,皆不可废,岂可尽以为失而诋之。观其取象,亦甚有好处,但牵合处多,且文辞繁杂,使读者茫然。看来只是不善作文尔。'是得失互陈,先儒已有公论矣。惟所叙图书授受,谓陈抟以《先天图》传种放,更三传而至邵雍;放以《河图》《洛书》传李溉,更三传而至刘牧;穆修以《太极

图》传周敦颐,再传至程颢、程颐。厥后雍得之以著《皇极经世》,牧得之以著《易数钩隐图》,敦颐得之以著《太极图说》《通书》,颐得之以述《易传》。其说颇为后人所疑。又宋世皆以九数为《洛书》,十数为《河图》;独刘牧以十数为《洛书》,九数为《河图》。震此书亦用牧说,与诸儒互异。然古有《河图》《洛书》,不云十数、九数。大衍十数见于《系辞》,太乙九宫见于《乾凿度》,不云《河图》《洛书》。黑白、奇偶、八卦、五行,自后来推演之学,楚失齐得,正亦不足深诘也。"

《周易启蒙翼传·中篇》载:"朱震《集传》十一卷、《易卦图》三卷、《丛说》一卷。(字子发,号汉上,居蒙泉。)"并引:

《宋艺文志》序《易》云:汉以来,言《易》者局于象数,王弼始据理义为言,李鼎祚宗郑玄排王弼,国朝邵雍亦言象数,及程颐《传》出,理义彰明,而弼学浅矣。张载、游酢、杨时、郭忠孝、雍皆祖颐。高宗时,朱震为《集传》,其学以颐为宗,和会雍、载之论,合郑、王之说为一,兼取动爻、卦变、互体、五行、纳甲。至郑刚中为《窥余》,兼象义。冯氏曰:毛伯玉力诋其卦变、互体、伏卦、反卦之失,谓如《乾》五为《坎》,《坎》变《离》,《离》为飞,故曰飞龙"之类,切中其膏肓云。愚谓变、互、伏、反、纳甲之属,皆不可废,岂可尽以为失而诋之?今观其取象,亦甚有好处,但牵合走作处过多,且是文辞烦杂,使读者茫然不能晓会。朱文公尝谓汉上《解》如百衲襖相似,以此进读,教人主如何晓看来?汉上自是一老儒,无书不读,无事不晓,只是不善作文,窒塞不通尔。汉上进表谓,起政和丙申,成于绍兴甲寅,首尾十九年。噫!亦难矣。读者未可甚忽诸。

清人朱彝尊《经义考》卷二十三,载:"朱氏震《汉上易集传》,《宋志》:'十一卷。'存。《周易卦图》,《宋志》:'三卷。'存。《周易丛说》,《宋志》:'一卷。'存。"并引:

《宋史》:"朱震,字子发,荆门军人,登政和进士第。赵鼎入参知政事,上谘以当世人才,鼎曰:'臣所知朱震,学术深博,廉正守道,士之冠冕,使位讲读,必有益于陛下。'乃召为祠部员外郎,迁秘书少监,兼侍经筵,转起居郎,迁中书舍人,兼翊善,转给事中,兼直学士院,迁翰林学士。震经术深醇,有《汉上易解》。"

震《进易集传表》曰:"臣闻商瞿学于夫子,自丁宽而下,其流为孟喜、京房。喜书见于唐人者，犹可考也，一行所集房之《易传》，论卦气、纳甲、五行之类，两人之言同出于《周易·系辞》《说卦》。而费直亦以夫子《十翼》解说《上、下经》，故前代号《系辞》《说卦》为《周易大传》。尔后马、郑、荀、虞各自名家，说虽不同，要之去象数之原犹未远也。独魏王弼与钟会同学，尽去旧说，杂之以庄、老之言，于是儒者专尚文辞，不复推原《大传》天人之道，自是分裂而不合者七百余年矣。国家隆兴，异人间出，濮上陈抟以《先天图》传种放，放传穆修，修传李之才，之才传邵雍。放以《河图》《洛书》传李溉，溉传许坚，坚传范谔昌，谔昌传刘牧。修以《太极图》传周敦颐，敦颐传程颢、程颐。是时张载讲学于二程、邵雍之间，故雍著《皇极经世》之书，牧陈天地五十有五之数，敦颐作《通书》，程颐述《易传》，载造《太和》《三两》等篇。或明其象，或论其数，或传其辞，或兼而明之，更迭倡和，相为表里，有所未尽，以待来学。臣顷者游宦西洛，获观遗书，问疑请益，遍访师门，而后粗窥一二，造次不舍十有八年。起政和丙申，终绍兴甲寅，成《周易集传》九卷、《周易图》三卷、《周易丛说》一卷，以《易传》为宗，和会雍、载之论，上采汉、魏、吴、晋、元魏，下逮有唐及今，包括异同，补苴罅漏，庶几道离而复合，不敢传诸博雅，姑以自备遗忘，岂期清问俯及刍荛？昔虞翻讲明秘说，辨正流俗，依《经》以立《注》，尝曰：'使天下一人知己，足以不恨。'而臣亲逢陛下曲访浅陋，则臣之所遇过于昔人远矣。其书缮写一十三册，谨随状上进以闻。"

《卦图自序》曰："卦图所以解剥象，推广《说卦》，断古今之疑，发不尽之意，弥缝《易传》之阙者也。"

晁公武曰："朱震子发撰。自谓其学以程颐为宗，和会邵雍、张载之论，合康成、辅嗣之学为一，云其书多采先儒之说以成，故曰《集解》，然颇舛谬。"

朱子曰："王弼破互体，朱子发用互体，互体自《左氏》已言，亦有道理，只是今推不合处多。"

陈振孙曰："其学专以王弼，尽去旧说，杂以庄、老，专尚文辞为非是，故其于象数颇加详焉。《序》称九卷，盖合《说》《序》《杂卦》为一也。"

冯椅曰："《汉上易传》，毛伯玉力诋其卦变、互体、伏卦、反卦之失，谓如'《乾》五为《坎》，《坎》变《离》，《离》为飞，故曰飞龙'之类，切中其膏肓云。"

魏了翁曰:"《汉上易》太烦,人多倦看,却是不可废。"

胡一桂曰:"变、互、伏、反、纳甲之属,皆不可废,岂可尽以为失而诋之。观其取象,亦甚有好处,但牵合处多,且文辞烦杂,使读者茫然不能晓会,看来只是不善作文尔。"

《汉上周易集传》十一卷,有宋刻本(十行二十一字,白口,双边),存九卷(三至十一),国家图书馆有藏;另有清初毛氏汲古阁影宋抄本,藏于国家图书馆。《汉上周易集传》十一卷、《卦图》三卷、《丛说》一卷,有通志堂经解本,藏于上海图书馆等;明抄本(卦图配清抄本),藏于南京图书馆;收入《四库全书》。1989年上海古籍出版社《四库易学丛刊》收入。

《易解》,尹躬撰。佚

尹躬,字商老,永新(今江西永新)人。宣和三年(1121年)进士,宰新喻,迁江西宪属至正郎。撰有《易解》《冬官解》等书。

《易解》注重探究易理。清人朱彝尊《经义考》卷二十三,载"尹氏躬《易解》,佚",并云:

胡铨《序》曰:"大道之行,天下为公。其荐绅置舍,不以新故迎迓蒂芥于胸次,惟当其可焉耳。士之睨播物者,亦必睨其用心之公,不公不以新故迎迓窃议乎岩廊之人也。故播物者,手握国砥,直道而行,进贤绌不肖,泰然其不病乎士之议已也。其为士者,砥砺操履,介然其不疑于播物者之枉己也。以故上下相安,为上相不难而下无觊觎,有如十六相焉,登庸而弗忌,有如四凶焉,窜殛而弗顾。而所谓十六相者,亦曰:'上之用我也公。'所谓四凶者,亦曰:'上之罪我也直。'去古既远,公道日薄,上忌其下,下疾视其上,于是亲亲贤贤不遗,故旧之义遂为希阔事。见所谓十六相者苟有一日雅,则必曰:'吾故人也,荐之得无雅故之嫌乎?'见所谓四凶者苟迹疏情邈,则曰:'彼不吾亲也,斥之得无异己之嫌乎?'天下之所称贤人君子焉者,诵言排之击之,讳闻其名,心非不知其非,不若是,非远嫌也已。上下交蒙,宁怫心不怫乎时,宁违道不违于俗,必若是,乃合乎世之所谓名卿才大夫也。宠乃可保,禄乃可怀,位乃可固矣。嗟夫!后之有大物者,何太多事哉?播物者何其不公哉?贤人君子何其常不得志,而奸雄小人何其接迹并肩于时也哉?余尝求其故而不得,则曰:'时使然也。'余窃谓之不知言者,夫所谓时者非耶?人为之耳,非天之所为也。何谓人为之?盖其萌非一朝,其蔓非一人,其萌也由心之不诚,其蔓也由己之不公,自欺其心而谓举世皆欺也,其植根甚深,其芟夷而蕴崇之也,岂易哉?非明乎善而刚乎用心,笃于守道,望其拔乎流俗而悔前之为也,不可得也。呜呼!时也者,果天之所为而非人为之耶?果不可易耶?然则若吴兴通守尹侯者,其与时左者耶?尹侯中进士第于政、宣之间,逮今四十年矣,后出新进躐取卿相者踵相蹑,而尹侯官不偶。朝之贵游、当涂要官求其平生故人,用是抑压尹侯,矫而疏之。尹侯不归讥于时,而自反曰:'播物者何咎?咎我之由。'则退而学《易》,味于其所不味,欣然有得,则曰:'不事王侯,高尚其事,我未能也。不见是而无闷,我则行之。'于是乎又为之训解。予病今世人不得则戚戚以怼上,舍己之沐猴而攻人沐猴者,皆非也。若尹侯者,仕如伏虎,有二十四龃龉焉,信与时左矣,而不怨天尤人,其不谓之君子人乎哉?予以是知尹侯后日诚异乎俗之所谓名卿才大夫也,盖将与天下为公者也。予得序所解,挂名经端,自托不腐,幸矣!其又奚辞?"

《周易传》一卷,王苹撰。佚

王苹(1082—1153),字信伯,福州福清(今福建福州)人,幼时随父迁居平江(今江苏苏州)。当时程颐在涪陵、洛阳一带讲学,王苹于是师事程颐,为程门高弟。绍兴初,平江守孙佑以德行荐于朝,赐进士出身,除秘书省正字,累官左朝奉郎、著作佐郎等。后得罪秦桧而失官。撰有《周易传》《论语集解》《王著作集》等书。

《周易传》,清人朱彝尊《经义考》卷二十一,载:"一卷。佚。"并云:

《吴郡志》:"王苹,字信伯,福清人。继世父伯起后。伯起居吴江震泽,命苹从游于伊川。绍兴四年,召对,补迪功郎,特赐进士出身,除秘书省正字兼史馆校勘,迁著作佐郎,通判常州,主管台州崇道馆。"

徐钪曰:"先生撰有《易传》,见尹和靖书,盖与和靖讲习而成者,当时曾镂板于慈溪,今不得见矣。"

《梁溪易传内外篇》十九卷,李纲撰。佚

李纲(1083—1140),字伯纪,邵武(今福建邵武)人。徽宗政和二年(1112年)进士,曾任太常少卿、兵部侍郎、尚书右丞等职。撰有《梁溪先生文集》《靖康传信录》《梁溪词》等。

《梁溪易传内外篇》十九卷,该书对象数、义理皆有言及。《文献通考》卷一百七十六载:

《梁溪易传内外篇》共十九卷,陈氏曰:"丞相昭武李纲伯纪撰。按序,《内外篇》凡二十三卷,《内篇》训释《上、下经》《系辞》《说序》《杂卦》,并《总论》合十卷,《外篇》《释象》七,《明变》一,《训辞》二,《类占》一,《衍数》二,合十有三卷。今《内篇》阙《总论》,《外篇》阙《训辞》及《衍数》;下卷存者十卷,盖罢相迁谪时所作,其书未行于世,馆阁亦无之。莆田郑寅子敬从忠定之曾孙得其藏本,顷倅莆田,借郑本传录。今考《梁溪集》绍兴十三年所编,其《训辞》二《序》,已云有录无书,则虽其家亦亡逸久矣。岂其有序而书实未成邪?其书于辞、变、象、占无不该贯,可谓博矣。"

《读易提要》卷四载:

丞相昭武李纲伯纪撰《梁溪易传》九卷,《外篇》十卷。按序,《内外篇》凡二十三卷,《内篇》释训《上、下经》《系辞》《说卦》《序卦》《杂卦》,并《总论》合十卷。《外篇》《释象》七,《明变》一,《训辞》二,《类占》一,《衍数》二,合十三卷。今阙《总论》《训辞》《衍数》,存者十九卷,盖罢相迁谪时所作,其书未行于世,馆阁亦无之。莆田郑寅子敬从忠定之曾孙得其家藏本,今考《梁溪集》绍兴十三年所编,其《训辞》二《序》已亡,有录无书,则其家亦亡逸久矣。岂有其序而书实未成耶?其书于辞、象、变、占无不该贯,可谓博矣。

李纲《梁溪集·年谱》载,《易传内外篇》作于建炎二年(1128年):

(建炎)二年戊申,公年四十六,在鄂州。十月,以谪降官,不许同在一州,移澧州。曾有上书讼公之冤者,言者复有论列。十一月,责授单州

团练副使,移万安军安置。公两被迁责,皆次子宗之从行,时著《论语详说》十卷,《易传内篇》十卷,《外篇》十二卷。

清人朱彝尊《经义考》卷二十三,注"《通考》:'十九卷。'佚",并云:

纲自序《内篇》曰:"六经皆所以载道,而《易》以道阴阳,故刚柔相推而生变化,天道备矣。圣人系辞焉而明吉凶,以尽人事,所以和同天人之际,而使之无间也。古文日月为易,日,阳也,月,阴也;月遄日迈,一昼一夜,相推而生明;阳奇阴耦,一刚一柔,相推而成卦。故曰:'阴阳之义配日月。'又曰:'刚柔者,昼夜之象也。'圣人观变于阴阳而立卦,发挥于刚柔而生爻,卦爻具而谓之《易》者,盖专以变易为义。先儒谓《易》含三义,有不易、简易之意者,非也。故自太极兆而为奇耦,自奇耦积而为在《乾》《坤》,自《乾》《坤》索而为六子,自八卦相重相错而为六十四卦,无非变者。六爻之义,《易》以贡,变动不居,周流六虚,上下无常,刚柔相易,不可为典要,惟变所适,此所以谓之《易》欤?《易》也,道也,神也,异名同实,其旨一也。生生之谓《易》,一阴一阳之谓道,阴阳不测之谓神,三者浑沦而不相离,语其大则范围天地,语其小则充足毫末,刻雕众形,橐龠万化,自有形至于无形,自有心至于无心,莫不综摄乎此。则《易》之为书,何为者耶?载此而已。刚柔有自然之位,进退往来有自然之序,消息盈虚有自然之理,皆所以载天道也,而人事存焉。是以圣人察卦爻之变,因其有是象则系之以是辞,以爱恶情伪之相感,为吉凶悔吝之端,以君子小人之相长,为治乱安危之本。其所以告之,使避凶趋吉,虽不离于日用之间,而精义入神,有出于思为之表。和顺于道德而理于义,穷理尽性以至于命,此学者所以不可不尽心也。《周官》:'太卜掌三《易》之法,一曰《连山》,二曰《归藏》,三曰《周易》,其经卦皆八,其别卦皆六十有四。'则自伏羲画八卦,因而重之,六十四卦已陈矣。《连山》,夏《易》也,以《艮》为首,故曰《连山》。《归藏》,商《易》也,以《坤》为首,故曰《归藏》。孔子观商道于宋,得《坤》《乾》焉,盖《归藏》之书。然而读《易》韦编至于三绝,作《彖》《象》《文言》诸篇以赞明之,则《三易》之书至《周易》而后大备。故韩宣子适鲁,见《易象》及《春秋》,曰:'吾乃今知周公之德与周之所以王矣。'《易》卦先后之序与《象》《爻》之辞皆文王造始,而周公续终之,故有'王用享于岐山''箕子明夷利贞'之语,不然韩宣子何以知周公之德哉？孔子于《易》，其说尤详，而《论语》记群弟子问答，独罕于《易》，故曰：'子所雅言，《诗》《书》、执礼，皆雅言也。'以《诗》《书》、执礼为雅言，则《易》罕言矣。岂非《易》者天道所在，而性与天道，虽子贡亦有所不得闻故耶？秦焚《诗》《书》，《易》以卜筮之书而幸存，今余经类多亡阙，而《易》独为完经。盖天相之以垂训于万世，使一卦一爻有不备者，则《乾》《坤》或几乎熄矣。汉晋间如九师之流，一主于象数而不稽义理，故其取象蔓衍迂阔，多悖圣人之意。自王辅嗣以来及近世学者，一主于义理而不求象数，故其训义与象相违，因失圣人之意者亦不为少，二者胥失也。夫圣人极数以定象，立象以尽意，象数者，《易》之所自作而义理寓焉，舍象数以求意，是犹舍筌蹄而求鱼兔，捐曲蘖而求酒醴也。鱼兔得，然后筌蹄可忘；酒醴成，然后糟粕可弃。故必质诸象数而不谬，考诸义理而不惑，六通四辟，无所滞碍，然后圣人之意可见焉。孔子《彖》《象》盖兼之矣，然而象少义多者深其阜，眇其根，幽其所以然，使学者精思而自得故也。余以罪谪海上，端忧多暇，取《易》读之，屏去众说，独以心会，即象数之幽渺，究理义之精微，于以窥圣人之制作，灿然如据玑衡以观天，日月星辰、经纬昭回之文，吉凶妖祥之理，皆可历数而周知，喟然叹曰：'不学《易》而涉世，其蹈祸固宜。'罪大不死，乃得穷圣经于荒绝之乡，心醉神开，恍若有授之者，岂非幸耶？昔人作《易》于忧患者，非特智虑不用于时，欲有所表见于后，盖以险阻艰难备尝之矣。人之情伪尽知之矣，然后思深虑危，足以发难言之妙蕴，以贻范于将来。余虽固陋，困穷流离之甚，其敢忘此？乃以所妄见者，著《易传内外篇》；训释上、下《经》，上、下《系》，《说卦》，《序卦》，《杂卦》，《总论》，合为十卷；《外篇》，《释象》七，《明变》一，《训辞》二，《类占》一，《衍数》二，合为十有三卷；凡二十有三卷。虽未足以测圣人之意，然发明《易》学必由象数以极义理之归，庶几或自此书始也。引义比类，反复参错，文辞繁费，所不得已，览者取其意而勿诮焉可也。书始于建炎，岁次己酉中夏，时赴谪所，南征，次郁林；成于庚戌季夏，时自海上北归，次宁远；凡期年云。"

　　纲自序《外篇》曰："《易》有圣人之道四焉，以言者尚其辞，以动者尚其变，以制器者尚其象，以卜筮者尚其占。《易》本于数，而数不与焉，极其数，遂定天下之象，数兼于象故也。有数而后有象，有象而后有变，有变而后有占,而鼓天下之动则存乎辞,辞所以该极象数,各指其所之,而明吉凶以示人者也。古之学者必备是五者,然后足以窥圣人作《易》之旨。故有推步气候律历之学,所以知数也;有正卦互体俯仰之学,所以观象也;有卦变时来消长之学,所以察变也;有五行世应游魂归魂之学,所以考占也;有训诂其言解释其义之学,所以修辞也。近世言者惟尚言辞,务明其义,而象数变占之学皆失其传,则不得圣人之旨多矣。今卦爻之象变具在,含蓄妙意,发挥至理,示人甚明,顾勿深考,而占筮术数之法载于经传者,班班可考。苟能精以思虑,默契于心,则古人之学不难到也。圣人作《易》之旨,虽非即此而可穷,亦非舍此而能得,不凿不拘,惟其是之为从而已。余年运而往,行将知命,学《易》于忧患之中,既以所妄见者为之《传》,又作《释象》七篇,《明变》一篇,《训辞》二篇,《类占》《衍数》各一篇,合十有二卷,目为《易传外篇》,以解剥《易》体,庶几圣人难尽之意,或因是而可窥。至于洞象数之表,达变通之几,占筮之巧妙,辞义之精微,有不可以笔舌传者,则览者当自得焉。盖《易》者,学道之筌蹄,此书又学《易》之筌蹄,鱼兔已得,则筌蹄虽忘焉可也。书始于建炎三年己酉之中秋,时谪居海上,行次雷阳;成于四年之仲春,时蒙恩北归,行次容南;凡半年云。谨志岁月,总其大略为之序,冠于《目录》之首。"

陈振孙曰:"丞相昭武李纲伯纪撰。按序,《内、外篇》凡二十三卷;《内篇》训释《上、下经》《系辞》《说》《序》《杂卦》,并《总论》,合十卷;《外篇》《释象》七、《明变》一、《训辞》二、《类占》一、《衍数》二,合十有三卷。今《内篇》阙《总论》,《外篇》阙《训辞》及《衍数》下卷,存者十卷。盖罢相迁谪时所作,其书未行于世,馆阁亦无之。莆田郑寅子敬从忠定之曾孙得其藏本,项崒莆田,借郑本传录。今考《梁溪集》,绍兴十三年所编,其《训辞》二《序》,已云有录无书,则虽其家亦亡逸久矣。岂其有《序》而书实未成耶?其书于辞、变、象、占无不该贯,可谓博矣。"

《周易窥余》十五卷,郑刚中撰。存

郑刚中(1088—1154),字亨仲,号北山,两宋之际婺州金华(今浙江金华)人。登绍兴二年(1132年)进士甲科,曾任四川宣抚副使、濠州团练副使等职。

撰有《周易窥余》《大易赋》《北山集》《经史专音》《西征道里记》等书。

《周易窥余》十五卷，此书兼采程颐义理、朱震象数两家之言，并断以己意。《自序》称："《伊川易传》《汉上易传》二书，颇弥缝于象义之间，但《易》道广大，有可窥之余，吾则窥之。"《四库全书总目》称："自唐人以王弼注定为《正义》，于是学《易》者专言名理。惟李鼎祚《集解》不主弼义，博采诸家，以为'刊辅嗣之野文，补康成之逸象'，而当时经生不能尽从其学。宋儒若胡瑗、程子，其言理精粹，自非晋唐诸儒所可及，然于象亦多有阙略。刚中是书，始兼取汉学，凡荀爽、虞翻、干宝、蜀才九家之说，皆参互考稽，不主一家。其解义间异先儒，而亦往往有当于理。……皆能自出新意，不为成说所拘。至于解《泰》之九二，《大有》之《大象》，议论尤正大精切，通于治体。虽其人因秦桧以进身，依附和议，捐弃旧疆，颇不见满于公论，然阐发《经》义则具有理解，要为说《易》家所不废也。"

清人朱彝尊《经义考》卷二十四，载"郑氏刚中《周易窥余》，《宋志》：'十五卷。'未见"，并引：

刚中《自序》曰："《窥余》，窥窃《易》家余意，缀缉而成也。老来心志凋落健忘，自觉所学渐次遗失，恐他时儿童辈有问，寝就荒唐无以对，故取平日所诵今昔《易》学与意会者，辄次第编录，时自省览，此《窥余》之所为作，所为名，序之所为缕缕也。伏羲氏画八卦，古无异论，至重卦则指名不一，郑康成辈谓神农，孙盛谓大禹，史迁、扬雄谓文王。攻为神农之说者曰：'耒耜之利，日中之市，固已取诸《益》、取诸《噬嗑》，岂应后来方重卦？'神农之说破，则盛以下自当无语矣。孔颖达、王弼又谓伏羲氏始用蓍，十有八变而成卦，观变之数则用蓍，犹在六爻之后。造书契以代结绳之治，而书契之作取诸《夬》，重卦者非伏羲乎？伏羲氏既画卦，又为重卦，文王为卦下之辞，又分《上、下经》，孔子为《十翼》，周公为《爻辞》，此《易纬》所谓三圣人。而周公不与者，周公本文考之志而为之，举文王则知周公之圣也。颖达既坚守弼论不移，后之立异相可否者，犹未是已，要指摘相胜，无明白证据，当以王、孔为允。复有疑者曰：'《爻辞》亦文王所作，非周公也。'此盖不考《明夷》尔。文在羑里，无自称文王之理，亦不得先谓箕子为明夷。韩宣子适鲁，见《易象》，云：'吾乃知周公之德。'则公作《爻辞》何疑？马融、陆绩皆知此意也。《系辞》曰：'知者观《彖辞》则思过半矣。'又曰：'圣人设卦观象，系辞焉而明吉凶。'遂又疑'夫子不应自赞如此，《象辞》必文王所为也。'曾不知卦下之辞，乃文王所系，其所系辞亦可谓之《彖》，夫子于《上、下系》，特赞序之，与夫子所谓《彖》《系》自不相碍。范谔昌误疑《乾·彖》与《文言》重复，而谓文王为《彖》者，亦此类也。至于《十翼》之目，亦复纷纷。以《彖》《象》《系辞》三者各分上下，而与《文言》《序卦》《说卦》《杂卦》四篇号为十者，颖达主之。《彖》也，《大、小象》也，《上、下系辞》也，《乾》《坤·文言》也，而与《序卦》《说卦》《杂卦》三篇号为十者，胡旦主之。以《象》分大小，而不以《彖》分上下，旦说为胜，以《文言》分《乾》《坤》，似未安，去古远矣，学者要当以意所安者为是，故两存之，以俟来哲。通乎此，然后可以读《易》。或问曰：'子为书始《屯》《蒙》，何也？'曰：'予于《乾》《坤》，不敢谈也。《易》者，天地万物之奥。《乾》《坤》则又《易》之奥，圣人妙《易》书之神而藏之《乾》《坤》，其所示人者，犹委曲载之《文言》，孰谓学者可以言定乎？尊《乾》《坤》而不敢论，自《屯》《蒙》而往，以象求爻，因爻识卦，万有一见其仿佛，则随子索母，沿流寻源，《乾》《坤》之微或可得而探也，今固未敢妄有窥焉。'又问：'《易》自商瞿子木亲受业夫子，下抵汉、魏，专门名家者不胜计，虽互有得失之论，大抵不过象、义二者。就其意旨不合最甚者，惟李鼎祚、王弼；其专用象变三十余家而不及义者，鼎祚也；尽扫象变不用古注而专以意训者，弼也。子为书，为象乎？为义乎？'曰：'有象则有义，以义训者不可以遗象也。义不由象出，是犹终日论影而不知形之所在，偏于一而废于一，学者所以难了，《窥余》所不然也。近世程颐正叔尝为《易传》，朱震子发又为《集传》，二书颇相弥缝于象义之间，其于发古今之奥为有功焉。但《易》之道广大变通，诸家不能以一辞尽，有可窥之余，吾则兼而取之。'杜预《春秋经传集解后序》载晋太康元年汲县发旧冢，大得古书，皆科斗文字，不可训知，独《周易》及《纪年》最为分了。《周易》上下篇与今正同，而无《彖》《象》《文言》《系辞》。预疑于时仲尼造之于鲁，尚未播之远国，而《汉艺文志》：'《易经》十二篇。'谓《上、下经》及《十翼》也。以是考之，汉之《易》已十二篇，但《经》与《十翼》自为篇帙，非若今《易》之各附卦爻。先儒谓费直专以《彖》《象》《文言》参解易爻；谓王辅嗣《象》本释《经》，欲相附近，故《辞》与《象》各附于当爻。要之，取古本辄相分合，二子不容无过,然于圣人之旨未大悖也,并见于《序》之末。绍兴壬申。"

《中兴馆阁录》:"郑刚中,字亨仲,东阳人。张九成榜进士及第,绍兴九年二月,除秘书少监,十一月,除礼部侍郎。"

何耕《志墓》曰:"故资政殿学士东阳郑公,绍兴间宣抚四川,留蜀门者六年。承朝廷新与金和之后,外饬边备,内御将帅,上接士大夫,辨其贤不肖而采用其长,下抚五十六州之民,无有远迩,皆便安之。故相秦桧忌其能,污致其罪,置狱遣酷吏锻炼,竟窜岭外以殁。桧死,朝廷知其冤,追复官职。公讳刚中,字亨仲,其先闽人,徙居婺之金华。绍兴二年,赐进士第三人。"

陈振孙曰:"资政殿学士金华郑刚中亨仲,绍兴二年亚魁,受知秦相,使川、陕,后忤意,贬死封州。说《易》兼取象义,不解《乾》《坤》二卦,独自《屯》卦始。刚中尝得罪秦桧,岂其于《乾》《坤》之义有所避耶?"

《周易疑难图解》二十五卷、《易说》三卷、《先天图注》一卷,郑东卿撰。未见

郑东卿,字少梅,南宋高宗时期人。撰有《周易疑难图解》等。

《周易疑难图解》二十五卷,或作三十卷,是书主要从卦所象征的物象进行解读易理。《读易举要》卷四载:"三山郑东卿少梅,自号合沙渔父,撰《周易疑难图解》二十五卷,以六十四卦为图,外及《六经》《皇极》《先天卦气》等图,各附以论说,末有《系辞解》。自言其学出于富沙丘先生,以为《易》理皆在于画中,自是日画一卦置座右,周而复始,五期而后有所得。沙随程迥可久曰:丘程字宪古,尝有诗云:'《易》理分明在画中。'又云'不知画意空笺注,何异丹青在画中。'永嘉所刻作二册,题曰《大易象数钩深图》,无《系辞解》。"

《周易启蒙翼传·中篇》:"郑东卿《大易约解》九卷,又《易说》二卷(《宋志》、冯氏作《周易疑难图解》三十卷)冯氏曰:一本称合沙渔父,绍兴丁巳《自序》云:为朋友讲习而作始得,富沙丘先生告东卿曰:'《易》理皆在画',于是日画一卦置坐右,周而复始,历五期而得有所入,医算卜筮之书、神仙丹灶之说、经传子史,凡与《易》相涉者,皆博览之,不泥其文字,而一味其旨意,以求吾之卦画。丘先生尝有诗云:'《易》理分明在象中,谁知《易》道画难穷。不知画意

空笺注,何异丹青欲画风。'宪古之学传郑东卿,东卿之学传潘冠英,潘说十三卦处内象极当,而少梅所撰无之,盖闻之乡人于公梁国辅,于亲受之潘也。"

朱熹《朱子语类》卷六十六曾评价说:

> 卦中要看得亲切,须是兼象看,但象不传了。郑东卿《易》专取象,如以《鼎》为鼎,《革》为炉,《小过》为飞鸟,亦有义理。其他更有好处,亦有杜撰处。

> 郑东卿少梅说《易》象,亦有是者。如《鼎卦》分明是鼎之象,他说《革》是炉之象,亦恐有此理。"泽中有火,《革》。"☱上画如炉之口,五四三是炉之腹,二是炉之下口,初是炉之底。然亦偶然,此两卦如此耳。

> 郑东卿说《易》亦有好处。如说《中孚》有卵之象,《小过》有飞鸟之象。"孚"字从"爪"从"子",如鸟以爪抱卵也。盖《中孚》之象,以卦言之,四阳居外,二阴居内,外实中虚,有卵之象。又言《鼎》象鼎形,《革》象风炉,亦是此义。此等处说得有些意思。但《易》一书,尽欲如此牵合附会,少闲便疏脱。学者须是先理会得正当道理了,然后于此等些小零碎处收拾以相资益,不为无补。若未得正路脉,先去理会这样处,便疏略。

对于《易卦疑难图》,清人朱彝尊《经义考》卷二十五,载"郑氏东卿《易卦疑难图》、《通考》二十五卷,未见",并云:

> 东卿《自序》曰:"此为朋友讲习而作也。富沙丘先生告某曰:'《易》尽在画中,当求诸画中,始得其理。若《易》之用,则画有所不尽。'于是画一卦置之座侧,六十四卦周而复始,积日累月,几五年而后有所入,医卜算历之书、黄老丹灶之说、经传子史,凡与《易》相涉者,皆博观之,不泥于文字,而一采其意旨,以求于吾之卦画,则始之六十四卦皆一理也。一理皆本于吾之一心,心外则无理,理外则无心,心理浑融,与象数体用冥而为一,言乎天地之大、蚊虻之细,皆不出于吾心之内焉,圣人岂欺我哉?"

> 陈振孙曰:"其书以六十四卦为图,外及《六位》《皇极》《先天》《卦气》等《图》,各附一论说,末有《系辞解》。自言其学出于富沙丘先生,以为《易》理皆在于画中,于是日画一卦,周而复始,久而后有所入。沙随程迥可久曰:'丘程,字宪古,尝有诗曰:"《易》理分明在画中,谁知《易》道画难穷。不知画意空笺注,何异丹青欲画风。"其学传之东卿云。'永嘉所刻本作二册,不分卷,无《系辞解》。东卿,三山人,字少梅。"

冯椅曰:"东卿,字少梅,自称合沙渔父。《周易疑难图解》三十卷,绍兴丁巳《自序》,其云丘先生者,名程,字宪古,建阳人。宪古之学传东卿,东卿之学传潘冠英。潘说十三卦处内象极当,而少梅所撰无之,盖闻之乡人于公梁国辅,于亲授之于潘也。"

马廷鸾曰:"此书本五行卦气之说,而象数义理出焉。无朱子发之琐碎、戴师愈之矫伪,读之时有会心者。"

董真卿曰:"东卿自称合沙渔父,《大易约解》九卷、《易说》二卷、《宋志》及冯氏作《周易疑难图》三十卷。绍兴丁巳自为《序》。"

另外,朱彝尊《经义考》卷二十五,还著录郑东卿所撰的《易》学著述,如"《易说》,《宋志》:'三卷。'未见"。"《先天图注》一卷。佚。",并引:

东卿《自序》曰:"东卿自学《易》以来,读《易》家文字百有余家,所可取者古《先天图》、扬雄《太玄经》、关子明《洞极经》、魏伯阳《参同契》、邵尧夫《皇极经世书》而已。惜乎!雄之《太玄》、子明之《洞极》,仿《易》为书,泥于文字,后世忽之,以为屋上加屋,头上安头也。伯阳之《参同》,意在煅炼而入于术,于圣人之道又为异端也。尧夫毅然摆去文字小术而著书,天下又不顾之,但以为律历之用。难矣哉!四家之学皆兆于《先天图》,《先天图》其《易》之源乎?复无文字解注,而世亦以为无用之物也。今予作《方圆相生图》为《先天图》注脚,比之四家者为最简易,而四家之意不出于吾图之中,于《易》之学为最易。曰:'广大配天地,变通配四时,阴阳之义配日月,是天地四时日月之理也。苟不能仿佛其理,讵敢欺我同志乎?有意于《易》者,请自此《图》始。'孔子有言曰:'学而不思则罔,思而不学则殆。'思本于心,非耳目与口也,区区耳目口之学者,无观我之《图》焉。学者能自此《图》以达古圣贤之用心,则我之愿也。我小人耳,何足与言学哉?"

《易论》三卷,冯时行撰。佚

冯时行(1097—1163),字当可,恭州壁山(今重庆)人。宣和六年(1124年)进士,曾任丹稜令、右朝请大夫、提点成都刑狱公事等职。撰有《易论》等。

《易论》三卷,是书只解释六十四卦,而不及《易传》。《读易举要》卷四载:"蜀人冯时行当可撰《缙云易解》,传仙井李舜臣。其书题云'孙男兴祖编'。"《周易启蒙翼传·中篇》:"冯时行《易论》三卷,冯氏曰:著于篇首,止六十四卦,常言《易》之象在画,《易》之道在用,其学传仙井李舜臣。孙男兴祖编。朱文公曰:冯当可,字时行,蜀人。博学能文,其《集》中有封事云:愿陛下远便佞,疎近习,清心寡欲,以临事变,此兴事造业之根本。《洪范》所谓'皇建其有极'者也,其论至极,深合鄙意。然则余前所谓千有余年无一人觉其谬而正之者,亦近污矣。(案此句乃先生《皇极辨》中语)但专经之士无及之者,而文士反能识之,岂汩没传注者不免于因陋踵讹,而平心诵味者,有时而得之文字之外耶?庆元丙辰腊月甲寅,东斋南窗记。愚谓缙云有《易解》多好,岂先生未及见耶?然则专经之士固不为传注所汩没矣。"

清人朱彝尊《经义考》卷二十五,载"冯氏当可《易论》三卷,佚",并引:

程迥曰:"蜀人冯时行,字当可。尝言《易》之象在画,《易》之道在用,号缙云先生其学,传之李舜臣。"

王应麟曰:"趾所以行,辅所以言。艮其趾,虽行犹不行也;艮其辅,虽言犹不言也。故能时行时止,动静不失其时,其道光明。冯当可云。"

董真卿曰:"当可,字时行,蜀人。《易论》三卷,止六十四卦,孙兴祖编。朱子曰:'冯当可,字时行,名字见于跋语。'陈氏《书解》名时行,字当可,今从朱子。"

《姓谱》:"时行,字当可,巴县人。绍兴状元,极言和议之非,秦桧忌之,出知左州。"

《学斋占毕》,史绳祖撰。佚

《读易举要》卷四载:"眉山史绳祖庆长撰《学斋占毕》,其间说《易》处颇多。序云淳祐庚戌书于梓漕拱极堂。"

《易训诂传》十八卷,晁公武撰。佚

晁公武(1100—?),字子止,号昭德先生,济州巨野(今山东菏泽)人。绍兴二年(1132年)进士,曾任四川总领财赋司干办公事、临安府少尹等。撰有《昭德文集》《郡斋读书志》《易训诂传》。

《易训诂传》十八卷,此书兼采众长,断以己意,以解读《周易》经传。《读易举要》卷四载:"敷文阁直学士清丰晁公武子止撰《昭德易诂训传》十八卷,博采古今诸家,附以己闻,又考载籍行事,以明诸爻之变。其文义、音读之异者,列之逐条,曰《同异考》。乾道中上之,其论议精博,不主一家,然亦略于象数。晁氏自文元公迥居京师昭德坊,故称昭德。晁家冲之叔用,其父也。"

清人朱彝尊《经义考》卷二十五,载"晁氏公武《易训诂传》(一名《易广传》),《宋志》:'十八卷。'佚",并引:

陈振孙曰:"晁公武子止撰。博采古今诸家,附以己闻,又考载籍行事,以明诸爻之变。其文义音读之异者,别之逐条,曰《同异考》。乾道中上之。其议论精博,不主一家,然亦略于象数。"

王应麟曰:"晁子止为《易广传》,冯当可答其书云:'判浑全之体,使后学无以致其思,非传远之道也。'"

董真卿曰:"公武,字子止,彭城人。高孝时官至尚书,直敷文阁,《易训诂传》十八卷。"

《周易讲义》九卷,夏休撰。佚

夏休,生卒年不详,会稽(今浙江绍兴)人。绍兴进士。清人朱彝尊《经义考》卷二十五,载"夏氏休《周易讲义》,《宋志》:'九卷。'佚",并引:"冯椅曰:'其说以言、动、制器、卜筮四尚之说,综而通之,以乘、承、比、应为例。'"

《易解》,徐珫撰。佚

清人朱彝尊《经义考》卷二十五,载"徐氏珫《易解》,佚",并引《江西通志》:"徐珫,字温甫,上饶人。高宗朝进士,除辰州教授,转池州判官。所著《论》《孟》《易解》,学者多宗其说。号止斋先生。"

《存古易》,郑厚撰。佚

郑厚(1100—1160),字景韦,一字景棠,又字叔文,号湘乡先生,兴化军莆田人。博学工文辞,与弟郑樵齐名,尤长于《易》。绍兴五年(1135 年)进士,知潭州湘乡县,卒于官,年六十一。学者称溪东先生,有《六经雅言图辨》(《六经奥论》)、《湘乡文集》。其事迹见《宋史翼》卷二十七,《宋元学案补遗》卷四十六下。

清人朱彝尊《经义考》卷二十五,载"郑氏厚《存古易》,佚",并引《闽书》:"郑厚,字景韦,兴化军人。绍兴五年举吏部奏赋第一,授左从事郎、泉州观察推官。著《存古易》,削去《彖》《象》《文言》《大传》,以为皆后之学《易》者所作。"

《易说》,徐良能撰。佚

徐良能,字彦才,金华兰溪人。绍兴五年(1135 年)进士,历知宿松、安吉二县,后为殿中侍御史、给事中,除龙图阁待制以终。清人朱彝尊《经义考》卷二十五,载"徐氏良能《易说》,佚"。

《易传》,陈天麟撰。佚

陈天麟,字季陵,宣城人。绍兴中进士,累官至集贤殿修撰。尝编《易三传》《左氏缀节》等书。清人朱彝尊《经义考》卷二十五,载"陈氏天麟《易传》,佚"。

《艮园易说》,诸葛说撰。佚

清人朱彝尊《经义考》卷二十五,载"诸葛氏说《艮园易说》,佚",并引陈傅良作《行状》曰:"说,字梦叟,永嘉人。绍兴庚辰进士,授福州长乐县主簿。有《易》《论语说》,自叙读书二十年,得一'健'字。"

《易本旨》十六卷、《易大传》三卷、《易图》一卷,陈知柔撰。佚

清人朱彝尊《经义考》卷二十五,载"陈氏知柔《易本旨》十六卷,佚。《易大

传》三卷,佚。《易图》一卷,佚",并引《闽书》:"知柔,字体仁,晋江人。绍兴十二年进士,授台州判官,教授建、漳二州,知循州,徙贺州。自号休斋居士。"

《易范》《易训释》,郑耕老撰。佚

郑耕老(1108—1172),字谷叔,号友堂,兴化军莆田人。《福建通志》卷四十四云:"筑书堂,率子弟讲学其中,一时名士多从之游。耕老登绍兴十五年(1145年)进士,历明州教授,后以经术荐,召见奏引太祖问赵普'天下何物最大',曰:'道理最大','如知道理为大,则必不以私意而失公忠'。孝宗悦,亲擢国子主簿,添差福建安抚司机宜文字。秩满,归南陂,读《诗》《易》《中庸》《洪范》《语》《孟》,皆有训释。卒,年六十五。"

清人朱彝尊《经义考》卷二十五,载"郑氏耕老《易范》,佚"。按:郑耕老当有《易范》《易训释》两书。

《易说》,王刚中撰。佚

王刚中(1103—1165),一作纲中,字时亨,饶州乐平(今江西上饶)人。绍兴十五年(1145年)中进士,曾任左宣义郎、秘书省校书郎、中书舍人等职。撰有《易说》《春秋通义》《仙源圣纪》《经史辨》《汉唐史要览》《天人修应录》《东溪集》《应齐笔录》等多种。

《易说》,清人朱彝尊《经义考》卷二十五,载"王氏刚中《易说》,佚"。

《易直解》,陈研撰。佚

陈研,字叔元,宋晋江人。乾道二年(1166年)进士,湖南提点刑狱公事,撰有《易直解》。

《周易解颐》,刘季裴撰。佚

刘季裴(1123—约1173),字少度,福州长溪人。十岁能文,绍兴十八年

(1148年)进士,历任秘书丞、著作佐郎、监察御史,累官秘阁修撰。撰有《论语孟子周易解》《颐斋遗稿》《周易解颐》等。

《易说》三卷,钱俣撰。佚

钱俣(1119—1178),字廷硕,一字惟大,平江府常熟(今江苏)人。绍兴二十一年(1151年)登进士乙科,历任宗正寺簿、大府寺丞、宗正丞、福建路提举等职。撰有《诸经讲解》十卷、《易说》三卷。

清人朱彝尊《经义考》卷二十五,载"钱氏俣《易说》三卷,佚",并引:

《姓谱》:"俣,字惟大,绍兴二十一年进士,授泰州教官,入为太学正,历秘书丞、将作少监,出为福建路提举,终朝请郎。有《易说》三卷、《诸经讲解》十卷。"

《周易义解》《神授易图》《易证诗》《易义文图》,彭与撰。佚

清人朱彝尊《经义考》卷二十五,载"彭氏与《周易义解》十册,《神授易图》四册,《易证诗》一册,《易义文图》二轴。俱佚",并引:

林之奇曰:"兴化士人彭帝锡,名与。自言于《易》有见处,其《易图》最多。有一图谓之《地中图》,以六居中,纵横十八,以与《河图》为对。盖《河图》五居中,左三右七,戴九履一,四二为前,八六为后,天中图也。彭之《地中图》则每位加一焉,六居中,右八左四,戴十履二五,三为前,九七为后,此亦自然之数。"

《玉海》:"绍兴二十七年九月,彭与上《周易义解》十册、《神授易图》四册、《太极歌》一册、《易证诗》一册、《易义文图》二轴。馆学看详,谓:'潜心象数,训释渊贯。'诏补上州文学。"

《宋鉴》:"绍兴二十七年五月,兴化军免解进士彭与进所著《周易解义》及《神授图》《太极歌》。"

《周易解》,宋大明撰。佚

清人朱彝尊《经义考》卷二十五,载"宋氏大明《周易解》,佚",并引《玉海》:"绍兴三十年三月,宋大明上《周易解》。"

《周易图说》,黄开撰。佚

清人朱彝尊《经义考》卷二十五,载"黄氏开《周易图说》,佚",并引《绍兴府志》:"黄开,字必先,诸暨人。绍兴中进士,官崇安令。"

《易说》二十卷,鲁訔撰。佚

鲁訔(1100—1176),字季钦,秀州嘉兴人,徙海盐。绍兴五年(1135年)进士,曾任余杭县主簿、宣教郎、奉议郎、大宗正司、太常丞、监察御史、吏部员外郎、朝请郎等职。撰有《易说》二十卷、《论语解》十卷等。

清人朱彝尊《经义考》卷二十五,载"鲁氏訔《易说》二十卷,佚",并引:

> 陆友仁曰:"鲁季钦论《易》,至《艮》卦云:'"艮其背,不获其身,行其庭,不见其人。"方其当止,必内遗其身,外空其人,方能免咎。一有物我之累,则不能止矣。'"

《易传》一卷,芮烨撰。佚

芮烨(1115—1173),字国器,一字仲蒙,吴兴(今浙江湖州)人。绍兴十八年(1148年)进士,历任秘书省正字、监察御史、广西东路转运判官、国子祭酒等职。撰有《易传》一卷、《诗》四卷等,已佚。

清人朱彝尊《经义考》卷二十五,载"芮氏烨《易传》一卷,佚",并引:

> 周必大曰:"公字仲蒙,一字国器,吴兴人。高宗擢为监察御史,历国子祭酒。博通诸经,尤长于《易》。《坎》之《象》曰:'《坎》惟素习,则在险不失其常,险至方习,亦复何及?故初爻独云"习坎",他爻曰"坎"而已。

虽然,习当出险,乃复入于坎窞者,为阴柔小才设也。'其论《离卦》九三曰:'日中必昃,人生必死,当如曾子易箦,子路结缨,怡然死生之际。嗟则惑,惑则凶矣。'"

《易索隐》,柴翼撰。佚

清人朱彝尊《经义考》卷二十五,载"柴氏翼《易索隐》,佚",并引周必大曰:"三衢柴翼鸿举,著《易索隐》若干卷,可谓勤且博矣。讲解会粹之学,有功于道,岂小哉?"

《二五君臣论》一卷,闾丘昕、胡寅撰。未见

闾丘昕,字逢辰,宋代吏部侍郎,浙江丽水人。举进士入仕,为义乌令,政绩卓著,历任监察御史、吏部侍郎等职。卒,谥清简。与胡寅往来问学,交游甚密。合撰有《二五君臣论》一卷。胡寅(1098—1156),字明仲,学者称致堂先生,建州崇安(今福建武夷山)人,后迁居湖南衡阳。曾师从杨时。宋徽宗宣和三年(1121年)进士。历官司门员外郎、起居郎、永州知府、中书舍人、礼部侍郎兼侍讲、徽猷阁直学士等职。撰有《论语详说》《读史管见》《斐然集》等。

《二五君臣论》一卷,是书多谈及君臣之道,《厚斋易学·附录二》载:"《二五君臣论》,闾丘昕,字逢辰,与胡寅明仲在三舍为友,同出胡文定公之门。此书明仲多润色之,其说谓:'卦以六爻而成,而二,臣位也;五,君位也。六二、九五,君臣之正体也。'若以阳居阴为九二,则臣有时而失之强,以阴居阳为六五,则君有时而失于弱。盖作于绍兴间,意有所属也。乾道辛卯岁张栻序其书。"清人朱彝尊《经义考》卷二十五,载"闾丘氏昕、胡氏寅《二五君臣论》一卷。未见"。

《易古今考异释疑》一卷、《周易通义》二十卷、《古易考义》十卷、《古今易总志》三卷,洪兴祖撰。佚

洪兴祖(1090—1155),字庆善,镇江丹阳人。撰有《老庄本旨》《周易通

义》《系辞要旨》《古文孝经序》《离骚赞楚词考异》等。

《易古今考异释疑》,《周易启蒙翼传·中篇》:"洪兴祖《易古经考异释疑》一卷(小注:《宋志》)"清人朱彝尊《经义考》卷二十四,载"《宋志》:'一卷。'佚",并引:

> 王应麟曰:"兴祖为汉以来诸儒所传,各有师承,唐陆德明著《音义》,兼存别本,诸儒各以所见去取,今以一行所纂古《子夏传》为正,而以诸书附注其下。"

与此同时,朱彝尊《经义考》卷二十四,还著录了洪兴祖别的《周易》著述,分别是"《周易通义》二十卷,佚。《古易考义》十卷,佚。《古今易总志》三卷,佚"。朱认为这三种载于《镇江府志》。

《易断》,钱述撰。佚

清人朱彝尊《经义考》卷二十四载"钱氏述《易断》,佚。见尤氏《遂初堂目录》"。

《易说》十二卷、《变卦》八卷、《变卦纂集》一卷,林倏撰。佚

《周易启蒙翼传·中篇》载:"林倏《易说》十二卷(右迪功郎),《变卦》八卷,《变卦纂集》一卷。冯氏曰:'其说考甲子通数,以八卦定八方,并以《乾》《坎》《艮》《震》《巽》《离》《坤》《兑》为序。'"《宋史·艺文志》载:"林倏《易说》十二卷,《变卦》八卷,《变卦纂集》一卷。"

朱彝尊《经义考》卷二十四著录《变卦纂集》,注"《变卦纂集》,《宋志》:'一卷。'佚",并引:

> 冯椅曰:"其说考甲子通数,以八卦定八方,并以《乾》《坎》《艮》《震》《巽》《离》《坤》《兑》为序。"

> 《玉海》:"绍兴六年,林倏乞上所著《易》书,诏给事中朱震详问。震言用功至勤,仍令明州给札,录其所著《易说》及《天道大备书》《变卦纂集》等,合二十六卷上之。二月甲辰,倏循资与堂,除直秘阁。"

> 胡一桂曰:"右迪功郎林倏《易说》十二卷、《变卦》八卷、《变卦纂集》一卷。"

另外,清人朱彝尊《经义考》卷二十四,还著录了"林氏倏《易说》,《宋志》:'十二卷。'佚","《变卦天道大备书》,《宋志》:'八卷。'(又五卷。)佚"。

《易解通义》三十卷,李授之撰。佚

李授之,生卒年不详。冯椅《厚斋易学·附录一》载:"李授之《经解通义》,《中兴书目》:《周易经解通义》三十卷,绍兴初知简州李授之撰。每卦之首各著论一篇,以言一卦之大要。又著《论》十篇,明《易》之指趣。"清人朱彝尊《经义考》卷二十四,载"李氏授之《易解通义》,《宋志》:'三十卷。'佚",并引:

> 《玉海》:"绍兴八年六月,李授之上《易解》,除直秘阁。"

李授之为李鼎之师,《建炎以来系年要录》卷一百二十,载:"左朝请郎新成都府路提点刑狱公事李授之直秘阁授之,开封人,宣政间为县令,有匿人污其有谤语,坐失官。赵鼎为诸生尝从授之学,鼎相,辟为都督府干办公事,擢知简州。至是,献所著《易解》于朝,故有是命。中书舍人吕本中当制,颇加称美焉。"

《易解》六卷,刘翔撰。佚

刘翔,字图南,福州人。《周易启蒙翼传·中篇》:"刘翔《易解》六卷(小注:《宋志》冯氏作《易卦解义》二卷)。"清人朱彝尊《经义考》卷二十四,载"刘氏翔《易解》,《宋志》:'六卷。'佚",并引:

> 《玉海》:"绍兴十五年十月,刘翔进《易解》。"
>
> 董真卿曰:"翔,福州水□人。《易解》六卷,绍兴十五年表进,监学官看详云:'通达经旨,附近人情,间出新意,议论不诡。旁涉史传,援证明白。'特差福州教授,书藏禁中,洪迈为序。"
>
> 《闽书》:"刘翔,字图南,通诸经,尤注意于《易》。官蕲春尉,上所著《易卦辞》,授福州教授,再授潭州教授,卒于官。"

《读易详说》十卷，李光撰。存

李光(1076—1159)，字泰发，一字泰定，号转物居士、无碍居士、五松居士、读易老人，南宋越州上虞(今浙江上虞)人。崇宁五年(1106年)进士，曾为吏部尚书、参知政事。因反对和议而得罪秦桧，被贬谪岭南，至绍兴二十九年(1159年)，秦桧死，遇赦。曾撰有《读易详说》等书。

《读易详说》因李光自号"读《易》老人"，故此书又名《读易老人解说》，全书共十卷。这部书注重用历史史实解读《周易》，故与杨万里《诚斋易传》并为"以史证《易》"的代表作。《四库全书简明目录》卷一称："书中于卦爻之词，皆引证史事，以君臣立论，或不免有所牵合，然意存法戒，究胜空谈。援古事以证爻象，始自郑玄，若全经皆证以史，则光书其始也。"《四库全书总目》评价曰："光为刘安世门人，学有师法。绍兴庚申以论和议忤秦桧，谪岭南。自号'读《易》老人'，因掳其所得，以作是书。故于当世之治乱，一身之进退，观象玩辞，恒三致意。"又云："光尝作胡铨《易解序》曰：'《易》之为书，凡以明人事，学者泥于象数，《易》几为无用之书。邦衡说《易》，真可与论天人之际。'又曰：'自昔迁贬之士，率多怨怼感愤。邦衡流落瘴乡，而玩意三画，可谓困而不失其所亨，非闻道者能之乎？'其《序》虽为铨作，实则自明其著述之旨也。书中于卦爻之辞，皆即君臣立言，证以史事，或不免间有牵合。然圣人作《易》以垂训，将使天下万世无不知所从违，非徒使上智数人矜谈妙悟，如佛家之传心印、道家之授丹诀。自好异者推阐性命，钩稽奇偶，其言愈精愈妙，而于圣人立教牖民之旨愈南辕而北辙，转不若光作是书，切实近理，为有益于学者矣。"

清人朱彝尊《经义考》卷二十三，载："李氏光《读易老人解说》，《宋志》：'十卷。'未见。"并引：

《宋史》："李光，字泰发，越州上虞人。崇宁五年进士。"

赵希弁曰："绍兴中，光参知政事，庚申岁，金败盟，夺河南地。光在榻前攻秦桧之短，遂罢，寻谪滕州，移琼州，又移万安。桧死，量移郴，己卯用赦还，舟行至江州而卒。"

陈振孙曰："参政李光泰发撰。光忤秦桧，谪海外，为此书。光尝受学于刘元城。"

董真卿曰:"李庄简公光,绍兴初谪岭南,著书自号'读《易》老人',其学本刘元城,元城学于司马公。"

从明代之后,《读易详说》久无传本,清人朱彝尊《经义考》故云"未见"。后四库馆臣编纂《四库全书》,从《永乐大典》中辑出。

《紫岩居士易传》十卷,张浚撰。存

张浚(1097—1164),字德远,自号紫岩,南宋汉州绵竹(今四川绵竹)人。徽宗政和八年(1118年)登进士第,历任知枢密院事、川陕宣抚处置使、宰相等职。卒谥忠献。张浚曾师从程颐门人谯定,世称紫岩先生。撰有《紫岩居士易传》十卷、《中庸解》一卷、《论语解》四卷、《春秋解》六卷、《诗书礼解》三卷等多种。

《紫岩居士易传》十卷,兼论象数、义理,对刘牧之说颇为推崇,但由此招致后人的非议。宋人俞琰《读易举要》卷四称:"丞相广汉张浚德远撰《紫岩居士易传》,颇兼象数,止解六十四卦。"《周易启蒙翼传·中篇》:"张浚《紫岩居士易传》十卷,内第十卷系《读易杂记》,主刘牧说。绍兴三年四月六日定本成。嘉定庚辰,曾孙献之刊于春陵郡斋。"《四库全书总目》称:"其曾孙献之《跋》云:'忠献公潜心于《易》,尝为之传,前后两著稿,亲题其第二稿云:'此本改正处极多,绍兴戊寅四月六日,某书始为定本矣。'献之尝缮录之,附以《读易杂说》,通为十卷,藏之于家。据此,则《杂说》一卷似献之所续附,然考献之是《跋》在嘉定庚辰,而朱子作浚《行状》已称有《易解》及《杂说》共十卷,则献之特缮录而已,未尝编次也。其书立言醇粹,凡说阴阳动静皆适于义理之正。末一卷即所谓《杂说》。胡一桂议其专主刘牧,今观所论《河图》,信然。朱子不取牧说,而作浚《行状》但称尤深于《易》《春秋》《论》《孟》,不言其《易》出于牧,殆讳之欤?"

清人朱彝尊《经义考》卷二十三,注"张氏《紫岩居士易传》,《宋志》:'十卷。'存",并云:

赵希弁曰:"右紫岩居士魏国张忠献公浚德远所著也。"

朱子作《行状》曰:"公之学一本天理,尤深于《易》《春秋》《论》《孟》,有《论语解》四卷,《易解》并《杂说》共十卷,《春秋解》六卷,《中庸解》一卷,《诗、书、礼解》三卷。"

张献之《跋》曰:"曾王父忠献公潜心于《易》,尝为之《传》,前后两著稿,亲题第二稿云:'此本改正处极多,绍兴戊寅四月六日某书,始为定本矣。'献之顷尝缮录之,附以《读易杂说》,通为十卷,藏之于家。忠献尝与屏山刘公书云:'无他用心,惟静默体道,卒究圣人心法。'又《答澹庵胡公书》云:'杜门亦惟圣贤之道是求,夫求而得之者,其在是矣。'惜其传之未广。揭来春陵,刻于郡斋,与学者共之。"

王应麟曰:"张浚《易解》并《杂记》共十卷,其论《易》数曰:'太极,一也;两仪,三之也。分为二而七八九六之数五十有五,此天地之中数也。'论刚柔之义,曰:'君道主刚,而其义也用柔,故《乾》动则为《坤》矣;臣道主柔,而其动也用刚,故《坤》动则为《乾》矣。'"

胡一桂曰:"《紫岩居士易传》第十卷系《读易杂记》,主刘牧说,绍兴三年四月六日定本成,嘉定庚辰曾孙献之刊于春陵郡斋。"

《紫岩居士易传》最早的版本为康熙十九年(1680年)《通志堂经解》本,《四库全书》有著录。

《述衍》十八卷、《皇极经世索隐》二卷、《观物外篇衍义》九卷、《元包数义》二卷、《潜虚衍义》十六卷、《翼元》十二卷、《通变》四十卷,张行成撰。存

张行成,字文饶,一字文锐,生卒年不详,"学康节先生《易》几十年",人称"观物先生",邛州临邛(今四川邛崃)人。绍兴二年(1132年)进士,官至兵部郎中、潼川知府。撰有《周易述衍》《皇极经世索隐》《观物外篇衍义》《易通变》《翼玄》《元包数义》《潜虚衍义》等。

《述衍》十八卷、《通变》四十卷。宋人冯椅《厚斋易学·附录二》载:"《中兴书目》:《述衍》十八卷,乾道中兵部员外郎张行成撰。以《易》数生于衍,因先释《系辞》之说,而后析衍法,穷源流,命曰《述衍》。又撰《通变》四十卷,以邵尧夫之学,祖于象数三图,其用皆起于交,交则变,今演解之命曰《通变》。交者,世俗以三钱掷卦,背面之名。前人诗云'呵钱',卦爻是也。"《周易启蒙翼传·中篇》:"张行成《元包数义》二卷、《述衍》十八卷、《通变》四十卷。愚

案：《宋艺文志》所载，知此尝观张氏《进易书状》云：'臣自成都府钤辖司干办公事丐祠而归，杜门十年，著成《述衍》十八卷，以明伏羲、文王、周、孔之《易》；《翼元》十二卷，以明扬雄之《易》；《元包数义》二卷，以明卫元嵩之《易》；《潜虚衍义》十六卷，以明司马光之《易》；《皇极经世索隐》二卷、《观物外篇衍义》九卷，以明邵雍之《易》；《通变》四十卷，取自陈抟至邵雍所传《先天》《卦数》等四十图，敷演解释，以通诸《易》之变；始若殊涂，终归一致。上件书七种，总二十六册，分九十九卷，谨随《状》上进以闻。'观此，则七《易》之目及其所以作之之意，可得而识矣。"

清人朱彝尊《经义考》卷二十六载"张氏行成《周易通变》四十卷。存"，并引：

行成《自序》曰："图虽无文，吾终日言而未尝离乎是，盖天地万物之理尽在其中矣，谓《先天图》也。先生之学祖于象数二《图》，其用皆起于交，交则变矣。象之变为《交泰图》，体极于一十二万九千六百，而以八万六千四百为用。在观物为以元经会、以会经运、以运经世之数，其要则总于四象运行之一《图》。数之变为《既济图》，体极于一十二万二千八百八十，而以三万四千四十八为用，在观物为日月星辰、水火土石、声音律吕倡和之数，其要则总于八卦变化之八图。四象运行者，天数也；八卦变化者，物数也；处乎其间，上以承天，下以生物者，地数也。故二者之用全在卦气之一图。以动植通数布为九位，中五斡旋，卦乃生焉。二百五十六卦，会分十二，位分十六，具一十三万八千二百四十之体，九万二千一百六十之用；而天之运行、物之变化，自一至千八百万之数，皆在其中。衍而伸之，逐类而长之，以至于《坤》之无极之数、阴阳之消息、运世之否泰、人物之盛衰，可得而考矣。夫天垂象，河、洛出《图》《书》，伏羲因之而画卦，伏羲之意，传天之意也。先生之书，大率藏用而示人以象数，实寓乎十四图，先生之意，推明伏羲之意也。仆不自揆，辄敷演解释，命曰《通变》，庶几学先天者得其门而入焉。"

又《进易书状》曰："臣自成都府路钤辖司干办公事丐祠而归，杜门十年。著成《述衍》十八卷，以明伏羲、文王、孔子之《易》；《翼元》十二卷，以明扬雄之《易》；《元包数义》二卷，以明卫元嵩之《易》；《潜虚衍义》十六卷，以明司马光之《易》；《皇极经世索隐》二卷、《观物外篇衍义》九卷，以明邵雍之《易》;《通变》四十卷,取自陈抟至邵雍所传《先天》《卦数》等十四图,敷演解释,以通诸《易》之变;始若殊涂,终归一致。上件书七种,总二十六册,分九十九卷,谨随《状》上进以闻。"

李心传曰:"临邛张文饶,名行成,乾道间为兵部郎中。其言云:'三陈九卦者,明天用二十七也。序十三卦者,明地用七十八也。二十七者,卦体也,其爻用则百六十二者,九九之合也。七十八者,爻用也,其卦体则十三者,闰岁之月也。皆数之自然也。'其牵合如此,此程子所以置数而论理也。"

魏了翁曰:"吾乡观物张先生行成文饶,颇得《易》数之详,有《通变》《经世》《述衍》《翼玄》《通灵》等,凡七书。而大意谓理者太虚之实义,数者太虚之定分。未形之初,因理而有数,因数而有象。既形之后,因象以推数,因数以知理。不可论理而遗数也,其书惜不尽传。"

祝泌曰:"康节起数之法,有所传十四图,张文饶得于蜀中估籍吏人之家,因敷衍之为《通变》,发明处甚多,而支蔓处亦多。"

王应麟曰:"乾道二年六月,以张行成进《易》可采,除直徽猷阁。行成有《述衍》十八卷、《通变》四十卷,以《易》数生于衍,因先释《系辞》之说,而复析衍法,穷源疏流,命曰《述衍》;邵雍之学祖于象数二图,其用皆起于交,交则变,今演解之,命曰《通变》。"

《虚谷子解卦周易传》三卷,刘烈撰。佚

《周易启蒙翼传·中篇》:"刘烈《虚谷子解卦周易传》三卷。(隆兴初,《宋志》。)"清人朱彝尊《经义考》卷二十六,载"刘氏烈《虚谷子解卦周易》,《宋志》:'三卷。'佚",并引:

周必大曰:"庐山太平兴国宫后有无心堂,临流水,道士皆星居,有刘烈者,号虚谷先生,尝进《易解》云。"

胡一桂曰:"隆兴初撰。"

俞琰曰:"刘虚谷《易传》不过借《易》以文其说尔,非知《易》者也,故朱晦庵深诋之。"

《易外传》一卷,胡宏撰。存

胡宏(1105—1161),字仁仲,建州崇安(今福建武夷山)人。撰有《知言》《五峰集》《皇王大纪》等。

《易外传》一卷,是书注重以史证《易》。《厚斋易学·附录二》载:"五峰《外传》,五峰胡先生《集》有《易外传》,自《屯》至《剥》,多引史事,苦无经指。胡文定公安国之子。"《周易启蒙翼传·中篇》:胡五峰先生《易外传》,自《屯》至《剥》,多引史事,苦无经旨。清人朱彝尊《经义考》卷二十五,载"胡氏宏《易外传》一卷。存(载《五峰集》)",并引:

> 陈振孙曰:"右承务郎胡宏仁仲,文定季子,不出仕,笃意理学,南轩张栻其门人也。"

> 胡一桂曰:"宏,字仁仲,号五峰先生,文定公之季子。《易外传》自《屯》至《剥》多引史事,若无经旨。"

朱彝尊下按语云,按《易外传》载《五峰集》中,自《屯》《蒙》始,至《贲》《剥》止,中间《泰》《否》《同人》《大有》《谦》《豫》《随》《蛊》《临》《观》《噬嗑》都阙。

《易解》一卷,林光朝撰。佚

林光朝(1114—1178),字谦之,号艾轩,莆田(现福建莆田)人,郑侠之婿。从师从尹焞。隆兴元年(1163年)登进士第,曾任知永福县、秘书省正字兼国史院编修官、实录院检讨官、著作郎、国子司业兼太子侍读、广南西路提点刑狱、中书舍人等职。撰有《艾轩集》九卷、《奏札》二十卷、《易解》一卷和《诗书语录》《中庸解》《庄子解》等书。

《易占》《图书注》,刘朔撰。佚

刘朔(1127—1170),字复之,刘凤弟,莆田(今福建莆田)人。绍兴三十年(1160年)试礼部第一,曾任秘书省正字等职,曾撰有《易占》《图书注》等。

清人朱彝尊《经义考》卷二十五,载"刘氏朔《易占》《图书注》,佚",并引《兴化府志》:"刘朔,字复之,莆田人。绍兴三十年试礼部第一,廷试甲科。历秘书省正字,以疾丐外,除福建安抚司参议官。"

《周易解》,蒋夔撰。佚

清人朱彝尊《经义考》卷二十五,载"蒋氏夔《周易解》,佚",并引《江西通志》:"蒋夔,字子庄,永丰人,河南伊县令。绍兴间尝中文科,复充制选。所著《论语》《孟子》《周易解》,合二十七卷。"

《周易集注》,韩大宁撰。佚

《明一统志》卷五十一,载:"韩大宁,玉山人。绍兴中进士。有经世志,尝著《续百将传》及《周易集注》。乾道间,上书凯切,上览而异之,除知德兴县,有惠政。"清人朱彝尊《经义考》卷二十五,载"韩氏大宁《周易集注》,佚"。

《周易解微》三卷,徐畸撰。佚

清人朱彝尊《经义考》卷二十五,载"徐氏畸《周易解微》三卷,佚",并引《金华志》:"徐畸,字南夫,一字叔范,兰溪人。受《易》于汉上朱震,得其旨要,兼明《春秋》《戴记》,隐居教授,学者称为天民。"

《易传》,徐人杰撰。佚

《万姓统谱》卷七,载:"徐人杰,玉山人。绍兴初进士,廷对惟以复仇为言,忤秦桧意,遂辞归。平生不治生产,没之日,惟图书数箧而已。所著有《易传》《春秋发微》及文集数卷。"清人朱彝尊《经义考》卷二十五,载"徐氏人杰《易传》,佚"。并引《江西通志》:"徐人杰,字汉英,玉山人。绍兴五年进士,陛对以复雠取境土为言,忤秦桧,请辞。"

《周易先天流衍图》十二卷,孙份撰。佚

《周易启蒙翼传·中篇》载:"孙份《周易先天流衍图》十二卷。"清人朱彝尊《经义考》卷二十五,载"孙氏份《周易先天流衍图》,《宋志》:'十二卷。'佚",并引《宋史》云:"(《周易先天流衍图》)程敦厚序",且引胡一桂曰:"绍兴中撰。"

《周易卦气图》一卷,乐洪撰。佚

清人朱彝尊《经义考》卷二十五,载"乐氏洪《周易卦气图》一卷,佚",并引赵希弁曰:"右祝融乐洪德秀所著也,河南郭雍为之序。德秀尝从文定胡公父子游,取饮水曲肱之义,名所居之室,号曲肱先生。"

《东溪易传》,刘熊撰。佚

清人朱彝尊《经义考》卷二十五,载"刘氏熊《东溪易传》,佚",并按:"西山真氏撰刘阁学光祖志,伯熊为光祖族父兄。《东溪易传》止《睽卦》。"

《周易集传》,刘庭直撰。佚

清人朱彝尊《经义考》卷二十五,载"刘氏庭直《周易集传》,佚",并引王庭珪《志墓》曰:"庭直,字谔卿,故家宜春,徙安福丰城。以诗学登第,知临江军新喻县,转奉议郎致仕。作《易集传》,未成而殁。"

《易说》四卷,施师点撰。佚

施师点(1124—1192),字圣与,广丰县人。绍兴年间登进士第,曾任礼部侍郎、知制诰兼侍讲、参知政事、知枢密院事、江西安抚使等职。撰有《奏议》《制稿》《东宫讲议》《易说》《史识》《文集》等多种。

《易说》,清人朱彝尊《经义考》卷二十五,载"施氏师点《易说》四卷,佚",并引:

《宋史》:"施师点,字圣与,上饶人。乾道十年参知政事兼同知枢密院事,有《易说》四卷。"

《中兴馆阁录》:"师点,王十朋榜进士出身。"

陈振孙曰:"师点在政府六年,上眷未衰,慨然勇退,有识者壮其决。赵南塘汝谈其婿也。"

《周易解说》,何逢原撰。佚

何逢原(1106—1168),字希深,温州人。登进士第,曾任秀州司户参军、秘书省正字、池州通判、湖北常北茶监事、成都路转运判官、潼川路提点刑狱公事等职。

《周易解说》,清人朱彝尊《经义考》卷二十五,载"何氏逢原《周易解说》,佚",并引王十朋《志墓》曰:"逢原,字希深,世为温州人。擢进士乙科,调秀州司户参军,迁秘书省正字,除枢密院编修官,兼权左司郎中,起居舍人,中书舍人。乾道二年除金部郎中,丐祠,除福建提点刑狱事。"

《易说》一卷,黄舜祖撰。佚

黄祖舜(?—1165),字继道,平南里(今福建福清)人(《闽书》为福清人)。宣和三年(1121年)(《闽书》为宣和六年)进士。曾任衢州教授、同知枢密院事、参知政事等。撰有《论语讲义》《易说》《国风小雅说》《礼记说》《历代史议》等。

《易说》,据清乾隆间编纂的《福州府志·艺文》载:"黄祖舜《易说》一卷。"又清人朱彝尊《经义考》卷二十三,载"黄氏祖舜《易说》,佚"。

《易解》,曹粹中撰。佚

曹粹中,字纯老,号放翁,宋明州定海(今浙江舟山)人,李光女婿。撰有《诗说》三十卷等。《宋元学案·元城学案》载,"祖望谨案:深宁王氏《四明七观》,其于经学首推先生之《诗》。自先生《诗说》出,而舒广平、杨献子出而继之,为吾乡《诗》学之大宗,慈湖之《诗传》相继而起,咸、淳而后,庆源辅氏之《传》始至甬上。则论吾乡《诗》学者,得不推先生为首座与!"

《易解》,清人朱彝尊《经义考》卷二十三,载"曹氏粹中《易解》,佚"。

《周易解》,金安节撰。佚

金安节(1094—1170),字彦亨,歙州休宁人。曾任吏部尚书兼侍讲、文阁学士等职。撰有《周易解》等。

《周易解》,清人朱彝尊《经义考》卷二十三,载"金氏安节《周易解》,佚"。并引:

《孙文刚家传》曰:"先公官至中奉大夫,颇通奉大夫,爵休宁县开国子,食邑五百户,累颇开府仪同三司少保,谥曰忠肃。贯通经史,尤精于《易》,学者多宗之,尝著《易解》,以遗后人。"

《易通解》十卷,程克俊撰。佚

清人朱彝尊《经义考》卷二十三,载"程氏克俊《易通解》,十卷。佚",并引《新安文献志》:"克俊,字元吁,其先自歙徙浮梁。宣和六年策进士,擢甲科,官至参知政事、中奉大夫,赠官至银青光禄大夫,职名至资政殿学士,爵至鄱阳郡开国侯,食邑至一千七百户,谥章靖,有《易通解》十卷。"

《周易义海撮要》十二卷,李衡撰。存

李衡(1100—1178),字彦平,自号乐庵,学者称乐庵先生,两宋之际江都(今江苏扬州)人。撰有《周易义海撮要》《乐庵遗书》。

《周易义海撮要》共十二卷。这部书主要基于北宋神宗时期房审权的《周易义海》一百卷编纂而成。李衡认为《周易义海》繁杂,故删繁就简,并增加《杂论》及苏轼、程颐、朱震三家《易》说,撰成了《周易义海撮要》。对此,《周易启蒙翼传·中篇》载:"李衡《易义海撮要》十二卷。愚案:婺州教授周汝能、

楼锷识其书,曰:'乾道间,江都李公衡属意于《易》,得蜀房生《义海》,删之以为《撮要》,《经》《系辞》《说》《序》《杂》《集解》凡五。始以家名者百,公略其半;以卷计亦百,今十有一;第十二卷《杂论》一,是又创于公手,以补房生之阙者。公自御史来守婺,锓诸版教授,周某、刘某识之。乾道六年十一月望日也'。今《宋志》载《撮要》,而不登房生百卷,使湮没无传,亦可惜哉。然曰《义海》专明人事,则象数之学必非所备矣。"

朱彝尊《曝书亭集》卷三十四《周易义海撮要序》有云:

《周易义海撮要序》:自汉以来,说经者惟《易》义最多,《隋经籍志》六十九部,《唐志》增至八十八部,《宋志》则二百一十三部,今之存者十之一二而已。唐资州李氏合三十五家《易》说,题曰《集解》,南北朝以前遗文坠简,藉以得见指归。宋熙宁间,蜀人房审权集郑康成以下至王介甫《易》说百家,择取专明人事者,编成百卷,曰《周易义海》。至绍兴中,江都李衡彦平删其冗复,益以正叔、子瞻、子发三家,目为《义海撮要》,凡十卷,而附以《杂论》补房氏之阙略焉。其择之也必精,《义海》失传,而是编传,后之学者所乐得而讲习也。彦平,宣和末入辟雍,乾道中,官秘书修撰,寻除侍御史,改起居郎。以言事去国,退居昆山,聚书讲学,世目为乐庵先生者也。

朱彝尊《经义考》卷二十六,载"李氏衡《周易义海撮要》,《宋志》:'十二卷。'存",并引:

衡《自序》曰:"《周易义海》,熙宁间蜀人房审权所编。房谓:'自汉至今,专门学不啻千百家,或泥阴阳,或拘象数,或推之于互体,或失之于虚无。今于千百家内,斥去杂学异说,摘取专明人事、羽翼吾道者,仅百家,编为一集,仍以《正义》冠之端首,厘为百卷,目之曰《周易义海》。或诸家说有异同、理相疑惑者,复援父师之训、朋友之论,辄加评议,附之篇末。'衡得是书而读之,其间尚有意义重叠、文辞冗琐者,载加删削,而益之以伊川、东坡、汉上之说,庶学者便于观览云。绍兴庚辰十一月辛巳。"

周汝能、楼锷识后曰:"江都李公衡属意于《易》,得蜀房生《义海》,删之以为《撮要》,《经》《系辞》《说》《序》《杂》《集解》凡五。始以家名者百,公略其半;以卷计亦百,今十有一;第十二卷《杂论》一,是又创于公手,以补房生之阙者。公自御史来守婺,锓诸版教授,周汝能、楼锷识之,乾道六年十一月望日也。"

陈振孙曰:"房审权编《义海》百卷,近时江都李衡彦平删削而益以东坡、伊川、汉上之说,为《撮要》十卷。若房氏百卷之书,则未见也。衡,乾道中由侍御史为起居郎。"

董真卿曰:"《易义海撮要》十二卷,删房氏本为之,而略其半,又有《杂论》以补房氏之阙,今《宋志》载《撮要》而不载房本,亦可惜也。"

《周易义海撮要》十二卷,有明抄本、康熙《通志堂经解》本、文渊阁《四库全书》本等多种版本。

《周易宏纲》八卷,刘文郁撰。佚

刘文郁,《江西通志》载"刘文郁,泰和人"。撰有《周易宏纲》等。

《周易宏纲》八卷,重在阐发易理。《周易启蒙翼传·中篇》记载:"刘文郁《易宏纲》八卷(《宋志》)。"清人朱彝尊《经义考》卷二十六,载"刘氏文郁《周易宏纲》,《宋志》八卷,佚",并引:

杨万里《序》曰:"古有其事,世无其说,今有一人焉,倡而为之说,天下其信之乎?曰:'愕焉而已矣,信焉则否。'既有一人焉为之说矣,又有一人焉见焉闻焉,而和之曰:'然。'天下其信之乎?曰:'疑焉而已矣,信焉则未也,然已不愕矣。'一人倡之矣,一人和之矣,又有一人焉,未尝见也、未尝闻也、亦未尝和也,复倡而为之说,与夫前之倡者偶同焉,天下其不信之乎?借令不信,而三人者亦可以自信矣,非同焉之可信也,不约而同焉之可信也。《易》之八卦,其画各三者,曰:'此卦也。'予曰:'卦者其名,而画者非卦也,此伏羲氏初制之字也。'闻者愕焉,曰:'嘻!甚矣!其好异也。'予亦疑之。淳熙戊申,予与亡友延之同寮,因语及之,延之大喜,曰:'此古人未尝言,平生未尝闻也。'予犹疑之。今年三月,吾乡之士南昌刘文郁从周示予以其所著《周易宏纲》一书,亦曰:'八卦者,古之文字也。'予然后释然不疑矣。予之说,从周未尝闻也,而从周之说,予同焉。从周之说,予未尝闻也,而予之说,从周同焉。不曰古有是事乎?古无是事,而吾二人为之说,不可也。古有是事,而吾二人为之说,亦不可乎?君子之谈经,可不可之间耳,信与不信,奚问哉?予独喜与从周乃有不约之同也,夫约而同者,同之私也,不约而同者,同之公也。既公矣,天下信之,可也,不信,亦可也。然予之所喜者,非喜从周之同乎予也,夫喜人之同乎己者,亦私也,予盖喜予之同乎从周也。庆元庚申十一月,从周受署,归荣其亲,首来谒予,予始识之。与之晤语,爱其壮而敏,其窃自叹予之老且衰也。今也以衰老之思,乃偶同壮且敏者之说,然则予之老且衰,其尚可少进也乎?此予之所喜也。以予之喜,揆从周之心,从周独不喜哉?虽然,此《易》之小学之事也,未及乎《易》之道也。从周盖深于《易》之道者也,既以《易》学鸣上庠,中文科矣。初任雷之郡博士,雷之士无远近,奔走而来学《易》焉;不惟雷之士也,岭以南,士无远近,亦奔走而来学《易》焉;不惟岭以南之士也,海以南,士无远近亦奔走而来学《易》焉。遂以其口讲者缀而为此书。其于天人事物之理,君臣父子之分,仁义道德性命之蕴,君子小人消长之机,天下国家治乱之柢,圣贤君子出处进退之节,皆由至白以钩夫至玄,自至弘以察夫至纤,其于学者学《易》,盖涉钜海之坚航,陟泰山之修梯欤?虽然,其往,梯航也;其至,非梯航也。"

《龙舒易解》一卷、《准系易象》二十四卷,王日休撰。佚

王日休(1100—1173),字虚中,南宋安徽龙舒(今安徽舒城)人,又号龙舒居士。《周易启蒙翼传·中篇》载:"王日休《龙舒易解》一卷(《宋志》)"清人朱彝尊《经义考》卷二十六,载"王氏日休《龙舒易解》,《宋志》:'一卷。'佚。《准系易象》二十四卷,未见",并引:

  葛立方曰:"虚中著《易论》四十篇、《准系解易》二十四卷,大率专以古《易》正文为主,异众人之所同,而味众人所不味,钩深致远,自得于心,岂如前人屋下架屋之比哉?"

  《万姓谱》:"日休,字虚中,舒人。撰《易解》《春秋解》《春秋名义》。"

按:昆山叶氏《菉竹堂目》载日休书凡九册,名曰《准系易象》。

《榕台易论》,林维屏撰。佚

林维屏,生卒年不详,字邦援,号榕台,长溪赤岸(今福建霞浦)人。林氏

著述甚多,撰有《易本六十四卦论》《三颂论》《洪范论》《观物论》《易诗书春秋论》《韩柳辨疑》《孟庄子内篇》《榕台语康》等多种。

清人朱彝尊《经义考》卷二十六,载"林氏《榕台易论》,佚",并引《闽书》:"林维屏,字邦援,福建人。通性理学,于《易》《诗》《书》尤有造诣。梁克家判福州,延礼郡庠,讲道授业,所撰有《易、春秋论》,学者称榕台先生。"并下按语云:"按:榕台林氏《易》说有《本论》《六十四卦论》,李氏《学易记》、熊氏《本义集成》皆尝引之。"

《易辨说》十篇,郭彦逢撰。佚

清人朱彝尊《经义考》卷二十六,载"郭氏《易辨说》十篇,佚",并引周必大曰:"庐陵郭彦逢著《易辨》十篇,自《乾》卦至《系辞》,皆为训说"。

《易集解》五卷,赵彦真撰。佚

赵彦真(1143—1196),一名彦能,以淳熙新制改今名,字从简,宣祖昭武皇帝之后,廷美七世孙。隆兴元年(1163年)进士,通判袁州,知兴化州,未到郡而卒。有《易解》五卷。清人朱彝尊《经义考》卷二十六,载"赵氏彦真《易集解》五卷,佚"。

《易说》,黄颜荣撰。佚

黄颜荣,字全仁,福清(今福建福清)人。绍兴中进士,撰有《六经解》《易、春秋、论语说》,人称孽山先生。清人朱彝尊《经义考》卷二十六,载"黄氏颜荣《易说》,佚",并引《闽书》:"林栗传其学"。

《渔樵易解》十二卷,兰廷瑞撰。佚

《渔樵易解》,又称《渔樵易鉴》。《厚斋易学·附录二》载:"《渔樵易鉴》十二卷。兰廷瑞,字惠卿。《自序》称:白云溪笺释《上、下经》六卷,《系辞》二卷，《说卦》《序卦》《杂卦》一卷，《图说》二卷，《外编》一卷。自谓于先儒未尝蹈袭，未尝求异，惟其是而已。始于绍兴己卯，成于淳熙己酉，三十余年。又撰《日月运行二图说》一编。无阶自进于九重，欲传诸方策，则漏泄神机，必致天祸，未免与粪土俱腐云。"清人朱彝尊《经义考》卷二十六，载"兰氏廷瑞《渔樵易解》十二卷，佚"，并引：

胡一桂曰："廷瑞，字惠卿，《渔樵易解》十二卷，《自序》称：'白云溪笺释《上、下经》六卷，《系辞》二卷，《说》《序》《杂》一卷，《图说》二卷，《外编》一卷。'自谓于先儒未尝蹈袭，未尝求异，惟其是而已。始于绍兴己卯，成于淳熙己酉，三十余年。又撰《日月运行二图说》一编。"

《周易观画》二卷，李椿撰。佚

李椿，字寿翁，吏部侍郎，洺州（今河北永年）人。

《周易观画》二卷，是书逐卦解释易理。《周易启蒙翼传·中篇》："广平李椿《观画》，所见上下，魏鹤山序。案：朱文公跋李寿翁遗墨云：'侍郎李公玩心于《易》以没其身，平居未尝深斥异教，而见独深，为上言天地变化、万物终始、君臣父子夫妇之道、性命之理、幽明之故、死生之说尽备于《易》，不当求之无父无君之言，以伤俗化。《易》所谓"默而成之，不言而信"，其公之谓欤？'沙随云：'张魏公罢督府，使属官李侍郎椿筮之，遇《颐》之《贲》，李曰："虽不再用，却无他虑。以之卦有终，莫之陵也。"'刘清之题云：'李公尉衡山时，游胡文定公之门。'鹤山《序》云：'公名椿，字寿翁，师友渊源之自则文定胡公父子云。绍定戊午序。'愚案书名《观画》，多逐卦摘解。"

清人朱彝尊《经义考》卷二十六，载"李氏椿《周易观画》，《宋志》：'二卷。'佚"，并引：

《宋史》："李椿，字寿翁，洺州永年人。待制显谟阁，知潭州，湖南安抚使，进敷文阁直学士致仕。椿年三十始学《易》，其言于朝廷，措诸行事，皆《易》之用。卒，朱熹铭其墓，谓其逆知得失，不假蓍龟，不阿主好，不诡时誉云。"

朱子曰："侍郎李公玩心于《易》，尝为上言天地变化、万物终始、君臣父子夫妇之道、性命之理、幽明之故、死生之说尽备于《易》，不当求之无父无君之言,以伤俗化。其言虽约,功实倍于韩子。至其生平大节,则不惟进退险夷一无可憾,而超然于生死之际,足以明吾道之有人,而信其言之不妄矣。"

杨万里曰:"椿年三十始学《易》有得,不著训传,或先儒未言,则述之。"

魏了翁《序》曰:"故吏部侍郎广平李公尝大书六十四卦之象于屋壁,玩之三月而有得焉。于是为书,题曰《观画所见》。既自序所以作,厥七十年,其孙大谦守邵,则公观画之地也。是书久失而俄得,故不无烂脱,大谦又叙所以然而属予申其义。呜呼!得于画而不滞于辞,亦可谓善观《易》矣。《易》言六画、六爻、六位、六虚,是四者相近而不同。盖爻者,动也,专指九六,则父母之策也。画者,卦也,兼七八九六,则包男女之策也。总而言之,画即为爻,析而言之,爻与画异。画之见者又为位,爻之变者又为虚,故曰:'变动不居,周流六虚。'位从爻而为虚也;曰:'六画成卦,六位成章。'虚从画而为位也。然其实皆自奇偶之画始,奇偶则太极之分者也。今李公之于《易》,不观诸辞而观诸画,不惑乎诸儒之异传而求诸心目之良能,虽兼收众善,而片词折衷,皆纯体独得之妙,虽不离乎玄变伏反之等,而因体明用,无牵合傅会之烦。至于发二五刚柔之义,斥异端邪遁之说,则进而告君,退而省己,造次必是。秦、汉以来,为《易》者多矣,顾拳拳乎诸葛氏之出处,则又举一隅以明《易》道之用,有非占毕陋儒所能尽识。呜呼!斯亦异乎世之所谓读《易》矣。公名椿,字寿翁,师友渊源所自则文定胡公云。"

刘清之曰:"李公尉衡山时,游胡文定之门。"

胡一桂曰:"书名《观画》,多逐卦摘解。"

《古文周易》十二卷,薛季宣撰。佚

薛季宣(1134—1173),字士龙,一作士隆,号艮斋,永嘉(今浙江温州)人。为学注重事功,一生著述甚多,撰有《古文周易》《古诗说》《书古文训》《春秋经解》《春秋指要》《论语直解》《小学》等书。

薛季宣重视《周易》"尝喜《易》,读之将数百过",认为"《六经》之义,于

《易》备焉"①"《六经》之道,《易》为之宗"②,撰有《古文周易》等。清人朱彝尊《经义考》卷二十六,载"薛氏季宣《古文周易》十二卷,佚",并引:

> 季宣《序》曰:"《古易经》二篇,《彖》《象》《文言》《系辞》《说卦》《序卦》《杂卦》总十篇,以参校别异同,定著十二篇,皆已刊正,可诵读也。道隐久矣,书存而著,可即之见道者,圣人之遗经,不幸遭秦绝学,举煨烬,无完书,惟《易》号数术家,故独免而传后,包羲之卦、文王、周公之辞、仲尼之赞于是乎具在,天岂有意斯文哉?何其保之之固也,他经虽玄妙难拟,要皆自《易》出也。夫《礼》《乐》,王政之纪纲;《诗》《书》《春秋》,其已事也;凡名教声音性命事物之理,非《易》无自见也。《六经》之道,《易》为之宗,故他经亡而传不殊,其书之存也,假《易》亡其数卦,其害将可言哉?天之所以相后人如何,其至于《六经》大难之际,乃保《易》全之;而人有重不幸者,《易》师为之也。夫《易》之为书,广大悉备,尽天地万物之道也,辞占象数皆其一物,而《易》师者析之以教,虽互有启发,于义驳矣,《易》道隐,其肇兹乎?且八卦条陈,六爻咸列,系辞其下,《易》之故也。仲尼赞述其义,未尝不错以成文,分系卦爻,非其旨矣。欲明圣人之意,舍故书何稽乎?是以差次其书,尽复于古,古文不可得见,故以正隶写之,判《文言》为二篇,《象》有小大之别。《易经》无义不足辨焉,惟《文言》一篇旧失其序,虽先儒谓次《彖》《象》,或以为次《系辞》,以理言之,皆非其旧。夫《乾》《坤》,《易》之门也,非《乾》《坤》无以见《易》,故以《文言》起之而系之《彖辞》。《象》若《系辞》之后,恐非必然,先儒所云,盖即今文以求故也。今文布《彖》、《象》卦爻之下,故《文言》不得不居后,非元在后也。虽然,不敢以己见为必得,姑从其近是者之次,以待后之明哲,若夫传注之失得,在所不论。"

《浙江通志》:"薛季宣,字士龙,永嘉人。以荐为大理寺主簿,出知湖州,改常州。"

---

① 薛季宣:《复张人杰学谕书》,《浪语集》卷二十五。
② 薛季宣:《书古文周易后》,《浪语集》卷二十七。

《易春秋》二十卷,郭缜撰。未见

清人朱彝尊《经义考》卷二十六,载"郭氏缜《易春秋》二十卷。未见(《一斋书目》有)",并引:

> 《闽书》:"郭缜,字天锡,浦城人。上杭簿,留意邵雍象数之学,兼取杨雍所据《列山易》,以章会统元推之,久而成书,名《易春秋》。按图布卦,计二十万言,厘为二十卷,总之以图。隆兴纪元,以其书上,方议推恩而卒。"

按:郭缜其学本邵雍,为图数《易》学。

《易说》,罗泌撰。佚

罗泌(1131—1189),字长源,号归愚,吉州庐陵(今江西吉安)人。曾撰有《路史》《易说》《六宗论》《三汇详证》《九江详证》等。

《易说》,清人朱彝尊《经义考》卷二十六,载"罗氏泌《易说》,佚",并下按语:"丁氏《大衍索隐》引用其说。"

《易传拾遗》十卷,胡铨撰。佚

胡铨(1102—1180),字邦衡,号澹庵,吉州庐陵(今江西吉安)人。建炎二年(1128年)进士,曾任抚州事军判官、枢密院编修官、工部员外郎、端明殿学士等职。

《易学拾遗》十卷,是书多宗程颐,注重义理之学。宋人俞琰《读易举要》卷四称此书,乃是胡铨"谪新州,作此书,大概宗主程氏,而时出新意。李光泰发为之序"。《厚斋易学·附录二》载:"胡铨《传》,《中兴书目》:《周易传》十卷,乾道中敷文阁直学士胡铨撰。铨,字邦衡,庐陵人,号淡庵。"

清人朱彝尊《经义考》卷二十四,载"胡氏铨《易传拾遗》,《宋志》:'十卷。'佚",并引:

> 陈振孙曰:"敷文阁直学士庐陵胡铨邦衡撰。铨,建炎甲科,上书乞

斩秦桧,谪岭海,秦死得归。孝宗即位,始复官,又以沮再和之议得罪,去。乾道中,入为丞郎。铨谪新州,作此书,大概宗主程氏,而时出新意于《易传》之外,李泰发为之序,其曰《拾遗》,谦辞也。"

  王应麟曰:"《小畜》下体《乾》,《复》上体《坤》,《乾》《坤》相应,故《小畜·初九》'复自道'、《九二》'牵复吉',与《复·六四》'中行独复'、《六五》'敦复无悔',义甚相类。牵复中不自失,敦复中以自考,二五皆得中故也。澹庵云。"

  《宋史》:"铨在岭海,尝训传诸经,归,上所著《易》《春秋》《周礼》《礼记解诂》,藏秘书省。"

胡铨与李光交往甚密,两人曾多次探究学术政治。两人治《易》,风格较为一致。

《南轩易说》五卷,张栻撰。存

  张栻(1133—1180),字敬夫,又字乐斋,号南轩,张浚之子,四川绵竹人,后迁居衡阳,累官吏部侍郎、右文殿修撰等。曾撰有《南轩易说》《癸巳论语解》《癸巳孟子说》《伊川粹言》《南轩集》《南岳倡酬集》等。

  《南轩易说》共五卷,但《经义考》与曹学佺《蜀中广记》都载《南轩易说》是十一卷。《南轩易说》今本所存不全。《周易启蒙翼传·中篇》:"张南轩先生栻《易说》十一卷,学出五峰,以周、程为宗。"《南轩易说序》:

  昔尹和靖语学者祁宽曰:"与其读他书,不若专读《易》;与其看伊川《杂说》,不若专看伊川《易传》。"又曰:"一日只念一卦,闲时看《系辞》。《周易程氏传》止于卦而不及《系》,非不及也,以《系辞》为《易大传》,不暇及也。然《易·系》曰:'《易》有圣人之道四焉:以言者尚其辞,以动者尚其变,以制器者尚其象,以卜筮者尚其占。'其通论一经之大体如此,不传奚可?伊川议论虽间见于《遗书》,而终未完,学者惜之。"至元壬辰,鲁人东泉王公分司廉访章贡等路,公余讲论,因言辞谢,衰病家食数年,从事于《易》,尝诵《伊川易传》,特阙《系辞》,留心访求,遂得南轩解说《易·系》,缮写家藏,好玩如宝。圣人之言,无有师保,如临父母,钦哉!钦哉!倘合以并传,斯为完书。乃出示知事吴将仕及路学宿儒议,若命工刊之学官,以补遗阙,使与《周易程氏传》大字旧本并行于世,可乎?将仕泊诸儒复命曰:"斯文也盖有待于今日也。后之学者幸莫大焉。顺父承命,校正敬录,以付匠氏。"

《周易释象》五卷,曾几撰。佚

曾几(1084—1165),字吉甫、志甫,谥文清,赣州人。曾任江南西路、两浙西路提刑、秘书少监、台州知州、礼部侍郎等。撰有《经说》《茶山集》等。

清人朱彝尊《经义考》卷二十三,载:"曾氏几《周易释象》,《宋志》:'五卷。'佚。"

《易解》二十卷,王庭珪撰。佚

王庭珪(1079—1171),字民瞻,庐陵人。政和八年(1118年)登进士第,曾任茶陵丞、国子监主簿等职。曾撰有《六经论语讲义》《易解》《语录》《沧海遗珠》等。

清人朱彝尊《经义考》卷二十三载:"王氏庭珪《易解》,二十卷。佚。"并引:

周必大曰:"公学无不通,而尤邃于《易》。少尝师乡先生张汝明,晚自得于意言之表,汉上朱先生震、文定胡公安国、芗林向公子諲见其解,皆叹赏,以为必传。"

胡铨《志墓》曰:"公少从乡先生张公汝明学《易》,晚益悟于理表。张公盖作《易索》,尝为御史击蔡氏者。汉上先生朱公震、芗林居士向公子諲过草堂,谈经旨,尝继晷,见所讲《易》,皆降叹。文定胡公安国经从,亦款留,为作《易解序》。"

陈振孙曰:"直敷文阁庐陵王庭珪民瞻,政和八年进士,仕不合,弃去,隐居数十年,坐作诗送胡邦衡除名,徙辰州,年已七十矣。阜陵初政,召为国子监主簿,九十余乃终,寄禄才承奉郎。"

《龟津易传》,何兑撰。佚

何兑,字太和,号龟津,武阳(《邵武府志》称上麓)人。重和元年(1118年)进士。曾师从程门弟子马伸为学,马伸以所闻告之。《宋元学案》卷三十《刘李诸儒学案》称其笃志《中庸》之外,"于他经亦无所不学,尤尽心于《易》,作《集传》若干卷"。

清人朱彝尊《经义考》卷二十三,载:"何氏兑《龟津易传》,佚。"

《易说》,王师心撰。佚

王师心(1079—1169),字与道,金华人。重和元年(1118年)进士,曾任沭阳县尉、大理寺丞、知袁州、知衢州、荆南湖北路安抚使、两浙东路安抚使等职,以左奉议大夫致仕。卒,谥庄敏。著有《易说》。

清人朱彝尊《经义考》卷二十三,载"王氏师心《易说》,佚",并引:"汪应辰《志墓》曰:'师心,字与道,金华人。政和八年进士,权吏部尚书,兼侍读,改福建路安抚使,乾道初致仕。卒,谥庄敏。'"并下按语:师心《易说》,李氏《学易说》、熊氏《本义集成》皆采之。

《易原》十卷,程大昌撰。存

程大昌(1123—1195),字泰之,南宋歙州休宁(今安徽休宁)人。历官著作佐郎、秘书少监、权吏部尚书、知泉州建宁府等职。曾撰有《易原》《易老通言》《禹贡山川地理图》《考古篇》《演繁露》《雍录》等。

《易原》为程大昌的《易》学代表作,重点发明刘牧的图书之学。全书共十卷。《读易举要》卷四载:"吏部尚书新安程大昌泰之撰《易原》十卷。论天地五十五数,参之《河图》《洛书》、大衍之异同,以为此《易》之原也。及卦变、揲法皆有图论,往往断以己见,出先儒之外。"《周易启蒙翼传·中篇》:"程大昌《易原》十卷。"清人朱彝尊《经义考》卷二十六,载"程氏大昌《易原》,《宋志》:'十卷。'佚",并引:

《中兴馆阁录》:"程大昌,字泰之,新安人。赵逵榜进士,淳熙二年四月,除秘书少监,三年,权刑部侍郎。"

陈振孙曰:"《易原》首论天地五十有五之数,参之《河图》《洛书》大衍之异同,以此为《易》之原也。以及卦变揲法,皆有图论,往往断以己见,出先儒之外。"

朱彝尊下按语:按篁墩程氏辑《新安文献志》载有三篇。《四库全书总目·易原》提要云:

大昌学术湛深,于诸经皆有论说,以《易》义自汉以来,纠纷尤甚,因作是书以贯通之,苦思力索,四年而成。《宋艺文志》、《文献通考》皆著于录。陈振孙称其"首论五十有五之数,参之《图》、《书》、大衍,为《易》之原,而卦变揲法,皆有图论,往往断以己见,出先儒之外"。今考其所论:"分爻值日,乃京、焦卦气,其始于《中孚》,本用太初法,与夫子所谓《乾》《坤》之策当期之日者不合。《复》《姤》生卦说始邵子,但《乾》《坤》生六子,《说卦传》有明文,不得先有六画之卦,后有三画之卦。郑康成用十日、十二辰、二十八宿以应大衍五十之数,本于《乾凿度》,与马融之增北辰,荀爽之增用九、用六,不过以意决比附,初无不易之理。张行成别立二十五数,以推大衍,则是五十有五数之外,别有二十五数,更非孔子所曾言。"其参互折衷,皆能根据《大传》旁通,交推于《易》义,实有所阐发,不徒文词之辨博已也。其书久无传本,惟程敏政《新安文献志》载有三篇,故朱彝尊《经义考》以为已佚,今散见于《永乐大典》中者采掇得百有余篇,尚为完整,谨厘订编次,分为八卷。

原书已佚。《四库全书》录自《永乐大典》。有聚珍本、闽翻本,《丛书集成》本。1989年上海古籍出版社影印《四库易学丛刊》收入。

《周易启蒙》,余端礼撰。佚

余端礼(1135—1201),字处恭,衢州龙游(今浙江衢县)人。绍兴二十七年(1157年)进士。曾任监察御史、大理少卿、太常少卿、吏部侍郎、知枢密院事、参知政事、左丞相等职。卒谥忠肃。

《周易启蒙》,清人朱彝尊《经义考》卷二十六,著录为"佚"。

《易说》二十卷,高昙撰。佚

清人朱彝尊《经义考》卷二十六,载"高氏昙《易说》二十卷,佚",并引《中兴馆阁续录》:"高昙,字子云,长乐人。绍兴三十年进士及第,淳熙十三年除秘书郎,十三年,转著作郎,终朝散郎。"按:乾隆年间编纂的《福州府志·艺文》载:"高昙《易说》三卷。"

《易小传》六卷,沈该撰。存

沈该,字守约,一作元约,湖州归安(今浙江吴兴)人。曾撰有《易小传》等。清人朱彝尊《经义考》引《中兴馆阁录》称:"沈该,字守约(一作元约),吴兴人。登嘉王榜进士。绍兴二十六年,以左仆射兼修国史。"以其曾做宰相,故人们将其易学著述,称为《沈丞相小传》。

《易小传》共六卷。陈振孙《直斋书录解题》又称"有《系辞补注》十余则,附之卷末",但已佚。《厚斋易学·附录一》载:"《沈丞相小传》,《中兴书目》:《易小传》六卷,绍兴中左仆射沈该撰。每卦别为一论,都圣与作《周易变体》,推广其说。"《读易提要》卷四载:"丞相吴兴沈该守约撰《易小传》六卷。专释六爻,兼论卦变,卦为一论,又有《系辞补注》十余则,附之卷末。都絜《变体》盖推广其说。"《周易启蒙翼传·中篇》:"沈该《易小传》六卷,每卦别为一论。案:《宋艺文志·序》云:'该本《春秋左氏传》占法论爻变。桧党之鹰犬者以主和议,绍兴中桧死,高宗首召相,该为左仆射。'"

宋陈造《江湖长翁集》卷三十一《题沈氏易小传》云:

> 诸家诂注《易》多矣,有得必有失,观之者集取其德无恶也,然未有得《春秋》众贤用《易》者,惟丞相沈公默探钩取,而发千八百余年之遗意,笔为《小传》,皆以《春秋》君子用《易》之说,充而周之,沿而求之,源而流之,邃哉妙矣!是书也,可不心醉焉。蔡墨言龙而曰:"在《乾》之《姤》曰'潜龙勿用',《初九》变则《姤》也。《同人》曰'见龙在田',《九二》变则《同人》。《大有》曰'飞龙在天',《九五》变则《大有》。《坤》曰'见群龙无首',变而尽则《坤》。《坤》之《剥》曰'龙战于野',《坤上六》之变也。"

丞相之学,其本如此。然其间犹不能无余意遗义,取之未尽,求之小差者又,尝潜心焉,因而穿凿其说则过矣。亡友周令誉卿授予一纸书,乃春秋时战法,其法纯用《易》,而尽屏卜筮家神将时日诸说,周云:"上库一士人出意用之占事,如神。"乃知读古书可得古法,思与不思尔。沈公深得之者,予又知夫读书不惟徒役心目而已。

清人朱彝尊《经义考》卷二十三,载"沈氏该《周易小传》,《宋志》:'六卷。'存",并引:

该《自序》曰:"《易》有太极,是生两仪,两仪生四象,四象生八卦。四象者何也?六七八九是也。七为少阳,九为老阳,阳盈也。八为少阴,六为老阴,阴盈也。物极则盈,盈极则变理之常也。故七八者,阴阳之静也,九六者,阴阳之动也。吉凶悔吝生乎动者也,惟动则有占,不动则无兆。故圣人作《易》,筮者亦必以爻变定吉凶,所谓:'动则观其变,以玩其占也。'如陈厉公生敬仲,筮之,遇《观》之《否》,周史以谓:'风为天于土上,山也;有山之材而照之以天光,于是乎居土上,利用宾于王。'秦伯将纳王,筮之,遇《大有》之《睽》,卜偃以谓:'天为泽以当日,天子降心以逆公,战克而王飨之,吉孰甚焉。'如此之类,《左氏》载之甚多,皆用爻变以言吉凶。尝以经考之,圣人设卦观象,列尊卑而辨贵贱,所以明不可易之大法。故有内外以明出处,有承乘以辨逆顺,有远近以察安危,有初上以列终始,三才就列,六位时成,此其大法也。圣人因六爻之变,系辞焉以命之,以辨吉凶,所以通不可不易之至变。故上下无常,刚柔相易,变动不居,惟变所适,其道屡迁,不可为典要。爻也者,言乎其变也,此之谓也。是故爻辞之所命,虽不离乎大常,而变卦之微寓焉。自王辅嗣而下,皆未尝以变卦释爻辞,道其大常也。若夫变动不居之妙,则在学者精思默识而已,辄以臆见,妄窥渊奥,既以正体发明爻象之旨,又以变体拟议变动之意,亦庶几万有一得焉耳。夫观象玩占,《易》道之小者也,虽小道,亦有可观者焉,名之曰《易小传》,以别于《大传》云尔。若夫一卦之内,义有可明,爻变之外,言有未尽者,每卦别为论,亦庶几变而不失其正,小而不遗其大者也。"

《进易小传札子》曰:"臣不揆,妄意于《易》三十余年矣。智识暗浅,见闻寡陋,岂足以窥精微之义。窃尝谓《易》有四象,六七八九是也,而六爻九六。所谓爻也者,言乎其变者也。自王弼而下,未尝以变体释爻辞,近世之言变体者,复入爻象之正。臣窃以臆说为《易小传》,既以正体发明爻象之旨,又以变体拟议变动之意,每卦别为一论,其详见于《序》,为六卷十二册,缮写上进。"

高宗御笔奖谕曰:"览卿所进《易小传》,研究阴阳之奥,发明变动之理,卦后一论最为精切,皆前人所略者,弥日终卷,深用叹嘉。卿以元弼,晓然于天人之际,愿力陈以辅不逮,称朕意焉。"

《中兴馆阁录》:"沈该,字守约(一作元约),吴兴人。登嘉王榜进士,绍兴二十六年,以左仆射兼修国史。"

林至曰:"沈丞相《易小传》既以正体发明爻象之旨,又以变体拟议变动之意,以求合乎'动则观其变而玩其占'之辞,亦未免拘挛也。"

陈造曰:"诸家诂注《易》多矣,有得必有失,惟丞相沈公笔为《小传》,皆以《春秋》君子用《易》之说,充而周之,沿而求之,源而流之,邃哉妙矣!蔡墨言龙而曰:'在《乾》之《姤》曰"潜龙勿用",《初九》变则《姤》也。《同人》曰"见龙在田",《九二》变则《同人》。《大有》曰"飞龙在天",《九五》变则《大有》。《坤》曰"见群龙无首",变而尽则《坤》。《坤》之《剥》曰"龙战于野",《坤上六》之变也。'丞相之学,其本如此。亡友周令誉授余一纸书,乃春秋时占法,其法纯用《易》,而尽屏卜筮家神将时日诸说,云:'用之占筮,如神。'乃知读古书可得古法,思与不思尔。"

陈振孙曰:"释六爻兼论变卦,多本《春秋左氏传》占法,卦为一论。又有《系辞补注》十余则,附之卷末。"

胡一桂曰:"仆射《小传》,每卦别为一论。"

《浙江通志》:"该撰《易小传》,其说以《左氏》卦变为文,尝进之高宗,降诏褒奖。"

《四库全书总目》卷二云:

宋沈该撰。该,字守约,一作元约,未详孰是,吴兴人。登嘉王榜进士。绍兴中,官至左仆射兼修国史,故宋人称是书为《沈丞相易传》。尝札进于朝,高宗降勅褒谕,尤称其每卦后之论。其书以正体发明爻象之旨,以变体拟议变动之意,以求合于观象玩辞、观变玩占之义。其占则全用《春秋左传》所载筮例,如蔡墨所谓:《乾》之《姤》曰"潜龙勿用",其《同人》曰"见龙在田"者。林至作《易裨传》,颇以该说为拘挛,盖南渡以后,言《易》者不主程氏之理,即主邵氏之数,而该独考究遗经,谈三代以来之占法,违时异尚,其见排于至固宜。然左氏去古未远,所记卜筮多在孔子之前,孔子赞《易》,未闻一斥其谬,毋乃太卜所掌周公以来之旧法,或在此不在彼乎?陈振孙《书录解题》称:该又有《系辞补注》十余则,附于卷末。今本无之,盖已久佚矣。

今存清康熙通志堂本。收入清文渊阁《四库全书》。据《直斋书录解题》,该书卷末原附《系辞补注》十余则,今本不存。陈振孙《书录解题》称该又有《系辞补注》十余则,附于卷末。今本无之,盖已久佚矣。按,今存明祁氏澹生堂抄本《易小传》六卷附《系辞补注》一卷(有清沈复粲、张钧衡所作《跋》两篇),似属完帙,藏于上海图书馆。国家图书馆另藏有清抄本《易小传》六卷、《系辞补注》一卷。

《易璇玑》三卷,吴沆撰。存

吴沆,生卒年不详,字德远,南宋初崇仁临川(今江西抚州)人。撰有《易璇玑》《易礼图说》《三坟训解》《环溪诗话》《老子解》《易论语发微》《通言》等。

《易璇玑》三卷,上卷明天理之自然,中卷讲人事之修,下卷谈传疏之失。每卷九篇,计有法天、通六子、贵中、初上定位、六九定名、天地变卦、论变有四、有象、求象、明位、明君道、明君子、论养、论刑、论伐、辨圣、辨内外、辨吉凶、通卦、通象、通爻、通辞、通证、释卦、释系、存互体、广演等二十七论。宋人冯椅《厚斋易学·附录二》载"《易璇玑》三卷,环溪先生吴沆撰。每卷九篇,杂论《易》义。又有《易礼图说》,前有《或问》六条,《图说》十二轴。沆,字德远,临川人。环溪,所居也"。宋人俞琰《读易举要》卷四称"抚州布衣环溪先生吴沆德远撰《易璇玑》,凡二十七篇,分为三卷。绍兴十六年表上,论初上不可谓无位,互体不可废,辨周公作《爻辞》之疑,证纣东邻文王西邻之失,多有发明"。《周易启蒙翼传·中篇》:"吴沆《易璇玑》三卷,每卷九篇,杂论《易》义。又有《易礼图说》,前有《或问》六条,《图说》十二轴。(字德远,号环溪先生,临川人。环溪,其所居也。)"

清人朱彝尊《曝书亭集》卷三十四《易璇玑序》称：

宋之南渡，君臣多讲《易》义。高宗召荆门朱震论《易》殿中，称旨，除祠部员外郎，迁秘书少监，赐以告词，敷及《否》《泰》之义。右相张浚入朝，亦书《否》《泰》二卦赐焉。于时浚及宰相李纲、李光、沈该皆著《易传》，而林倞、李授之、刘翔、郭伸、王义朝、都絜、彭与、王大宝、吴适、宋大明均以《易》义经进，或令秘书看详，或令有司给札，或与堂除，或补上州文学。独环溪吴氏上《易璇玑》三卷，其言《易》自《彖》求之卦，次求之象，次求之爻，作论二十七篇。文辞简奥，间以韵语，行之类古，繇占卓尔，成一家言，以书犯庙讳，赏独不及。嗟夫！朝之一命再命，奚足为儒者重轻而得之，不得有命焉，此严夫子董相所以有《哀时命文士不遇赋》也。吴氏讳沆，字德远，崇仁布衣，其没也，乡人祀诸郡县学。

清人朱彝尊《经义考》卷二十四，载"吴氏沆《易璇玑》，《宋志》：'三卷。'存"，并引：

沆《自序》曰："臣自少学《易》，病其难明，求诸圣人之言，曰：'知者观其《彖辞》，则思过半矣。'又求诸明《彖》之言，曰：'处璇玑以观大运，则天地之动未足怪也。'臣自是诵《易》之《彖》，浸历岁时，涣然冰释，然后知自《彖》而求《易》，无不得，舍《彖》而求《易》，无不惑。《彖》也者，《易》之门户，而象之管钥也。臣学《彖》既有所省，以次求之卦，求之象，求之爻，稍见诸儒缺失，因拾其余遗，窃为议论，以为《易》之道莫大于《乾》《坤》，而圣人以天为法，乃作《法天》。六子之用，初无定体，变而通之，存乎其人，作《通六子》。《乾》《坤》六子皆以中道为贵，作《贵中》。中也者，二五之位也，而六爻之位，互分阴阳，去其初上，则不足以成章，作《初上定位》。践其位者，非六即九也，六九之名当定于自然，而先儒以人事加之，于理未安，作《六九定名》。位既定则六十四变决非偶然，作《天地变卦》。卦变之说，不一而足，先儒考传，或失其正，论其至当，不过有四，作《论变有四》。泥于辞，不知象之可贵，则不见天地之蕴奥，作《有象》。明象之端，莫先于《彖》，作《求象》。圣人之作《易》，非直为卜筮而已，所以崇帝王之德业，辨君臣之名位，而定君子小人之分也，乃作《明位》《明君道》《明君子》。君子之德，足以养人，然后刑可议，刑可议而后伐可致，作《论养》《论刑》《论伐》。盖天下之旨，不明于天下，则教道不立,教道不立,内外不分,而吉凶无辨也,作《辨圣》《辨内外》《辨吉凶》。《易》之为道,变动不居,卦无定象,爻无定辞,不可以有执也,乃作《通卦》《通象》《通爻》《通辞》。苟期乎通,而无一定为证,则失之泛,泛无统,作《通证》。事有一定,而未免于疑者,重卦系辞是也,作《释卦》《释系》。互体之说虽不可泥,而亦不可废,作《存互体》。如是而《易》略备矣。凡物既备,则当思其未备者以广之,作《广演》而终焉。凡二十七篇,分为三卷。上以明天理之自然,中以讲人事之修,下以备传疏之失,庶几上补圣时崇广经术之意,名之曰《易璇玑》云。"

《玉海》:"绍兴十六年,抚州布衣吴沆进《易璇玑》三卷二十七篇。"

《宋鉴》:"绍兴十六年九月,抚州布衣吴澥进《宇内辨》《历代疆域志》,吴沆进《易璇玑》《三坟训义》。太学博士王之望言:'《三坟》书无所传授,疑近世好事者所为。'诏澥永免文解,沆以书犯庙讳,故赏不及焉。"

胡一桂曰:"沆,字德远,号环溪先生,临川人。环溪,其所居也。《易璇玑》三卷,每卷九篇,杂论《易》义。又有《易礼图说》,前有《或问》六条,《图说》十二轴。"

此书有清康熙十九年(1680年)刊《通志堂经解》本,乾隆三十八年(1773年)刊《摛藻堂四库全书荟要》本。收入清文渊阁《四库全书》。

《易解》,郭伸撰。佚

清人朱彝尊《经义考》卷二十四,载"郭氏伸《易解》,佚",并引:

《玉海》:"绍兴十六年四月,郭伸上《易解》。"

《宋鉴》:"绍兴十六年四月丙辰,通判成州郭伸献《易解》。上曰:'《易》象深微,极难穷究,须自有得,仍不穿凿,始可谓之通经。伸议论亦粗通,可略加旌擢。'于是进伸一官。"

《易论》十二卷,王义朝撰。佚

王义朝,字国宾,丽水人。《易论》有十二卷、十卷两说。清人朱彝尊《经义考》卷二十四,载"王氏义朝《易论》十二卷。佚",并引:

《绍兴府志》:"王义朝,字国宾,丽水人。登进士第,主光泽簿,调绍兴教授,因家上虞。尝进《易论》十二卷。高宗下其书国子监,命典诸王官大小学。历江东提举,罢归,著《易说》十卷。"

《易说》,朱彝尊《经义考》卷二十四,著录为"《易说》十卷。佚"。

《易卦补遗》,张抡撰。佚

清人朱彝尊《经义考》卷二十四,注"佚":并引王应麟曰:"张抡为《易卦补遗》,其言曰:'《易》以初上二爻为定体,以中四爻为变,《系辞》谓之中爻,先儒谓之互体。所谓杂物撰德,辨是与非,八卦互成,刚柔相易之道,非此无见焉。'"

《易议》,丘砺撰。佚

清人朱彝尊《经义考》卷二十四,注"佚",并引《姑苏志》:"丘砺,字师说,朐山人。建炎初知吴江县,因家常熟,入为国子监丞、御史台检法、大理寺丞、权户部郎,知筠、泰、建三州,除福建提举兼提刑,改转运判官。有《易议》。"

《周易证义》十卷,王大宝撰。佚

王大宝(1094—1170),字符龟,又名王元龟、二龟、二王,广东海阳(今广东潮安)人。南宋建炎二年(1128年)登进士第,曾任南雄州教授、枢密院计议、国子司业兼崇政殿说书、直敷文阁学士、广东刑狱、侍讲、右谏议大夫等职。撰有《周易证义》《书解》《诗解》《毛诗国风证义》《谏垣奏议》《经筵讲义》《遗文》等。

《周易证义》,《周易启蒙翼传·中篇》载:"王大宝《周易证义》十卷,多是文义,间亦及象,虽明白而甚浅近。孝宗时尝以谏议大夫兼侍讲,上语公曰:'高宗谓卿邃于《易》,故有是除。'"清人朱彝尊《经义考》卷二十四,载"王氏大宝《周易证义》,十卷。佚",并引:

董真卿曰:"大宝,字元龟,潮州人。孝宗时以谏议大夫兼侍讲,上语曰:'高宗谓卿邃于《易》,故有是除。'后官礼部尚书。有《周易证义》十卷。"

胡一桂曰:"《证义》多是文义,间亦及象,虽明白而甚浅近。"

《闽书》:"大宝,建炎二年进士。绍兴中任福建提点刑狱司,仕终礼部尚书,所著《易义》,表进于朝。"

《周易详解》四十卷,吴斂撰。未见

《周易启蒙翼传·中篇》载:"吴博士《周易详解》四十卷,只是敷演文义,为时文之学,全不及象数。绍兴丁丑书成。(名斂,字元缀。)"清人朱彝尊《经义考》卷二十四,载"吴氏斂《周易详解》四十卷。未见",并引胡一桂曰:"斂,字元绶。《周易详解》四十卷,只是敷演文义,为时文之学,不及象数。绍兴丁丑书成。"

《易说》,周聿撰。佚

清人朱彝尊《经义考》卷二十四,载"周氏聿《易说》,佚",并引《江西通志》:"周聿,字德元,青州人,徙居上饶。绍兴间召对,陈经论,称旨。累官户部侍郎。"

《易传》,徐霖撰。佚

清人朱彝尊《经义考》卷二十四,载"徐氏霖《易传》,佚",并引《姓谱》:"霖,玉山人。绍兴初进士,撰有《易传》《春秋发微》。"

《易解》二卷,章服撰。佚

清人朱彝尊《经义考》卷二十四,载"章氏服《易解》二卷。佚",并引《金华志》:"章服,字德文,永康人。绍兴二年进士,累官吏部侍郎。"

《揲蓍古法》一卷,郑克撰。未见

《读易举要》卷四载:"开封郑克武子绍兴癸酉撰《揲蓍古法》,一名《删补刘氏辨易九六论》。刘氏,乃唐刘禹锡也。隆兴元年,东莱吕大器刻板于齐安郡。"《周易启蒙翼传·中篇》亦有记载。清人朱彝尊《经义考》卷二十四,载"郑氏克《揲蓍古法》,《宋志》:'一卷。'未见",并引王应麟曰:"绍兴中郑克武子撰。以今之言揲蓍法者,或不取四营成《易》,不待三变成爻,而谓之'小衍',或不揲右手所分,不数小指所挂,而谓之'新谱'。故列旧法,使有可据。"

《易说》十卷,李中光撰。佚

《周易启蒙翼传·中篇》:"李中光《易说》十卷(《宋志》)。"

《易解》五卷,刘藻撰。佚

刘藻,字昭信,福州人。清人朱彝尊《经义考》卷二十四,载"刘氏藻《易解》五卷。佚",并引《闽书》:"刘藻,字昭信,福州人。尝解《易》,有曰:'见险而止为《需》,见险不止为《讼》,能通其变为《随》,不能通变为《蛊》。'"

《易传》一卷,关注撰。佚

清人朱彝尊《经义考》卷二十四,载"关氏注《易传》一卷。佚",并引陈善曰:"绍兴中,钱唐关注子东著《易传》一卷。"

《易变体义》十二卷,都絜撰。存

都絜,字圣与,南宋润州丹阳(今江苏丹阳)人,生卒年不详。父都郁,平生喜《易》。絜从父学《易》,并以父说撰成《周易变体》。

《周易变体》,又名《易变体义》《易变体》。《读易提要》卷四载:"吏部侍郎京口都絜圣与撰《周易变体》十六卷,用蔡墨言《乾·六爻》之例,专论之卦为主。"《周易启蒙翼传·中篇》:"都絜《周易变体》十六卷(《宋志》:冯氏作《周易说义》十四卷。)冯氏曰:'絜父为一邦师法,尤粹于《易》,以所闻于父者为之《传》,先于理而次以象义,每卦终,又为《统论》。'程可久云:'都圣与少卿作《周易变体》,推广沈丞相《小传》。如《观》之《九五》不言'观我生君子,无咎',独论《剥·六五》'贯鱼以宫人宠',推广过当,亦不皆然也。'"《易变体义》专讲变体,不论《彖》《象》,对爻义多有阐发。不过此书多引老庄解《易》,故多牵强附会。《四库全书总目全书》评价说道:"是书虽瑜不掩瑕,亦瑕不掩瑜,分别观之,以备言变体之一家,亦无不可也。"

清人朱彝尊《经义考》卷二十四,载"都氏絜《易变体》(一作《体裁》)。《宋志》:'十六卷。'未见(《一斋书目》有)",并引:

《续中兴书目》:"《易变体》十六卷,绍兴中吏部郎中都絜进,谓筮有某卦之某卦为变体。如蔡墨言:'潜龙勿用',不曰《乾·初九》而曰《乾》之《姤》;言'龙战于野',不曰《坤·上六》而曰《坤》之《剥》;此谓变体。自《乾》之《姤》至《未济》之《解》,以意演之,爻为一篇,凡三百八十四篇。"

张九成《序》曰:"余早游学校,与《易》家者流谈,其论六十四卦三百八十四爻,与夫《系辞》至《杂卦》并为一谈,曰:'此神也,此道也,此体用也,此德业也。'凿空驾远,紊实臆真。望其貌,虽超然若不可捉,叩其中,乃空然初无所有,系风搏影,卒以自欺。小则不足以治心修身,大则不足以用天下国家,其诬《易》也甚矣。后余至京师,见先生长者论大《易》之说,乃一皆归之人事、仁义、阴阳刚柔,盖一体而无间焉,乃知夫仁义即天地之道也,其余《六经》之旨,略无杪忽之差。吾僚友都圣与一日示余以所传《易》,且曰:'呜呼!余尚忍言之耶?昔絜先君子言行为一邦师法,服习《六艺》而尤邃于《易》。某此训传,谈《易》之义、乾坤之气、天地之形、六子之用、三才之判、八十四卦之变。其于爻象也,某不先于辞而先于理,以为卦爻大象适与理相当者,圣人则有辞以系之,象爻之辞未尽,圣人又为《传》于六十四卦之后以明之。一章示贤人也,二章示君子也,三章戒众人也,四章言圣人体《易》之道也。《说卦》说八卦之理。《序卦》论六十四卦之序,《杂卦》论六十四卦之用。'又曰:'此所闻于先君子也,辄拾其遗说而为之传。'嗟乎!其深思旁取如此,亦已勤矣。异夫前所谓神道体用之说者,故余窃有取焉,且求余为序,余故撷其所得于《易》者而序之,因退而考其先公,世为丹阳人,讳郁,字子文,终惠州教官云。"

程迥曰:"都圣与少卿作《周易变体》,推广沈丞相《小传》。如《观》之《九五》不言'观我生君子,无咎',独论《剥·六五》'贯鱼以宫人宠',推象数过当。"

冯椅曰:"絜父郁为一邦师法,尤粹于《易》,以所闻于父者为之《传》。先于理而次以象义,每卦终,又为《统论》。"

董真卿曰:"絜,字圣与,丹阳人,知德庆府。父郁,惠州教官,粹于《易》,絜以所闻于父者为《传》,曰《周易变体》,十六卷。"

另外,朱彝尊《经义考》卷二十四,还载都絜"《周易说义》十四卷。佚"。

另《京口耆旧传》卷二载:

都絜,字圣与,丹徒人。父郁,字子文,以《易》学为乡里师,终惠州教授。絜少传父学,著《周易说义》,张公九成为之《序》,谓"其有得于《易》,异乎世之为说者"。晚又因《左传》载晋蔡墨、郑游吉等引《易》,悟六位有定而卦变无穷,著《周易变体义》十有六卷,曾公几为之序。絜以宣和六年擢进士第。绍兴中,以左朝请郎知德庆府,实进《易说义》。其后以左朝奉大夫为尚书吏部郎中,进《易变体义》。未几,以太府少卿为淮西总领,时总司之权尚轻,絜上言江东所屯见兵,岁费钱七百万缗,米七十万石,而监司守令恬不加意,乞将弛慢之尤者按劾黜责,以警其余,朝廷从之,自是总司之权始重,文移往复州郡,无敢玩者。

曾几《序》曰:

大《易》如天地,其中无所不有,顾学者取之如何耳!取诸象则为象学,取诸数则为数学,取诸辞则为义理之学,取诸占则为卜筮之学。虽各名一家,要之原本于古人,而发明以新意乃可为善学者。西汉赵宾说箕子之明夷曰:箕子万物方荄滋也,持论巧慧,《易》家皆以为非。古法用是不见信,近世侍讲林瑀作会元纪,用天子即位之年傅会《易》卦,以推吉凶。贾魏公疏其不经,罢之,是皆专任私智,不师古,始使其说得行害道甚矣。都君圣与之《易》,其原本于古人,而发明以新意者乎?《易》曰:"爻者,言乎其变者也。"又曰："动则观其变，而玩其占。"以《春秋左氏传》考之，当时援引爻辞与夫推测卦变者，皆不言六位。必曰某卦之某卦，夫推测卦变其如是，固宜而援引爻辞，亦如是者，盖言六位则体常。曰某卦之某卦，则尽变也。圣与之所原本在此，然爻辞之合于变体者，先儒略焉。圣与始演为一书，凡三百八十有四义，古人之底蕴尽取而发明之。呜呼！可谓善学也已矣。书成献之于天子，又锓版而传之，且属余为之序。余善其原本，于古人而无袭蹈之迹，发明以新意而无穿凿之见也，故序之。绍兴二十九年冬至日。赣川曾几序。

《易变体义》，原书久佚。《四库全书》所书本系辑自《永乐大典》。缺《豫》《随》《大畜》《大壮》《睽》《蹇》《中孚》七卦，及《晋》卦之后四爻。台湾新文丰出版公司印行的《大易类聚初集》收入。另有十二卷清抄本，藏于中国科学院图书馆、中山大学图书馆。

《京口说义》十四卷，都絜撰，佚

《厚斋易学·附录二》载："《京口说义》，《周易说义》十四卷，凡七卷，各分上下。《京口》，都絜撰，知德庆府。陛辞日有劄缴进，绍兴乙亥张九成子韶序。以为其父为邦师法，尤邃于《易》，以所闻于其父者为之《传》，先于理而次以象义，每卦终，又为《统论》。絜，字圣与，丹阳人。父郁，字子文，终惠州教官。程可久云：作《周易变体》，推广沈丞相《小传》，如《观》之《九五》不言本爻之辞，独论《剥·六五》，推象数过当，然他处亦不皆然也。"

《泰轩易传》六卷，李中正撰。存

李中正，字伯谦，泉州清源（今福建泉州）人。《揅经室集·外集》卷二："《泰轩易传》六卷。宋李中正撰。"

《易义》，喻樗撰。佚

喻樗（？—1177），字子才，号湍石，严州（今浙江建德）人。建炎三年

(1129年)进士,曾任玉山县尉、秘书省正字、怀宁知县、衡州通判、大宗正丞、工部员外郎、知蕲州、浙东提举常平等职。与赵鼎多交游,并引为上客。由于不主张和议,为秦桧所排挤。有《大学解》一卷、《玉泉论语学》四卷等。

清人朱彝尊《经义考》卷二十四,载"喻氏樗《易义》,佚",并引:

《绍兴府志》:"喻樗,字子才,其先南昌人,后徙严州。少从杨时游,举进士,累官工部郎中,终浙东提举。"

《易传》,李郁撰。佚

清人朱彝尊《经义考》卷二十四,载"李氏郁《易传》,佚",并引《姓谱》:"郁,字光祖,光泽人。少从杨时学,时妻以女。绍兴初,尝被召入对便殿,还家,筑室西山,学者号曰西山先生。其卒也,朱熹志其墓。"

《易说》,蔡和撰。佚

《宋元学案》载:"蔡和,字廷杰,晋江人。心慕朱文公,以亲老不能,勉陈易往受业,而以书请质之。居白石村,丧祭酌古今礼,乡间化之。真德秀守郡,李方子为僚,议创书院于东湖,延先生为堂长,会易镇不果。号蔡白石。"

《易说》,郑思永撰。佚

《宋元学案》载:"郑思永,字景修,安溪人。好学笃行,蔡白石爱其朴粹,妻以女,俾从学终身。著《易说》。"

《易书》,张元德撰。佚

张元德,生卒年不详,今福建人。《宋元学案》载:"朱门授受,遍于南方,李敬子、张元德、廖槎溪、李果斋皆宿老也,其余亦多下中之士,存之以附青云耳。李、张诸子之书,吾不得而见之矣。述《沧洲诸儒学案》。"

《易说》,黄以翼撰。佚

《宋元学案》载:"黄以翼,字宗台,泉州人,北溪陈氏弟子也,兼师蔡白石。析理精诣,暮年学益博。所著有《易说》《礼说》。"

《周易经传集解》三十六卷,林栗撰。存

林栗,生卒年不详,字黄中,一字宽夫,南宋福州福清(今福建福清)人。《宋史》载:"林栗,字黄中,福州福清人。绍兴十二年(1142年)进士,除兵部侍郎。朱熹以江西提刑召为兵部郎官,既入国门,未就职。栗与熹相见,论《易》与西铭不合,栗遂论熹。太常博士叶适上封事辩之,侍御史胡晋臣劾栗,罢知泉州,又改明州。卒,谥简肃。"

《周易经传集解》共三十五卷,一说三十二卷。对义理、象数颇有兼顾。宋冯椅《厚斋易学·附录二》载:

> 《周易经传集解》三十二卷,《系辞上、下》二卷,《文言》《说卦》《序》《杂》《本文》共为一卷,《河图》《洛书》《八卦》《九畴》《大衍总会图》《六十四卦立成图》《大衍揲蓍解》共为一卷。淳熙十二年乙巳,直宝文阁权发遣潭州林栗表进,付秘书。栗,字黄中,其说每卦必兼互体,约象覆卦为太泥耳。

宋俞琰《读易举要》卷四载:"兵部侍郎福清林栗黄中撰《周易经传集解》三十六卷。淳熙中表进。末卷为《六十四卦立成图》,言圣人以八卦重为六十四卦,未闻以《复》《姤》《泰》《否》《临》《遯》变为六十四也,以辨邵康节、朱子发之说。"《周易启蒙翼传·中篇》:"林栗《周易经传集解》三十二卷。《文言》《说卦》《序卦》《杂卦》《本文》共为一卷,《河图》《洛书》《八卦》《九畴》《大衍总会图》《六十四卦立成图》《大衍揲蓍解》共为一卷。淳熙十二年乙巳表进,付秘书。其说每卦必兼互体,约象覆卦为太泥尔。愚谓:林于说象及文义处,多有可采,只是于象数之源,画卦之大纲领,自不能晓云。"

清人朱彝尊《经义考》卷二十七,载"林氏栗《周易经传集解》,《宋志》:'三十六卷。'存",并引:

栗《自序》曰："臣闻《易》之为书，肇自伏羲，演于文王，成于周公，赞于孔子，虽经秦火，无所失亡，极四圣之精思，发三才之妙理。其指若远而甚近，其辞若奥而甚明，其象与数若恢诡而不可知，而皆显然著见于生民日用之间，殆不可以须臾离者。然其爻象反复，上下周流，惟变所适，故谓之《易》，盖取变易为义也。自汉以来，言《易》之家千涂万辙，于易之一字，已有三说。曰：'变易也，不易也，简易也。'是岂所谓至当归一，精义无二者乎？昔之制字者，盖以日月合而成文，亦取昼夜变通之义云尔。《易》之兴也，其于中古乎？伏羲尚矣，文王演之，周公成之，故谓之《周易》，犹《书》言《周书》，《礼》云《周礼》而已。孔子读《易》，至于韦编三绝，且曰：'加我数年，五十以学《易》，可以无大过矣。'其可以易言之哉？近世诸儒，湛思未至，烛理不明，乃欲舍羲、文之画，捐周、孔之辞，至于《系辞》《说卦》《序卦》《杂卦》一切不取，而自以其意言《易》之义，是犹即鹿而无虞也，其能有得乎哉？古者简编重大，故六十四卦析为二篇，上篇三十，下篇三十四，其多寡不齐者，非取诸卦，取诸画也。卦出于象，象出于画，八卦之画三十有六，六十四卦之象亦三十有六，剖而分之，各十有八。十有八者，蓍之变也，揲之所以成卦也。上篇之象十有八，其为卦三十，下篇之象亦十有八，其为卦三十有四，是非私智之所能议矣。错而成之，十有八，综而言之，则三六之数也。《易》始于三，成乎六。三者，《乾》之画也，六者，《坤》之画也，是则爻象之所从起而变化之所由生也。文王、周公、孔子三圣人者，于此尽心焉。学者不本乎是而言《易》，妄也。臣故抽绎《经》《传》，述其指解，而为之序。"

又《进表》曰："臣闻古圣开先，河、洛有《图》《书》之出，明王在御，凤麟为郊薮之游，矧兹《易》象之昭垂，宜作治朝之瑞应。臣栗诚惶诚惧，顿首顿首。窃以伏羲画卦，肇阴阳奇耦之形，西伯重爻，演仁义刚柔之旨，辞至周公而大备，法从尼父而益彰。言其变化，则范围高厚而不遗；语其机缄，则橐钥生灵而无间；焕乎父子君臣之懿范，卓乎礼乐刑政之宏模。秦人以为卜筮之书，幸逃灰烬。汉世杂于谶纬之学，几至湮沦。粤从魏、晋以来，乃至隋唐之际，谈象数者率由穿凿，论性情者悉本虚无，其或推明人事之端，奈何刊落圣心之画。晋宗辅嗣，舍《系辞》《序》《杂》以无传。唐尚希声，摈《文言》《彖》《象》而不取。是皆忘本以齐末，何自寻流而探源,空存隐赜之辞,莫测形容之拟,宁期末学得与斯文?有太极以生两仪,灼见混成之理,覆四象而为八卦,具存一定之规,以此而观象,则象乃可观,以此而玩辞,则辞皆可玩。寔由天造,非出人为。载惟《洪范》《九畴》之陈,与夫《黄石》一编之记,傥匪圣神之应运,曷臻穹壤之效祥?恭惟皇帝陛下,浚哲生知,成能凤就,究极三才之蕴奥,发挥四圣之精微。酬广厦之诸儒,言皆破的;接大廷之多士,意以忘筌。惟德业与日以俱新,故道术为时而竞出。臣之固陋,学则颛蒙,初乏师承,探索何殊于聋瞽?忽如神授,钻研方得于端倪,虽未能造诣于几深然,颇亦贯通乎伦类。回观众说,殆似冥行。老矣负暄,徒自言炙背之快?心平向日,宁复存卫足之思?惟殚夙夜之勤,敢希昼日之遇?所有《周易经传》三十二卷,《系辞上、下》二卷,《文言》《说卦》《序》《杂》《本文》共为一卷,《河图》《洛书》《八卦》《九畴》《大衍总会图》《六十四卦立成图》《大衍揲蓍解》共为一卷,总三十六册,谨随表上进。淳熙十二年三月。"又贴黄曰:"臣昨陈乞修写札子,系以《周易爻象序杂指解》为名,今来窃自维念,三圣人所垂经训,先设卦画,次系《彖辞》,即'爻象'二字不为该备。及观孔子所赞《大传》,有《彖》《象》《系辞》《文言》《说卦》,即'序杂'二字亦未能概举。今故仍《春秋》之例,以三圣所垂之《经》与孔子所赞之《传》,总谓之《周易经传集解》,缮写进呈,其间有犯庙讳及御名者,并依《经》《传》本文,不敢改易。只令书不成字,覆以黄纸,伏乞睿照。四月,三省同奉旨,书付秘书省,令学士降敕书奖谕。"敕:林栗省所上表进《周易经传集解》等共三十六册事。道载《六经》,寔为明备,《易》更三圣,尤号精微,緊训传之滋多,有简编之可考,卿才猷俊茂,器识高宏,繇深造于渊源,务旁周而综汇,昔究麟经之蕴,兹明羲画之传。惟三统本于《春秋》,仍通大衍之用;且九章列于《洪范》,亦参八卦之分。乃能备绎始终,兼该表里,会萃篇图之富,包罗象数之全。给札而诏尚书,已光于侯国,赐玺而勉太守,益重于文儒。爰布温言,以旌笃学,允怀殚洽,良用叹嘉。故兹奖谕,想宜知悉。夏热,卿比好古遗书,指不多及。

《玉海》:"淳熙十二年四月,知潭州林栗进《易经传集解》三十二卷,《系辞上、下》二卷,《文言》《说卦》《序》《杂》《本文》共为一卷,《河图》《洛书》《八卦》《九畴》《大衍总会图》《六十四卦立成图》《大衍揲著解》

共为一卷,总三十六册,诏付秘省,敕书奖谕。"

朱子曰:"《易》有太极,是生两仪,两仪生四象,四象生八卦。此是圣人作《易》纲领次第。黄中乃以六画之卦为太极,中含二体为两仪,又取二互体通为四象,又颠倒看二体及互体通为八卦。若论太极,则一画亦未有,何处便有六画底卦来兼?若如此,却是太极生两仪,两仪包四象,四象包八卦,与圣人所谓生者,意思不同矣。"

陈振孙曰:"黄中淳熙中表进。其书末卷为《六十四卦立成图》,言圣人以八卦重为六十四,未闻以《复》《姤》《否》《泰》《临》《遯》变为六十四也,以辨邵尧夫、朱子发之说。其与朱侍讲违言,以论《易》不合,为朱公所辟也。"

胡一桂曰:"林氏《周易经传集解》三十二卷,《文言》《说卦》《序卦》《杂卦》《本文》共为一卷,《河图》《洛书》《八卦》《九畴》《大衍总会图》《六十四卦立成图》《大衍揲蓍解》共为一卷。淳熙十二年乙巳表进,付秘书。于说象及文义处,多有可采,只是于象数之源,画卦之大纲领,自不能晓。"

董真卿曰:"林氏《易》,其说每卦必兼互体,约象覆卦为太泥耳。时杨敬仲有《易论》,黄中有《易解》,或曰:'林黄中文字可毁。'朱子曰:'却是杨敬仲文字可毁。'"

朱彝尊下按语云,按:福清林黄中、金华唐与政两公皆博通经学,而一纠朱子,一为朱子所纠。其所著经说,学者遂置不问。与政之书无复存者,黄中虽有《易解》,而流传未广,恐终泯没。然当黄中既逝,勉斋黄氏为文祭之,其略曰:"嗟哉我公!受天劲气,为时直臣,玩羲经之爻象,究笔削于获麟。至其立朝正色,苟咈吾意,虽当世大儒,或见排斥;著书立言,苟异吾趣,虽前贤笃论,亦不乐于因循。观公之过,而公之近仁者,抑可见矣。论者固不可以一眚而掩其大醇也。"勉斋为文公高弟,而好恶之公、推许之至若是,然则黄中之《易》,其可不传抄乎?

《四库全书》录自浙江朱彝尊家藏本,台湾新文丰出版公司印行的《大易类聚初集》收入。浙江省图书馆存有清抄本《周易经传集解》三十六卷(三十册)。北师大图书馆藏有《周易经传集解》三十六卷,清四美堂写定未刻本。上海图书馆藏有清初抄本,存三十二卷(一至三十二)。国家图书馆藏有三十六卷清抄本《周易经传集解》。

《易说》十一卷,张栻撰。存

张栻(1133—1180),字敬夫,又字钦夫、乐斋,号南轩,南宋汉州绵竹(今四川绵竹)人。撰有《南轩易说》《癸巳论语解》《癸巳孟子说》《伊川粹言》《南轩集》《南岳倡酬集》等。

《易说》,清人朱彝尊《经义考》卷二十八,载"张氏栻《易说》十一卷。未见",并引董真卿曰:"栻,字敬夫,南轩先生,广汉人,谥宣公。《易说》十一卷,《乾》《坤》阙,学出五峰胡氏,以周、程为宗。"

《易章句》十卷(佚)、《周易外编》一卷(存)、《古易考》一卷(未见)、《古易占法》一卷(存),程迥撰。

程迥,字可久,号沙随,生卒年不详。南宋应天府宁陵(今河南宁陵)人。曾撰有《古易考》《古易章句》《古占法》《易传外编》《春秋传显微例目》《论语传》《孟子章句》《文史评》《经史说著论辨》《太玄补赞》《户口田制贡赋书》《乾道振济录》《医经正本书》《条具乾道新书》《度量权三器图义》《四声韵》《淳熙杂志》《南斋小集》等。

《周易启蒙翼传·中篇》:程迥沙随《古周易章句》十卷,《周易古占法并图》一卷,《外编》一卷,《古易考》一卷(《宋志》)。清人朱彝尊《经义考》卷二十八,载"程氏迥《易章句》,《宋志》:'十卷。'佚。《周易外编》,《宋志》:'一卷。'存。《古易考》,《宋志》:'一卷。'未见。《古易古法》,《宋志》:'一卷。'存",关于《古易古法》,朱引诸家之说:

> 迥自序《占法》曰:"迥尝闻邵康节以《易》数示吾家伯淳,伯淳曰:'此加一倍法也。'其说不详见于世,今本之《系辞》《说卦》发明倍法,用逆数以尚占知来,以补先儒之阙。庶几象数之学可与士夫共之,不为谶纬瞽史所惑,于圣人之经,不为无助也。昔陆绩读宋忠《太玄》曰:'《太玄》大义在撰著,而仲子失其指归,虽得文间义说,大体乖矣。'迥亦以是论《易》。"

《宋艺文志序》:"孝宗时,程迥作《易考》十二篇,别为章句,不与经相乱。"

陈振孙曰:"程迥可久撰,其论占法、杂记占事尤详。迥尝从喻樗子才学,登科,仕至邑宰。及与前辈名公交游,多所见闻,故其论颇有源流根据。《古易考》十二篇,阙《序》《杂卦》。"

胡一桂曰:"康节《百源易》实古《易》也,沙随盖本诸此,而篇第与二吕氏合,以《文言》在《系辞》之前为不同耳。"

董真卿曰:"迥,字可久,号沙随,睢阳人。登隆兴元年第,尝为德兴丞,以女妻董焻,卒老女家,今墓在焉,外曾孙寿民谋表章之,初祠邑庠,朱文公为书'沙随先生之祠'六字,文公尝称迥为恺悌博雅君子。迥作《古易考》,曰《上篇》、曰《下篇》、曰《彖上》、曰《彖下》、曰《象上》、曰《象下》、曰《文言》、曰《系辞上》、曰《系辞下》、曰《说卦》、曰《序卦》、曰《杂卦》,凡十有二篇,与康节《百源易》次序同。《易》书之外,有《春秋显微例目》。"

吴澄曰:"沙随先生经业精深,朱子多取其说,于朱为丈人行,故朱子以师礼事之。"

《浙江通志》:"程迥,宁陵人,靖康之乱徙居余姚。尝受经学于嘉兴闻人茂德、严陵喻樗。"

《古周易》一卷,吕祖谦撰。存

吕祖谦(1137—1181),字伯恭,人称东莱先生。婺州金华(今浙江金华)人。一生著述甚丰,有《书说》三十五卷,《家塾读诗记》三十二卷,《春秋集解》三十卷,《左氏博议》二十卷,《皇朝文鉴》一百五十卷,此外尚有《别集》《外集》若干卷行于世。事迹具《宋史·儒林传》。

《古易》一卷共12篇,依次为《上经》《下经》《彖上传》《彖下传》《象上传》《象下传》《系辞上传》《系辞下传》《文言传》《说卦传》《序卦传》《杂卦传》,凡为十二篇,其书编次与吕大防《周易古经》同。朱熹对这部书非常推崇,并为这部书做跋语,后来其《周易本义》便是以此为本。

清人朱彝尊《经义考》卷三十,亦载"吕氏祖谦《古易》,《宋志》:'一卷。'

《通考》:'十二卷。''存",并引：

祖谦《自序》曰:"汉兴,言《易》者六家,独费氏传《古文易》而不立于学官。刘向以中《古文易经》校施、孟、梁丘《经》,或脱去'无咎'、'悔亡',惟费氏《经》与古文同,然则真孔氏遗书也。东京马融、郑玄皆为费氏学,其书始盛行。今学官所列王弼《易》,虽宗庄、老,其书固郑氏书也。费氏《易》在汉诸家中最近古,最见排摈,千载之后,岿然独在,岂非天哉？自康成、辅嗣合《彖》《象》《文言》于《经》,学者遂不见古本,近世嵩山晁氏编《古周易》,将以复于其旧,而其刊补离合之际,览者或以为未安。祖谦谨因晁氏书,参考传记,复定为十二篇,篇目卷帙一以古为断,其说具于《音训》云。"

朱子《跋》曰:"《古文周易经传》十二篇,亡友东莱吕祖谦伯恭父之所定,而《音训》一篇,则其门人金华王莘叟之所笔受也。熹尝以为《易经》本为卜筮而作,皆因吉凶以示训戒,故其言虽约,而所包甚广,夫子作《传》,亦略举其一端,以见凡例而已。然自诸儒分《经》合《传》之后,学者便文取义,往往未及玩心全《经》,而遽执《传》之一端,以为定说,于是一卦一爻,仅为一事,而《易》之为用,反有所局,而无以通乎天下之故,若是者,熹盖病之。是以三复伯恭父之书,而有发焉,非特为其章句之近古而已也。《音训》则妄意其或有所遗脱,莘叟盖言书甫毕,而伯恭父殁,是则固宜,然亦未敢辄补也,为之别见于篇后云。"

陈振孙曰:"著作郎东莱吕祖谦伯恭,隆兴癸未镇厅甲科,宏词亦入等,仕未达,得末疾,奉祠。所定《古易》,篇次与吕微仲同,《音训》则其门人王莘叟笔受,晦庵刻之临漳会稽,益以程氏是正文字及晁氏说,所著《本义》,据此本也。《系辞精义》集程氏诸家之说,以程《传》不及《系辞》故也,《馆阁书目》以为托伯恭之名。"

黄震曰:"东莱先生《易说》诸卦皆备,然特出于门人集录,非先生亲笔,亦见有义未莹处。如：'天在山中,大畜。'云：'山安能畜天？以方寸能留藏八荒,则亦有此理。'愚恐经文只是山中见天耳,非必包天于山,如洞天之云也。如《大过》：'独立不惧。'云：'常人数百年所不见,必大惊骇,无一人以我为是,非大力量何以当之？'愚恐经文只说自守之坚耳,若人大惊骇而我独不惧,王金陵执拗可鉴也。如：'君子以虚受人。'云：'圣人无邪无正,皆受之。'语亦微过于宽,邪正恐难兼受。"

董真卿曰:"吕氏《古易》十二篇,一卷,《上经》第一,《下经》第二,《彖上传》第一,《彖下传》第二,《象上传》第三,《象下传》第四,《系辞上传》第五,《系辞下传》第六,《文言传》第七,《说卦传》第八,《序卦传》第九,《杂卦传》第十。"

胡一桂曰:"伯恭与微仲篇次一同,而微仲自一至十二之序小异尔。又吴氏所载费氏《易》已自不能不小有变动,而东莱谓费氏《经》真孔氏遗书,岂吴氏考之犹未的欤?"

该书现存版本有《通志堂经解》《文渊阁四库全书》《清芬堂丛书》《金华丛书》《孙氏山渊阁丛刊》及清光绪二十五年(1899年)古不夜城孙氏题《周易古本附音训》校刊本等多种,中国科学院图书馆、复旦大学图书馆、南京大学图书馆、武汉大学图书馆等均有藏。

《东莱易说》二卷,吕祖谦撰。存

《东莱易说》共二卷,此书非吕祖谦亲著,而是其讲学所言,后为弟子所辑录。清人朱彝尊《经义考》卷三十,载"《东莱易说》二卷,存",并引王应麟曰:"上天下泽,《履》,此《易》之言礼也。雷出地奋,《豫》,此《易》之言乐也。吕成公之说本于《汉书》:'上天下泽,春雷奋作,先王观象,爰制礼乐。'"又引徐乾学曰:"《东莱易说》非有成书,乃先生平时讲说所及,而门人记录之者。"

此书原出祖谦《丽泽论说集录》卷一、二,为其《易》学之精华所在,故后人从《集录》中抽出单刻。现存版本有明崇祯九年(1636年)茅氏浣花居刻《芝园秘录初刻》本、清人嘉兴曹溶所辑《学海类编》本及清道光十一年(1831年)晁氏活字印本等。

《古易音训》二卷,吕祖谦撰。存

《古易音训》,又名《周易音训》。清人朱彝尊《经义考》卷三十,载"《古易音训》,《宋志》:'二卷。'存",并引:

朱鉴《跋》曰:"先公著述经传,悉加音训,而于《易》独否者,以有东莱先生此书也。鉴既刊《启蒙》《本义》，念《音训》不可阙，因取宝婺、临漳、鄂渚本，亲正讹误六十余字，而并刊之。如《豫》爻之'簪'，（晁本作'戠'，婺、漳、鄂本作'戠'。）《损》象之'窒'，（晁作𥥆，婺本作𥥆，漳作𥥆，鄂作𥥆。）则有未详者，然非有害于文义，已足为善本矣。至于嵩山《古易·跋语》先公尝折衷晁、吕之说于其后。今三本所载不同，而《文集》中乃有晚岁书诿鄂教滕珙以改换最后两版者，其为后出无疑云。"

王柏曰："予暇日校正《音训》，而有未能释然于可疑者，久之，方悟成公之谨于阙疑也，善于复古也。所谓古文者，今亡矣。昔刘向尝以中古文《易》校施雠、孟喜、梁丘贺三家，多有脱落，独费氏《经》与古文同，郑康成、王辅嗣固皆出于费氏。今之《易》即古文《易》也；今《易》之字，即非古文之字也。况籀篆既更，隶正益异，转相传写之讹，岂能尽合于古哉？晁氏既不见古文《易》，今所按古文，不知其何所据也？姑以古文异同者言之，今之'若'，古之'𦱣'字也，以为当从古也，凡经传皆书此𦱣，宜也。自《乾》以下既更此'若'，独于《离卦》出此二𦱣，岂不可疑乎？'趾'之为止，诚古也，或加足，或去之，亦岂有二义哉？'拯'之为承，亦古也，而又不一于承，何也？'娶'之为取，'鲜'之为尟，未尝尽出于一，如'亨''享''佑''祐'之类，尚多有之。若丧，之与'㐫'，非有大异，特笔法互有得失耳。成公岂不能订其是而归于一乎？阙疑存古之道，不当若是，此成公所以一循其旧也。其大不得已者，'天一地十'章移在'天数五'之上，此则存程子、张子之言，有不容不移者。今成公于字音因晁氏之旧而增广之，异同之间，不敢轻加一字，谨之重之，如此之至也。乃于千载传袭不疑之书，锐然拨乱而反之正，则其不可不复古也审矣。晁氏先于复古者也，成公岂苟从者？志偶同也。至于订古有未尽善者，则成公亦不得而尽从也。曰古字，曰今字，曰籀字，曰篆字，曰隶字，分别若甚精，订定若甚确，徐而考之，盖亦未能尽合乎法也。至以卦气断其字之是非有无，此则不能不疑也。抑尝思之，不有《音训》类其同异，则不知诸儒之得失。不见诸儒之异同得失，则不知伊、洛以来传义之精也。《音训》之有益于后学如此，知其所以异，而能察其所当同，而后可以谓之善观。今大纲领既正，《音训》甫毕，而成公梦奠，精神全在卷第之下分行注中，读者尤当留意焉。"

张云章曰："伯恭《音训》之作，其门人金华王莘叟所笔受者，书成而

> 伯恭旋没,朱子谓其犹有脱遗。今原本不可见,赖元刻本合程、朱《传》《义》为一编,得以抄撮成书。"

此书有清同治六年(1867年)吴氏望山益斋刻本、光绪六年(1880年)刻本、光绪十五年(1889年)江南书局刻本三种。此书又附同治四年(1865年)金陵书局刻《十三经单注》之朱熹《易经本义》十二卷中。此书复附朱熹《周易本义》十二卷中,有清光绪十九年(1893年)江南书局刻本,并收入《西京清麓丛书》与《刘氏传经堂丛书》中。别有《金华丛书》《仰视千七百二十九鹤斋丛书》《式训堂丛书初集》《槐庐丛书》《孙溪朱氏经学丛书初编》《孙氏山渊阁丛刊》《校经山房丛书》《清芬堂丛书》《丛书集成初编》《续修四库全书》等本。审其反切注音,虽多因袭陆德明《经典释文》,然亦有所异同。

《周易系辞精义》二卷,吕祖谦撰。存

《周易系辞精义》,又名《晦庵先生校正周易系辞精义》,共二卷。这部书乃吕祖谦所作,后来朱熹校正此书。

《读易举要》卷四载:"东莱先生吕祖谦伯恭,集程氏诸家之说为《系辞精义》二卷,以程《传》不及《系辞》故也。《馆阁书目》以为或者托祖谦之名耳。又撰《周易音训》。先生隆兴元年登第,淳熙八年卒,年四十五。"《周易启蒙翼传·中篇》:吕东莱先生祖谦定《古易》十二篇一卷,《音训》二卷,《周易系辞精义》二卷。《四库全书总目》卷七载"《周易系辞精义》二卷",并云:

> 旧本题'宋吕祖谦撰',祖谦有《古周易》,已著录。初,程子作《易传》不及《系辞》,此书似集诸家之说补其所缺,然去取未为精审。陈振孙《书录解题》引《馆阁书目》,以是书为托祖谦之名,殆必有据也。

此书版本有《古逸丛书》《四库全书存目丛书》《续修四库全书》《丛书集成初编》《复性书院丛刊》等丛书本等。

《周易古经象》一册,吕祖谦撰。佚

目见明叶盛撰《菉竹堂书目》卷一《易》:云东莱"《周易古经象》一册。"已佚。

《读易纪闻》一卷,吕祖谦撰。存

清人朱彝尊《经义考》卷三十,载"《读易纪闻》一卷。存",并按是编附载《集》中,始《乾》卦,至《比》卦。

《周易古经》八篇(存)、《易学》五卷(佚),李焘撰。

李焘(1115—1184),字仁甫,一字子真,号巽岩,眉州丹棱人。他一生著述颇多,有《文集》一百二十卷,《文献通考》又有《易学》五卷,《春秋学》十卷,《四朝史稿》五十卷,《通论》十卷,《南北攻守录》三十卷等二十余种,均《宋史本传》并行于世。

清人朱彝尊《经义考》卷二十九,载"李氏焘《周易古经》八篇,存。《易学》,《宋志》:'五卷。'佚",并引:

焘《自序》曰:"《周易古经》八篇,并吕氏、晁氏《后记》各一篇。谨案:元丰五年,正愍吕公微仲始厘析王辅嗣篇第,别定为十有二,如刘歆《六艺略》首所列施、孟、梁丘三家者,刻板置成都学官,于文字句读,初无增损。建中靖国元年,景迂晁生以道又辑诸家异同,或断以己意,有增有减,篇第则仿费长翁未解、辅嗣未注以前旧本,独并十二为八耳。吕、晁各出所见,初不相祖述,亦犹李敏仲与王子雍殊隔,而传《易》《书》《诗》《礼》,其指归则暗合,学者必贵自得,大抵如此。吕氏于《卦》《爻》《彖》《象》《系辞》并分上下,自《咸》以后为《下经》《下彖》《下象》,自'八卦成列'以后为《下系》,而《文言》乃次《下系》。晁氏俱不分上下,更以《文言》先《系辞》,余同吕氏。今八篇次第实从晁氏,总名《周易古经》则从吕氏,若晁氏但名《古周易》也。或疑孔子有因《爻辞》而申言之,若无所损益于其辞之义者甚众,盖合而观之也,若别而观之,殆无可疑。故读书必别其合者,合其别者,一合一别,则其义过半具前矣。晁氏专主北学,凡订故多取许叔重《说文解字》、陆德明《音义》、僧一行、李鼎祚、陆希声及本朝王昭素、胡翼之、黄聱隅辈所论,亦时采掇。嘉祐以后独否,朋友相与讲习,自得辨其失得云。"

吴仁杰曰:"《汉艺文志》十二篇,古《经》也,才一见于此,魏、晋以后,便自失之。隋氏藏书最备，亡虑八万九千卷有奇，唐开元丽正殿所藏，亦八万五千余卷，皆不著录。国朝文物之盛，一时儒宗嗜古者，众古文斑斑间出，如《孝经》《尚书》，学者昔未所睹。因司马文正、吕汲公遂大传于时，于是古《易》有吕氏书，又有晁氏书刊于成都、宜春两郡。李仁甫侍郎尝合二氏之说刊焉，今复出此编，世遂有三书矣。后进坐眠前修，无能为役，何敢妄出意见？而《易》则古《易》也，亡一字加损。县故有学事加奉，自仁杰之来，一切以资公家，乃取为工木费，并二氏篇第颠末，三君子《后记》，刻置诸校官。"

《九江易传》九卷，周燔撰。佚

清人朱彝尊《经义考》卷二十九，载"周氏燔《九江易传》九卷，佚"，并引：

燔《自序》曰："《易》有《经》有《传》，文王之《卦辞》、周公之《爻辞》，《经》也；仲尼之《彖》《象》，《传》也；其卦则伏羲之所重也。伏羲始作八卦，即自重之，谓：'文王重之为六十四。'非也。三代皆有《易》，夏曰《连山》，商曰《归藏》，周曰《周易》，其经卦皆八，其别皆六十有四，与今《周易》卦名相同，则夏、商以前已有重卦，无可疑矣。仲尼将圣也，其言宜为经，而谓之传，何也？以其训释经旨，故谓之传。班固曰：'孔子晚而好《易》，读之，韦编三绝，而为之《传》，即《彖》《象》《文言》等是也。'又王弼《易》卷首尚题《乾传》《泰传》之名，陆德明谓：'是夫子《十翼》以传述为义。'则《经》之与《传》不可不分，若合而言之，同谓之《经》，可也。古文《易》书，《经》自《经》，《传》自《传》，各自分帙，不相参入，后人取《彖》《象》散入卦爻之下，使相附近，欲学者易晓。而今之《易》，《经》《传》相配，自郑康成、王弼始，亦如引《书序》各冠其篇首自孔安国始，取《诗序》冠于篇首自毛公始，分《经》之中与《传》之年相附自杜预始，取其便于解经而已。惜乎先儒分之，失其次序，列卦《象》于'《彖》曰'之后，而在六爻之前，上无所承，下无所据，六十四卦皆有此误。诸卦'《象》曰'有七，其一为卦《象》，其六为爻《象》，而《坤》称'《象》曰'者八，独《乾卦》称'《象》曰'者一，首尾错乱，全与他卦不同。以'《彖》曰'承'无首言'之下，则'元亨'为《爻辞》所隔矣。以'潜龙勿用'承'自强不息'之下，则卦爻二《象》合为一矣。分'潜龙勿用'于'动而有悔'之后，则《小象》与前爻不得相属矣。分'乾元者始而亨'于'乃见天则'之后，则《文言》与前段不得相属矣。由《卦辞》多义又深微，故差失次序，比他卦为甚，盖不知仲尼之意，因世次为先后，赞以《彖》《象》，不可易也。卦自伏羲之所画也，故赞之以卦《象》，如曰：'天行健，君子以自强不息。'是也。卦首诸辞，文王之所系也，故赞之以《彖》，如曰：'大哉乾元，万物资始。'是也。爻下诸辞，周公之所系也，故赞之以爻《象》，如曰：'潜龙勿用，阳气潜藏。'是也。故卦象当承本卦之下，在《彖》之前，今进卦《象》于前，而后《彖》次之，爻《象》又次之，《文言》又次之，至于'初九曰：潜龙勿用，何谓也'以下，乃夫子问答之辞，最次于后。诸卦之爻《象》皆可以分配六位之下，唯《乾》六爻，仲尼三申其义，不可分也，故并以三节明之，于是《经》《传》始各得其归趣矣。伏羲画卦，初无语言文字，亿载之后，文王、周公得以系其辞，不失伏羲之本旨者，有象存焉。故《易》之道本不可以言辞传，以言辞传《易》者，圣人之不得已也，虑后世浸远，学者失其传而不能有所入也，若三圣不措一辞，则六十四卦殆为虚设，当委弃废绝，不复见矣。故知学《易》观象为本，而博之以文，演之以数，于是《易》道几无余蕴，乃非特《彖》《象》失其次序，又诸儒从前皆误以九六为阴阳，以七八为□□，夏、商《易》，并于《总论》言之详矣。今将《易传》凡《彖》《象》《文言》曰等，比《经》皆低一字，使学者知其为《传》，非有高下之意也。若为之注解，则将《经》《传》连文，而疏注解于其下，不害其为尊圣人也。又《说卦》卷首'昔者'两段差误在此，今已附入《系辞》上下篇，自'天地定位'以下乃为《说卦》，首章欲见圣人专说八卦之物，其次乃序六十四卦之时，以《杂卦》终焉，《系辞》分章小有差者，亦随而正之，庶几于圣人之道有小补云。"

王应麟曰："古《易》五家，吕大防十二篇，晁说之并十二为八，睢阳王氏、东莱吕氏各定为十二篇，周燔又改更次序。"

《郭氏传家易说》十一卷（存）、《卦辞旨要》六卷（佚），郭雍撰。

郭雍（1103—1187），字子和，号白云先生，河南府洛阳（今河南洛阳）人，兼山先生郭忠孝之子。撰有《郭氏传家易说》《卦辞旨要》等多种。

郭雍在易学上，传承了程颐洛学义理易学的传统。《郭氏传家易说·自序》云："先人受业伊川先生二十余年，雍始生之时，横渠、明道久已谢世，甫四岁，而伊川殁，独闻先人言先生之道，其所学所行所以教授，多见于《易》……雍不肖无闻，甘与草木腐久矣，重念先人之学殆将泯绝，先生之道亦因以息……于是潜稽《易》象，以述旧闻，于传家。"《读易提要》卷四载："白云先生郭雍子和撰《传家易说》十一卷。自言其父忠孝受业于伊川，伊川示以《易》之《艮》，曰：'《艮》，止也，学道之要，无出于此。'自是读《易》有味，牓其室曰'兼山'。兵兴以来，念欲补续其说，心所知者，'《艮》，止也'。潜稽《易》学，以述旧闻，用传于家。忠孝，名将枢密逵之子，自言得先天卦变于河阳陈安民子惠，其书出李挺之，由是颇通象数，仕为永兴军路提刑，死于狄难。雍隐居岐州长阳山中，帅守屡荐，召之不至，封冲晦处士，又封颐正先生。其末湖北提举赵善誉言于朝，遣官受所欲言，时淳熙丙午也。明年卒，年八十有四。雍，范忠宣外孙，馆阁书目以为字颐正，恐误。"

清人朱彝尊《经义考》卷二十四，载"郭氏雍《传家易说》，《宋志》：'十一卷。'阙（今惟《大易粹言》所载存。）"，并引：

雍《自序》曰："《易》道冥昧于鸿荒之世，庖牺氏始画而明之，历数千年，概见于圣人行事，而述作无闻焉。文王重之，然后焕然成章，此文王之所以为文也。逮春秋时，大道不行，独卜筮行于世。孔子于是作《传》，大明其道，然后天下复知文王之《易》为大道之书。故自开辟以来，力举斯道而明之者，三圣人而止耳。观三圣人之为心，所以晓天下万世者，亦可谓至矣。自孔子没，微言复绝，至秦、汉间，斯道大否。汉兴，诸儒仅能训诂举大义，或复归于阴阳家流，大失圣人言《易》之旨。正始中，王辅嗣一切革去，易以高尚之言，然辅嗣祖述虚无，其辞虽美，而无用于天下国家，于是《易》为空言矣，又非三圣人所谓《易》之道也。虚无之学，流弊至今，卒无以正之，兹大道所以不明欤。大抵自汉以来，学者以利禄为心，明经只欲取青紫而已，责以圣人之道，固不可得而闻也。宋兴百有余载，有明道、伊川二程先生，横渠张先生出焉，监前世儒者之弊，力除千余载利禄之学，直以圣人为师，斯道为己任，岂非古之所谓豪杰之士也哉？其于孟氏之功，圣智巧力之间而已。先人受业伊川先生二十余年，雍始生之时，横渠、明道久已谢世,甫四岁,而伊川殁,独闻先人言先生之道,其所学所行所以教授,多见于《易》与《春秋》《中庸》《论语》、孟氏之书,是以门人悉于此尽心焉。且自周公殁,大道不行五百余岁而得孔子,孔子殁百有余岁而得孟子,去圣人世如此未远,而道之难明亦已甚矣。况于孔子殁后千五百余年,而三先生欲力复圣人之道,其难矣哉!夫先知先觉之士旷世无有,将使百世之下,闻者莫不兴起,岂非三先生之力也与?雍不肖无闻,甘与草木腐久矣,重念先人之学殆将泯绝,先生之道亦因以息,唯惧无以遗子孙,于是潜稽《易》象,以述旧闻传于家,使毋忘先人之业,道虽不足,志则有余矣。孟子所谓'嘐嘐然曰古之人,古之人'者,其庶几欤!"

《宋史》:"郭雍,字子和,其先洛阳人。传其父忠孝学,隐居峡州,放浪长杨山谷间,号白云先生。乾道中荐于朝,旌召不起,赐号冲晦处士,后更封颐正先生。"

陈振孙曰:"《传家易说》十一卷,冲晦处士郭雍颐正撰。自言其父忠孝受学于程伊川,伊川示以《易》之《艮》,曰:'《艮》,止也,学道之要,无出于此。'自是方觉读《易》有味,牓其室曰兼山,立身行道皆自止始。兵兴之初,先人旧业扫地,念欲补续其说,中心所知者,'《艮》,止也'。潜稽《易》学,以述旧闻,用传于家。雍隐居陕州长杨山中,帅守屡荐,召之不至,由处士封颐正先生。其末提举赵善誉言于朝,遣官受所欲言,得其《传家易学》六卷以进,时淳熙丙午也。"

冯椅曰:"白云山人《易说》,绍兴辛亥岁序,不以《彖》为《卦辞》,而直循王弼之名,以为孔子自言。其《彖》泥于卦变,毛伯玉不以为然。"

杨士奇曰:"颐正先生于《易》发明精到。"

另外,朱彝尊《经义考》卷二十四,还著录了郭雍其他易学著述,如载"《卦辞旨要》六卷。未见",并引《中兴书目》"郭雍《卦辞旨要》,六卷",还引王应麟曰:"《艮》者,限也,限立而内外不越。天命,限之内也,不可出。人欲,限之外也,不可入。郭冲晦云"。朱同时还载"《蓍卦辨疑》二卷。未见",并引赵希弁曰:"右上卷康节先生揲蓍法、横渠先生大衍说、伊川先生揲蓍法、兼山郭先生著数说,下卷则辨证也。兼山之子雍为之序,谢艮斋谔识其后。"《四库全书总目》卷三《郭氏传家易说》云:"今观雍书,则大抵剖析义理,与程《传》相似。其谓'《易》之为书,其道其辞,皆由《象》出,未有忘《象》而知《易》者。如首腹马牛之类,或时可忘,此象之末也'云云,实非专主象数者,游所跋或近实也。至雍又不以《卦辞》为《象》,而谓观乎《象辞》者,即孔子自谓其《象传》。冯椅《厚斋易学》深斥其非,则公论也。朱彝尊《经义考》谓'雍原书不传,仅散见《大易粹言》中',此本十一卷,与《宋志》相合,盖犹旧本,彝尊偶未见也。陈振孙《书录解题》作六卷,考《中兴书目》别有雍《卦爻旨要》六卷,殆误以彼之卷数为此之卷数欤?"

《复斋易传》六卷,赵彦肃撰。存

赵彦肃(1148—1196),字子钦,号复斋,宋宗室,居严州建德(今浙江建德)。乾道二年(1166年)登明经科进士,历宁国军书记、秀州推官、华亭县丞,后赵汝愚奏为宁海军节度推官,未及赴任而卒。撰有《广学杂辨》《士冠礼》《馈食图》《复斋易传》等。

《复斋易传》六卷,对《周易》象数之学多有探究。清人朱彝尊《经义考》卷二十八,载"赵氏彦肃《复斋易说》六卷。存",并引:

《复斋先生行实》曰:"先生名彦肃,字子钦,第进士,掌宁国军书记,调秀州推官,移丞华亭,摄县。于是孝宗皇帝执三年丧,既御练冠矣,宰臣周必大奏:'先帝上宾群臣,未有行方丧如古者。宗室彦肃闻其自始闻丧,溢粥疏食,以至于今。'孝宗叹曰:'宗室中有若人乎?'顾谓皇太子识之,差监权货务都茶场,以内艰归。朱文公入侍经帏,以告赵忠定公,以宁海军节度推官起之,而先生已病矣,庆元二年卒。先生有《广杂学辨》《士冠礼》《昏礼》《馈食图》,为文公所称。其论《易》微与文公不同,然倾向属望愈益切。至其没也,文公哭之,恸曰:'赵丈为人,今岂易得?'先生尝曰:'先圣作《易》,有画而已。后圣系之一言一字,皆自画中来。譬如画师传神,非画烟云草木比也。'故先生说《易》不离象数,而义理具足焉。"

朱子曰:"赵子钦《易说》,为说太精,取义太密,或伤简易之趣。"

喻仲可《跋》曰:"《易说》六卷,复斋赵先生所述也。是书观象玩爻,无一字外来,研精覃思,无一辞苟发,出自胸臆,无一句袭蹈前人者。盖先生笃志于道,壮岁有觉,尽弃旧俗,惟《易》是究,其探赜钩深,简严精切,自他人数千百言不能该者,才约之以数语,书虽不多,一生精力实于此乎。在疾且革,仲可入省,先生力疾起曰:'余病中见处甚有进,始知平时之言无一句用得,亦无一句用不得。'呜呼! 先生所造,固不滞在语言文字间矣。卒后二十有六年,郡太守莆阳许公取是书刊焉,命仲可识其后,因识其启手足之语,以谂观者。"

许兴裔《跋》曰:"余闻复斋先生赵公之贤久矣,假守严陵,既逾年,公之门人喻仲可始携其所著《易说》六卷见过。余肃观之,其体察也精,其推研也审,其措辞不苟,其析理不浮,盖深窥乎爻象之变,而洞达乎阴阳之情者也。呜呼! 如公之贤而无后,余惧其久而或泯,因属喻君校勘,刊置公之祠堂,与志学者共之。并以公之行实大概刊附于后,俾来者有考焉。"

《易说》二卷,赵善誉撰。佚

赵善誉(1143—1189),字静之,又字德广,南宋涿州(今河北涿州)人,宋太宗之后。他本人精通易学,撰有《易说》一书。

《厚斋易学·附录二》载:"《易说》二卷,题赵善誉上进。每卦为一篇,《序》云:求之象数十有余年而不得,求之传注又多牵合牴牾而不通,尽屏众说,一意孔子之《易》,本画卦命名之意,参稽《卦》《爻》《彖》《象》之辞,以贯通六爻之义而为之说。善誉尝为九寺丞将漕湖阴,临遣之时,进此书,锡以褒语。本朝宗室前此未有推明经学者,盖自善誉始。"《读易提要》卷四载:"潼川赵善誉德广撰《恕斋易说》二卷,淳熙甲辰表进,每卦为论一篇。"《周易启蒙翼传·中篇》:"李善誉《易说》二卷。冯氏曰:赵自谓一意孔子之《易》,本画卦命名之意,参稽《卦》《爻》《彖》《象》之辞,以贯通六爻之义而为之说。赵尝为寺丞将漕湖阴。宋朝宗室前此未有推明《易》学者,盖自善誉始。"

清人朱彝尊《经义考》卷二十八,载"赵氏善誉《易说》,《宋志》:'二卷。'佚",并引:

楼钥《志墓》曰:"善誉所著《易说》,晦庵朱先生一见欣赏,以为扩先儒之未明。颐正郭先生序之,谓贯三才之理于其中,一诸儒之说于其外。"

陈振孙曰："善誉为潼川漕,进《易说》,每卦为论一篇。"

冯椅曰："赵自谓一意孔子之《易》,本画卦命名之意,参稽《卦》《爻》《彖》《象》之辞,以贯通六爻之义而为之说。"

胡一桂曰："宋朝宗室前此未有推明《易》学者,盖自善誉始。"

《周易义说》,李吕撰。佚

李吕(1122—1198),字滨老,一字东老,邵武军光泽(今福建邵武)人。屡试不中,年四十,即弃科举。好治《易》,尤留意《资治通鉴》,有论著数百篇。撰有《周易义说》,《澹轩集》十五卷,《国史经籍志》传于世。

清人朱彝尊《经义考》卷二十八,载"李氏吕《周易义说》,佚",并引《闽书》:"李吕字滨老,光泽人。幼从学于从父郁,晚见朱文公于庐阜,遂为讲学之友。吕学甚富,尤深于《易》,每言《易》在识时,权之以义,苟非真知义之所在,而喜言变,反害于《易》矣。"

《周易解》,石塾撰。佚

石塾(1128—1182),字子重,号克斋,南宋台州临海(今浙江台州)人。绍兴十五年(1145年)进士,曾任桂阳县主簿、武进知县、太常主簿、知南康军等职。精于理学,与熹友善,晚年同讲学于鼓山书院,熹名其所居曰"克斋",及卒,为之铭墓,又尝称其论仁之体要甚当,学者称克斋先生。撰有《克斋文集》十卷,《周易、大学、中庸》集解数十卷。

《周易解》,清人朱彝尊《经义考》卷二十八,载"石氏塾《周易解》,佚"。

《易说》,丘义撰。佚

清人朱彝尊《经义考》卷二十八,载"丘氏义《易说》,佚",并引《姓谱》:"义,字通济,又字子野,建阳人。隐居不仕,与朱熹友善,熹书'芹溪小隐'扁其堂楣,作诗序赠之。"

《读易管见》,邵囦撰。佚

邵囦,字万宗,兰溪人。撰有《读易管见》等多种。清人朱彝尊《经义考》卷二十八,载"邵氏囦《读易管见》,佚",并引:

《金华志》:"邵囦,字万宗,兰溪人。淳熙八年进士,授郴州教授,改潭州。朱子荐其学行,晚由楚州卒奉祠家居,名其堂曰今是。所撰有《曲礼》《王制》《乐记》《大学》《中庸解》五篇及《读易管见》等书。"

吴师道曰:"吾乡先辈,宋南渡后如邵公囦、应公镛深究经学。邵于《易》《礼记》,应于《易》《书》《礼》,皆有论著成书。邵即朱子《集》中所称'长沙博士,以张宣公《三家礼范》及《释奠仪式》刻之学官'者也。"

《周易本义》十二卷,朱熹撰。存

朱熹,字符晦,亦字仲晦,别号有晦庵、晦翁、云谷老人、沧州病叟等。与张栻、吕祖谦多有交游,人称"东南三贤",为宋代理学集大成者。朱熹著述甚多,有《周易本义》《诗集传》《仪礼经传通释》《家礼》《释宫》《孝经刊误》《四书或问》《四书章句集注》等多种。

《周易本义》,初名《易传》,全书共十二卷,《上、下经》各一卷,《十翼》十卷。此书根据吕祖谦《古周易》本,经传分离。但后人将原书重新编辑,是为四卷,分别为卷一《上经》、卷二《下经》、卷三《系辞传》、卷四《说卦传》《序卦传》《杂卦传》。《彖传》与《象传》分附于各条经文之下。故《周易本义》后有十二卷与四卷本之分。《周易启蒙翼传·中篇》:"晦庵先生朱子《周易本义》十二篇,淳熙四年丁酉岁成;《易学启蒙》二卷,淳熙十三年丙午成,先是先生乙巳岁复丐祠,差主管华州云台观,故《启蒙·序》称'云台真逸手记'。"

朱熹虽然继承程颐之学,但易学上有别于程颐。朱熹认为《易》乃卜筮之书,故作《周易本义》。现存《周易正义》,卷首有河图图、洛书图、伏羲八卦次序图、伏羲八卦方位图、伏羲六十四卦方位图、文王八卦次序图、文王八卦方位图、卦变图等九个图。在内容注解上,非常注重卦爻占筮的本旨。

《周易本义》今存有多个版本,《四库全书》收录《周易本义》十二卷本,并附四卷本。十二卷本,也被《西京清麓丛书正编》《刘氏传经堂丛书》收录。四卷本则被《摘藻堂四库全书荟要》收录。

《易学启蒙》四篇,朱熹、蔡元定撰。存

蔡元定(1135—1198),字季通,学者称西山先生,建宁府建阳(今福建三明)人,蔡发之子。撰有《皇极经世太玄潜虚指要》《洪范解》《大衍详说》《律吕新书》等。《易学启蒙》为朱熹、蔡元定合撰,共四卷。

《皇极经世指要》《太玄潜虚指要》《大衍详说》,蔡元定撰。存

《皇极经世指要》、《太玄潜虚指要》,主要是根据邵雍子伯温所传其图文而作。

《朱文公易说》二十三卷,朱鉴编。存

朱鉴(1190—1258),字子明,南宋徽州婺源(今江西婺源)人。朱熹之长孙,承传家学,以荫补迪功郎,官至奉直大夫、湖广总领。

朱鉴辑有《朱文公易说》二十三卷,此书汇集了朱熹与门人、朋友论《易》之语。对此,《四库全书总目》称:

> 《朱文公易说》二十三卷,宋朱鉴编。案朱子世系,朱子三子:长曰塾;塾二子,长曰鉴,则朱子嫡长孙也。鉴,字子明,以荫补迪功郎,官至湖广总领。朱子注《易》之书,为目有五:曰《易传》十一卷,曰《易本义》十二卷,曰《易学启蒙》三卷,曰《古易音训》二卷,曰《蓍卦考误》一卷,皆有成帙。其朋友论难与及门之辨说,则散见《语录》中,鉴汇而葺之,以成是编。昔郑玄笺注诸经,其孙魏侍中小同复衷其门人问答之词,为《郑志》十一卷。鉴之编辑绪言,亦犹此例也。考朱子初作《易传》,用王弼本,后作《易本义》始用吕祖谦本。《易传》,《宋志》著录,今已散佚,当理宗以后,朱子之学大行,剩语残编,无不奉为球璧,不应手成巨帙,反至无传。殆以未定之说。自削其稿,故不复流布欤?鉴是书全采《语录》之文,以补《本义》之阙。其中或门

人记述,未必尽合师说,或偶然问答,未必勒为确论,安知无如《易传》之类为朱子所欲刊除者。然收拾放佚以备考证,亦可云能世其家学矣。

《正易心法》,戴师愈撰。存

戴师愈(？—1179),字孔文,号玉溪子,南宋人,与朱熹同时,南康军星子(今江西星子)人。孝宗隆兴元年(1163年)进士,授湘阴主簿。其论《易》,认为一卦之中凡具八卦,有正有伏,有互有旁。又称一变为七,七变为九,卦爻自一变至七,名作归魂。著《正易心法》。

《易学索隐》一卷、《易传解义》《周易辨异》 《易童子问》,袁枢撰。佚

袁枢(1131—1205),字机仲,建州建安人。孝宗隆兴元年(1163年)进士,曾任严州教授、太宗正簿、国史院编修、大理少卿、工部侍郎兼国学祭酒、右文殿编撰等职。晚年喜《易》,撰有《易学索隐》《易传解义》等。

《易学索隐》一卷,《读易举要》卷四载:"建安袁枢机仲撰《梅岩易说》。"《周易启蒙翼传·中篇》:"袁枢《易学索隐》一卷(《宋志》)。"清人朱彝尊《经义考》卷二十七,载"袁氏枢《易学索隐》,《宋志》:'一卷。'佚。《易传解义》,佚。《周易辨异》,佚。《易童子问》,佚",并引:

《宋史》:"袁枢,字机仲,建安人。权工部侍郎兼国子祭酒,以右文殿修撰知江陵府。作《易传解义》《辨异》《童子问》等书藏于家。"

朱子曰:"机仲疑《河图》《洛书》是后人伪作,夫以《河图》《洛书》为不足信,自欧阳以来已有此说,然终无奈。《顾命》《系辞》《论语》皆有是言,不可得而破除也。"

《大易集解》,杨焕撰。佚

《读易举要》卷四载:"道州教授秦州杨焕彬夫,集伊川、横渠、司马公至袁机仲凡五十家,名曰《大易集解》。彬夫亦自有说,缀于每卦每爻诸家之后。"

《周易玩辞》十六卷,项安世撰。存

项安世(1129—1208),字平甫,号平庵,其先括苍(今浙江丽水)人。孝宗淳熙二年(1175年)进士,曾任秘书省正字、校书郎兼实录院检讨官、户部员外郎、湖广总领、太府卿等职。撰有《周易玩辞》十六卷、《项氏家说》《平庵悔稿》等。其生平事迹可见于《馆阁续录》《宋史》等。

《周易玩辞》十六卷,是书宗程颐之学,而探究象数义理之学。《读易举要》卷四载:"太府卿松阳项安世平甫撰《周易玩辞》十六卷,又撰《项氏家说》。大抵程氏一于言理,尽略象数,而此书未尝偏废,盖遍考诸家,断以己意,精而博矣。又号平庵。嘉定辛未,江陵乐章知郢州,刊板于郡之公库。跋云:'《易》说以玩辞名,盖识其居闲所作也。平庵昔忤权臣,摈斥十年,杜门却扫,专意著述,诸书皆有说。'其《玩辞》自序云:'庆元戊午江陵项安世述。本处州人,徙居江陵,遂为江陵人。'"

清人朱彝尊《经义考》卷二十八,载"项氏安世《周易玩辞》,《宋志》:'十六卷。'存",并引:

> 安世《自序》曰:"《大传》曰:'君子居则观其象而玩其辞,动则观其变而玩其占。'读《易》之法尽于此矣。《易》之道四,其实则二,象与辞是也。变则象之进退也,占则辞之吉凶也。不识其象,何以知其变?不通其辞,何以决其占?然而圣人因象以措辞,后学因辞而测变。则今之读《易》,所当反复抽绎,精思而深味者,莫辞若也,于是作《周易玩辞》。庆元四年,岁次戊午,秋九月。"又《自述》曰:"嘉泰二年,壬戌之秋,重修《周易玩辞》十六卷,章句粗定,因自叹曰:'安世之所学,盖伊川程子之书也。程子生平所著,独《易传》为全书,安世受而读之,三十年矣。今以其所得于《易传》者,述为此书,而其文无与《易传》合者,合则无用述此书矣。世之友朋以《易传》之理观我书,本末条贯,无一不本于《易传》者,以《易传》之文观我书,则未免有使西河之民疑汝于夫子之怒。知我者此书也,罪我者此书也。'"

《馆阁续录》:"项安世,字平甫,江陵人。淳熙二年同进士出身,绍兴五年,除校书郎,庆元元年,添差通判池州。"

陈振孙曰:"安世当庆元中,得罪时宰,谪居江陵,杜门潜心不出,诸书皆有论说,而《易》为全书。其《自序》以为:'读程《易》三十年,此书无一字与之合,合则无用乎此书矣。世之君子以《易传》之理观我书,则本末条贯,无一不本于程氏者,以《易传》之文观我书,则恐有西河疑女之诮。'大抵程氏一于言理,尽略象数,而此书未尝偏废。程氏于《小象》颇欠发明,而此书爻象尤贯通。盖亦遍考诸家,断以己意,精而博矣。"

乐章《后序》曰:"《易说》以'玩辞'名,盖识其居闲所作也。《系辞》曰:'君子居则观其象而玩其辞。'平庵项公昔忤权臣,摈斥十年,杜门却扫,足迹不涉户限,耽思经史,专意著述,成书数篇,此其一焉。逮兵端既开,边事告急,公被命而起,独当一面,外御凭陵,内固根本,成就卓然,皆是书之力也。则知公动而玩占,措诸事业,应变不穷,盖动静不失其时者矣,岂直曰玩其辞而已哉?嘉定辛未岁闰二月。"

马端临《序》曰:"《易》有圣人之道四,变与象居其二焉。自义理之学大明,而变象之说几晦,先儒欲救其弊,则曰:'圣人当时自可别作一书,明言义理,以诏来世,何用假托卦爻,为此艰深隐晦之辞乎?'愚尝以为变之说不一:有随时之变,如《彖》《象》《小象》《文言》《系辞》各自一义是也。有逐爻之变,如六九七八、阴阳老少是也。有逐卦之爻,如刚柔、往来、互体、飞伏是也。象之说亦不一:卦画之象,阴阳、奇耦、三画、六断是也。有《大象》之象,天、地、风、雷、山、泽、水、火是也。有《说卦》之象,《乾》为马、《坤》为牛、《乾》为首、《坤》为腹之类是也。至简要者,随时之变也;至支离者,逐卦之变也;至精微者,卦画之象也;至琐碎者,《说卦》之象也。必研究其简要精微者,而不拘泥其支离琐碎者,则曰象曰变,固无非精义至理之所寄也,岂有二哉?平庵项公《玩辞》一书,义理渊源伊、洛,而于象变之际,抽绎尤精,明畅正大,无牵合附会之癖。公尝谓必遍通《五经》,而后归老于是,且自言窥其门墙,而未极其突奥,今将尽心焉,则是书必暮年所著。家有善本,先公尝熟复而手校之,方塘徐君掌教初庵,以是书锓梓学舍,俾赘语其编尾,辄诵所闻。大德丁未。"

徐之祥《序》曰:"予幼嗜《易》,祖程《传》,宗《本义》,诸儒训解中取平庵项氏《玩辞》,熟读精思,道德性命之原,开物成务之故,一出于奇耦往来不穷之变,曰:'象与占,随时取义,玩辞可知。'先生此书,不特有裨于程子七分之《传》,当时往复问学朱子之门,其于《本义》多所发明,惜书成于《本义》二十年之后,朱子未及见也。集贤初庵傅公以《易》学经世,被遇殊休,俾其徒黄棠创建精庐,嘉惠后学。经府传窟中独缺此书,予过梧翁先生马公考学,得所藏本,乃咸淳乙丑礼部贡院所点校。敬锓诸梓,与朋友共,使家藏而人诵之,予之志也。大德丁未。"

虞集《序》曰:"《周易玩辞》者,江陵项公安世平甫之所著也。其言以为《大传》曰:'居则观其象而玩其辞,动则观其变而玩其占。'其道虽四,而实则二,变乃象之进退,占乃辞之吉凶,圣人因象以措辞,后学因辞而测象,是故学《易》者舍辞何以哉?项公以其玩于辞而得之者笔于书,使后之学者因其言皆有以玩于前圣之辞而得焉,此项氏著书之意也。嗟夫!天不言,生圣人而代之言,故曰:'圣人之精,画卦以示,圣人之蕴,因卦以发。微卦,圣人之精蕴,殆不可悉得而闻。'然卦象未有语言,自非明智,何以知之?中古圣人以其忧患之心,因卦立言,畅于周公,究于孔子,首尾具完,皆所亲定,所谓精与蕴者,后世因得以推见焉。今夫生乎千载之下,而仰观于千载之上,以凡人之资而欲窥见天与圣人之道,苟得于圣人之一言,即为天之命已矣。况乎三圣人之言,广大悉备,虽历岁久远,遭时丧乱,亘千万古,而与所谓卦画者,略不可有所磨灭,岂非天乎?后之立言,岂有加于此者?志于学者,诚不可舍此而他求已。愚是以深叹项公之为知言,汉、晋以来,治《易》之师,其言犹有可见,而于四圣人之意,未知其何如也。及乎邵子、周子之生,《易》道盖中兴焉。邵子以先天心学者为成书,不必丽乎《经》《传》,而极天地之妙,通万物之情,三圣人以降,未之或先,而学者鲜或知之。周子之《图》,亦不必求同于《易》象,而理则不二,所谓《通书》者,皆所以通乎《易》者也,因卦以立辞者,如《乾》《损》《益》《家人》《睽》《复》《无妄》《蒙》《艮》之说仅见,如《大畜》等卦,当时已不得闻,独赖河南程子亲得其宗,以其成德之能事,附于三圣人之书而言之,非直传注而已也。自其学而推之,以极其至,则天人之际岂有间哉?盖尝闻之:'能尽其性者,则能尽人之性,能尽人之性,则能尽物之性。'故曰:'知其性则知天矣。'苟知天矣,则天地之故、鬼神之迹、事物之杂,岂待于考索推测而后通之?故程子有言不尽意,诚有望于后世学者自有得于圣人也,朱子发明象占,《本义》多约程子之言而精之云尔。故学

《易》之士,于是得其端绪而不差焉。项公实与朱子同时,当时则又有江西陆先生者,各以其学为教,又有聪明文学过人之士兴于永嘉。项公尝从而问辨咨决焉,其遗文犹有可征者,朱、项往来之书,至六七而不止,其要旨直以程子'涵养须用敬,进学则在致知'之说以告之。于是项公之学,上不过于高虚,下不陷于功利,而所趋所达,端有定向,然后研精覃思,作为此书。外有以采择诸家之博闻,内有以及乎象数之通变,奇而不凿,深而不迷,详而无余,约而无阙,庶几精微之道焉。其书既成,而朱子殁矣,自叙其学皆出于程子,而其言则不必皆同也,是可以见其讲明之指归矣。近时学《易》君子,多有取于其说,岂徒然哉?然而为是学者,自非深求于程、朱之说,而有所愤悱于缺塞,则亦不足以知项氏之功也。集至壮岁,至好此书,每取其说以与朋友讲习。今淮西廉访佥事韩君克庄好古博雅,学道爱人,尝以礼乐贡于有司,而不及奏,有旨俾居成均,勤苦数载,有人所不能堪者。逮文宗皇帝临御,日开延阁以待天下之士,乃特召见,得与论思之次,一时谓之得人。持节淮壖,至于江上,取是书于箧,俾齐安郡学刻而广之,盖叹乎学者之不多见是书也。不鄙谓集退老林下,庶乎困学之不敢忘,俾叙其说焉。呜呼!内圣外王之学不明于后世,而为治者以其知力之所及而行之,不无其效,至若与天地同流者,则何有哉?昔邵子有言曰:'学于里人,而尽里人之情;学于乡人,而尽乡人之情;学于国人,而尽国人之情;学于古人,而尽古人之情;学于天地,而尽天地之情。'如此则可以玩辞观象而得之,世有斯人哉?"

董真卿曰:"安世号平庵,著《周易玩辞》十六卷,又有《项氏家说》十卷,其第一卷说《易》,余及诸经史。"

《周易玩辞》的版本大体有:宋刻本(建安书院刊本,今藏于台北国家图书馆);明澹然斋抄本,现藏国家图书馆;清康熙成德刻通志堂经解本(四库底本),现藏国家图书馆;另有清康熙通志堂刻《通志堂经解》一百四十种本、清康熙十九年(1680年)刻本、粤东书局清同治十二年(1873年)刻本等。

《诚斋易传》二十卷,杨万里撰。存

杨万里(1127—1216),字廷秀,号诚斋,吉州吉水(今江西吉水)人。绍兴二十四年(1154年)进士,历任零陵丞、国子监博士、宝文阁待制等职。撰有《诚斋易传》《庸言》《诚斋挥尘录》等多种。

《诚斋易传》,初名《易传》,全书共二十卷,前十六卷解上下经,卷十七、十八解《系辞》,卷十九解《说卦》,卷二十解《序卦》《杂卦》。全书以程颐易学为宗。故书成之后,宋代书肆将其与程氏《易传》合刊,名其为《程杨易传》。

《厚斋易学·附录二》载:"《易传》二十卷,题庐陵杨万里学,淳熙戊申自序。其子长孺云:自戊申至嘉泰甲子脱稿,阅十七年而后成书。嘉定元年,臣寮申请,得旨给札其家抄录,宣付秘阁。其说本之程氏,而多引史传事证。"清人朱彝尊《经义考》卷二十九,载"杨氏万里《诚斋易传》,《宋志》:'二十卷。'存",并引:

董真卿曰:"诚斋先生《易传》二十卷。淳熙戊申自序,其子长孺申送《易传》状云:'自淳熙戊申八月下笔,至嘉泰甲子四月脱稿,阅十有七年而后成书。'嘉熙元年,奉旨给札其家抄录,宣付秘阁。其说本之程氏,而多引史传事证之。"

吴澄《跋》曰:"诚斋杨先生《易传》板本行天下久矣,王若周得其草稿,有《序》及《泰》《否》二卦。凡先生亲笔改定之处,比初稿为审,独初名《外传》,而后去外字,余谓当从其初。盖《易》之道,广大悉备,无所不包。程子被之于人事,所谓一天下之动者,由王辅嗣、胡翼之、王介甫至此极矣,朱子直谓:'可与三古圣人并而为四。'非过许也。杨先生又因程子而发之以精微之文,间有与程不同者,亦足以补其不足。然皆推行《易》道之用,而经之本旨未必如是。人以《国语》为《春秋外传》,非正释经而实相发明,今先生于《易》亦然,故名曰《外传》宜。"

郑希圣《跋》曰:"右诚斋《易》乃旧本,鬻书客潘生所售余者,置诸三家村芭蕉林中读书处,时至大二年己酉端阳日。"

陈栎曰:"诚斋本文士,因学文而求道于经学,性理终非本色。其作《易传》用二十年之工力,亦勤矣。文极奇,说极巧,段段节节用古事引证,使人喜动心目。坊中以是书合程子《易》并行,名曰《程、杨二先生易传》,实不当也。胡双湖《本义附录纂注》无半字及之,可见《杨传》足以耸动文士之观瞻,而不足以使穷经之士心服。"

杨士奇曰:"吾乡杨文节公著《易传》二十卷,宋理宗尝诏给札其家录进,宣付秘阁,当时已板行,而其稿前百余年尚藏杨氏,元季之乱,所存无几矣。此《小畜》《同人》《大有》三卦,公族黻所藏,皆公手笔,其中有一二处窜定而重录者,至今二百余年,楮墨如新,诚可宝也。公与晦庵先生交游,有讲论之益,先生平居论人物,于公极推重,而未尝及此书者,盖书成于先生既没之后也。此书本程子,其于说理粹然,而多引史传为证,程子以《易》为人事之书,晦庵先生尝论之矣,而公自序此书:'惟中能中天下之不中,惟正能正天下之不正,中正立,万变通。'至矣哉!其不易之言也。"

朱良育跋曰:"杨万里《诚斋易传》二十卷,自淳熙戊申至嘉定甲子,凡十七年始脱稿,前后《序》文皆公手笔。其说本之伊川,而多引史传事证,盖象数之学蔑闻焉。嘉熙元年,臣僚申请,得旨给札其家抄录,宣付秘阁。此本纸札精好,真三百年物也。书后有元人郑希圣题字,在至大二年己酉,距今二百八年矣。予得之祝希哲,希哲得之朱性甫,性甫得之南园俞石涧先生家藏。呜呼!凡法书名画,流传人间,君子付之烟云,过目无所系恋,真名言也。是果人之玩物,追慕古人,感慨系之。正德十一年夏四月。"

张时彻《序》曰:"贾大夫淇以明《易》起家进士,出宰涞水,未及期月,休嘉四鬯,典衡以为良,徙令吾鄞。政理之暇,则过涵碧之堂而论《易》焉,曰:'程、朱皆大儒也,而说理不同。孔子,《六经》之祖也,而朱子之说间于《十翼》殊旨,其义何居?'张时彻曰:'难言哉!难言哉!昔之说《易》者,盖莫如孔子矣,其言曰:"开物成务,冒天下之道。"如斯而已者也。又曰:"以言者尚其辞,以动者尚其变,以制器者尚其象,以卜筮者尚其占。"岂曰专于卜筮云乎?盖《易》,易也,随时变易以从道也。处常而常,处变而变,处顺而顺,处逆而逆,处内而内,处外而外,处小而小,处大而大,以明天道,以察地理,以辨物宜,以正人纪,盖无不备于斯矣。是故君得之则能为君,臣得之则能为臣,父得之则能为父,子得之则能为子,夫妇长幼朋友得之,则能为夫妇长幼朋友,用之家则家齐,用之国则国治,用之天下则天下平。非是物也,陷阱施于跬步,干戈伏于房闼,而弗之知也。欲以承惠迪之庥,而臻化理之绩,庸将能乎?故曰:"加我数年以学《易》,可以无大过矣。"圣人犹尔,而况其它乎?乃其所称曰吉,曰凶,曰利,曰不利,凡以别臧否之途,判从违之的,修之宿昔,而征诸事为云尔。非专受命于蓍策,值某卦某爻则为吉为凶,值某卦某爻则为利为不利,听仓卒之鬼神,而昧于趋避之素者也。春秋之时,国君以之定策,卿士以之决疑,罔不神而明之,其见于《左传》者可稽也。秦燔《诗》《书》而《易》独以卜筮得免,俗儒习之,转相师授,异说渐坌,至以谶纬杂之,而四圣之心荒矣。是《易》幸以卜筮而存,亦不幸以卜筮而亡耳。朱子一洗前陋,力为疏解,《易》道庶几复明而犹泥于卜筮,详其词旨,似专用于占者,而不及于未占者,此其于稽实待虚之义何如哉?间有不遵《十翼》之旨,而自为论绎。如"元亨利贞",孔子以为《乾》之四德,而朱子以为大通宜正;《颐》卦之辞,孔子以为所养自养,而朱子以为养德养身,此类颇多,盖愚之所未解也。尝得杨诚斋《易传》而读之,以《十翼》解经,以理明鬶,以事证理,盖豁然有契于衷,曰斯所谓"开物成务,冒天下之道"者乎?斯所谓"有君子之道四焉"者乎?惜也宋朝取而藏之秘阁,而不颁布于天下,今之学者知有程、朱之《易》,而不知有杨氏之《易》,斯《易》道之所以未大明也。'贾大夫曰:'其然乎?其然乎?淇闻之也,溯黄河者穷其源,睇泰、华者陟其巅,沿流而往,历趾而升,则渔樵犹必资之,而况先儒之言,所由以明圣人之经者乎?请梓而行之,以广公之志可乎?'余曰:'可哉!'遂次其答问之语而弁之。嘉靖四十二年九月。"

郝敬曰:"杨诚斋说《易》,每爻引一古人作证,以此为初学举一隅则可,欲执此证前《易》,所失甚多。"

徐乾学曰:"杨宝学传《易》,以中正立而万变通为《易》之指归,立说多本之伊川,而杂引史传为证。其书自淳熙戊申至嘉泰甲子,经十有七年而成。此本为其门人张敬之校刻,元人郑希圣题识犹存,又有正德中吴郡朱叔英跋尾,流传有自,盖宋椠之精者。"

万里《自序》曰:"《易》者何也?《易》之为言变也。《易》者,圣人通变之书也。何谓变?盖阴阳,太极之变也;五行,阴阳之变也。人与万物,五行之变也;万事,人与万物之变也。古初以迄于今,万事之变未已也,其作也一得一失,而其究也一治一乱。圣人有忧焉,于是幽观其通而逆绎其图,《易》之所以作也。《易》之为言变也,《易》者,圣人通变之书也,其穷理尽性,其正心修身,其齐家治国,其处显,其傃穷,其居常,其遭变,其参天地合鬼神,万事之变方来,而变通之道先立。变在彼,变在此,得其道者蛮可哲,愿可淑,青可福,危可安,乱可治,致身圣贤而跻世泰和,犹反手也。斯道何道也?中正而已矣。唯中为能中天下之不中,唯正为能正天下之不正,中正立而万变通,此二帝、三王之圣治,孔、孟、颜子之圣学也。后世或以事物之变为不足以撄吾心,举而捐之于空虚者,是乱天下者也。不然,以为不足以遁吾术,挈而持之以权谲者,是愈乱天下者也。然则学者将欲通变,于何求通?曰:'道。'于何求道?曰:'中。'于何求中?曰:'正。'于何求正?曰:《易》。'于何求《易》?曰:'心。'愚老矣,尝试与二三子讲之,二三子以为愚之言乎?非也。愚闻诸先儒,先儒闻诸三圣,三圣闻诸天。"

杨万里把"通变"看成是《周易》一书的本质所在,如何"通变"?他认为应当以"心"为本体,"中正"为法则,按照《大学》"格物穷理、正心修身、齐家治国"的顺序,实现人事的治理,为此他大量援引史实来阐明此理。其《后序》曰:

六经至夫子而大备,然书非夫子作也,定之而已耳;《诗》非夫子作也,删之而已耳;《礼》《乐》非夫子作也,正之而已耳。惟《易》与《春秋》,所谓夫子文章者欤?昔者伏羲氏作《易》矣,时则有其画无其辞。文王重《易》矣,时则有辞无余辞。至吾夫子起乎两圣之后,而超出乎两圣之先,发天之藏,据圣之疆,挹彼三才之道,而注之于三绝之间,于是作《彖辞》,又作《小象》之辞,又作《文言》之辞,又作《二系》之辞,又作《说卦》之辞,又作《序卦》之辞,又作《杂卦》之辞,炳然蔚然,聚此书矣。其辞精以幽,其旨渊以长,其道博以重。是书也,其蕴道之玉府,范圣之大钧也欤?韩起聘鲁,见《易象》而喜曰:'周礼尽在鲁矣。'当是时,岂《易》之书惟鲁有之欤?抑诸国皆有而晋未有欤?宜其见之而喜也。然起所见者,羲、文之《易》而已,未见夫子之《易》也。见羲、文之《易》,其喜已如此,使见夫子之《易》,其喜又当何如哉?今乃得见韩起之所未见,呜呼!后之学者一何幸也。子贡在三千七十子之中,其科在乙,其名在六,其不在升堂入室之间乎?然尝叹:'夫子之言性与天道,不可得而闻。'夫子之《易》书,非性与天道之言乎?而子贡独不得闻者,岂叹之时,此书未作欤?抑已作而未出欤?今乃得闻子贡之所不得闻,呜呼!后之学者又何幸也。每谓:'闻而知,不若见而知。'盖闻者疏,见者亲,闻者略,见者详也。见子贡之叹，则见而知者反不若闻而知者欤？然则学者之羡子贡，又安知子贡之不羡学者也。呜呼！学者又何幸也。

杨万里《诚斋易传》的特点，注重阐发思想义理，注重以史解易，《四库全书总目》评价说："是书大旨本程氏，而多引史传以证之"①，"夫引事证《经》，郑氏《易注》即有之，至《吴园易解》《诚斋易传》始大畅厥旨"②。

《诚斋易传》的版本，现存有《武英殿聚珍版丛书》本、闽覆本、道光三十年（1850年）刊《经苑》本、民国《丛书集成初编》本等多种。

《大易粹言》十卷，方闻一撰，曾穜辑。存

方闻一为舒州（今安徽潜山）人，曾从师于郭雍，淳熙中为郡博士。此时，曾穜为舒州太守，因与二、三僚友语及程颐之学，皆欣然有得，遂相与搜伊川家所尝发挥《大易》之旨者，集为一书，目之曰《大易粹言》。

《大易粹言》共十卷，一说七十卷，此书最终由曾穜所辑。主要辑二程、张载等七家之说而成。程九万跋称："今公（指曾穜）会而通之，贯而一之，诚有功于圣门，端不止于裒集而已。"李祐之跋称："祐之蚤获游温陵曾公之门，公平居议论，必及于《易》，而伊川之学尤所笃好。故尝以亲爱白云之说，合伊川兄弟而下，共为七家，欲镌之而未能也。洎来舒郡，出以相示，且俾订证其非，是期与同志共之。"从此可知，参与辑录此书者或许多人，然自规划直至编定，实出曾穜之手。对此，《读易提要》卷四载："知舒州温陵曾穜献之，集二程、张、游、杨及二郭七家之说，名曰《大易粹言》。穜尝受学于郭白云。"《周易启蒙翼传·中篇》："曾穜《大易粹言》十卷，裒二程、横渠、广平、龟山、兼山、白云七先生集为一书。淳熙二年自序略云：'伏羲以前，理具而画未形，伏羲而后，画形而理遂晦。至文王、周、孔始有辞，后人当使言与心通，理因辞见，明道行事，然后为得。甚者以象为本，以数为宗，以卜筮为尚，吁可怪也。大要主理义，不及象数。'"

清人朱彝尊《经义考》卷二十九，载"曾氏穜《大易粹言》，《宋志》：'十

---

① 《四库全书总目》卷一《诚斋易传》。
② 《四库全书总目》卷十《周易纬史》。

卷。'（或作'七十卷'。）存"，并引：

穜《序》曰："伏羲以前，理具而画未形；伏羲以后，画形而理遂晦。至文王、周、孔始有辞，后人当使言与心通，理因辞见，明行明事，然后为得。甚者以象为本，以数为宗，以卜筮为尚，可怪也。（阙）吾根于性理者哉。淳熙乙未夏五月，穜代匮龙舒，因与二三僚友语及先生之学，皆欣然有得，谓穜曰：'《易》道盖生生不穷，未尝拘泥，胡可不传？'遂相与裒伊川诸家尝发挥大《易》之旨者，明道、伊川、横渠、广平、龟山、兼山、白云，合七先生集为一书，目之曰《大易粹言》。考其说虽小有不同，要其终则归乎一致。板之以传，使夫后之学者，由是可以知仁义道德之说，性命祸福之理，君臣父子之大致，诚不为无补。《易》曰：'先天而天弗违。'龟山载邵尧夫诗，亦有'画前元有《易》'之语，盖七先生之所宗。先生之学，画前之《易》也，学者宜究心焉。淳熙二年九月。"

程九万《跋》曰："是书之成，所惠于后学多矣。夫学莫不有宗，后之学者皆失之。学琴有谱，学奕有数，彼业一技者且然，而况于学道者乎？吾圣人阐道之微，以诏后学，悉具于《六艺》。煨烬之余，惟《易》为全书，故昔人号《易》为《六艺》之原，有志于道德性命之学者，可不出入其门而探其奥乎？舍是不用吾力，而欲求夫径造顿悟之说，几何而不胥为异端也？盖自胚腪于羲，发露于文，而大彰明于夫子，道妙所在，内外之不偏废，终始之无有二致。由是而充之，可以处贵贱，可以达死生。汉儒休咎灾异之证，最害道之甚者，寥寥千百载间，有伊川二程先生者，探三圣之用心，与一时诸公讲究至到，可为学者据依，然犹病其文字之间见，帙籍之散漫，今公会而通之，贯而一之，诚有功于圣门，端不止于裒集而已，学者于是而得其所宗矣。书成，遂述前日语以书于末云。淳熙四年正月。"

李祐之《跋》曰："昔伊川先生发挥大《易》之旨，独止于六十四卦，而《系辞》无传，学者惜之。惟当时诸公之所讲究，间见层出，亦足以补其遗阙，然编帙散漫，犹病焉。祐之蚤获游温陵曾公之门，公平居议论，必及于《易》，而伊川之学尤所笃好。故尝以亲爱白云之说，合伊川兄弟而下，共为七家。欲镵之而未能也。迨来舒郡，出以相示，且俾订证其非，是期与同志共之。凡涉书七十有五种，为字四十五万有奇，义多互见，辞或重出，而后伊川之《易》无遗恨之叹。噫！公之用心也盖深,而人之获利也亦博矣,于是乎书。"

张嗣古《跋》曰:"右《大易粹言》,前太守曾君穜命郡博士方闻一所裒辑者也。虽七家之书,不无浅深异同之论,然考其师友渊源,则皆自伊、洛中来,学者得此书而萃观之,则浅深异同之际,乃吾所用力之地。苟能穷其所已言,以求乎至是之归,体其所未言,以造乎自得之实,则知阴阳五行升降上下,无非天理流行之妙,而画前之《易》,当在吾心而不在书矣,岂徒以广耳目闻见而已哉？岁久,板漫灭不可读,因念刊书之难,复为之修改,七百三十有六板,凡二十六万一千五百九十有四字,以与学者共之,亦以无忘曾君之美意云。嘉定癸酉五月望。"

陈造曰:"《粹言》载诸公所得深者,参举而互备,此板在舒州已就漫漶,予修之,遂为佳本。"

赵希弁曰:"《大易粹言》七十卷,《总论》三卷,集明道先生程颢伯淳、伊川先生程颐正叔、横渠先生张载子厚、广平游酢定夫、龟山杨时中立、兼山郭忠孝立之、白云郭雍子和之说也,舒守曾穜序。"

王应麟曰:"淳熙二年,曾穜裒程颢、颐、张载、游酢、杨时、郭忠孝、雍七先生之说为大《易粹言》,凡十卷。"

胡一桂曰:"大要主理义,不及象数。"

董真卿曰:"曾穜集七家解,名《大易粹言》,七十三卷。淳熙二年序。"

淳熙中,曾穜有刻版,"岁久,板漫灭不可读",(《经义考》卷二十九引张嗣古《大易粹言》跋)张嗣古于嘉定六年(1213年)补版印行。《四库全书》录自江苏蒋曾莹家藏本。今国家图书馆藏宋淳熙三年(1176年)舒州公使库刻本十二卷,即曾莹初刻本。

《周易图说》二卷(存)、《古周易》十二卷(未见)、《集古易》一卷(存),吴仁杰撰。

吴仁杰,字斗南,一字南英,号蠹隐,另号蠹豪,河南洛阳人,居昆山(今江苏昆山)。淳熙进士,历任罗田令,国子学录等职。撰有《古周易》十二卷、《集古易》一卷、《易图说》三卷等。

吴仁杰的易学著述,《读易提要》卷四载:"河南吴仁杰撰《易图说》三卷,又集古《周易》、费直《易》、郑康成《易》、王弼《易》,萃为一书。后有吕大防《古易》、晁说之《古易》、王洙《古易》、吕祖谦《古易》、周燔《古易》。端平丙申,吴人何元寿刊于湖广饷所。"《周易启蒙翼传·中篇》:"吴仁杰《周易图说》三卷,《集古易》一卷。"

清人朱彝尊《经义考》卷三十,载"吴氏仁杰《古周易》,《宋志》:'十二卷。'未见。《周易图说》,《宋志》:'二卷。'存。《集古易》,《宋志》:'一卷。'存",并引:

仁杰《自序》曰:"《易》与天地并,未有文字,先有此书。自伏羲画八卦,以贞悔之象,重之为六十四,时则有卦有象而无辞。始卦之重,占以定体,文王作《彖》,总论其义,谓卦不足以尽吉凶之变,乃附著变爻及覆卦之画,以演其占,时则有《象》有爻而未有《爻辞》。周公继之,于爻画覆卦之下,皆《系辞》焉,而《易》上下篇之文始备。孔子承三圣为《十翼》以赞《易》道,《彖》《象》《系辞》《文言》《说卦》《序卦》《杂卦》是也,谓之《易传》。《彖》《象》《系辞》,夫子所自著也,《文言》以下,弟子记夫子之言也。按:《汲冢书》有《周易》上下篇,而无《彖》《象》《系辞》,陆德明《释文》:'孔壁所得古文《传》为《十翼》。'而不言《经》,然则《十翼》之作,其初自为篇简,不与《易经》相属,此冢、壁所藏所以各得其一欤?汉田何之《易》,其传出于孔氏,《上、下经》《十翼》离为十二篇,而解者自为章句,此古经也。又有费直《易》亡章句,《崇文总目·序》云:'以《彖》《象》《文言》杂入卦中者,自费氏始。'按:郑康成《易》以《文言》《说卦》《序卦》合为一卷,则《文言》杂入卦中,康成犹未尔,非自费氏始也。直《本传》云:'徒以《彖》《象》《系辞》十篇之言解说上下二经。'盖解《经》但用《彖》《象》《系辞》。《汉书》本误以'之言'字为'文言'耳。十篇云者,史举其凡。直之学似于每卦之后列《彖》《象》《系辞》,去其篇第之目,而冠《传》字以总之,正如杜元凯《春秋解》分《经》之年与《传》之年相附,而《经》自《经》,《传》自《传》也。然《彖》《象》《系辞》之名一没不复,汩乱古经,则始于此。刘向尝以中古文校施、孟、梁丘,或脱去'无咎''悔亡',惟费氏《经》与古文同,由是诸家之学寖微于汉末,而费氏独兴。康成因之,遂省六爻之画与覆卦之画,移上下体于卦画之下,而以卦名次之,移'初九'至'用九'之文而加之《爻辞》之上,又以《彖》《象》合之于《经》,而加'彖曰''象曰'之文,今王弼《易·乾卦》自《文言》以前,则故郑氏本也。以高贵乡公、淳于俊问对观之,于时康成所注虽合《彖》《象》于《经》,而所谓《彖》《象》不连经文者犹在。及王注《易》,则康成之本,谓孔子赞爻之辞本以释《经》,宜相附近,及各附当爻,每爻加'象曰'以别之,谓之'小象';又取《文言》附于《乾》《坤》二卦,加'文言曰'三字于首;若《说卦》等篇则仍其旧,别自为卷,总曰《系辞》。自是世儒知有弼《易》,而不知有所谓《古经》矣。原三经之学,初欲学者寻省易了,日趋于简便,而末流之弊,学者遂废古经,使后世不见此书之纯全与圣人述作之本意,可胜叹哉!然则天下之事务趋于简便者,其弊每如此,可为作俑者之戒也。《隋经籍志·序》谓:'秦焚书,《易》以卜筮独存,唯失《说卦》三篇,后河内女子得之。'按:今《说卦》乃止一篇,故先儒疑《易》文亦有亡者,不得为全书。又《说卦》之文每及于《彖》《象》《系辞》,必以圣人称之,先儒谓此非伏羲、文王、周公之作,然《十翼》之书,复有所谓《彖》《象》《系辞》,其名相乱,学者疑焉。仁杰按:史称孔子晚而好学,读之,韦编三绝,而为之《传》。颜师古曰:'《传》谓《彖》《象》《系辞》之属。'则知伏羲、文王、周公之作固曰《彖》《象》《系辞》,而《十翼》所谓《彖》《象》《系辞》,乃其《传》也,费氏本有'传'字,故王弼于每卷必以首卦配《传》,名之音义,释《上经·乾传》云:'《传》谓夫子《十翼》。'又释《系辞上》云:'王肃本《系辞上传》。'由此言之,《十翼》所谓《彖》《象》《系辞》,并不与伏羲、文王、周公之名相乱,古经盖曰《彖传》《象传》《系辞传》也。今《易》指孔子《象辞》为《大象》,而以释《爻辞》之文为《小象》者,案:《易》固有大小之象焉,《大象》指八卦八物之象,所谓:'八卦以象告,立象以尽意。'如《乾》为天、《震》为雷之类,《说卦》载'帝出乎《震》'至'成言乎《艮》',苏文忠公谓'古有是说,孔子从而释之'者是已。《小象》指六十四卦八物相配之象,所谓'象其物宜,是故谓之象。八卦成列,象在其中,如雷在天上,《大壮》'之类,孔子所著《象传》是已。然则今《大象》当曰《象传》,《小象》乃孔子所谓释《爻辞》者,当曰《系辞传》也。夫孔子释《爻辞》之文谓之《系辞传》,则周公《爻辞》曰《系辞》可矣。欧阳公曰:'系者,有所系之谓也,故曰:

"系辞焉以断其吉凶,是故谓之爻。"言其为辞各联属其一爻者也。'是则本专指《爻辞》为《系辞》,苏文忠亦谓以《上、下系》为《系辞》,则失之矣。然孔颖达以为《系辞》通指卦爻之辞言之,不专指《爻辞》,是不然。按:《说卦》言系辞者六:其一曰:'系辞焉以明其吉凶,是故谓之爻。'此不待言而明者。其一曰:'立象以尽意,设卦以尽情伪,系辞焉以尽其言。'此历举三圣之作,象谓伏羲六十四卦之象卦,系谓文王、周公《彖辞》《系辞》也。其一曰:'因而重之,爻在其中,系辞焉而命之,动在其中。'龚深甫侍郎云:'系辞焉而命之,所以明爻也。'其一曰:'《易》有四象,所以示也;系辞焉所以告也。'《正义》曰:'四象谓七八九六。'按:七八即爻之不变者,九六即爻之变者,然则此章所指亦《爻辞》也。其一曰:'圣人设卦观象,系辞焉而明吉凶。'言设卦所以观象,系辞所以明吉凶云尔。卦谓《彖辞》,系谓《爻辞》,故曰:'《彖》者言乎象,《爻者》言乎变。'又曰:'齐小大者存乎《卦》,辨吉凶者存乎《辞》。'凡此皆互见其义,或以《彖》对《爻》,或以《卦》对《辞》;曰《卦》曰《彖》云者,皆指乎《卦辞》也;曰《爻》曰《辞》云者,皆指夫《爻辞》也。简言之,则曰《彖》、曰《象》、曰《爻》、曰《辞》;详言之,则《卦》曰《彖辞》,《爻》曰《系辞》,截然有不可紊者。不然,《卦辞》既曰《彖》矣,安得复以《系辞》名之?《说卦》凡以卦与辞二文相对,韩康伯、苏文忠皆曰:'辞,《爻辞》也。'杨元素侍读亦谓:'"圣人设卦观象,系辞焉而明吉凶。"又曰:"系辞焉所以告也。"盖指周公之所为《爻辞》。'以《说卦》本旨及韩、苏、龚、杨之言参之,谓《系辞》非专指《爻辞》,可不可耶?虽然,谓《爻辞》为《系辞》,谓《小象》为《系辞传》,则今所谓《上、下系》者,复何名哉? 或曰:'二《系》皆谓之《说卦》,与今《说卦》通为三篇,诸儒皆以《系辞传》为《小象》,而《上、下系》之名无所归,故取《说卦》前二篇名之,其实本《说卦》也。'欧阳公谓:'今《系辞》之文杂论《易》之诸卦,其辞非有所系,不得谓之系辞。'叶少蕴左丞亦曰:'太史公引"天下同归而殊途,一致而百虑"为《易大传》,则汉诸儒固未尝以今两篇为《系辞》,斯其为《说卦》也审矣。'太史公以两篇为《大传》者,盖《十翼》皆谓之《易传》,而汉之《易》师杨何之属,又著《易》书行于世,太史公受《易》于杨何,谓《说卦》之文为《大传》者,以别杨何之徒所谓《传》耳。今《诗序》一名《诗大传》,亦以别毛公《故训传》□也。郑东卿论《说卦》出汉宣时,而汉宣之前,儒者亦多引援,岂秦火之后,《易》家秘此而不轻传也?按:太史公周行天下,多见先秦古书,此三篇之文虽未献于孝宣之时,固已先众人而见之矣。《世家》不云乎:'孔子晚喜《易》,序《彖》《系》《象》《说卦》《文言》。'此其证也。先儒以为序之、系之、说之、文之,于义未允,此谓序《易》及《彖传》《象传》《系传》《文言》《说卦》也。或者又谓:'圣人之书不当舍《经》传《传》。'案:《易音义》云:经者,常也,法也,传以传述为义,经之为经,以其可为万世之常法,传作述前人之作,如是而已。非必尊经而卑传。《十翼》之文,述而不作,其体传也,其言经也,岂害其为圣人之书乎?况史称:'孔子读《易》而为之《传》。'则传也者,夫子所自名,非后人名之也。夫如此谓十翼《彖》《象》《系辞》为《彖传》《象传》《系辞传》,复何疑哉?以《易》考之,'☰'者,伏羲之卦也。'元亨利贞'者,文王之《彖》也。曰'大哉乾元,万物资始,乃统天'以下,此夫子所述《彖》之《传》也。'内卦☰、外卦☰'者,伏羲卦中贞悔之象也。曰'《乾》下《乾》上,天行健,君子以自强不息'者,孔子所述《象》之《传》也。'━'者,文王于卦外所演变爻之画也。'潜龙勿用'者,周公系爻之辞也。曰'初九,潜龙勿用,阳在下也'者,孔子所述《系辞》之《传》也。'☰'者,文王所演覆卦之画也。曰'见群龙无首,吉'者,周公之《系辞》也。曰'用九,天德不可为首'者,孔子所述《系辞》之《传》也。《彖》述伏羲,《象》述文王,《系辞》述周公;而《象》在《彖》后者,颖达谓当繇《彖》详而《象》略,疑不专为是孔子所述,其肯先文王乎?又《十翼》之次,先儒所论,亦有多家。颖达独取郑氏之说,云《上彖》《下彖》《上象》《下象》《上系》《下系》《文言》《说卦》《序卦》《杂卦》,其说谓《经》分上下,则《彖》《象》亦当随《经》而分,不知《经》为上下篇,直以古者竹简重大故尔。若谓《彖》《象》当随《经》而分,《序卦》何以不分耶?胡秘监且以《彖》《大象》《小象》《上系》《下系》《乾·文言》《坤·文言》《说卦》《序卦》《杂卦》为十篇。胡安定易之,曰:《上象》一、《下象》二、《大象》三、《小象》四、《文言》五、《上系》六、《下系》七、《说卦》八、《序卦》九、《杂卦》十;《文言》既不当离而为二,至以二《系》居《文言》之后、《说卦》之前,亦恐其非序矣。仁杰谓:《十翼》:《彖传》也,象传也,《系辞上、下传》也,《文言》也,《说卦上、中、下》也,《序卦》也,《杂卦》也,并《上、下经》是为十二篇。《上经》《下经》之目本之费直、孟喜,《系辞上传》《系辞下传》之文本之王肃,《彖》《象》《系辞》《文言》之次本之《艺文志》,而《说卦》之为三篇,则河内女子所得之数也。其篇第在古如此,而费、郑以来汩之。呜呼!维天未丧斯文,故厄于秦而独不废,奈何后世犹疑其非全书,其失在传注之家以《传》参杂于《经》而然也。今以《彖辞》归之卦下,以《系辞》归之爻下,以上下体归之《象传》,以卦名及初上九六、二《用》之文归之《系辞传》。以《上、下经》仍为两篇,《传》为十篇,然后古十二篇之《易》复得其全矣。夫《易》之为书,其蕴奥微妙,非深造自得者未易言也。仁杰未得其门户,独次其旧文而欲复之。绍兴辛巳之冬,书始萌芽,博考深求,又二十八年而后定古经之失,复之之难如是哉!是以君子重变古也。"

朱子曰:"吴斗南《古易》既画全卦,系以《彖辞》,再画本卦,分六爻而系以《爻辞》,似涉重复。又《彖传》释彖辞,《象传》释《爻辞》,《系辞传》则通释卦爻之辞,故统名之曰《系辞传》,恐不可改《系辞传》为《说卦》。盖《说卦》之体乃分别八卦方位与其象类,故得以《说卦》名之,《系辞传》两篇释卦爻之义例,辞意为多,恐不得谓之《说卦》也。"

吴元寿《跋》曰:"古《易》六十四卦,象而不名,卦皆有辞,又大书其爻而系辞焉。惟《乾》《坤》覆卦之象,余则否。《彖》《象》《系辞》各有《传》,合《文言》《说卦》《序卦》《杂卦》为十篇,古《易》大略盖如此。后世儒者便文求义,乃取《彖》《象》《系传》《文言》之文,杂入为《经》,凡《系辞》之文与夫象之覆者皆略之,三圣遗书殆失其本真矣。天佑斯文,全书仍在,学者犹获见于千载之上,如是为《经》,如是为《传》,益以见古圣人作述之本旨,吁!何幸欤?"

陈振孙曰:"仁杰所录以爻为《系辞》,今之《系辞》为《说卦》,其言《十翼》为《彖传》《象传》《系辞传上、下》《说卦上、中、下》《文言》《序卦》《杂卦》,并《上、下经》为十二篇。按:汉世传《易》者施、孟、梁丘、京、费,费最晚出,不得立于学官,其学亡章句,惟以《彖》《象》《文言》等解《上、下经》,自刘向校中古文《易经》,诸家或脱'无咎''悔亡',惟费氏与古文同。东京名儒马、郑皆传之,其后诸家皆废,而费学孤行以至于今。其合《彖》《象》《文言》于《经》,盖自康成、辅嗣以来,展转相传,学者遂不识古文本经,甚至于今世考官命题,或连《彖》《象》《爻辞》为一,对大义者,志得而已,往往穿凿傅会,而经旨破碎极矣。凡此诸家所录,虽颇有同异,大较《经》自为《经》,《传》自为《传》,而于《传》之中,《彖》《象》《文言》亦各不相混,稍复古文之旧,均有益于学者,宜并存之。又有九江周燔所次,附见吴氏书篇末,今古文参用,视诸本为无据云。"

王应麟曰:"元丰五年,汲郡吕大防始定《周易古经》,分《上经》《下经》《上彖》《下彖》《上象》《下象》《系辞上、下》各二篇,《文言》《说卦》《序卦》《杂卦》各一篇,凡十二篇。靖国中嵩山晁说之亦注古文《易》,并十二为八,以《卦》《爻》《彖》《象》《文言》《系辞》《说卦》《序卦》各为一篇。睢阳王氏、东莱吕氏亦各定为十二篇,其后九江周燔又自改定次序,与诸家之说不类。故言古《易》者为五家,吴仁杰集为一卷,仁杰亦分为十二篇。"

董真卿曰:"仁杰,字斗南,平江昆山人。《周易图说》三卷,《集古易》一卷。"

《易图说》有《通志堂经解》本,《四库全书》本。

《易经解》,戴梦申撰。佚

戴梦申,号五郎,诗山人。宋嘉泰二年(1202年)特奏名第进士,授将仕郎,知广东番禺县事。撰有《易经解》《郭山庙记》《郭山庙落成歌》《诗山资福院》《欧阳坟》行于世。

《易裨传》二卷,林至撰。存

林至,字德久,生卒年不详,南宋嘉兴府华亭(今上海松江)人。撰有《易裨传》一书。

《易裨传》分三篇,一曰《法象》、二曰《极数》、三曰《观变》。《宋史·艺文志》作一卷,《直斋书录解题》《文献通考·经籍考》俱作二卷、外篇一卷。《读易举要》卷四载:"秘书省正字樵李林至撰《易裨传》二卷,曰《法象》、《极数》、曰《观变》。外篇一卷,曰《反对世应互体纳甲卦气之类》。"《周易启蒙翼传·中篇》:林至《易裨传》一卷(《宋志》)清人朱彝尊《经义考》卷三十一,亦载"林氏至《易稗传》,《宋志》:'一卷。'(《通考》二卷,《外篇》一卷。)存",并引:

至《自序》曰:"《易》之为道,生生而不穷。其著之卦变,皆本于气数之自然,非私智之能及乎。昔河南夫子为《易传》一书,使学者因辞以达义,象数之说,夫子虽未尝言,亦曰:'得其义则象数在其中矣。'今世之言《易》者,往往喜谈象数,或出己智,或摭先儒之说,牵合傅会,似若可听者。然其巧愈甚,其失弥远,不知《易》之所谓象数者,初不若是其纷纷也。至不佞,窃有意于此,辄本之《易大传》,为《裨传》三篇,曰《法象》,曰《极数》,曰《观变》。《法象》则本之太极,《极数》则本之天地之数,《观变》则本之蓍之十有八变,是三者,《大传》之中尝言之矣。惟其论太极者,惑于四象之说,而失卦画之本;论天地之数者,惑于《图》《书》之文,而失参两之宗;论揲蓍者,惑于挂扐之间,而失阴阳之变。今各厘而正之,使不失其条理,则知象数皆自然而然,果非私智之能及也。至于数变之说,曰《反对》,曰《相生》,曰《世应》,曰《互体》,曰《纳甲》,曰《变爻》,曰《动爻》,曰《卦气》,谓非《易》之道则不可,谓《易》尽在于是则非也。要之,《易》道变通不穷,得其一端,皆足以为说,以其《大传》未尝有言,故亦总其大略,以为《外篇》。或曰:'子之于《易》,皆本之《大传》是也,而诸儒之说皆略之,毋乃自谓是不眩也?'盖《易》虽寓之象数,孰知论象数者至《大传》而无余矣。凡《大传》之所不言,亦何敢言哉?故宁得是不眩而不辞也。"

陈振孙曰:"至撰凡三篇:曰《法象》,本之太极;曰《极数》,本之天地之数;曰《观变》,本之揲蓍十八变。《外篇》则曰《反对》《世应》《互体》《纳甲》《卦气》之类,凡八条。"

陈泰曰:"林先生,字德久,松江府人。宋淳熙释褐魁,官至秘书,登晦庵朱先生之门,是书乃庸田使康公出授士子,今太守刘公命锓于嘉兴郡学,传示学者云。"

《四库全书》著录二卷,盖据元至正间嘉兴府儒学教授陈泰所刊合并本。此书收入纳兰性德所编《通志堂经解》中。另有清抄本传世,藏国家图书馆。

《易疑问答》,赵善佐撰。佚

赵善佐(1134—1185),宇佐卿,邵武人,宋宗室子。历任知泰州、知常德府、知赣州,卒于官,撰有《易疑问答》。曾受学于张栻,后又从朱熹学。清人李清馥《闽中理学渊源录》卷二十三:"赵善佐,字佐卿,邵武人。受学张敬夫,又从朱子游。以宗室子试授将乐丞,累知泰州、常德、赣州。奉法爱民,以勤俭自约饬。在赣逾年卒,民哀思之。著《易疑问答》。"

《易疑问答》,清人朱彝尊《经义考》卷三十一,载"赵氏善佐《易疑问答》,佚"。

《周易集义》六十四卷,潘柄撰。佚

潘柄,字谦之,侯官人。《周易集义》六十四卷,一说二卷。清人朱彝尊《经义考》卷三十一,载"潘氏柄《周易集义》六十四卷,未见",并引《闽书》:"潘柄,字谦之,侯官人。受学朱子,有《易解》《尚书解》,学者号爪山先生。"按:清乾隆间编纂的《福州府志·艺文》载:"潘柄《易解》二卷。"

《易集义》,何镐撰。佚

何镐,生卒年月不详,字叔京,南宋福建邵武人。宋重和元年(1181年)进士,何兑子。少承家学,又与朱熹友善。何镐论经史时事,简易条畅,名其书堂为"高远"。有《易学说语》,朱熹称此书可传之后世。又有《台溪集》数十卷。学者称何镐为台溪先生。

清人朱彝尊《经义考》卷三十一,载"何氏镐《易集义》,佚",并引《闽书》:"镐,字叔京,邵武人。潭州善化令,学者称台溪先生,有《易》《论语说》,朱文公称其可传。"又引《闽大纪》:"镐,龟津先生兑之子,以父荫为安溪主簿。与朱子为友,后调善化令,未至,卒。"

清人李清馥《闽中理学渊源考》卷二十三载:

何镐,字叔京,邵武人。父兑始仕为左朝奉郎,通判辰州。生镐,孝谨有器识。既出就傅,暮归则不复去,亲侧诵书,日数千言。为文敏而有思,趣尚高远,识者奇之。辰州尝受程氏《中庸》之学于东平马公伸,服行不息,又以其忠节事状移书太史,忤秦桧,下吏窜南方,扼死不恨。间复悉以其所闻者语镐,既受其说,则益务贯穿经史,取友四方,博考旁资,以相参伍,久而自信,于是一意操存,杜门终日,澹然无营。至其论说古今,指陈得失,则又明白慷慨,可举而行。平居崇德义,厉廉节,绝口未尝及功利。至于收族恤孤,兴事济众,则恳恻忧劳,如己嗜欲。言行相循,没身不懈。由此南州之为程学者,始又知有马氏之传焉。始用辰州致仕恩补官,授泉州安溪主簿,未赴,再调汀州上杭丞,数行县事,专用宽简为治,自罢税外无名之赋,人便安之。部使者邓伯熊行部,顾郡事不理,囚系或累岁月不得释,檄镐佐其守,悉取文书阅视,具得其情,决遣之,旬日皆尽。又以田税不均,贫弱受病,所以均之甚备,守顾不悦,镐即谢去。一时学士寮友推其学行,多师尊之,而当路鲜识之者。调潭州善化令,将行而卒,年四十八。朱子撰墓碣,称镐为人清夷恬旷,廉直惠和,谈经论事简易条畅,所著书有《易》《论语》、史论、诸文数十卷,其言多可传者。筑书堂所居南坂上,名以"高远",用见己志。素与朱子友善,尝与书曰:执事家学渊源之正,而才资敏锐,绝出等夷,其深造默识,固有超然,非诵说见闻之所及也,而其口讲心潜,躬行力践,已非一日之积。词旨奥博,反复通贯,三复竦然,有以仰见其所存之妙云。

《易解》,许升撰。佚

许升(1141—1185),亦名升之,字顺之,号存斋,泉州同安(今福建泉州)人。曾师从朱熹为学。撰有《孟氏说》《礼记文解》《易解》等书。

《易解》,清人朱彝尊《经义考》卷三十一,载"许氏升("升"《闽大纪》作"弁")《易解》,佚"。

《周易师训》,董铢撰。未见

董铢(1151—1214),字叔重,称盘涧先生,防虎乡(一说江西饶州)人。登嘉定元年(1208年)进士,官金华尉,为朱熹门人,撰有《性理注解》《易书注》。

《周易师训》,清人朱彝尊《经义考》卷三十一,载"董氏铢《周易师训》,未见"。

《周易象数总义》一卷,詹体仁撰。佚

詹体仁(1143—1206),字无善,南宋建宁浦城(今福建三明)人。《宋史》卷三九三有传。撰有《周易象数总义》等。

清人朱彝尊《经义考》卷三十一,载"詹氏体仁《周易象数总义》一卷。佚",并引:

> 真德秀《状》曰:"体仁,字元善,其先固始人,迁建之武夷。中进士乙科,光宗朝为太常少卿,陛对首陈父子至恩之说,以感动上意。其略谓:'《易》于《家人》之后,次之以《睽》,《睽》之上九曰:"见豕负涂,载鬼一车,先张之弧,后说之弧,匪寇婚媾。往,遇雨则吉。"夫疑极而惑,凡所见者皆以为寇,而不知实其亲也。孔子释之曰:"遇雨则吉,群疑亡也。"盖人伦天理有间隔而无断绝,方其未通也,堙郁烦愦,若不可以终日。及其醒然而悟,泮然而释,如遇雨焉,何其和悦而条畅也。'官至司农卿。"

《读易记》三卷,徐侨撰。佚

清人朱彝尊《经义考》卷三十一,载"徐氏侨《读易记》三卷。佚",并引王祎曰:"侨,字崇甫,义乌人。淳熙十四年(1187年)进士,受业朱子之门。累官集英殿修撰,以宝谟阁待制致仕。卒,谥文清。著《读易记》三卷,《读诗纪咏》一卷。"

《易经说》,刘爚撰。佚

刘爚(1144—1216),字晦伯,自号云庄先生,建宁崇安(今福建三明)人。撰有《奏议史稿》《云庄外稿》《云庄续稿》《经筵故事》《讲堂故事》《东宫诗解》《易经说》《礼记解》《四书集成》《文集》《遗录》等多种。

清人朱彝尊《经义考》卷三十一,载"刘氏爚《易经说》,佚",并引:

真德秀曰:"公蚤受学于屏山刘先生、籍溪胡先生,尽得义理精微之蕴。晦庵朱先生以道德为学者师,公出入其门,切磨讲贯者数十年,视他从游之士为最久,而所造为独深,其学粹然一出于正。"

《闽书》:"爚,字晦伯,建阳人。乾道八年举进士,权工部尚书,兼太子右庶子,兼讲读。晚号云庄居士。卒,谥文简。"

《周易训解》六卷,江默撰。佚

清人朱彝尊《经义考》卷三十一,载"江氏默《周易训解》六卷。佚",并引《姓谱》:"默,字德功,崇安人。乾道五年(1169年)进士,历安溪、光泽尉,后知建宁县。尝从朱文公游,有《易训解》《四书训诂》各六卷。"

《易解》十卷,孙调撰。佚

清人朱彝尊《经义考》卷三十一,载"孙氏调《易解》十卷。佚",并引《闽书》:"孙调,字和卿,福宁州人。其学得朱子之传,以排摈佛、老,推明圣经为本。所著《易、书、诗解》《中庸发题》共五十卷,学者称龙坡先生。"

《易学启蒙或问》三卷,郑文遹撰。佚

郑文遹,字成叔,福州人。《易学启蒙或问》三卷,或作《易学启蒙》三卷、《易学或问》二卷。清人朱彝尊《经义考》卷三十一,载"郑氏文遹《易学启蒙或问》,佚",并引《闽书》:"郑文遹,字成叔,福州人。嘉泰甲子贡士。朱文公尝命编次《丧礼》,著有《易学启蒙或问》《春秋集解》《丧礼长编》。"乾隆年间编纂的《福州府志·艺文志》载:"郑文遹《易学启蒙》三卷、《易学或问》二卷。"

《童溪易传》三十卷,王宗传撰。存

王宗传,字景孟,生卒年不详,南宋宁德(今福建宁德)人,董真卿以为临

安（今浙江杭州）人，误。朱彝尊《经义考》据书前有宁德林焞《序》，称与王宗传"生同方，学同学，同及辛丑第"语，断王氏为宁德人无疑，其说可从。撰有《童溪易传》等。

《童溪易传》三十卷，一说三十二卷，是书旨在驳斥象数之弊。《厚斋易学·附录二》载："《易传》三十二卷，题童溪先生，淳熙丙午林焞序。王宗传，字景孟，临安人。由太学上舍免省，童溪其自号云。"《读易举要》卷四载："韶州教授王宗传景孟撰《童溪易传》，淳熙戊戌成书，淳熙八年又注《系辞》。"《周易启蒙翼传·中篇》："《王童溪易传》三十二卷，名宗传字景孟撰，童溪其自号，淳熙丙午林焞序。"《四库全书总目》卷六称："自宋以来，惟说《易》者至夥，亦惟说《易》者多岐。门户交争，务求相胜，遂至各倚于一偏。故数者《易》之本，主数太过，使魏伯阳、陈抟之说窜而相杂，而《易》入于道家。理者《易》之蕴，主理太过，使王宗传、杨简之说溢而旁出，而《易》入于释氏。"《四库全书总目》卷三称："考自汉以来，以老、庄说《易》始魏王弼，以心性说《易》始王宗传及简。宗传，淳熙中进士，简，乾道中进士，皆孝宗时人也。顾宗传人微言轻，其书仅存，不甚为学者所诵习。简则为象山弟子之冠，如朱门之有黄榦，又历官中外，政绩可观，在南宋为名臣，尤足以笼罩一世，故至于明季，其说大行。紫溪苏濬解《易》，遂以《冥冥篇》为名，而易全入禅矣。"

清人朱彝尊《经义考》卷三十二，载"王氏宗传《童溪易传》三十卷。存"，并引：

宗传《自序》曰："《易》不可以易言也，盖自汉、魏以来，世之言《易》者，特多于他经，而其失也，比之言他经者亦多，此其故何也？易而言之之故也。夫人之情有所难乎此也，则必有所畏谨乎此，而后获免轻议乎此之失，苟惟有所易也，则将争奇竞巧，而不知中庸之为至德，骋私任臆，而不知正直之为王道。如是，则择焉不精，语焉不详，贸贸然不知朱紫苗莠之固有其辨，而吠声觇影之流，始受其误矣。昔者夫子盖尝致谨乎此也，观其言曰：'加我数年，五十以学《易》，可以无大过矣。'夫学《易》而可以无易之过，此岂童心浅识者之所能为也？故圣如夫子，亦曰：'吾犹有待焉耳。'圣人之心，其不敢有所易如此也。而客有注《易》与《本草》孰先之问，为陶隐居者则告之曰：'《易》先。'其说曰：'注《易》误不至杀人，《本草》误人有不得其死者。'呜呼！自斯人'不至杀人'之言一发，而《易》之误自此始矣,世之轻议是经者,始纷纷矣。夫岂知《本草》误,误人命;注《易》误,误人心?人心一误,则形存性亡,为鬼蜮,为禽兽,将无所不至,其误不亦惨于杀人矣乎?隐居之言曰:'《本草》误,人有不得其死者。'殊不知注《易》误,人有不得其生者,可谓智乎?或曰:'若之何而可以无易之过,如吾圣人之学《易》矣乎?'曰:'窃尝闻之,纲一举而目张,领一挈而裘顺,天下之有是物也,孰从而然欤?是故有所谓形而上者之制乎命,而后是物也得以肇其长短大小之形,吉凶消长之变。世之言《易》者,孰不曰:"舍是数不可以言《易》也,舍是象不可以言《易》也,以圣如夫子,亦必曰是,数与象,《易》所不废也。"然所以为是象与数者,或不知其说焉,则自一以往,而有不可胜计之数,自形色貌象以往,而有不可胜计之象,虽夫子亦末如之何矣。何也?圣人之于《易》,徒知据乎其会而已矣,据其会,则凡憧憧于吾前者,莫吾眩也。圣人之于《易》也,徒知立乎其颠而已矣,立其颠,则凡纷纷乎吾下者,莫吾瘦也。然则是数也,是象也,不知务其所以然之说也而可乎?夫苟舍是而役役于不可胜计之地,此夫子所谓《易》之过也。然则舍数与象,不可以为《易》,而其过也乃数与象也,则金石草木所以为《本草》也,而其杀人也乃金石草木也。天下同知《本草》误,误人命,而不知《易》误,误人心。吁!亦异哉。余不敏,一经之教,奉以周旋有日矣,然学愈久而心愈杂,故虽疲神剔思,于此非不勤且至也,而未尝敢下轻议之笔。虽然抑尝思之,加我之年,亦行甫及矣。进无用于时,退无补于身,不于此时也而有所勉焉,岂其志欤?若夫所谓大过,亦不敢自谓果可无也,愿就有道而正焉。'"

林焯《序》曰:"性本无说,圣人本无言。童溪之论性然也。《易》,尽性书也。而何至于多言?我知之矣,六丁勅《易》在天,三爻吞《易》在人,天而人之,《易》其显乎?余与童溪生同方,学同学,同及辛丑第,知其出处甚详。公性能酒,饮已辄论《易》,尝曰:'吾远祖文中不善辨,为负苓者诎,使与我遇,当瞋目张胆,灭其苓而讥之曰:"尔不有于人,又何有于身?"'自是与人言《易》不倦,而于二《系》为详,出其门者十九青紫。既第之三年,教授曲江,越二年而书成。大书其影曰:'三十之卷《易》书,自谓无愧三圣。'其笃于自信者欤?公姓王,讳宗传,字景孟,世谓'天下王景孟',则其人也。开禧更元,族子骈客武陵,以书来曰:'刘君日新将以

《童溪易传》膏馥天下后世,叔大夫父当序。'是以序。"

潜说友曰:"宗传,淳熙八年进士。"

董真卿曰:"宗传,字景孟,临安人,太学上舍。《易传》三十二卷,淳熙丙午,林焞作序。"

《闽书》:"王宗传,宁德人。教授韶州,有《易传》行世。"

朱彝尊按语云,按:林焞亦宁德人,淳熙八年(1181年)与宗传并举进士,焞《序》称与童溪'生同方,学同学,同及辛丑第',则宗传为宁德人无疑,鄱阳董氏以为临安人,误矣。

《童溪易传》的版本,此书《宋史·艺文志》及卢文弨《宋史艺文志补》均不著录。何义门《经解目录》称此书后缺二卷,非全书。今存最早刊本为宋开禧元年(1205年)建安刘日新宅三桂堂刻本,存二十八卷(一至二十二,二十五至三十),藏国家图书馆、辽宁省图书馆。另有明抄本三十卷,藏浙江宁波天一阁文物保管所。清康熙通志堂刻《通志堂经解》一百四十种本中收录此书。近刊有上海古籍出版社影印文渊阁四库本(1990年)。

《易鉴》三卷,陈舜申撰。佚

陈舜申,字宗谟,连江人。举淳熙十一年(1184年)进士,历衡阳、秭归教授,累迁知漳浦县,有惠政。入为著作佐郎,转对切直,称旨,会有忌者,出主管武夷冲祐观。起参议淮阃,未赴,卒。所撰有《易鉴》《四书解》《浑灏发旨》《审是集》《兵书订解》《南唐余事》《高齐文集》等。

《易鉴》,据清乾隆间编纂的《福州府志·艺文》载:"陈舜申《易鉴》三卷。"清人朱彝尊《经义考》卷三十二,载"陈氏舜申《易鉴》,佚"。

《易解发题》,邹安道撰。佚

清人朱彝尊《经义考》卷三十二,载"邹氏安道《易解发题》,佚",并引《江西通志》:"邹安道,临川人。淳熙进士,官止金坛丞。深于《易》,作《易解发题》,立词精切,学者宗之。"

《易则》十卷,薛绂撰。佚

清人朱彝尊《经义考》卷三十二,载"薛氏绂《易则》十卷,佚",并引《中兴馆阁续录》:"薛绂,字仲章,嘉定府龙游人。淳熙十一年进士,嘉定四年,除秘书郎。"又引曹学佺曰:"绂廷对,极言韩侂胄之奸,坐劾去。与魏了翁讲明《易》学,号符溪子。"

《周易说》三卷,赵汝谈撰。佚

赵汝谈(?—1237),字履常,号南塘,宋太祖八世孙,居余杭,约宋宁宗庆元末前后在世。天资颖悟,淳熙十一年(1184年)登进士第,宗正少卿,权吏部侍郎,升侍读兼直学士院、国史修撰。所撰有《易》《书》《诗》《论语》《孟子》《周礼》《礼记》《荀子》《庄子》《通鉴》《杜诗注》等多种。赵汝谈是朱熹的得意门生之一,《宋史·赵汝谈传》称他:"尝从朱熹订疑义十数条,熹嗟异之。"

赵汝谈《周易说》,亦作《南塘易说》。《读易举要》卷四载:"礼部尚书赵汝谈履常撰《南塘易说》三卷,专辨《十翼》非夫子作,其说亦多自得之见。"清人朱彝尊《经义考》卷三十二,载"赵氏汝谈《周易说》,《宋志》:'三卷。'佚",并引《宋史》:"赵汝谈,字履常。淳熙十一年进士,宗正少卿,权吏部侍郎,升侍读,兼直学士院、国史修撰,以所注《易》进讲。其论《易》以为占者作,《书》尧、舜二《典》宜合为一,禹功只施于河、洛,《洪范》非箕子之作,《诗》不以《小序》为信,《礼记》杂出诸生之手,《周礼》附会女主之书,要亦卓绝特立之见。所撰有《易》《书》《诗》《论语》《孟子》《周礼》《礼记注》。"

《周易总义》二十卷、《易学举隅》四卷,易祓撰。未见

易祓(1156—1240),字彦章,别号山斋,潭州宁乡(今湖南长沙)人。据《南宋馆阁续录》载,淳熙十一年(1184年)上舍释褐出身,庆元六年(1200年)八月,除著作郎,九月,知江州。又周密《齐东野语》载,其谄事苏师旦,由司业

躐擢左司谏,师旦败后,贬死。撰有《周易总义》《易学举隅》等书。

《周易总义》,此书之命名,其门人陈章《序》云:"《易》以《总义》名者,总卦爻之义而为之说也。""合诸家之异而归之于一。每卦各列爻义,总为一说,标于卦首,欲其伦类贯通,而学者有所考明焉。"这部书兼采众长,折中象数、义理。《易学举隅》,《周易启蒙翼传·中篇》:"易祓《易学举隅》四卷,嘉定四年三月朔,自题其书。"

清人朱彝尊《经义考》卷三十二,载"易氏祓《周易总义》二十卷。未见。《易学举隅》四卷。未见",并引:

《馆阁续录》:"易祓,字彦章,潭州宁乡人。淳熙十一年上舍释褐出身,庆元六年八月,除著作郎,九月,知江州。"

陈章《序》曰:"《易》以《总义》名者,总卦爻之义而为之说也。昔者圣人作《易》,得于仰观俯察者,八卦之画而已。后有圣人者作,重之以爻,系之以辞,贯天理于人事之中,而后知有显必有微,有体必有用,惟能识义理之总会,然后卦爻之指归可得而明也。山斋易公先生,蚤岁读《易》,讲明是理久矣,尝举大纲以示学者曰:'大《易》者,元气之管辖也,圣人者,大《易》之权衡也。'先生之学,其梗概见于《乾》《坤》,盖一阴一阳之谓道,《乾》则自元而至于贞,《坤》则自贞而反于元,此天道所以流行而不息。先生于二卦,首发二理,然则濂溪周子谓'元亨,诚之通。利贞,诚之复'者,先生固已默会之矣。'元亨利贞',至理无妄于是乎始,万善于是乎出,天下之事于是乎标准,《易》之六十四卦皆是物也。先生侍经筵日,尝以是经进讲,燕居之暇,复取是而研究之,阅二十余年,优柔厌饫,涣然冰释,于是略训诂而明大义,合诸家之异而归之于一。每卦各列爻义,总为一说,标于卦首,欲其伦类贯通,而学者有所考明焉。既又为《举隅》四卷,衷象与数,为之图说,盖与此书可以参考云。"

赵希弁曰:"右山斋易祓彦章所著也。陈章季堎为之《序》,《易学举隅》亦祓所著,传疑之说附于后。"

胡一桂曰:"《易学举隅》四卷,嘉定四年三月朔自题其书《总义》,绍定间侍经筵日,尝以是编陪讲。"

盛如梓曰:"长沙易公著《易举隅》,于先儒所未言,发明尤多。"

董真卿曰:"山斋《周易总义》,门人陈章序之。"

朱彝尊下按语云,按:"春陵乐雷发《谒山斋诗》云:'淳熙人物到嘉熙,听说山斋亦白髭。细嚼梅花看《总义》,只听姬老是相知。'盖山斋于《易》《周礼》皆有《总义》也,二书储藏家多著于录,特予未之见耳。"

《周易总义》,耿文光《万卷精华藏书记》云此书有文澜阁传抄本。邵氏《标注》云有路氏抄本、振绮堂抄本。《中国古籍善本书目·经部》云有清抄本,今藏于国家图书馆。

《周易总义》二卷,戴端明撰。佚

《周易启蒙翼传·中篇》载:"戴端明《周易总义》上下二卷,不具卦及卦爻辞,只每卦说一大段。嘉定癸未,其子科院桷刊于秣陵郡学。"

《周易注》,郑鉴撰。佚

郑鉴(1145—1182),字自明,号植斋,福建连江人。清人朱彝尊《经义考》卷三十二,载"郑氏鉴《周易注》,佚",并引郑思孝曰:"先高叔祖讳鉴,字自明,号植斋,赘于丞相陈止献之家,遂居于莆。事孝宗朝,忠荩极谏。当时晦庵、南轩、东莱、艾轩诸公深敬之。三十岁释褐,三十八即世,今所存者,惟经《易》一部。"

《易通释》,丁锬撰。佚

清人朱彝尊《经义考》卷三十二,载"丁氏锬《易通释》,佚",并引《南昌府志》:"丁锬,字仲熊,新建人。领淳熙、庆元、嘉定三举,官曲江县簿,与陆子静为友,朱元晦知南康军,聘掌教白鹿书院,不就。时号瓮天先生。著《易通释》《书辨疑》《春秋要辨》。"

《易说举要》,朱质撰。佚

清人朱彝尊《经义考》卷三十二,载"朱氏质《易说举要》,佚",并引《金华志》:"朱质,字仲文,义乌人。受学于吕祖谦、唐仲友。中绍熙四年进士第二人,累官左正言、左司谏,兼侍读,权吏部侍郎。"

《易传发微》三卷,陈德一撰。未见

《易传发微》,亦作《易经发微》,据清乾隆间编纂的《福州府志·艺文》所载:"陈德一《易经发微》三卷。"清人朱彝尊《经义考》卷三十二,载"陈氏德一《易传发微》,未见(《一斋目》有之)",并引《闽书》:"德一,字长明,连江人,舜申子。绍熙四年进士,终朝请郎,知宜州。所著有《易传发微》。"

《述释叶氏易说》一卷,袁聘儒撰。佚

清人朱彝尊《经义考》卷三十二,载"袁氏聘儒《述释叶氏易说》,《宋志》:'一卷。'佚",并引陈振孙曰:"叶正则为《习学记言》,《易》居其首,门人建安袁聘儒述而释焉。聘儒,绍熙进士。"

《易说》,叶秀发撰。佚

清人朱彝尊《经义考》卷三十三,载"叶氏秀发《易说》,佚",并引《金华志》:"叶秀发,字茂叔,金华人。师事吕祖谦、唐仲友,中庆元丙辰进士,知高邮军。"

《易解》,叶皆撰。佚

清人朱彝尊《经义考》卷三十三,载"叶氏皆《易解》,佚",并引《赤城志》:"叶皆,字孟我,临海人。庆元二年特科,终宁国主簿。"

是书见嘉定《赤城志》,《经义考》云今佚。按皆,字孟我,临海人。庆元二年(1196年)特科,官终宁国主簿。陈耆卿《以新凉入郊墟为韵简叶孟我丈》:"警夜听鸣蛩,聒午闻啼鴂。不知谁使令,万态俱悠扬。宋玉辩已非,欧阳赋何忙。正念有冰壶,日日如此凉。"

《易说》,李起渭撰。佚

清人朱彝尊《经义考》卷三十三,载"李氏起渭《易说》,佚",并引真德秀《志墓》曰:"同年李肖望,名起渭,擢庆元五年第,历澧州户曹教授,辰州安丰令,就知县事,改宣教郎,丐崇道祠官以归,改奉仙都祠。有《易说》《中庸、大学要语》《春秋集解》与杂论著,合百余卷。"

《易志》十卷,刘庄孙撰。佚

庄孙,宁海人,字正仲,号樗园,吴子良门人。全祖望《胡梅涧藏书窖记》:"宋之亡,四方遗老来庆元者多,而天台三宿儒预焉:其一为舒岳祥,其一为先生,其一为刘正仲庄孙,皆馆袁氏。"事迹详光绪《台州府志·文苑传》。此书一作《易书》。清人朱彝尊《经义考》卷四十四云"佚"。又有《诗传音旨补》二十卷、《周官集传》二十卷,见袁桷撰《墓志》,亦佚。

《讲易会要》二卷,贺一正撰。佚

贺一正,字定伯,号东野,临海人。咸淳初为本邑教谕。《临海著录考》云今佚。

《懋翁玩易》十卷,方仪撰。佚

方仪,字仪父,黄岩人。性冲淡温厚,从丘渐学,沈思于《易》,至老无倦,有《懋翁玩易》《候樵存稿》五卷,均佚。事迹见《宋元学案》及光绪《台州志·儒林传》。

《易解》,苏竦撰。佚

清人朱彝尊《经义考》卷三十三,载"苏氏竦《易解》,佚",并引《闽书》:

"苏竦,字廷仪,海澄人。庆元五年进士,肇庆推官。集先儒《诗》《易》《三礼传》,以己见折衷之。"

《西溪易说》十二卷,李过撰。存

李过,《宋史》无传,生卒年及仕履皆不详。惟董真卿《周易会通》曰:过,字季辨,兴化(今福建莆田)人。撰有《西溪易说》十二卷。

《易说》十二卷,其庆元四年(1198年)《自序》谓几二十年而成,可知是积心思虑之作。是书对传统观点多有驳正。《厚斋易学·附录二》载:"《易说》十二卷,题西溪先生,多所发明,庆元戊午李过自序,谓几二十年前有《序说》,以毛渐《三坟》为信,误矣。过,兴化人,字季辨,晚年丧明,弃科举,授徒。"《读易举要》卷四载:"兴化李过季辨撰《西溪易说》,庆元间人,辩爻辞非周公作,甚详。"

《周易启蒙翼传·中篇》:"李过《西溪易说》十二卷,庆元戊午自序,谓几二十年前有序说。冯氏云其说多所发明,然以毛渐《三坟》谓信,误矣。晚丧明,弃科举,授徒。(过,字季辨,兴化人。)愚观《西溪易说》已多采入纂注,但其于《乾卦·彖辞》下便掇入《彖传》,《彖传》下便掇入《文言》,释《彖》处继以《大象》,又分《爻辞》附入《小象》,又附入《文言》。今姑载《初九》一爻于此:'《初九》:"潜龙勿用。"《象》曰:"潜龙勿用,阳在下也。"《文言》曰:"潜龙勿用,下也。潜龙勿用,阳气潜藏。"《初九》曰:"潜龙勿用。"何谓也?子曰:"'龙'德而隐者也",辨(止)"是以君子勿用也"。'《坤·文言》亦然。王弼本《乾卦》存,郑氏初乱古《易》之例,至此又汩乱无余矣。吁!欲速好径之弊,一至于此乎?"

清人朱彝尊《经义考》卷三十三,载"李氏过《西溪易说》十二卷。存",并引:

冯椅曰:"《西溪易说》多所发明,然以毛渐《三坟》为信,误矣。"

胡一桂曰:"《西溪易说》于《乾卦·彖辞》下便掇入《彖传》,《彖传》内便掇入《文言》,释《彖》处继以《大象》,又分爻辞附于《小象》,又附入《文言》。今姑载《初九》一爻于此:'《初九》:"潜龙勿用。"《象》曰:"潜龙勿用,阳在下也。"《文言》曰:"潜龙勿用,下也。潜龙勿用,阳气潜藏。"

《初九》曰:"潜龙勿用。"何谓也?子曰:"'龙'德而隐者也",至"是以君子勿用也"。'《坤·文言》亦然,古《易》至此,汩乱无余矣。"

董真卿曰:"过,字季辨,兴化人。《易说》十二卷,庆元戊午自序,谓几二十年而成。"

张云章曰:"过晚丧明,弃科举,授徒。其《易说》多有可采,书成时有《自序》,今抄本失去。"

此书原惟抄本行世,四库著录即系浙江吴玉墀家抄本,本不著撰人,吴氏据《经义考》题为"李过"。今除《四库全书》本外,尚有清抄本传世,题"《西溪先生易说》十二卷序说一卷",藏南京图书馆。丛书《四库全书珍本初集·经部易类》也收有此书。

《周易讲义》三篇,陈淳撰。存

陈淳(1159—1223),字安卿,亦称北溪先生,漳州龙溪(今福建龙海)人。朱熹晚年的得意门生,理学思想的重要继承者和阐发者。著作有《北溪全集》。

清人朱彝尊《经义考》卷三十一,载"陈氏淳《周易讲义》三篇,存",并引陈宓《志墓》曰:"先生讳淳,字安卿,漳之龙溪北溪人。淳熙己酉与计偕,嘉定丁丑该除,特恩,明年授迪功郎,主泉州安溪簿,以恩循修职郎。"按:北溪先生《易说》,一曰《原画》,二曰《原辞》,三曰《原旨》。

《慈湖己易》十卷,杨简撰。存

杨简(1141—1225),字敬仲,浙江慈溪人。因曾筑室于德润湖上,故号慈湖,学者称慈湖先生,撰有《甲乙稿》《五诰解》《慈湖诗传》《冠记》《昏记》等书,由门徒编为《慈湖遗书》。

《慈湖己易》十卷,一说一卷,又称《慈湖易传》《己易》。《读易举要》卷四载:"宝谟阁学士四明杨简敬仲,撰《慈湖己易》一卷。嘉定丙子,桐江詹阜民子南刻板置新安郡斋。其说谓《易》者,己也,非有他也,以《易》为书,不以《易》为己,不可也。敬仲受学陆象山,乾道五年进士,宝庆二年卒,谥文。"《周易启蒙翼传·中篇》："杨简《慈湖己易》一卷(《宋志》)。愚尝见其书,只作一大篇,自包羲氏一画阳、一画阴论起,至八卦、六十四卦、《爻辞》,大要谓《易》者,己也,以《易》为书,不以《易》为己,不可也。桐江詹阜民子南刻之新安郡斋。或曰林黄中文字可毁,朱文公曰:'却是杨敬仲文字可毁,往往谓《己易》也'。"

清人朱彝尊《经义考》卷二十七,载"杨氏简《慈湖易解》十卷。存。《己易》,《宋志》:'一卷。'存。《易学启蔽》,未见",并引:

简自序《易解》曰:"夏后氏之《易》曰《连山》,《连山》者,以重《艮》为首。商人之《易》曰《归藏》,《归藏》者,以重《坤》为首。周人之《易》曰《周易》,以重《乾》为首。《周礼·太卜之官》曰:'其经卦皆八,其别皆六十有四。'其卦之重也久矣,先儒谓文王重之,非也。孔子之时,《归藏》之《易》犹存,故曰:'之宋而得《坤》《乾》焉。'于戏!至哉!合三《易》而观之,而后八卦之妙,大《易》之用,混然一贯之道,昭昭于天下矣。而诸儒言《易》,率以《乾》为大,《坤》次之,《震》《坎》《艮》《巽》《离》《兑》又次之,噫嘻!末矣!—者,《易》之一也;--者,《易》之--也。其纯—者,名之曰《乾》;其纯--者,名之曰《坤》;其⚏杂者,名之曰《震》《坎》《艮》《巽》《离》《兑》;其实名《易》之异名,初无本末精粗大小之殊也。故孔子曰:'吾道一以贯之。'子思亦曰:'天地之道,其为物不贰。'八卦者,《易》道之变也,而六十四卦者,又变化中之变化也。物有大小,道无大小;德有优劣,道无优劣;其心通者,洞见天地人物尽在吾性量之中,而天地人物之变化,皆吾性之变化,尚何本末精粗大小之间?虽《说卦》有父母六子之称,其道未尝不一。《大传》曰:'百姓日用而不知。'君子小人之所日用者亦一也,惟有知不知之分尔。"

赵彦恸《己易后序》曰:"先生挈古圣所指以诏学者,遂成此书。知有此书者众,好者鲜。彦恸事先生旧矣,顷丞吉水,邑士曾定远笃信好学,久藏此书,一日携示彦恸曰:'先生推明心量之大,使人读之万理备具。'思与朋友刊诸版,俾彦恸书于后。噫!定远其有得于先生之言乎?"

曾熠《己易后序》曰:"杨先生《己易》,曩先生宰乐平时,尝加改订,熠得其本,因谒知丞赵公是正之,锓木以贻同志。或者犹谓先生复有所改,近赵公为转致诸先生之前,而先生不复加损,则此为定本矣。夫《六经》

《论语》之书,言天下之义备矣,迨孟氏兴,而复出性善、养气之说。自孟氏没,更秦历汉,以至于今,前圣之意隐然而未发者,乃有横渠之《西铭》。虽然《西铭》之意,认天地为一家,而《己易》一书,悟天地为一己,其流行发见,精觕毕备,厥功益大。学者诚能沉潜而反复之,其于一理浑然之中,知其万物森然,莫不具在,反诸吾身,觉其机之动而体验推放之,虽驯造圣贤之域可也。"

胡一桂曰:"《己易》一卷,只作一大篇。自包羲氏一画阳、一画阴论起,至八卦、六十四卦、《爻辞》,大要谓《易》者,己也,以《易》为书,不以《易》为己,不可也。桐江詹阜民子南刻之新安郡斋。"

《馆阁续录》:"简,字敬仲,庆元府慈溪人。乾道五年,进士及第,嘉泰五年,除著作郎,为将作少监。"

《宋史》:"简以宝谟阁学士、太中大夫致仕,所撰有《冠记》《昏记》《丧礼家记》《家祭记》《释菜礼记》《己易》等书。"

张云章曰:"敬仲,象山之高第。《易传》不无了义,然于中正之道则戾矣。《己易》大意以为《易》者,己也。阴阳者,己之变化;耳目者,己之日月;仁义礼知者,己之四象;恻隐、羞恶、辞让、是非者,己之八卦也,推而衍之,则六十四卦三百八十四爻皆在于我,可谓易简而不待外求矣。其书只作一大篇。"

《周易经传训解》四卷,蔡渊撰。存

蔡渊(1156—1236),字伯静,号节斋,建州建阳(今福建南平)人,蔡元定长子。撰有《周易经传训解》《易象意言》《卦爻词旨》《古易协韵》《大传易说》《象数余论》《大极通旨》《四书思问》等。

《周易经传训解》四卷,《读易举要》卷四载:"建安蔡渊伯静撰《节斋周易经传训解》,卷末又有四篇:曰《大传易说》、曰《易象意言》、曰《卦爻辞指》、曰《象数余论》。开禧乙丑成书。淳祐庚戌,金华吕遇龙刊于上饶郡庠。伯静,西山之子,朱子之门人。"《周易启蒙翼传·中篇》:"蔡节斋《周易经传训解经》二篇,以孔子《大象》置逐《卦辞》之下,《彖传》又置《大象》之后,《小象》置各《爻辞》之后,皆低一字,以别《卦、爻辞》。《系辞》《文言》《说》《序》《杂》

卦皆低一字。书又有《卦爻辞指》，论六十四卦大义；《易象意言》，杂论卦爻、《十翼》；《象数余论》，杂论《易》大义。开禧乙丑阳月自序。"

清人朱彝尊《经义考》卷三十一，载"蔡氏渊《周易经传训解》四卷。存（止三卷）"，并引：

弟沉《后序》曰："圣人以体天地之撰，以类万物之情，而与造化并者，其功用固无伦也。及其至也，范围天地而不过，曲成万物而无遗，而反有以主乎造物者，其功用之博约，道体之精微，岂苟简拘泥者所能读哉？汉、唐传注者数百家，大抵泥于文辞，淫于术数，杂以荒唐之说，未有真得圣人之心者。迨至皇朝，邵子始明象数之源，程子断以义理之正，先师文公先生、先父西山先生又推衍以致其极。伯氏节斋蚤受是书，沉潜反复，积之有年，精神之极，神明通之，著为《训解》，意、言、辞、象分为四卷，数有条目，其言平易而精深，简洁而该贯。夫深莫深于象数，而象数于是而益明，微莫微于义理，而义理于是而益著，钩深阐微，诚若极思而后得者，自然至于圣人无思之妙。凡伏羲之卦，文王之《彖》，周公之《象》，孔子之《传》，如星之陈，四面布列，旋遶居仰，如日之升，大明普照，周遍华夷。故即卦爻推其义，《彖》《象》《传》《辞》皆可逆而知之也。至于'《易》有太极'之说，'知至知终'之义，'正直义方'之语，皆义理之大原，为后学之至要，实发前贤之所未发者。其书之作也，亦奇矣，与学者授受于讲论之间，毫分缕析，众物之微，超然揭指晓谕，使人开心明目，获见羲、文、周公于数千载之上，忘其身世生于数千载之下，是以求其书者日众。友人詹枢惧传写之差，讹舛之谬，故谨录之，以广吾兄之传，以予习闻其说，俾为《序引》。顾沈小子，何足以发挥而播扬之，然书之成也不易，读其书者可以易而得之乎？理愈精，言愈约，惟深味者能得之，不敢僭书之首端，附著其说如此，以与四方学者共讲焉，庶乎有以得其中之旨趣矣。"

陈淳曰："蔡伯静《易解》，大概训诂依《本义》，而逐字分析，觉太细碎。"又曰："节斋《易解》虽训诂抽绎，详于《本义》，而义理要归，未能远脱王、韩、老、庄之见。"

王应麟曰："《离·九三》：'鼓缶而歌。'蔡伯静《解》云：'当哀而乐也，大耋之嗟，当乐而哀也。盛衰之道，天之常也，君子之心，顺其常而已。不乐则哀，皆为其动心而失其常者，故凶。'此说长于古注。"

董真卿曰："渊,字伯静,号节斋,建安人,西山文节公长子也。其书《经》二篇,以孔子《大象》置逐《卦辞》之下,《象传》又置《大象》之后,《小象》置各《爻辞》之后,皆低一字,以别《卦、爻辞》。《系辞》《文言》《说卦》《序卦》《杂卦》亦低一字书。又有《卦爻辞旨》,论六十四卦大义;《易象意言》,杂论卦爻、《十翼》,《象数余论》,杂论《易》大义。开禧乙丑自序。"

《易象意言》一卷,蔡渊撰。存

《易象意言》一卷,是书杂论卦爻、《易传》思想。《四库全书总目》称:"宋蔡渊撰。渊,蔡元定之子,而从学于朱子。故是书阐发名理,多本师传,然兼数而言,则又西山之家学也,其中惟不废互体与朱子之说颇异。考互体之法,见于《左传·庄公二十二年》:'陈侯筮,遇《观》之《否》。曰:风为天于土上,山也。'杜预注曰:'自二至四有《艮》象,《艮》为山也。'是《周官》太卜,旧有是法矣。顾炎武《日知录》曰:'朱子《本义》不取互体之说,惟《大壮》六五云卦体似《兑》,有羊象焉。不言互而言似,此又创先儒所未有,不如言互体矣。'然则朱子特不以互体为主,亦未尝竟谓无是理也,渊于师说可谓通其变而酌其平矣。董真卿《周易会通》称渊《周易经传训解》外又有《卦爻辞旨》,论六十四卦大义,《易象意言》杂论卦爻十翼,《象数余论》杂论《易》大义,并成于开禧乙丑,今悉散佚,故朱彝尊《经义考》仅列其书名而不能举其卷数。惟此书载《永乐大典》中,尚首尾完具,犹当时秘府旧本。今录而传之,俾论《易》者知蔡氏之学不徒以术数见,而朱子之徒亦未尝全弃古义焉。"

《读易笔记》八卷、《易数稽疑》,王炎撰。佚

王炎(1137—1218),字晦叔,一字晦仲,号双溪,婺源(今江西婺源)人。乾道五年(1169年)进士,曾任鄂州崇阳簿、太学博士、秘书郎、军器少监等。一生著述甚富,撰有《读易笔记》《尚书小传》《礼记解》《论语解》《孝圣解》《老子解》《春秋衍义》《象数稽疑》《禹贡辨》等。

《读易笔记》八卷,对象数之学多有发明。《读易举要》卷四载:"军器少监

新安王炎晦叔撰《云溪读易笔记》八卷、《总说》一卷。庆元元年,以上、下《经解》表进,作十卷,今但六卷,并《系辞》二卷为八,阙《说卦》,于象数颇有发明。"《周易启蒙翼传·中篇》:"王炎《读易笔记》十卷(《宋志》)总说象例在前,《经》《传》皆有解。"

清人朱彝尊《经义考》卷二十七,载"王氏炎《读易笔记》,《宋志》:'八卷。'(《通考》:'九卷。')佚。《易数稽疑》,佚",并引:

炎自序《笔记》曰:"未有书契之初,羲皇首画八卦,文字生焉,则《易》之有书,由有画也。画以数起,数之用于占者,世虽未之能学,至其本元《河图》,起于天一地二,而变于九六七八。天一之画奇,其数以太阳之九,地二之画耦,其数以太阴之六。蓍之用,衍以少阳之七七;卦之重,定于少阴之八八;此学《易》者所托也。舍象则理不著矣,舍画则象不明矣。故三画为八卦,六画为六十四卦,画变则象异,画不变则象同,象有体而理无迹也。有体则显,无迹则隐。本隐以之显,圣人立象之意也;即显以索隐,学者观象之方也。文王犹惧后人未能有见,故发其凡于卦之《彖》,周公又本文王之旨,著其变于卦之《爻》,《爻》《彖》之词具,而于象与理可以见其端倪矣。虽然,圣人之经,或言约而旨博,或语密而义深,读者未必遽了,非文王、周公,故隐而不发也。开其端于言之中,而存其意于言之外,欲学者深思而自得之,则象所蕴蓄,义味深长,可玩而不可厌也。尼父生知之圣也,而读《易》韦编三绝,且曰:'加我数年,则于《易》道彬彬矣。'《十翼》训释,不惮辞费,学者岂得易言之哉!秦焚古文字,《易》以卜筮之书幸存,此天地鬼神之所护持,以诏来世。而自汉以来,《易》道不明,焦延寿、京房、孟喜之徒,遁入于小数曲学,无足深诮,而郑玄、虞翻之徒,穿凿附会,象既支离,理滋晦蚀。王弼承其后,遽弃象不论,后人乐其说之简且便也,故汉儒之学尽废,而弼之注释独行于今。然木上有水为《井》,以木巽火为《鼎》,上止下动为《颐》,颐中有物为《噬嗑》,此四卦,虽弼不能削去其象也。夫六十四卦等耳,岂有四卦当论其象,六十卦可略而不议乎?弼之言曰:'筌所以在鱼,得鱼而忘筌;蹄所以在兔,得兔而忘蹄。言者,象之筌也;象者,意之蹄也。'舍筌蹄无以得鱼兔,则舍象求意,弼亦知其不可,而猥曰:'义苟在健,何必《乾》始为马?类苟在顺,何必《坤》始为牛?'是未得鱼兔,先弃筌蹄之说也。或者知象不可去,既不能尽通,又不肯阙所不知,则为之说曰:'《易》之有象,犹《书》有譬喻,《诗》有比兴也。象不可去,亦不必泥,得其意足矣。'此与弼说无异,亦未为确论也。夫《易》,三圣人所尽心也,立义深于《诗》《书》,而措辞严于《春秋》。《书》之有譬,《诗》之有比,惟意所之,初无定旨。《易》象反是,以奇耦之画摹写天地万物之形似,而寄于六十四卦之中,一卦六画,画有此象,圣人即著之于辞,画无此象,不泛然旁引曲取也,岂得执《诗》《书》比喻为例哉?前辈尝有疑其不然者,故于象数求之加详,然掇拾先儒旧说,嚼糟粕之余,失甘香之味,其所发明无几耳。炎读《易》三十年,不得其门而入。岁在辛亥,始脱为县之厄,明年,归自中都,侨寓古艾,杜门却扫,寻绎旧学,久之若有所悟。譬犹往来熟习于山海之间,虽未能手探其玉,然宝气所在,或望而见之。因释然笑曰:'观六画之象而未合于《爻》《象》之辞,是未得其象也。玩《爻》《象》之辞而未合乎六爻之象,是未得其辞也。象与辞未能融会,而曰得圣人之意,其中否特未定也。'管蠡之见,何足以窥测高深?本之于画,验之于辞,对观互考,二者如合符契,则笔记之。其未达者阙焉,以为圣经不可易知,固不可强通也。而河南邵氏曰:'画前有《易》,删后无《诗》,不特以象为可忘,且并以画为可遗。'其说高矣。《易》而可以无画,但不知三圣人尽心于此,以垂世立教者,其旨果安在也?或曰:'然则《易》尽于画乎?'曰:'《易》者,变也,其变始于《乾》《坤》,天地阖辟,一《乾》《坤》也;吾身动静,亦一《乾》《坤》。而画能尽之乎?自《乾》《坤》而上,不可以象求,以通变而不穷者命之曰道,藏用而不测者命之曰神,力独而无对者命之曰太极,而画能示之乎?'虽然,无画而可以体《易》,伏羲、文王之事也;有画而后可以语《易》,学者之事也。不玩周公、尼父之辞,而曰:'吾求《易》于六爻之外。'此系风捕影之类,而炎则不敢已矣。将以此得罪于传道之贤哲,未可知也。将以此见取于好古之君子,亦未可知也。"又《进表》曰:"韦编渊永,非浅识之能通;斧扆天高,觊迩言之致察。妄陈末学,上渎圣聪。窃以道载于经,《易》为之祖,马《图》示象,牺画成文,首开天地之秘藏,微显帝王之妙用。六爻以变,乃分西伯之二篇;《八索》既除,迭有东家之《十翼》。发挥不隐,垂示无穷,幽至于行乎鬼神,显足以措诸事业。遭秦虐政,仅为卜筮之书。在汉诸儒,未达《乾》《坤》之蕴,末流浸甚,本旨俱亡,虽竭心思,各持臆见,京、孟失之谲诡,是为谶纬之端;王、韩矫以清虚,偏杂老、庄之说,纷纷如是,泯泯至今。欲扶正学以示人,亦有先儒之名世,然《系辞》精矣,可信而翻疑,且互体昭然,当详而反略。或说明而义浅,或语约而理偏,通于数者不及玩辞,释其辞者又迷立象,自出新意,乃捭阖以为奇,兼述旧闻,复支离而多凿。微臣何者?独学无师,念先人老死于穷闾,以经术窃传于诸子,因斯愤悱,晚益钻研,味微言于六十四卦之中,望先圣于数千百年之上,参之众说,折衷良难,断以己私,颛门何敢?阅朝华之易谢,叹芳木之方苞,卦有画则其象俱存,象有意则非辞莫达,是谓以蠡而测海,乌能得兔而忘蹄?幸世道之交兴,逢圣明之有造,微如爝火,何裨日出之轮,动以震风,亦发地鸣之籁。兹盖伏遇皇帝陛下,体《乾》精粹,用《贲》文明,《比》附得民,《鼎》新凝命,悦亲有道,率由《豫》顺之和,接下思恭,务尽《谦》光之美,升群贤而交《泰》,育万物以由《颐》,《节》不伤财,《旅》无留狱,饬法于《丰》《亨》之后,除戎于《萃》《聚》之时,善皆出于《中孚》,动不闻于《小过》,以成《大有》之盛,而消《未济》之忧。行三圣之所传,莫非自得,笑《九师》之甚陋,安用多谈?尚蕲盛德之日新,不恃成能之天纵,亹亹政机之少暇,孜孜经纬之多闻,既知矣而重知,故圣焉而益圣。仰望虎生而文焕,学兼极于高明,俯惟马老则志专,见终惭于精博。第大道或存于稊稗,而先民亦采于刍荛,成篇颇极于辛勤,敷奏觊尘于乙览,持周璞而过郑贾,本自堪嗤,用燕说而谈郢书,或能偶中。"

《馆阁续录》:"王炎,字晦叔,徽州婺源人。乾道五年进士及第,庆元五年,除著作郎,六年,为军器少监。"

陈振孙曰:"炎尝以上、下《经解》进,表作十卷,今但六卷,并《系辞》二卷为八,阙《说卦》,于象数颇有发明。"

胡一桂曰:"双溪《读易笔记》十卷,总说象例在前,《经》《传》皆有解。"

戴表元《后序》曰:"《易》以象为书,而理附焉,亦犹人之有是耳目口鼻四体,然后可以论其视听言动云尔。而世之言理者先去象,不知去象则理于何所附而存哉?汉之易林,存者惟焦氏一家,士大夫占筮多用之,其余京房、孟喜诸人之学,窃意王弼《注》未行时,必且家有其说,一时以好恶废弃,而千载之下,遂茫然不可复考。予为之恨恨久矣!然亦疑古圣人之为此书,何缘止于卜筮?最后乃得新安朱文公《本义》《启蒙》,于程、邵外,时时出入沙随、汉上,而一断以占法。上不失洁静精微之教,而下可通吉凶鬼神之故,于是尽舍他学而学之。今又得双溪王公《笔记》,其说以画起象,以象明理;又谓杂物撰德,兴于中爻,而互体不可废;又谓《麻衣》非直、《河图》非错之类。讨论讲贯,又在文公乡间师友间,几于鹤鸣而子和也。语曰:'屦不必同,同于适足;味不必同,同于适口;语不必同,同于适理。'学者取其大要而姑置其小疑云。"

程敏政曰:"文公《与王直卿书》有'伪学之禁,前此刘元秀力荐王炎作察官'之语,今考《双溪传》及《家集》,双溪未尝作察官也。岂别一王炎,世以其名姓之同而误归之双溪耶?审尔则受诬甚矣。"

《丙子学易编》十五卷,李心传撰。缺

李心传(1166—1243),字微之,号秀岩,隆州井研(今四川乐山)人。撰有《春秋考》《三礼辨》等。

《丙子学易编》共十五卷,为李心传嘉定九年(1216年)所撰。此书兼采众长,尤其对王弼、张载、程颐、朱熹之人的观点多有吸纳。《读易举要》卷四载:"秀岩李心传,嘉定九年撰《丙子学易篇》十五卷。其书取王弼、横渠、伊川、郭子和、朱晦庵诸家之善,又证以其父隆山之说,其自序云:东周之时,以象占言《易》,而乱于支离;两汉之际,以谶纬言《易》,而乱于傅会;魏、晋之间,以名理言《易》,而乱于虚无;近世以来,以人事言《易》,而乱于穿凿,皆《易》之蠹也。尝与黄幹往来论《易》。淳祐八年,门生高斯得守桐江,序其书,刊于桐江。"

清人朱彝尊《经义考》卷三十三,载"李氏心传《丙子学易编》十五卷。阙",并引:

心传《自序》曰:"始心传年四十余,朋友为言当读《易》,意忻焉乐之,既而终日蒙然,如眇者之视,莫知《易》之为何书也。后十年,复取读之,首求诸王氏书,多所未喻。次考张子书,乃粗窥其梗概。最后读程子书,则昭若揭蒙矣。程子之书,义理之会也,然其言犹若不专为爻画而出,于是以先君子《本传》暨晦庵先生《本义》参焉,而后圣人画卦命爻之情,无

复余蕴矣。顾诸先生之言，尚有不能尽同者，因复颇为参释，随日书之以备遗忘，间有鄙见，可以推明诸先生之说者，亦附著之。乌乎！程子往矣，先君子之学，不肖孤不敢妄有称赞，晦庵书最后出，世之学者往往未究其蕴，而反以象占之说为疑。同志者于此倘有取焉，然后知程、朱二《传》不可相无，而晦庵之为书，其条理愈密，其意味愈长，诚未可以骤窥而轻识也。乃若先君子之说，则类多与晦庵合。第先君子专自圣人画卦之意求之，晦庵兼自圣人命爻之意求之，此为小异，要亦相表里耳。"

又《序》曰："《学易编》十五卷，起丙子月正元日，尽是岁除夕，凡三百八十有四日。其间斋祠宾旅、寒暑疾病事役，居十之三，为工盖二百八十日也。按：《唐书·艺文志》，《易》自卜商《传》以下，凡八十五家；《中兴馆阁书目》百有十二家。其说之多，至于如此。而近世为是说者复数十家，尚未著录也。然是编之作，特取王氏、张子、程子与朱文公四家之《传》，而间以周子、邵子及先君子之说补之，自唐以上诸儒字义之异者，亦附见焉。其有得于心思，可助诸先生之说者，十一二也。编成抚之而叹曰：于虖！《易》道远矣！上古之经莫尊于《易》，而诸儒多以私意乱之。盖东周之时，以象占言《易》，而乱于支离；两汉之际，以谶纬言《易》，而乱于传注；魏、晋之间，以名理言《易》，而乱于虚无；近世以来，以人事言《易》，而乱于穿凿，皆《易》之蠹也。盖盈天地之间者，理与气而已矣。然有是气，则必有是理，有是理，则必有是象，有是象，而后有是数，有是数，而后有是占，有是占，而后有是辞。故《易》有圣人之道四，而变、象、占居三焉。变也者，言乎爻之动者也；象也者，言乎卦之像者也；占也者，言乎蓍之决者也。自伏羲作卦，以前民用；文王、周公系辞焉而明吉凶，使后之人观消息盈虚之理，审进退存亡之义，而不迷于吉凶悔吝之途；圣人之忧患后世，可谓至矣。自周之衰，言《易》者浸失羲、文之意而牵合破碎，或反资以为乱。故夫子作《十翼》，专以义理明之。其后谶纬之学兴，而飞伏互体之文，壬遁九宫之说，纷然并出，皆托《易》以行世。至王辅嗣乃独辞而辟之，其视两汉诸儒，可谓贤矣，惜其溺于时好，乃取庄、老之妄，以乱周、孔之实，故《易》之道，终不明于世，寥寥千载，有程夫子出，乃始以人事之实理明之，其有功于《易》，则已弘矣。然程子之所传者，辞也，辨吉凶者存乎辞，而理固在其中矣。而后之学者，沿文生义，各自为说，复失圣人系辞之本意,故晦庵先生出,又专以圣人立卦生爻之大旨明之。自程、朱二子之书成,而四圣人之道始大彰明较著,而无所蔽矣。顾恨世之学者,未能穷经究是书,往往以其一时推求考索、测度髣髴之言,而反疑前贤终身笃学研思、精微至到之论。若是者,愚窃大惧,故复述其所闻,识于编终,以示子姓,而同志之士可与共学者,亦所不隐焉。"

高斯得《跋》曰:"秀岩先生,近世大儒也。世徒见其所论著藏于明堂石室金匮玉版,遂以良史目之,不知先生中年以后,穷究道奥,经术之粹,有非学士大夫所能及者。又其天资强敏,过绝于人,如《三礼辨》二十余万言,二百八十日而成,《学易编》二百八十日而成,《诵诗训》亦逾年而成。考订郑、王、孔、贾之谬,折衷张、程、吕、朱之说,精切的当,有功于学者为多。斯得受业于门,每念有以广其传者。来守桐江,首取《诗》《易》二书刊之,与同志共,其《诗》《礼》与诸书文字颇多,尚嗣以寿梓云。"

俞琰《跋》曰:"此书系借闻德坊周家书肆所鬻者。天寒日短,老眼昏花,并日而抄其可取者,故不能端楷。秀岩乃隆山之子,其书取王弼、张横渠、程伊川、郭子和朱晦庵而求其是,又以其父隆山之说证之,或又附以己见,中间尽有可取。"

《馆阁续录》:"李心传,字微之,隆州人。宝庆二年正月以布衣召,三年,特补从政郎差,充秘阁校勘。绍定二年,特与改合入官,四年,特赐同进士出身,为将作监丞,兼国史院编修官、实录院检讨官。嘉熙二年,以秘书少监兼史馆修撰,专一修纂《四朝国史实录》,十月,权工部侍郎兼秘书监。"

《毓斋易说》,李沐撰。佚

《读易举要》卷四载:"德清李沐撰《毓斋易说》。"

《四尚易编》,牟子才撰。佚

牟子才,字存叟,井研人。清人朱彝尊《经义考》卷三十三,载"牟氏子才《四尚易编》,佚",并引《宋史》:"牟子才,字存叟,井研人。嘉定十六年进士,官端明殿学士,以资政殿学士致仕。"

《周易讲义》三卷,汤义撰。不详

《宋史·艺文志》载"汤义《周易讲义》三卷"。《授经图义例》卷四载"《周易讲义》三卷,汤义"。

《易说》,王万撰。佚

王万,字处一,浦江人。清人朱彝尊《经义考》卷三十三,载"王氏万《易说》,佚",并引《金华志》:"王万,字处一,浦江人。嘉定十六年进士,官大理少卿,以朝奉郎守太常少卿致仕。卒,赠集贤殿修撰,谥忠惠。著《易》《诗》《书》《论语》《孟子》《中庸》《太极图说》。"

《周易提纲》,陆持之撰。佚

陆持之,字伯徽,九渊之子。清人朱彝尊《经义考》卷三十三,载"陆氏持之《周易提纲》,佚",并引《宋史》:"陆持之,字伯徽,九渊之子。嘉定十六年,宁宗特诏秘书省读书,既至,以迪功郎入省。理宗即位,转修职郎差,干办江西安抚司,改通直郎。所撰有《易提纲》《诸经杂说》。"

《易传》三卷,罗之纪撰。佚

罗之纪,字国张,号筠心居士,高安人。清人朱彝尊《经义考》卷三十三,载"罗氏之纪《易传》三卷,佚",并引《江西通志》:"罗之纪,字国张,号筠心居士,高安人。嘉定中孝感县尉,摄邑云梦,弃官归,调宜山县丞,未赴而卒。"

《大易约解》九卷,潘梦旗撰。未见

潘梦旗,字天锡,姑苏人。《读易举要》卷四载:"姑苏潘梦旗天赐撰《周易约解》。嘉定辛未为广州怀集县令，本县主簿吴圣锡刊于县学。"《周易启蒙翼传·中篇》："潘梦旗《周易解》（姑苏人，嘉定辛未《自序》，杨文焕《易解》集之）。"

清人朱彝尊《经义考》卷三十三，载"潘氏梦旗《大易约解》，《宋志》：'九卷。'未见"，并引胡一桂曰："梦旗《易解》，杨文焕集之。"又引董真卿曰："梦旗，字天锡，姑苏人。《易解》嘉定辛未自序。"

《易通》十卷，赵以夫撰。存

赵以夫（1189—1256），字用父，号虚斋，长乐（今福建福州）人。宁宗嘉定十年（1217年）进士，曾任知监利县、知漳州、知庆元府兼沿海制置副使、枢密都承旨等职。

《易通》六卷，一说十卷。《读易举要》卷四载："赵以夫用之撰《虚斋易说》，又撰《易图》。淳祐间表进，有御笔题于卷首。"《周易启蒙翼传·中篇》："赵虚舟《易通》六卷，《或问》《类例》《图象》四卷。（名以夫，字用父，理宗朝尚书侍郎）其《易》大概论九六七八，变与不变；或静吉动凶，则勿用，动吉静凶，则不处，动静皆吉，随寓皆可，动静皆凶，无所逃于天地间。此圣人所以乐天知命不忧也。"

清人朱彝尊《经义考》卷三十三，载"赵氏以夫《易通》十卷。（《聚乐堂目》：'六卷。'）存"，并引：

以夫《自序》曰："《易》，变易也，而有所谓不易者存，天地之大，万物之多，要不过乎动静两端而已，一动一静，造化之所以周流而无穷也。卦六十四，文王象之，首以'元亨利贞'之文。爻三百八十四，周公系之，总以用九、用六之说。夫奇耦，七八也；交重，九六也；卦画七八，不易也；爻画九六，变易也。卦虽不易，而中有变易，是谓之亨；爻虽变易，而中有不易，是之谓贞；圣人作《易》，所以尽天地万物之理，而示人以趋吉避凶之方，孰有外于亨贞者乎？《洪范》：'占用二，贞、悔。'贞即静也，悔即动也，故贞静而动凶，则勿用，动吉而静凶，则不处，动静皆吉则随遇而皆可，动静皆凶，则无所逃于天地之间，此圣人所以乐天知命而不忧也。臣幼学之年，受《易》于师，涉阅三纪，犹愦如也。辛丑居闲，尽置传注，观象玩辞，豁然悟曰：'吾夫子之心，其文王、周公之心乎？何所言无毫发之殊也？''文王既没，文不在兹乎？''甚矣！吾衰也。久矣！吾不复梦见周公。'夫子之叹，盖叹《易》也。又曰：'下学而上达，知我者其天乎？'是当时群弟子已未足以知圣人矣。臣生后夫子千七百余岁，岂敢自异于先儒，以为独能探三圣人作《易》之微旨。第以参稽卦爻，往来俱通，如是而亨贞，如是而悔吝，如是而吉凶无咎，若象若数，理无不合，此臣所以自信其愚也。丙午之夏，书成，名之曰《易通》，不敢自秘，将以进于上，庶几仰裨圣学缉熙之万一云。"

胡一桂曰："虚舟《易通》六卷，《或问》《类例》《图象》四卷。其《易》大概论九六七八，变与不变；或静吉动凶，则不用，动吉静凶，则不处，动静皆吉，随遇皆可，动静皆凶，无所逃于天地间，此圣人所以乐天知命不忧也。"

《闽书》："以夫，字用父，居长乐。嘉定中正奏名，历知邵武军。端平中，以朝请知漳州。嘉定中，为枢密副使，承旨拜同知枢密院事。淳祐初，罢，寻加资政殿学士。以夫作《易通》，莆田黄绩相与上下其论，以夫谓绩为益友。"

《学易蹊径》二十卷，田畴撰。未见

田畴，华亭人，号兴斋。《读易举要》卷四载："云间田畴惠叔撰《学易蹊径》二十卷、《图》一卷。其学出于都絜圣与，每卦专取变爻，嘉定庚辰成书。"清人朱彝尊《经义考》卷三十三，载"田氏畴《学易蹊径》二十卷。未见（《一斋书目》有。）"，并引：

《姓谱》："畴，华亭人，号兴斋。嘉定间，尝设讲席于国学，六馆之士皆北面焉。"

吴澄曰："仆幼时未远出，闻人说河豚鱼、江豚鱼，已疑'豚鱼'只当作一字解，后见云间田畴《易解》作江豚鱼，犁然有当于心。长而泛大江，亲见所谓江豚鱼者，又闻舟人呼之为'风信'，于是确然从田畴之说。"

《易解》一卷,高元之撰。佚

高元之(1142—1197),字端叔,人称万竹先生,宋明州鄞县人,高琼七世孙。曾受《易》《春秋》于程迥。撰有《易解》等书。

清人朱彝尊《经义考》卷三十四,载"高氏元之《易解》一卷。佚",并引《宁波府志》:"高元之,字端叔,鄞人。受《易》《春秋》于程迥,五上礼部,不第。尝集《春秋》说三百家,号《义宗》,凡百五十卷。《易》《诗》《论语解》各一卷,人号万竹先生。"

《易解》三十卷,钱佃撰。佚

钱佃,字仲耕,常熟人。清人朱彝尊《经义考》卷三十四,载"钱氏佃《易解》三十卷。佚",并引《姑苏志》:"佃,字仲耕,常熟人。以进士为分水尉,历吏部郎中,权吏、兵、工三部侍郎,后为江西路转运副使,官至中奉大夫秘阁修撰。有《易解》三十卷。"

《易说》《易林》,胡谦撰。佚

胡谦,字牧之,奉化人。师事袁燮,传陆象山之学,著《易说》《易林》。清人朱彝尊《经义考》卷三十四,载"胡氏谦《易说》《易林》,佚",并引:

魏了翁《序》曰:"《易》之书,自秦、汉以来,何啻数千家?四明胡牧之又为之科别图指,参稽文义,稡说成编,尚虑所见未广,则裹粮千里,介余友袁广微将就正于余。甚矣,牧之之嗜学也,而余非其人也。牧之谓文王重卦,虽不为无据,而余以为是自伏羲以卦变,皆自《乾》《坤》,虽本诸先儒,余谓其于六画卦之义有所未尽。牧之于先天之《易》咸无取焉,而余谓《系辞》之说为先天而发者非一。牧之于中爻、互体、象数、占筮说或未有取,余谓此恶可尽废?不然,则《易》中如《观山》《困绂》《壮羊》《屯马》,此类甚广,谋□取象,此其不同之大略若此。至于要言精义不能妙合者,则又未能以殚举,方将与之切问而研讲焉。牧之倦于役,愿得一言以归。余谓古之学道者,虽分古今、越宇宙,而义理之会若合符节,今牧之于余,乃有未可强同者,固亦足以交警互发,抑必有一是非于此者矣。圣人之道,如置樽衢中,取之不禁,随其浅深高下,皆足以有得,宁可限以一律?然而盈宇宙间,莫非太极流行之妙,而人物得之,以各正性命,则《易》固我之所自出,无须臾可离者也。学《易》者,要在内反诸心,精体实践,近之则迁善远罪之归,充之而至于位天地、立生民命,万物皆分之所得为者。盖不敢惟文字故训之泥,以自绝于道,自薄其身,况皆资之以羔雉乎?邵子曰:'先天学,心法也,万化万物,生于心也。'每味其言,先儒之所谓学者盖如此,故更愿牧之归而求之,而余亦以是自警焉。"

《宁波府志》:"胡谦,字牧之,奉化人。师事袁燮,传陆象山之学,著《易说》《易林》。"

《先后天图》,司马子巳撰。佚

司马子巳,洛阳人,温公七世孙,寓居戎州,该通理学,不事科举。以清白世其家,召补嘉定司户参军。

清人朱彝尊《经义考》卷三十四,载"司马氏子巳《先后天图》,佚",并引:

魏了翁《跋》曰:"涑水司马叔原覃思义理之学,自羲、文、周、孔之《易》,《河图》《洛书》之数,阴阳动静之义,日月迟速之度,以及周、程、张、邵、朱、张子之书,旁观历览,为图为书,时贤皆有题识。又欲求一言于余,余迁靖未返,不得与叔原共学,姑识数者之疑于末。且《先天图》自魏伯阳《参同》、陈图南爻象卦数,始略见此意,至邵尧夫而后大明。千数百年间,不知此《图》安所托,而图南始得,此亦已奇矣,而诸儒无称焉。数往者顺,谓《震》《离》《兑》《乾》;知来者逆,谓《巽》《坎》《艮》《坤》,皆以左旋言之。今叔原以为自《乾》至《震》、自《坤》至《巽》,此必有所据。朱文公以十为《河图》,九为《洛书》,引邵子说辨析甚精,叔原从之。而邵子不过曰:'圆者,《河图》之数;方者,《洛书》之文。'且戴九履一之《图》,其象圆;五行生成之《图》,其象方,是九圆而十方也,安知邵子不以九为《图》、十为《书》乎?故朱子虽力攻刘氏,而犹曰:'《易》《范》之数,诚相表里,为可疑耳。'又曰:'安知《图》之不为《书》,《书》之不为《图》?'则朱子尚有疑于此也。近世朱子发、张文饶精通邵学，而皆以九为《图》、十为《书》，朱以《列子》为证，张以邵子为主。余尝以《乾凿度》及《张平子传》所载太乙下行九宫法考之，即所谓戴九履一者，则是图相传已久，安知非《河图》耶？靖士蒋得之云：'当以《先天图》为《河图》，生成数为《洛书》。'亦是一说。叔原谓日月亦左旋，此张说朱意也。第日起北陆，春西陆，夏南陆，秋东陆，而冬返乎北陆，则为右乎？左乎？谓日速月迟，读书穷理，正欲其自得，况叔原所引'见处一分亏'之诗，即予少作也。吾侪所见，本不相远，第以历家细算分数言之，则月行十三度余者，特约法耳。其实则一日至四，二十四至晦，行十四度余；五日至八，二十至二十三，行十三度余；惟自九日至十九，仅行十二度余，此犹二至之晷刻稍迟，不为无理。而叔原反疑之，独取望日为证，则望日正行迟之日也，况本乎阳者常舒迟，本乎阴者常急促，若日迟而月速，大者舒而小者促，此即阴阳自然之分也。叔原之图精且密矣，盍更以是审思之。日食如甲乙，如辛卯，日与辰相克为异，尤不经。康成虽有是说，然《春秋》壬午日食，亦日与辰相克也，而《左氏》不谓灾，又何邪？叔原谓分星起于汉、唐，谓汉则已后，谓唐则滋邈，岂以《左氏内外传》与《周礼》为不可信邪？是三书亦有可疑，而分次之说相传已久，独星不依方，而以受封之日为始，此传注之可疑，而未有说以破之尔。大抵叔原之说，十得六七，予方敛衽之不暇，尚有未能释然者，姑摘一二以备审订，他时道輓以如邛，叔原必有以复于予也。"

《姓谱》："司马子巳，温公七世孙，寓居戎州，不事科举，召补嘉定州司户参军。"

《三易图说》十卷，柳申锡撰。佚

柳申锡，生卒年不详，约主要活动在南宋理宗时，潼川府人。终生隐居，精于《周易》。撰有《三易图说》《先天太极图说》等。

《三易图说》十卷，重在探究易图。清人朱彝尊《经义考》卷三十四，载"柳氏申锡《三易图说》十卷。佚"，并引魏了翁曰："潼川柳申锡彦养于《先天》《太极》诸书，自一岁一月一日一身皆有图说，至于九畴会极、中央立极、中星合极，复分画而附益之。又作《三易图说》十卷，以探羲、文、孔氏之秘，而《上、下经》六十四卦,卦为二图,以释其义。申锡身既隐矣,明既丧矣,非以钓名干泽也。自阴阳五行、星历气候,反复参验,以求诸心,凡以自明尔矣。"朱彝尊下按语:"潼川柳氏著《三易图说》,本鹤山同时人。凌氏《万姓统谱》乃去其姓为申氏,且以为明代人,谬戾如此,可发一噱也。"

《大易要言》二十卷、《易类》五卷,杨泰之撰。佚

杨泰之(1169—1230),字叔正,号克斋,眉州青神(今四川眉山)人。撰有《论语解》《老子解》《春秋列国事目》等多种。《宋史》有传。

清人朱彝尊《经义考》卷三十四,载"杨氏泰之《大易要言》二十卷。佚。《易类》五卷,佚",并引魏了翁《志墓》曰:"公讳泰之,叔正其字,眉之青神人。官大理少卿,直宝谟阁。所撰有《论语解》《春秋列国事目》《公羊、谷梁类》《易类》《诗类》《诗名物编》《论孟类》,又集诸儒《易》解为《大易要言》二十卷,皆手自编缀也。"

《易心学》,任直翁撰。佚

任直翁《易心学》,亦作《易心学先天环中图》。清人朱彝尊《经义考》卷三十四,载"任氏直翁《易心学》,佚",并引魏了翁曰:"知眉州任侯直翁,著《易心学》。太极两仪之说,惟朱文公初画为仪、再画为象之说,足以一洗传注之陋,然其为图,每一画也,已而分而为二,而后更加一画。此图自中而生,遂一而分为阴,而八卦具,比朱图似径便。"

《古易》,林叔清撰。佚

清人朱彝尊《经义考》卷三十四,载"林氏叔清《古易》,佚",并引魏了翁《跋》曰:"《易》之为书,广大悉备,知仁随见,小大由识,各适所求。至近世周、程、邵、张子之后,诸儒辈出,《易》道几无余蕴矣。三山林君又为《周易古经解》,依上、下部叙,以六十四卦、三百八十四爻,胪分彪析,而证以古今善恶是非之事。此非积岁累月不能为,或曰:'审尔则《易》之书四百五十事而已乎?'

曰:'不然也,林君之为是也,亦不过约为之说,以自识其知仁之见云尔,非断断然以是为不可易也。'程正公《易传》晚而后出,犹以迫于门人再三之请,且自谓仅得七分,然则林君尚勉之哉。"

《易说》,虞刚简撰。佚

虞刚简(1164—1227),字仲易,一字子韶,学者称沧江先生,隆州仁寿(今四川眉山)人。清人朱彝尊《经义考》卷三十四,载"虞氏刚简《易说》,佚",并引:

《姓谱》:"刚简,允文之孙,讲学于蜀东门外。著《易》《书》《论语说》,以发明其义,蜀人师之。"

魏了翁《志》曰:"刚简,字仲易,一字子韶,夔州路提点刑狱,兼提举常平,改利州路,主管冲佑观,积官至朝请大夫。公筑室成都之合江,以成雍公卜居未遂之志,曰沧江书院。沉潜《六经》,于《易》尤为精诣,以周、程、朱子遗言与邵子《先天书》、汉上朱氏之说参贯融会,随文申义,阅十有六年书成。大抵赜诸阴阳五行之奥,必约诸躬行日用之近,读者玩辞观变,则有所据依,以迁善远过。又有《论语解》《诗说》,皆未及编次。"

《周易直说》,徐相撰。佚

清人朱彝尊《经义考》卷三十四,载"徐氏相《周易直说》,佚",并引赵与訔《序》曰:"幼侍先伯氏殿撰受《易》于乡先生徐公之门,先生不鄙其愚,集诸家之长,著为《直说》一编,授与訔兄弟。且谓:'此为初学设,非曰尽在是也。'佩服师说,早夜究心,不敢自谓有得,然发蒙开覆,实昉自兹。先生命与才仇,卒老于儒,幸有是书,可惠后学,讵容使之无传也哉?曩伯氏守嘉禾,尝欲锓梓而未果。与訔继领郡绂,簿书之暇,亟取是书而公之,不惟不失伯氏之志,而先生之学亦于是乎传矣。先生讳相,字子材,婺之兰溪人。"

《古易补音》,赵共父撰。佚

楼钥《攻媿集》卷六十六《答赵共父书》称:

《易补音》之作，所谓"鲜不抵掌，指为迂阔"，诚然！诚然！钥雅好吴氏《诗补音》，今者皆取其说。然尚有当言者，如"幡幡之下"，注文用之不尽，似有未圆处，不若全用。或节去不甚亲切者，如即鹿无虞，不叶中字，亦可若以音五公，谓诗叶蓬狨，则上章葭豝，又尚何叶此一音可去之诗，必有韵，易则有不必叶者，又不可强通也。车之音斤于韦昭之辨，只得写诗补音全文，节之意不完难晓，艮卦薰心（思寻切），此不可晓如此，则是本音非叶也。注中引《易林》《太玄》，乃叶邻民岂误音耶？小畜象独富，乃取诗瞻卬补音，内引《老子》二项，知足者富强行者，有志可用，如以正叶富吴氏之意不可通，不若易之大率古语多韵，跋语所谓言出而声谐，辞比而响顺，不待勉强牵属而自中。音节者，极然如圣谟，洋洋嘉言，孔彰作善，降之百祥作不善降之百殃之类甚多，只如补音首论服字，方悟《汉书》顺天者昌逆天者亡，名其为贼敌，乃可服作蒲北切，方可通耳。吴氏以集韵为据，而不深考《说文解字》之书，如《硕人》盼字注文未为甚当，《说文》盼恨视也。从目兮声胡计切盼诗曰美目盼分，从目分声匹苋切眄目偏合也，一曰邪视也久目丐声，莫甸切三字甚明，盖盼如孟子使民盼盼，然眄如老商之一眄，又眄庭柯以怡颜以匹苋一切为与倩绚二音不相叶，又似太甚若眄则几不成字，则以不考信《说文》之故也，姑举此一端耳。江不与阳唐相连，而缀于三钟之后，上去入皆然，盖古音江（音工）谓之转声，与东通亦有据否有疑处必有考证，方可决然，定说不然，宁阙之尔，每疑十二齐不缀于支脂之微之后而与十三佳十四，皆相比久不得其说，后因观后汉语如天下《中庸》有胡公万事不理，问伯始五经纷纶井大春之类，皆是七字为句，而四字一韵下三字一韵，若天下模楷李元礼方知楷，与礼叶齐之，所以近佳皆也，非好古者亦不语及此，不知者不止谓迂阔而已。来教所说屯、离、蹇、乾、随、临、噬嗑、革卦中诸字，今本既叶，如王、郑诸家改字不同，皆可略而不问，如乾之若、厉等十二处。有不可通者，不必强通，只如"潜龙勿用""亢龙有悔""见群龙无首吉"，虽欲通之不可得也，但当采吴氏之说，通其可通者足矣。如晦庵之说，亦及叶韵渐卦上爻以陆为逵，虽改经文于仪字，却叶杂卦之末，盖杂而又杂，不可终穷自大过颠也。而后更不复，反对坡公疑之改，从反对大非古意，观其韵叶，可见非差如《归妹》女之终也，未济男之穷也可求反对乎此，皆晦庵之说为是若实之从去声则似未然,更须详考此亦未暇入声之叶去声,恐无此例,有则韵皆少差如读之为读(豆)复之为复(扶富切)覆之为覆(敷救切)宿之为宿(秀),无有从其本字之去声者,尽入声韵中,只有厌(入)厌(去)二字通用本音,却是实有此二字义又不同实为去声,恐难从也,如伸正当为敬比辅也,《比》吉下顺从也,《履》《艮》《同人》卦首合,别著卦名,《贲》象天文上阙文,《旅》象两小亨,当是衍来说,皆然但流传已久不可轻改,然亦不可不知也,钥又别有跋语,见他纸可用否午暑连日挥汗,方能办此,余不暇及,亦不可为不好者道也。

清人朱彝尊《经义考》卷三十四,载"赵氏共父《古易补音》,佚",并引:

楼钥《跋》曰:"小学之废久矣,陆氏《经典释文》可谓详尽,近世读书,或至苟简,率意诵习,字有不识者,始加阅视,有讹谬终身不自觉知,而况补音乎?吴氏好古博洽,始作《诗补音》,虽不能变儒生之习,而读之者始知《诗》无不韵,韵无不叶,祛所未悟,有功于古《诗》多矣。吾友赵共父又取其说,以补古《易》之音,用意甚勤,远以示余,阅之不去手。某老矣!愧不能尽力也。噫!《凡将》《爰历》等书,今不复见,惟许叔重《说文解字》为小学之本,颜黄门《家训》称其检以六文,贯以部分,隐括有条,析根穷源,《集韵》虽博赡,于仿古则未可全据。共父今本之吴氏,多以《集韵》为证,更当以《说文解字》定之,可传无穷。吴氏之书,不知者以为苟然而已,共父祖其余论,某又喋喋及此,皆谓之癖可也。虽然,当自有好之者。"

《易翼传》二卷,郑汝谐撰。存

郑汝谐(1126—1205),字舜举,号东谷居士,青田县城人。宋绍兴二十七年(1157年)进士,历任两浙转运判官、江西转运副使、大理寺少卿、吏部侍郎、宗正少卿兼右文殿修撰等职。撰有《东谷易翼传》《论语意源》《东谷集》等。

《易翼传》二卷,是书重在传承程颐易学。宋人冯椅《厚斋易学·附录一》载:"《郑氏翼传》,《周易翼传》(原缺)卷近时郑汝谐撰。盖谓孔子翼文王之《经》,此则翼伊川之《传》也。汝谐,字舜举,自号东谷。"《周易启蒙翼传·中篇》载"郑汝谐《周易翼传》二卷"。《读易举要》卷四载:吏部侍郎括苍郑汝谐舜举撰《易翼传》二卷。《翼》云者,所以为程《传》之辅也。大抵以程《传》为本,而附以己见之异,立朝多为善类所不可,至互相排击。

清人朱彝尊《经义考》卷三十四,载"郑氏汝谐《易翼传》,《宋志》:'二卷。'存",并引:

汝谐《自序》曰:"古今传《易》者多矣,至河南程氏始屏诸家艰深之说,而析之以明白简易之理,一时学者知所师承,如瞽者之明,如聩者之听,如伥伥于冥涂者识其所趋,猗与盛哉。汝谐伏读其书,而溯其所得者,曰:'体用一源,显微无间也。'学者不得此理,而谓得三圣之心,皆妄也。何者?《易》,精微之书也。然圣人所以仁天下来世者,欲其皆可知、皆可从,至其精微者,则存乎人之自得尔,非以其艰深者而眩其入也。世之传《易》者,实不得乎精微之旨,虑其凡近之易忽也,乃委之于象数惝怳之中,而立于不可诘知之地,援怪以为艰,指迂以为深,幸其一说之合,则其所不合者,挽而傅致之。学者骇其然而求其入也,疲心刓精,以志于得,既得之,于道无补也,于圣人仁天下之心无与也。盖举体而遗用,则非体,狥微而废显,则非微。汝谐每念圣人之《经》得程氏而始昭昭于天下,不敢以他说乱之,虑其杂也,不敢以己见先之,虑其偏也。信之笃,故其思深,思之深,故或因程氏而有得者。夫信之足矣,因之而有得,何也?诚然之理,取则于吾心,心之所安者信之,其所未安者疑之,疑斯辨,辨斯明矣。谓其为程氏,而亦信其所未安者,命之曰欺,非心学也。乃以程氏之说疏于《经》之左,程氏有所未及与及之而未明,凡可传以己意者,则题以为《翼传》。私窃识之,非敢并驾其说也。其在《睽》曰:'君子以同而异,同异之相形也,犹水火之相灭而相成也,同而不异,则丧其所以为同矣。'此书非立异于程氏也,祇以为同也。"又曰:"余始作《翼传》,以程氏之说系于《经》之下,而以《翼传》系于程氏之下,部帙太繁,今于诸卦尽用程氏《传》者,题曰'从程氏',其附以《翼传》者,曰:'余从程氏',所以尊河南之学,而示无去取之义也。"

陈振孙曰:"《翼》云者,所以为程《传》之辅也。大抵以《程传》为主,而附以己见之异,然汝谐立朝,多为善类所不可,至互相排击,仕至吏部侍郎。"

郑如冈《跋》曰:"河南先生序《易传》曰:'予所传者,辞也,由辞以得意,则在乎人焉。'此《易翼传》之所以作也。先君玩大《易》之理,诵《易传》之辞,研精覃思,凡数十年而后就,如冈以广其传为请,先君以为程子续道统于千载之后,成书既久,莫得传授,自谓精力未衰,尚冀少进。其后寝疾,始以授尹焯、张绎。先觉犹不敢自足,矧后学耶?岁在壬辰,如冈持节闽峤,以稿本求是正于西山真公贰卿,且论叙于篇首。公雄文大册,焜耀斯世,不靳渊源之论,为之发挥所得,不既多乎?已而谓如冈曰:'先君子没已久矣,精力已毕见于此书矣,讵可不使流布以示学者?'如冈拜手而谢曰:'谨受教。'是岁仲夏刻于漕司之澄清堂。"

郑陶孙《跋》曰:"后六十年,陶孙劝学七闽,访澄清堂板,已罹兵毁。又十有六年,陶孙由词垣劝学江左,年逾学《易》,愚未闻道,无所肖似,缺焉私淑。会庐陵学官来征遗书,谨取家藏本授之,能刻梓以与程、杨两先生参,亦斯文之一幸也。惟曾大考历事四朝,绍兴得谢后,屡召不起,与诚斋同被褒异,出处同,则其著书亦同于翼经而已。其于诚斋不能无异同者,亦犹于伊川不能无异同也。善读者谅能因其同而观其所以异,因其异而究其所以同者焉。西山先生不云乎:'其不同也,乃所以相发也。'"

胡一桂曰:"汝谐,字舜举,《翼传》二卷,盖谓孔子翼文王之《经》,此则翼伊川之《传》。"

《浙江通志》:"汝谐,处州人。中教官科,迁知信州,召为考功郎,累阶勋猷阁待制。"

《易传》,傅子云撰。佚

傅子云,字季鲁,号琴山,南宋金溪(今江西金溪)人。撰有《易传》《论语集传》《中庸大学解》《童子指义》《离骚经解》等。

清人朱彝尊《经义考》卷三十四,载"傅氏子云《易传》,佚",并引:

黄震曰:"傅琴山子云以屡举推恩,尝为西瓯县主簿,其徒贵溪叶梦得知抚州日,尝刻其文于郡斋,然世未有传其书者也。琴山称象山赴荆门军,付以讲席。又尝作《易、诗、论语解》《孟子指义》《中庸、大学解》《河图、洛书释义》《离骚经解》《撰著说》,且欲剖判象山及朱晦翁之说,其自任亦果矣。第其人虽博学多闻,好为议论,而辞烦理寡,终无发明,虽呶呶数万言,攻排佛学,以解外人谓其师谈禅之讥,亦不过袭不耕不蚕等陈言,以杂置泛滥浮辞中尔。"

《周易筮传》,汤建撰。佚

汤建,字达可,号艺堂先生,温州乐清人。他对于天文、地理、古今制度,考核精详,所撰有《诗衍义》《讲书》,学者称义堂先生。

《周易启蒙翼传·中篇》:汤建《周易筮传》,(名建,字达可,号艺堂先生,温州乐清人。)交杨慈湖门人,知惠州。赵汝驭作《序》,淳祐四年刊于郡斋。清人朱彝尊《经义考》卷三十四,载"汤氏建《周易筮传》,佚"。

《周易会通》,叶味道撰。佚

叶味道(1167—1237),初名贺孙,以字行,更明味道。祖籍浙江温州人。叶适之子。嘉定十三年(1220年)进士及第,曾任太学博士、兼崇政殿说书、秘书省著作佐郎等职。撰有《四书说》《大学讲义》《易会通》《祭法庙享郊社外传》《经筵口奏》《故事讲义》等。

清人朱彝尊《经义考》卷三十一,载"叶氏味道《周易会通》,佚",并引:

《闽书》:"叶味道,初名贺孙,以字行,更明味道。其先括苍人,居建阳之后山,师事朱文公。嘉定十三年进士,太学博士,兼崇政殿说书,迁秘书省著作佐郎。卒,谥文修。所撰有《四书说》《大学讲义》《易会通》。"

戴铣曰:"《一统志》温州有叶味道,处州有叶贺孙,皆朱子门人,而事业微有不同,盖本一人,误析而为二也。"

《易解》三卷,林万顷撰。佚

林万顷,字叔度,福清人。撰有《诗、易、春秋解》。据清乾隆间编纂的《福州府志·艺文》所载:"林万顷《易解》三卷。"

清人朱彝尊《经义考》卷三十四,载"林氏万顷《易解》,佚",并引《闽书》:

"林万顷,字叔度,福清人。作《易解》,陈藻不善也。其解'同声相应'章,曰:'蚕丝吐而商弦绝,铜山崩而洛钟应,其声同也。磁石引针,琥珀拾芥,其气同也。气同声异,天壤咫尺,声同气异,咫尺天壤。平地而水湿者先濡,水上而下也;抱薪而火燥者先燃,火下而上也;龙兴而云从,云自下而上应者也;虎啸而风号,风自上而下应者也。水火燥湿,无情而应有情,云龙风虎,有情而应无情者也。'藻见之,曰:'当北面矣。'"

《周易口义》,张孝直撰。佚

清人朱彝尊《经义考》卷三十四,载"张氏孝直《周易口义》,佚",并引《姓谱》:"孝直,字英甫,临川人,受学象山之门。有《易》《书》《诗》《语》《孟》《中庸口义》五十余篇。心所未安,虽伊、洛诸儒议论,亦不苟同。"

《易说》,申孝友撰。佚

清人朱彝尊《经义考》卷三十四,载"申氏孝友《易说》,佚",并下按语云,按:孝友《易说》,丁氏《大衍索隐》引之。孝友又尝著《西南会要》,见王象之《舆地碑目》。

《易稿》,刘弥邵撰。佚

刘弥邵(1165—1246),字寿翁,号习静,莆田人。撰有《易稿》《汉考》《读书日记》《小记》《深衣问辩》《杜诗补注》等。

《易稿》,亦作《易说》,《读易举要》卷四载:"建安刘弥邵寿翁撰《易说》。蔡节斋门人。"《周易启蒙翼传·中篇》:"刘弥邵《易稿》一部,其犹子后村讳克庄为之序。略曰:初余为建阳令,季父访余县斋,因质《易》疑于蔡隐君伯静。后二十年而书成,大旨由朱、程以求周、孔,由周、孔以求羲、文,其笃守师说,虽谯天授、袁道洁,无以加也。"清人朱彝尊《经义考》卷三十四,载"刘氏弥邵《易稿》,佚",并引:

刘克庄《序》曰:"《易》学有二:数也,理也。汉儒如京房、费直诸人,皆舍章句而谈阴阳灾异,往往揆之前圣而不合,推之当世而少验。至王辅嗣出,始研寻经旨,一扫汉学,然其弊流而为玄虚矣。本朝数学有华山陈氏、河南邵氏,今邵氏之书虽存,通者极少。理学有伊川程氏、新安朱氏,举世诵习,众说几废。余尝谓程、邵同时,不相折衷,曰《传》、曰《皇极经世图谱》,遂刊为二书而不可合。天下岂有难通之书?亦岂有理外之数哉?噫!《易》更三圣,说《易》者非一家,程氏排临川之学者,及教人读《易》,必先辅嗣、介甫。朱氏尊伊川之言者,至《本义》则多程氏所未发。议论以难疑问答而详,义理以讲贯切磋而精,此季父《易稿》之所为作也。初余为建阳令,季父访余县斋,因质《易》疑于蔡隐君伯静,后二十余年而书成。大抵由程、朱以求周、孔,由周、孔以求羲、文,其笃守师说,虽谯天授、袁道洁无以加。视世之高谈先天,径造微妙者,彼虚而此实矣。季父名弥邵,字寿翁,中岁弃科举,闭门著书,动必由礼,行义为乡先生。家贫,入于学,晚舍去,并学俸却之。太守眉山杨侯栋、郡博士括苍俞君来即学,为堂,示舍盖之意,季父仅一至焉。后杨侯使本道,又论荐于朝,不报,卒,年八十二。俞君乃取昔所却俸,为刊《易稿》,而授简其犹子克庄序之。"

《周易说约》八卷、《周易或问》四卷、《周易续问》八卷、《周易指问》四卷、《学易补过》六卷,赵善湘撰。佚

赵善湘(?—1242),字清臣,庆元府鄞县(今浙江宁波)人,濮安懿王赵允让五世孙。庆元二年(1196年)进士,曾任通判婺州、淮南转运判官、资政殿大学士等职。

赵善湘《易》学著述,清人朱彝尊《经义考》卷三十四,载"赵氏善湘《周易说约》八卷、《周易或问》四卷、《周易续问》八卷、《周易指问》四卷、《学易补过》六卷。俱佚。"并引:

《宋史》:"赵善湘,字清臣,濮安懿王五世孙。江淮安抚制置使,进资政殿大学士,封天水郡公。淳祐五年帝手诏,求所解《春秋》,进观文殿学士致仕。卒,赠少师。所著有《周易说约》八卷,《周易或问》四卷,《周易续问》八卷,《周易指要》四卷,《学易补过》六卷,《洪范论》一卷,《中庸说约》一卷,《大学解》十篇,《论语大意》十卷,《孟子解》十四卷,《春秋三传通义》三十卷。"

《警心易赞》,孟珙撰。佚

孟珙(1195—1246),字璞玉,祖籍绛州(今山西新绛),随州枣阳(今湖北随州)人,南宋优秀的军事家。

清人朱彝尊《经义考》卷三十四,载"孟氏珙《警心易赞》,佚",并引《宋史》:"孟珙,字璞玉,随州枣阳人。枢密都承旨制置使,检校少保,汉东郡公,授检校少师,宁武军节度使致仕。卒,赠太师,封吉国公,谥忠襄。其学邃于《易》,六十四卦各系四句,名《警心易赞》。"

《易说》十卷,林子云撰。佚

清人朱彝尊《经义考》卷三十五,载"林氏子云《易说》十卷。佚",并引《闽书》:"林子云,字质夫,福宁人。宝庆二年进士,除融州教授。著《易说》十卷。"

《易解》十卷,罗大经撰。佚

罗大经(约1196—1252),字景纶,号儒林,又号鹤林,南宋吉水(今江西吉水)人。宝庆年间进士,历仕容州法曹、辰州判官、抚州推官等职。著《易解》十卷。

清人朱彝尊《经义考》卷三十五,载"罗氏大经《易解》十卷。佚"。

《易讲义》四卷,林希逸撰。未见

林希逸(约1193—1271),字肃翁,号竹溪,又号鬳斋,福州福清(今福建福州)人。端平二年(1235年)进士,曾任翰林权直兼崇政殿说书、知兴化军、司农少卿、中书舍人等职。撰有《鬳斋前集》《春秋正附编》《考工记解》《老庄列三子口义》《易讲义》等。

《易讲义》,据清乾隆间编纂的《福州府志·艺文》所载:"林希逸《易讲义》四卷。"清人朱彝尊《经义考》卷三十五,载"林氏希逸《易讲义》,未见",并引《姓谱》:"希逸,字肃翁,福清人。绍定间进士,淳祐中,迁秘书省正字。景定间,官司农少卿,终中书舍人。有《鬳斋易义》《春秋传》《考工记解》。"又引《闽书》:"希逸,中端平二年进士。"

《易原》十卷,陈冲飞撰。佚

清人朱彝尊《经义考》卷三十五,载"陈氏冲飞《易原》十卷。佚",并引《兴化府志》:"陈冲飞,绍定中,特奏名。"

《易解》,卓得庆撰。佚

清人朱彝尊《经义考》卷三十五,载"卓氏德庆《易解》,佚",并引黄渊曰:"卓乐山以《易解》属余序篇端,来七日而以兵死。"又引《姓谱》:"卓得庆,字善夫,号乐山。登绍定五年甲科,教授道州,历官秘书著作郎,出知漳州,召还,授兵部郎中。景炎二年,除右文殿修撰、户部尚书,是年元兵逼城,被执,并二子规、权杀之。"

《易通》,谢升贤撰。佚

谢升贤,生卒不详,字景芳,号恕斋,兴化军仙游(今福建莆田)人。与陈沂为友,端平二年(1235年)进士。撰有《太极图说》《西铭说》《易通》《学庸语孟解》等。

清人朱彝尊《经义考》卷三十五,载"谢氏升贤《易通》,佚",并引《闽书》:"谢升贤,字景芳,兴化军人。端平二年进士,官至兴宁令。所著有《太极图说》《易通》《四书解大意》,皆推本朱文公之言。"

《读易管见》,萧山撰。佚

清人朱彝尊《经义考》卷三十五,载"萧氏山《读易管见》,佚",并引《闽书》:"萧山,一名石,沙县人。端平二年,特奏名,仕长溪丞。著有《诗传》《论语说》《读易管见》。"

《读易》四卷,尤彬撰。佚

清人朱彝尊《经义考》卷三十五,载"尤氏彬《读易》四卷。佚",并引《兴化府志》:"尤彬,端平中,特奏名。"

《准斋易说》一卷,吴如愚撰。佚

吴如愚(1167—1244),字子发,钱塘人。撰有《准斋集》《杂说》等。

《读易举要》卷四载:"武林吴如愚撰《准斋易说》一卷,德祐以来刊板尚存,今在平江严达夫家。又有《准斋明象》一卷,嘉熙元年,门人王致远既板行矣,淳祐壬寅,临川罗愚重刊于广西漕司。"清人朱彝尊《经义考》卷三十五,载"吴氏如愚《准斋易说》,《宋志》:'一卷。'佚",并引赵希弁曰:"右武林吴准斋如愚所著也,一则明象,一则明爻。乔文惠公行简尝荐之曰:'成忠郎吴如愚,随身右列,寻即隐居,虽在都城,而杜门不出,臣欲识之而不可得。其人行醇而介,气直而温,讲道穷经,剩有著述,欲乞特与换授从事郎,并与秘书校勘。'有旨从之。而如愚不受。"

《易注解义》,方濯撰。佚

清人朱彝尊《经义考》卷三十五,载"方氏濯《易注解义》,佚",并引《兴化府志》:"方濯,嘉熙二年进士,广州观察推官。"

《周易释传》二十卷,钱时撰。未见

钱时(约1175—1244),字子是,号融堂,严州淳安县蜀阜(今浙江严州)人。嘉熙元年(1237年),赐进士出身。撰有《周易释传》《尚书演义》《学诗管见》《春秋大旨》《四书管见》《两汉笔记》《蜀阜集》《冠昏记》《百行冠冕集》等。

《周易释传》，亦作《融堂易说》，《读易举要》卷四载："严陵钱时撰《融堂易说》。"《周易启蒙翼传·中篇》："钱时《周易释传》二十卷，其说谓：'伏羲、文王、周公之经既孔子为之传，后学何可容喙，敬于《传》下略释本旨，而曰《周易释传》焉。'案：其书文辞虽明，而意义亦浅略，不及象数，释物理，间有可采者。嘉熙二年，乔丞相荐进其书，称其山居读书，理学淹贯。尝从故宝谟阁学杨简游，盖其所深许，与以秘阁校勘。严州人，姓钱名时，融堂扁也。"清人朱彝尊《经义考》卷三十五，载"钱氏时《周易释传》二十卷。未见"，并引《馆阁续录》："钱时，字子是，严州人。嘉熙二年五月，以布衣特补迪功郎，差充秘阁校勘，仍下本州，取所著《周易释传》《尚书演义》《学诗管见》《论语》《古文孝经》《大学中庸》《四书管见》《两汉笔记》《国史宏纲》缮写缴进，十一月，添差浙东提举常平司干办公事。"

《易传》三十卷，张志道撰。佚

清人朱彝尊《经义考》卷三十五，载"张氏志道《易传》三十卷。佚"，并引《镇江府志》："张志道，字潜夫，金坛人。嘉熙间，上书言事，景定初，特恩免解，赵葵辟置幕府，宋亡，不仕。"

《易说》，戴蒙撰。佚

清人朱彝尊《经义考》卷三十一，载"戴氏蒙《易说》，佚"，并引《温州府志》："戴蒙，字养伯，永嘉人，更名埜中。绍兴庚戌榜进士，调丽水尉，弃官，从朱子于武夷，寻以原名复官。"

《易论》，吴昶撰。佚

清人朱彝尊《经义考》卷三十一，载"吴氏昶《易论》，佚"，并引程敏政曰："淳熙丙申，文公以扫墓归婺源，先生率先执经馆下。久之，伪学党作，弟子多更名他师，而先生徒步走寒泉精舍，就正所学，文公深嘉之。先生所著，有《易论》及《书说》八十卷。"又引戴铣曰:"昶,字叔夏,号友堂,休宁人,朱子门人,所著有《易论》《书说》。"

《易解》,林学蒙撰。佚

林学蒙,字正卿,一名羽,永福人。从朱文公学,伪学之禁起,因筑室龙门庵下,讲明性命之旨,不求仕进。所撰有《梅坞集》传于世。弟学履,字安卿,亦游文公之门。

清人朱彝尊《经义考》卷三十一,载"林氏学蒙《易解》,佚",并引《姓谱》:"林学蒙,一名羽,字正卿,永福人。从朱文公学,因筑室龙门庵,讲明道德性命之旨,乡人师之。"

《易传》,陈文蔚撰。佚

陈文蔚,生卒年不详,约宋宁宗嘉泰前后在世,字才卿,上饶人。曾师事朱熹。撰有《克斋集》十七卷。

清人朱彝尊《经义考》卷三十一,载"陈氏文蔚《易传》,佚",并引张时雨曰:"克斋先生,名文蔚,字方卿,信州上饶人。因同乡余正叔得师朱子。其学以求诚为本,以躬行实践为事,著书立言,俱得朱子旨趣,隐居丘园,累征不仕。"

《易辨》三卷、《渊源录》三卷,何万撰。佚

何万,生卒年不详,字一之,长乐人。南宋隆兴元年(1163年)进士,历官朝请大夫、漳州府太守、累迁尚书都司,出知平江府。幼好学,撰有《易辨》三卷、《渊源录》三卷、《长乐财赋志》十六卷、《鼎论》三卷、《时议》一卷。

何万《易》学著述,《读易举要》卷四载:"右司郎中何万一之撰《易辨》三卷、《渊源录》三卷。其为《辨》三十三篇,大抵多与先儒异。《渊源录》者,盖其为《易解》未成书,仅有《乾》《坤》二卦而已。"清人朱彝尊《经义考》卷三十二,载"何氏万《易辨》,《通考》:'三卷。'佚。《渊源录》,《通考》:'三卷。'佚"。

《易本传》三十三卷，李舜臣撰。佚

李舜臣，字子思，井研人。撰有《易本传》等。

《易本传》，《厚斋易学·附录二》载："《易本传》三十三卷，题西蜀隆山李舜臣撰，淳熙己亥自序。其说以为《易》起于画，虑牺以画寓心，而文王、孔子因画以明心之用。舜臣，字子思。程可久以为其学出于冯，当可，冯《集》中亦及其名。今观当可之《易》，若不相似，然盖其后又自有得也。其子道传立朝缴进，付秘阁。《读易举要》卷四载："隆山李舜臣子思撰《易本传》三十三卷。自序以为《易》起于画，舍画则无以见《易》，因画论心，以中为用。心传，其子也。鄱阳洪迈景卢为之作序。舜臣，淳熙中宰饶之德兴，有惠政，民至今祠之。"《周易启蒙翼传·中篇》："李舜臣《周易本传》十三卷(《宋志》)。愚案：淳熙己亥其自序，大概谓《易》元起于画，有画故有卦与辞，随辞释义，泛论事理，不复推之于画，以验古圣人设卦命辞之本意，失之远矣，故今所著皆因画论心，主文王、孔子之必以推衍大《易》之用，此其大旨也。其间发明好处甚多，说象有功，但绝不及占。"

清人朱彝尊《经义考》卷三十二，载"李氏舜臣《易本传》，《宋志》：'三十三卷。'佚"，并引：

《宋史》："李舜臣，字子思，隆州井研人。乾道二年进士，调邛州安仁县主簿，改宣教郎，知饶州德兴县，迁宗正寺主簿。邃于《易》，尝曰：'《易》起于画，理事象数皆因画以见，舍画而论，非《易》也。画从中起，《乾》《坤》中画为诚敬，《坎》《离》中画为诚明。'著《本传》三十三篇，朱熹晚岁，每为学者称之。所著书，《群经义》八卷、《书小传》四卷、《家塾编次论语》五卷。"

陈振孙曰："其《自序》以为《易》起于画，舍画无以见《易》，因画论心，以中为用。如舍本卦而论他卦及某卦从某卦来者，皆所不取。洪景卢为之序。"

王应麟曰："李舜臣《易传》，迹《坎》《离》之从中起，较《震》《巽》之偏而不中。谓舍本卦而论他卦为不然，谓某卦从某卦来为妄。"

胡一桂曰："西蜀隆山李先生，优于明象者也。其论《坤卦》，直曰：

'《乾》既称马,《坤》不得不称牝以别之。'殊不知《象》文王所作,文王《象》,《乾》何尝称马,而顾于《坤》乃称牝以求别于《乾》也。此亦祖《说卦》以为论,其失甚矣。"又曰:"隆山先生《周易本传》三十三卷,淳熙己亥自序。大概谓《易》原起于画,有画故有卦与辞,随辞释义,泛论事理,不复推之于画,以验古圣人设卦命辞之本意,失之远矣。故今所著皆因画论心,主文王、孔子之学,以推衍大《易》之用,此其大旨也。其间发明甚多,说象有功,但不绝言占耳。"

《易训》三十卷、《易说》二卷,倪思撰。佚

倪思(1147—1220),字正甫,自称齐斋老人,吴兴人。孝宗乾道二年(1166年)进士,淳熙五年(1178年)中博学弘词科,曾任著作郎、将作少监等职。著作今存《经堂杂志》《班马异同》等。

清人朱彝尊《经义考》卷三十二,载"倪氏思《易训》,《宋志》:'三十卷。'佚。《易说》二卷。佚"并引陈振孙曰:"礼部尚书归安倪思正父,丙戌进士,戊戌宏词,受知阜陵,早登禁直。绍熙间,遂位法从,刚介不苟合。庆元、嘉定,屡召屡出。端平初,诏以先朝遗直,得谥文节。"

《易解》,蔡戡撰。佚

蔡戡(1141—1182),字定夫,福建仙游人,蔡襄五世孙,蔡伸嫡孙。始居武进,初以荫补溧阳尉,孝宗乾道二年(1166年)进士,曾任秘书省正字、知江阴军、广东提刑、广西经略安抚使等职,累官至宝谟阁直学士。撰有《定斋集》《易解》《贞观谏录》《劝筋篇》《典故类说》《名臣懿范》《忠惠年谱》《白乐天年谱》等,其中,《定斋集》(收入《四库全书》)。

清人朱彝尊《经义考》卷三十二,载"蔡氏戡《易解》,佚"。

《易讲义》五卷,陈炳撰。佚

清人朱彝尊《经义考》卷三十二,载"陈氏炳《易讲义》五卷。佚",并引

《金华府志》:"陈炳,字德先,义乌人。乾道丙戌进士,为太平主簿。"

《易英》十卷,冯诚之撰。佚

清人朱彝尊《经义考》卷三十二,载"冯氏诚之《易英》十卷。佚",并引魏了翁《志墓》曰:"诚之,字明仲。乾道四年乡举,授迪功郎,调江油县尉。"

《周易训传》,王时会撰。佚

清人朱彝尊《经义考》卷三十二,载"王氏时会《周易训传》,佚",并引陆游《志》曰:"时会,字季嘉,奉化人。乾道五年进士,自台州司户参军,历袁州州学教授,知会稽县,最后终于长沙。锐意经学,有《易、诗、书论语训传》《乡饮酒辨疑》凡数十百卷。"

《续东溪易传》,刘光祖撰。佚

清人朱彝尊《经义考》卷三十二,载"刘氏光祖《续东溪易传》,佚",并引真德秀《志墓》曰:"光祖,字德修,其先句容人,居简州。登进士第,官右文殿修撰,以宝谟阁直学士知潼川府,进显谟阁直学士,提举玉隆万寿宫。公从族父兄东溪先生伯熊学,其在房州,谪居无事,取东溪所传《易》续之,盖东溪《传》止《睽》,公续之始《蹇》。"又引《中兴馆阁续录》:"光祖,乾道五年进士。"

《易学指要》,史弥大撰。佚

史弥大,字方叔,史浩长子,宋明州鄞县人。孝宗乾道五年(1169年)进士,累官礼部侍郎。浩在相位,弥大劝其引退,浩主和,弥大主战守,父子异议。卒,谥献文。有《衍极朴语》。

清人朱彝尊《经义考》卷三十二,载"史氏弥大《易学指要》,佚",并引《宁波府志》:"史弥大,字方叔,鄞人。登郑侨榜进士,官至礼部侍郎,封奉化郡侯。"

《易辨》,范飞卿撰。佚

清人朱彝尊《经义考》卷三十二,载"范氏飞卿《易辨》,佚",并引《南昌府志》:"飞卿,字升甫,丰城人。乾道中乡荐,授龙阳主簿。有《易玄虚辨》。"

《易经集解》《学易管见》七卷,吕大奎撰。佚

吕大奎(1230—1279),字圭叔,号朴之,南宋泉州南安人。淳祐七年(1247年)进士,曾任潮州教授、福州通判、朝议大夫,兼吏部员外郎、国子编修、实录检讨官和崇政殿说书等职。吕大奎少师事陈淳门人王昭,复得文公道学之传。撰有《莆阳拙政录》《学易管见》《春秋集传》《春秋或问》《论孟集解》《易经集解》等,其中《春秋或问》收入《四库全书》。

《易原》,丘巽之撰。佚

清人朱彝尊《经义考》卷三十二,载"丘氏巽之《易原》,佚",并引魏了翁曰:"巽之居嘉之夹江,淳熙元年举于礼部,贯通古今、论说诸子,有《诗总》《易原》。"

《易说》一卷,陈造撰。佚

陈造(1133—1203),字唐卿,高邮(今江苏高邮)人。淳熙二年(1175年)进士,曾任平江府教授、通判房州权知州事、浙西路安抚司参议等职。撰有《江湖长翁文集》等。

清人朱彝尊《经义考》卷三十二,载"陈氏造《易说》,一卷。(载《江湖长翁集》)存",并引申屠駉《志墓》曰:"造,字唐卿,高邮人。淳熙二年登科,官淮南西路安抚司参议官。自以无补于世,置江湖乃宜,遂号江湖长翁。"朱下按语云,陈氏《易说》,首《无妄》,次《屯》,次《同人》,次《大有》,次《豫》,次《蒙》,次《需》,次《夬》,次《姤》,次《小畜》、《大畜》,次《复》,次《噬嗑》,次

《革》,次《比》,凡十五卦。

《易说》,杨大法撰。佚

清人朱彝尊《经义考》卷三十二,载"杨氏大法《易说》,佚",并引《金华志》:"杨大法,字元范,武义人。淳熙二年进士,历国子祭酒、兵部侍郎,以集英殿修撰知镇江府。"

《周易讲义》一卷,商飞卿撰。佚

商飞卿,生年不详,约卒于南宋开禧二、三年间(1206—1207),字羣仲。淳熙初,由太学登进士第,初任无为军教授,累官至工部郎官。撰有《周易讲义》等。

《周易讲义》,《宋史·艺文志》有载。清人朱彝尊《经义考》卷三十二,载"商氏飞卿《周易讲义》,《宋志》:'一卷。'未见",并引《馆阁续录》:"商飞卿,字羣仲,台州临海人。淳熙二年进士,庆元四年,除秘书丞,五年,为著作郎。"

《周易解义》四十卷,胡有开撰。佚

清人朱彝尊《经义考》卷三十二,载"胡氏有开《周易解义》,《宋志》:'四十卷。'佚",并引《馆阁续录》:"胡有开,字益之,建昌南城人。淳熙二年进士,开禧元年,除秘书郎,三年,致仕。"

《易说》,杨炳撰。佚

杨炳(1150—1230),字若晦,号倏溪居士,泉州晋江人。淳熙二年(1175年)进士,曾任国子监学录、左司谏、中书舍人、权吏部尚书、知泉州、宝谟阁直学士等职。撰有《易说礼记》《解西掖类稿》《谏垣存稿》等杂著。

清人朱彝尊《经义考》卷三十二,载"杨氏炳《易说》,佚"。

《周易集注》五卷，义太初撰。佚

义太初，字仲远，号冰壶，营道人（今湖南道县）。淳熙五年（1178年）登进士第，历知高州、琼州等。撰有《周易集注》五卷、《冰壶集》十卷、《文集》二十卷。

清人朱彝尊《经义考》卷三十二，载"义氏太初《周易集注》五卷。佚"，并引《湖广总志》："义太初，字仲远，营道人。淳熙戊戌进士，历典高、琼二藩。"

《周易述释》一卷，叶适撰。未见

叶适（1150—1223），字正则，号水心，瑞安（今浙江温州）人。淳熙五年（1178年）进士第二名，历仕于孝宗、光宗、宁宗三朝，官至权工部侍郎、吏部侍郎兼直学士院。他力主抗金，反对和议。叶适在哲学上是永嘉学派的代表，反对空谈性理，提倡"事功之学"。撰有《水心先生文集》二十九卷、《别集》十六卷、《习学记言》五十卷等。

《周易述释》，亦作《易说》。《读易举要》卷四载："吏部侍郎永嘉叶适正则为《习学记言》，《易》居其首，门人建安袁聘儒席珍述而释之，为一卷，名曰《述释叶氏易说》。聘儒，绍兴癸丑进士。"《四库全书考证》卷四："叶氏《周易述释》，案《书录解题》作'述释'。叶氏《易说》系叶适门人袁聘儒撰。盖叶氏作《易说》，袁氏述而释之，故云'述释'。刊本讹脱。"

清人朱彝尊《经义考》卷三十二，载"叶氏适《周易述释》一卷。未见"，并引《温州府志》："叶适，字正则，永嘉人。淳熙戊戌廷对第二人，官至宝文阁学士。卒，谥文定。"

《易系集传》，柴中行撰。佚

柴中行（1175—1237），字与之，人称南溪先生，宋代饶州余干人，后周世宗第十三代裔孙。绍熙元年（1190年）赐进士出身，曾任抚州军事推官，江州教授，累迁西京转运使兼提点刑狱，湖南提点刑狱，宗正少卿，兼国史编修、实录检讨，崇政殿说书，秘阁修撰，知赣州等。撰有《易系集传》《书集传》《诗讲义》《论语蒙童说》等书。《宋史》有传。

《易说》，林应辰撰。佚

清人朱彝尊《经义考》卷三十二，载"林氏应辰《易说》，佚"，并引《温州府志》："应辰，字渭远，平阳县人。淳熙戊戌登第，监尚书六部门。著有《易说》。"

《周易总说》二卷，戴溪撰。佚

戴溪（？—1215），字肖望，一作少望，学者称岷隐先生，温州人。南宋淳熙五年（1178年）同进士出身，历监潭州南岳庙，湖州教授。光宗绍熙初，主管吏部架阁文字，除太学录兼实录院检讨官，累迁兵部郎官。宁宗嘉定三年（1210年），以太子詹事兼秘书监，四年（1211年），权工部尚书，八年（1215年），以龙图阁学士致仕。

《周易总说》，《读易举要》卷四载："端明殿学士永嘉戴溪萧望，自号岷隐，撰《易总说》三卷，每卦为一篇。嘉定初为东宫端尹，作此以授景献。"

清人朱彝尊《经义考》卷三十二，载"戴氏溪《周易总说》，《宋志》：'二卷。'佚"。

《易书》四十卷，吕凝之撰。佚

吕凝之，字泽父，蜀人也。清人朱彝尊《经义考》卷三十二，载"吕氏凝之《易书》四十卷。佚"，并引《玉海》："淳熙八年八月，知阆州吕凝之上《易书》四十卷，上问辅臣，周必大奏曰：'此本邵雍之学，蜀人张行成推衍之，凝之必讲学于行成。'上曰：'行成所著颇略。'必大曰：'凝之配年以卦爻，所以加密。'"

《西山复卦说》一卷，真德秀撰。存

真德秀（1178—1235），字景元，一字希元，号西山，浦城（今福建浦城）人。宁宗庆元五年（1199年）进士，曾任江东转运副使、湖南安抚使兼知潭州、中书

舍人、礼部侍郎、户部尚书、翰林学士知制诰、参知政事等职。卒，谥文忠。有《西山先生真文忠公文集》。

《西山复卦说》，《读易举要》卷四载："参政建安真德秀希元撰《西山复卦说》一卷。"《直斋书录解题》《文献通考》皆如此载。

《周易要义》十卷，魏了翁撰。存

魏了翁（1178—1237），字华父，号鹤山，邛州蒲江（今四川成都）人。庆元五年（1199年）登进士及第，官至资政殿学士、湖南安抚使等职。撰有《鹤山集》《周易集义》《易举隅》《周礼井田图说》《古今考》《经史杂抄》《师友雅言》等。

《周易要义》为《九经要义》中第一部。了翁因当时说经者，但知诵习成言，不能求之详博，故取诸经注疏之文，据事别类而录之，谓之"要义"。

《周易集义》六十四卷，魏了翁撰。存

《读易举要》卷四载："枢密临邛魏了翁华父，集伊川、横渠、吕与叔、吕东莱、游广平、杨龟山、朱汉上、朱晦庵之说，及邵氏《渔樵问对》、谢上蔡《语录》、李籀《师说》，名曰《鹤山周易集义》。"《周易启蒙翼传·中篇》：魏文靖公《周易集义》六十四卷。案：

> 《集义》自周子、邵子、二程子、横渠张子、程门诸大儒、吕蓝田、谢上蔡、杨龟山、尹和靖、胡五峰、游广平、朱汉上、刘屏山，至朱子、张宣公、吕成公，凡十七家，内一家少李隆山子秀岩心传，他《易》不预，如郭氏父子以背程门出之。鹤山尝曰：'辞变象占，《易》之纲领，而彖象爻之辞、画爻位虚之别、互反飞伏之说、乘承比应之例，一有不知，则义理阙焉。'方虚谷回《跋》紫阳书院重刊本曰：金书枢密院事魏文靖公鹤山先生（了翁）华父，前乙酉岁以权工部侍郎，坐言事忤时相，谪靖州，取诸经注疏，摘为《要义》，又取濂、洛以来诸大儒《易》说，为《周易集义》六十四卷。仲子太府卿静斋先生（克愚）明己壬子岁以军器监丞出知徽州，刊《要》《集义》，置于紫阳书院。至丙子岁，书院以兵兴废，书版尽毁，寻草创新书院于城南门内，独集《义》仅有存者。今戊子岁，山长吴君（小注：梦炎）首先

补刊,会江东详刑使者大原郝公(良弼)深嗜《易》学,谓圣人之经,得濂、洛而后明,《五经》,《论》《孟》之原,非此诸大儒明之,则终于不明,又非有如文靖公囚繋闲僻,类聚成编,则世之学者亦无从尽知之也。欣然割资相工,得回所藏墨本,率总府郡颇协助两山长及书院职事生员醵泉讫役,半年而毕。甚矣!《易》道之难明也,汉至今说《易》何啻千家?王弼、孔颖达《注》《疏》单行,朱文公尝深辟之,读者亦鲜。李鼎祚《易百家解义》闲见子夏、京房、虞翻、陆绩、蜀才之说及郑玄互体,殆无复续之者。天棐斯文,濂、洛有作,周元公曰:'无极而太极。'谓太极无形而有理,以明《易》有太极之有不可以迹求,而翼之以《通书》,为临川陆学者肆为强辩,则不可与读《易》。邵康节始因《大传》分言伏羲《先天》、文王《后天》,如两仪四象,乃伏羲画卦次第,阳一阴二为两仪,太阳一、少阴二、少阳三、太阴四为四象,惟文公独得其传,为永嘉叶学、三山林学者别为臆说(叶适正则著《习学记言》,于《易》谓其为三阳也,天也,此《易》之始画也,已不识伏羲画卦次第,云云。叶说浅而陋,全不识仪象之义,林则林栗也。)则不可与读《易》。程纯公、正公师元公,其说《易》张横渠撒皋比以逊之。正公尝教人读王弼、胡瑗、王安石《易》,伊川《易传》出,则已削三家之疵而极其粹,苟犹泥于三家而不求之程《传》者,则不可与读《易》。纯公、正公皆尝闻康节加一倍法,而正公《易传》不屑于象数,惟专于义理,故文公谓邵明羲《易》,程演周《经》,盖欲学者合邵、程而为一也。岂惟邵、程当合为一,蓝田吕与叔初师横渠,后与上蔡谢显道、广平游定夫、龟山杨中立,在程门为四先生,《乾·用九》《坤·用六》凡例,惟与叔、欧阳文忠公及文公三人知之。汉上朱子发本程《传》而加象数,和靖尹德充登正公门最后,将易簣,授以《易传》,其论生卦,惟许康节、五峰胡仁仲得之。上蔡传之南轩张宣公,而东莱吕成公与文公、宣公相友,文公于是集诸儒之大成,《易》本筮占,乃述《本义》《启蒙》,图说多得之邵,学者不于此混融贯通焉,则亦不可与读《易》。文靖公之在渠阳,欲以东莱《读诗记》为《读易记》,谓:'辞变象占,乃《易》纲领,而繇象象爻之辞、画爻位虚之别、互反飞伏之说、乘承比应之例,一有不知,则义理阙焉。'是书濂流、洛派凡十六家合为一,观之而《易》道备矣。先是温陵曾穜刊《易粹言》,七家中有郭兼山《易》,文靖公谓忠孝《易》书去程门远甚,自党论起,绝迹程门,殁不设奠,故并其子雍曰白云《易》者黜之。临邛张行成,文靖公乡人,为邵《易》注解《通变》《经世》《观物》等书,世称七《易》,疑文公未之见,别为一支,以备旁考。今文靖公《集》百卷,明《易》之义者二百三十章有奇,《易》学最精。尝与参知政事西山先生真德秀希元、文公门人辅广汉卿相讲磨渠阳山中,苦于书不备、友难得,是书犹欲有所裨益,而未为《序引》者,此也。虽然,圣如仲尼,天不使之居周公之位;大儒如濂、洛诸老,天亦不使之得路于一时,而使之立言于万世。其有以夫权远柄国二十七年,穷贪极谬,屏文靖公卧五溪,穷处逾七稔。不如是,后世焉得是书而读之?至元二十五年十月既望。后学方回谨跋。

清人朱彝尊《经义考》卷三十三,载"魏氏了翁《周易要义》,《宋志》:'六十四卷。'存",并引:

《中兴馆阁续录》:"魏了翁,字华父,邛州蒲江人。庆元五年进士及第。"

方回《跋》曰:"佥书枢密院事魏文靖公鹤山先生了翁华父,前乙酉岁以权工部侍郎,坐言事,忤时相,谪靖州。取诸经注疏,摘为《要义》,又取濂、洛以来诸大儒《易》说,为《周易集义》六十四卷。仲子太府卿静斋先生克愚明己,壬子岁以军器监丞出知徽州,刊《要》《集义》置于紫阳书院。至丙子岁,书院以兵兴废,书版尽毁,寻草创新书院于城南门内,独《集义》仅有存者。今戊子岁,山长吴君梦炎首先补刊,会江东祥刑使者太原郝公良弼深嗜《易》学,谓圣人之经,得濂、洛而后明,《五经》《论》《孟》之原,非此诸大儒明之,则终于不明,又非有如文靖公囚絷闲僻,类聚成篇,则世之学者亦无从尽知之也。欣然割资相工,得回所藏墨本,率总府郡颜协助两山长及书院职事生员酾泉讫役,半年而毕。甚矣!《易》道之难明也,自汉至今,说《易》何啻千家?王弼、孔颖达《注》《疏》单行,朱文公尝深辟之,读者亦鲜。李鼎祚《易百家解义》间见子夏、京房、虞翻、陆绩、蜀才之说及郑玄互体,殆无复读之者。天启斯文,濂、洛有作,周元公曰:'无极而太极。'谓太极无形而有理,以明《易》有太极之旨,不可以迹求,而翼之以《通书》,为临川陆学者肆为强辨,则不可与读《易》。邵康节始因《大传》分言伏羲《先天》、文王《后天》,如两仪四象,乃伏羲画卦次第,阳一阴二为两仪,太阳一、少阴二、少阳三、太阴四为四象,惟文公独得其传，为永嘉叶学、三山林学者别为臆说，则不可与读《易》。程纯公正公师元公，其说《易》张横渠撤皋比以逊之。正公尝教人读王弼、胡瑗、王安石《易》，《伊川易传》出，则已削三家之疵而极其粹，苟犹泥于三家而不求之程《传》者，则不可与读《易》。纯公、正公皆尝闻康节加一倍法，而正公不屑于象数，惟专于义理。故文公谓邵明羲《易》，程演周《经》，盖欲学者合邵、程而为一也。岂惟邵、程当合为一，蓝田吕与叔初师横渠，后与上蔡谢显道、广平游定夫、龟山杨中立，在程门为四先生，《乾·用九》《坤·用六》凡例，惟与叔、欧阳文忠公及文公三人知之。汉上朱子发本程《传》而加象数，和靖尹德充登正公门最后，将易箦，授以《易传》，其论生卦惟许康节、五峰胡仁仲得之。上蔡传之南轩张宣公，而东莱吕成公与文公、宣公相友，文公于是集诸儒之大成，《易》本筮占，乃述《本义》《启蒙》，图说多得之邵，学者不于此浑融贯通焉，则亦不可与读《易》。文靖公之在渠阳，欲以东莱《读诗记》为《读易记》，谓：'辞变象占，乃《易》纲领，而繇彖象爻之辞、画爻位虚之别、互反飞伏之说、乘承比应之例，一有不知，则义理阙焉。'是书濂流、洛派凡十六家合为一，观之而《易》道备矣。先是温陵曾穜刊《易粹言》，七家中有郭兼山《易》，文靖公谓忠孝《易》书去程门远甚，自党论起，绝迹程门，殁不设奠，故并其子雍曰白云《易》者黜之。临邛张行成，文靖公乡人，为邵《易》注解《通变》《经世》《观物》等书，世称《七易》，疑文公未之见，别为一支，以备旁考。今文靖公《集》百卷，明《易》之义者二百三十章有奇，《易》学最精。尝与参知政事西山真先生德秀希元、文公门人辅广汉卿相讲磨渠阳山中，苦于书不备、友难得，是书犹欲有所裨益，而未为《序引》者，此也。虽然，圣如仲尼，天不使之居周公之位；大儒如濂、洛诸老，天亦不使之得路于一时，而使之立言于万世。其有以夫权奸柄国二十七年，穷侈极谬，屏文靖公卧五溪，穷处逾七稔。不如是，后世焉得是书而读之？至元二十五年十月既望。"

董真卿曰："鹤山先生，佥书枢密院事，谥文靖公。《周易集义》六十四卷，其书自周子、邵子、二程子、张子、吕氏、谢氏、杨氏、尹氏、游氏、胡五峰、朱汉上、刘屏山至朱子、张宣公、吕成公、李隆山子心传，凡十七家，他《易》不与。如郭氏父子，以背程门出之。鹤山尝曰：'辞变象占，《易》之纲领，而繇彖象爻之辞、画爻位虚之别、互反飞伏之说、乘承比应之例，有不知则义理阙焉。'仲子克愚知徽州,刊于紫阳书院。至元戊子补刊。"

吴师道曰:"魏公《集义》,自周、程诸门人,下及朱、吕,渊源所自,可以参观,但其取汉上朱氏以备象数一家,未免芜杂。"

《周易要义》传世最早刻本为淳祐十二年(1252年)魏克愚刻本,存六卷(一至二、七至十),国家图书馆藏。浙江宁波天一阁文物保管所藏明抄本六卷,上海图书馆藏明抄本二卷。又国家图书馆藏清徐氏传是楼抄本(清季锡畴校)、清震无咎斋抄本(清翁心存校并跋),俱为十卷。南京图书馆藏清抄本十卷(清丁丙跋)。《四部丛刊续编》收有此书(原缺三至六卷)。

《六经图》七卷,叶仲堪撰。佚

《读易举要》卷四载:"东嘉叶仲堪思文重编《六经图》七卷,《馆阁书目》有六卷,昌州布衣杨甲鼎卿撰,抚州教授毛邦翰复增补之。"

《六经正误》六卷,毛居正撰。存

毛居正,生卒年不详,字谊父,或曰义甫,号柯山,衢州江山(今浙江衢州)人。绍兴二十一年(1151年)中进士,嘉定十六年(1223年)聘受国子监校正经籍,后因目疾,罢归。撰《六经正误》六卷。

《六经正误》,《读易举要》卷四载:"柯山毛居正谊甫撰《六经正误》,校监本之误,魏鹤山为之序而传之,大抵多偏傍之疑似者也。"

《易传》十一卷、《外传易辨》,毛璞撰。未见

宋人冯椅《厚斋易学·附录二》:"毛氏传《易传》十一卷,泸川毛璞撰。字伯玉,尝持潼川宪节,嘉泰元年自序:'始涉其流,稍出己见,参以诸家之长,读之三十年,知先儒之说与前日所见,皆未也。观象按画,以定其名,因卦分爻,以尽其变,此名与此卦相当,此词与此爻相得,而因以得牺、文、孔子之心。'又有《外传易辨》,历诋先儒之失,似亦有理,然所略取者王弼、二苏,盖所学异也。"

《读易举要》卷四载:"泸川毛璞伯玉撰《易传》,又有《外传》,历诋先儒之失,又有《三余集》,多论《易传》之得失。其说曰:古今《传》《注》所以不合者,正由意在解经,而不在穷理也。《周易启蒙翼传·中篇》:毛璞《易传》十一卷。冯氏曰:泸川毛璞,字伯玉,尝持潼川宪节。嘉泰元年自序:'始涉其流,稍出己见,参以诸家之长,读之三十年,知先儒之说与前日所见,皆未也。观象画卦,以定其名,因卦分爻,以尽其变,此名与此卦相当,此辞与此爻相得,而因以得羲、文、周、孔之心。'又有《外传易辨》,历诋先儒之失,似亦有理,然所略取者王弼、二苏,盖所学异也。"

清人朱彝尊《经义考》卷三十三,载"毛氏璞《易传》十一卷。未见",并引:

胡一桂曰:"泸州毛璞,字伯玉,尝持潼川宪节,《易传》十一卷。嘉泰元年自序,略云:'始涉其流,稍出己见,参以诸家之长。读之三十年,知先儒之说与前日所见,皆未也。观象画卦,以定其名,因卦分爻,以尽其变,此名与此卦相当,此辞与此爻相得,而因以得羲、文、周、孔之心。'又有《外传易辨》,历诋先儒之失,似亦有理,然所略取者王弼、二苏,盖所学异也。"

周密曰:"伊川不满宣仁,故注《易》'黄裳元吉'有云:'臣居尊位,羿、莽是也,犹可言也。妇居尊位,女娲、武后是也,非常之变,不可言也。'毛伯玉著《易传》,乃大辟其非,曰:'甚哉!正叔之陋也。臣子于君父,皆阴也,羿、莽是已,何必专以女娲、武氏当之?必以妇人为阴,此儿童之见尔。'"

《周易解》,黄龟朋撰。佚

黄龟朋(约1180—?),字显洛,号益甫,黄镕孙,黄奎胞侄,福建德化人。嘉泰二年(1202年)壬戌科进士,历任潮阳主簿、梧州推官、廉州教授,所任有政绩。撰有《周易解》若干卷。

清人朱彝尊《经义考》卷三十三,载"黄氏龟朋《周易解》,佚",并引《闽书》:"龟朋,字益甫,泉州德化人。嘉泰二年进士,除潮阳簿,历梧州推官、廉州教授。"

《易解》，宋闻礼撰。佚

宋闻礼，字叔履，龙溪人。游朱熹之门，嘉泰二年（1202年）进士，嘉泰中教授、叙化二州，改承奉郎，转奉议郎，知海阳县。有《易礼记诗解》行于世。

清人朱彝尊《经义考》卷三十三，载"宋氏闻礼《易解》，佚"。

《易解》，徐雄撰。佚

徐雄，字子厚，东阳人。清人朱彝尊《经义考》卷三十三，载"徐氏雄《易解》，佚"，并引《金华府志》："徐雄，字子厚，东阳人。开禧元年进士，累官秘书少监，兼国史院编修、实录院检讨官。"著述另有《汉评》载《金华贤达传》《金华经籍志》，《南圃诗稿》存目《两浙著述考》，均佚。

《易源》，李诚之撰。佚

李诚之（1153—1221），字茂钦，婺州东阳（今浙江金华）人。撰有《易源》《麟经纪要》《理学统宗》《崇要录》《伊洛指述》《删述正编》《丧礼解》等。

《易传撮要》四卷，张志行撰。佚

张志行（1099—1175），字公泽，婺州东阳（今浙江金华）人。幼入右庠，博通经史，建祠堂、立书院，励风俗，州、郡屡荐不应，绍兴三年（1133年）赐封"冲素处士"。所著有《易传撮要》四卷，《金华经籍志》云此书佚。又有《涉史略词》，见《金华府志》，佚。

《易学理窟》一卷，艾谦撰。佚

清人朱彝尊《经义考》卷三十三，载"艾氏谦《易学理窟》一卷。佚"，并引《镇江府志》："丹徒艾谦尝举于乡，学者称澹轩先生。"又引：

刘宰《志墓》曰:"嘉定初元六月,京口乡先生澹轩艾公卒。先生开门授徒,垂三十年,熏然其和,粲然其文,见者知其全德君子。故父兄勉其子弟,子弟请于父兄,来学者肩摩袂属,既户外屦满,无所容席,则择其已成立者,时其课程,使归而求之。故泰兴大夫杜公士英、故吴兴郡博士陈公琪、金陵郡博士田公晓、浙东部从事葛公师心,皆以乡先生为后进师,然门人无出先生右者。先生讳谦,字益之。尝手编《易学理窟》一卷,藏于家。"朱彝尊下按语云,按:李氏《学易记》引京口先生《易解》,不知姓氏,或者即其人与?

《易说指图》十卷,王宗道撰。佚

王宗道,字与文,奉化人。清人朱彝尊《经义考》卷三十三,载"王氏宗道《易说指图》十卷。佚",并引《宁波府志》:"王宗道,字与文,奉化人。嘉定元年进士,为江东提刑司干官。"

《易爻变义》一卷,王太冲撰。佚

王太冲,字元邃,莆田人。《福建通志》卷四十四载:"王太冲,字元邃,莆田人。嘉定元年登第,知吉水县,值兵馑,按产敷籴,官不抑价,而巨室乐从。擢知梅州,改太宗正丞。轮对请以太平责宰相,以谠言责台谏,以富强责主兵财者。除考功郎中,以郎班对言,括田榷使兴利非便,兼礼部郎中,除知汀州,卒。太冲少善声律,多通古书,有奏议集若干卷。"

《易爻变义》,《福建通志》卷六十八载"王太冲《易爻变义》,一卷"。清人朱彝尊《经义考》卷三十三,载"王氏太冲《易爻变义》,佚"。

《易原》九卷,杨忱中撰。未见

清人朱彝尊《经义考》卷三十三,载"杨氏忱中《易原》九卷。(《聚乐堂》作'三卷'。)未见",并引《金华府志》:"杨忱中,字德夫,义乌人。嘉定戊辰进士,累官朝请大夫,知蕲州。著《易原》三卷。"

《周易解》,吴渊撰。佚

清人朱彝尊《经义考》卷三十三,载"吴氏渊《周易解》,佚",并引《宋史》:"吴渊,字道父,嘉定七年进士。"又引《宰辅表》:"宝祐五年正月,吴渊自观文殿学士正奉大夫除参知政事。"

《周易述解》九卷,蔡齐基撰。佚

清人朱彝尊《经义考》卷三十三,载"蔡氏齐基《周易述解》九卷。佚",并引《广东通志》:"蔡齐基,字梦得,连州人。嘉定八年,为琼州户录。尝著《周易述解》九卷,安抚赵善谈,东莱吕氏门人也,见其书,大喜,进之于朝。"

《周易详解》十六卷,李杞撰。未见

李杞,字子才,号谦斋,眉山(今四川眉山)人,生卒年及仕履皆不可考。宋代有三李杞,一为北宋人,官大理寺丞,与苏轼相唱和,见"乌台诗案";一为朱熹门人,字良仲,平江人;一为此书之作者。《经义考》及《四库提要》有考,其说可据。

清人朱彝尊《经义考》卷三十七,载"李氏杞《谦斋周易详解》二十卷。未见",并引董鼎曰:"杞,字子材,眉山人。"并下按语云:"按:杞或以为朱子门人,考朱子《实记》著录姓氏,录甲寅问答者,其字良仲,平江人,盖别是一人,非解《易》之谦斋也。"

此书现存最早版本有清乾隆翰林院抄本(四库底本),清丁丙跋,书名题"《周易详解》十六卷",存十四卷,南京图书馆藏。另《四库全书珍本初集》中收有此书。

《古易考》,王应麟撰。未见

王应麟(1223—1296),字伯厚,号深宁居士,一号厚斋,本籍浚仪(今河南开封)人,自其祖始移居庆元府鄞县(今浙江宁波),淳祐元年(1241年)进士,撰有《困学纪闻》《玉海》《深宁集》等。

清人朱彝尊《经义考》卷三十五,载"王氏应麟《古易考》,未见",并引:

《馆阁续录》:"王应麟,字伯厚,贯开封,寄居庆元府。辛丑进士,丙辰宏词,景定五年五月,以太常博士除秘书郎,十二月,为著作佐郎。"

袁桷曰:"王先生应麟兄弟中博学宏词科,为翰林学士、礼部尚书。所著书有《春秋考》《逸诗考》《古易考》。"

《浙江通志》:"王应麟,淳祐元年进士,为扬州教授。宝祐四年,中博学宏词科,迁太学录,转给事中。归,召为翰林学士,辞。"

《周易郑康成注》一卷,王应麟撰。存

《周易郑康成注》通作一卷。是书对郑玄易学多有辑录注解。

清人朱彝尊《经义考》卷三十五,载"《辑周易郑注》一卷。存",并引:

应麟《自序》曰:"郑康成学费氏《易》,为《注》九卷。多论互体。以互体求《易》,《左氏》以来有之,凡卦爻二至四、三至五两体交互,各成一卦,是谓一卦含四卦,《系辞》谓之中爻,所谓'八卦相荡,六爻相杂,唯其时物,杂物撰德'是也。惟《乾》《坤》无互体,盖纯乎阳,纯乎阴也,余六子之卦,皆有互体。《坎》之六画,其互体含《艮》《震》,而《艮》《震》之互体亦含《坎》;《离》之六画,其互体含《兑》《巽》,而《兑》《巽》之互体亦含《离》。三阳卦之体,互自相含,三阴卦之体,亦互自相含也。王弼尚名理,讥互体,然注《暌·六二》曰:'始虽受困,终获刚助,《暌》自初至五成《困》。'此用互体也。弼注《比·六四》之类,或用康成之说,钟会著论,力排互体,而荀𫖮难之。江左郑学与王学并立,荀崧谓康成书根源□□,颜延之为祭酒,黜郑置王。齐陆澄遗王俭书云:'《易》自商瞿之后,虽有异家之学,同以象数为宗,数年后,乃有王弼之说。'王济云:'弼所误者多,何必能顿废先儒?若今弘儒,郑《注》不可废。'河北诸儒专主郑氏,隋兴,学者慕弼之学,遂为中原之师,此景迁晁氏所慨叹也。《易》有圣人之道四焉,义理之学,以其辞耳,变象占,其可阙乎?李鼎祚云:'郑多参天象,王全释人事。《易》道岂偏滞于天人哉?'今郑《注》不传,其说间见于鼎祚

《集解》及《释文》《诗》《三礼》《春秋义疏》《后汉书》《文选注》,因缀而录之,先儒象数之学于此犹有考云。然康成笺《诗》多改字,注《易》亦然,如'包蒙为彪,豶豕之牙'为'互包','荒'读为'康'。'锡马蕃庶'读为'蕃遮','皆甲宅'之'皆'读为'解'。'一握为笑'之'握'读为'屋'。其说近乎凿,学者盍谨择焉,厌常喜新,其不为茇兹者,几希。"

王本有《玉海》末附予刊本、《秘册汇函》本、《四库全书》本及《四部丛刊》三编本;惠本有《四库全书》本、《皇清经解》本等。浙江省图书馆存有《郑氏周易》三卷,署名汉郑玄注、宋王应麟辑、清惠栋增补,版本为清乾隆二十一年卢见曾刻雅两堂丛书本,单丕校并录,清陈鳣等诸家批校二册。(十二行二十一字,四周单边,白口)

《易象通义》一卷,冯去非撰。佚

冯去非(约1192—1272),字可迁,号深居,南康都昌(今江西赣州)人。淳祐元年(1241年)进士,尝为淮东转运司干办。宝祐四年(1256年),召为宗学谕。丁大全为左谏议大夫,三学诸生叩阍言不可,理宗下诏禁戒,且立石三学,去非独不肯书名。宝祐五年(1257年),罢归庐山,不复仕。

《易象通义》,《周易启蒙翼传·中篇》载:"冯去非《周易二篇通故图说》,又有《易象通义》,其文专解《上、下经》《大象》。"清人朱彝尊《经义考》卷三十五,载"冯氏去非《易象通义》,佚",并引胡一桂曰:"去非,厚斋子,《周易二篇通故图说》,又有《易象通义》,其文专解《上、下经》《大象》。"

《学易管见》,吕奎撰。佚

《周易启蒙翼传·中篇》:"吕氏奎《学易管见》,《上、下经》五卷,及《系辞上、下》二卷,专取阴阳对卦并论,如《乾》《坤》作一论,《夬》《剥》作一论之类,发明多好。

《易故》，欧阳守道撰。佚

欧阳守道（约 1208—1273），字公权，一字迁父，初名巽，晚号巽斋，学者称巽斋先生，吉州庐陵（今江西吉安）人。淳祐元年（1241 年）进士，曾任校书郎兼景宪府教授、著作郎兼崇政殿说书等职。撰有《易故》《巽斋文集》等。

清人朱彝尊《经义考》卷三十五，载"欧阳氏守道《易故》，佚"。

《易传集解》，蔡模撰。佚

蔡模（1188—1246），字仲觉，号觉轩，蔡沈长子。颖悟庄重，以理学制道自尊，弃举子业，励志圣贤之学，撰有《易传集解》《大学衍说》《河洛探赜》《续近思录》《论孟集疏》等。

清人朱彝尊《经义考》卷三十五，载"蔡氏模《易传集解》，佚"，并引翁合《志墓》曰："先生讳模，字仲觉，九峰先生冢子。淳祐四年，以丞相范钟荐，谢方叔亦乞表异之，诏补迪功郎，添差本府教授。尝辑文公所著书，为《续近思录》及《易传集解》《大学衍说》《论孟集疏》《河洛探赜》等书行世。学者称曰觉轩先生。"

《周易家说》，戴侗撰。未见

戴侗（1200—1285），字仲达，浙江永嘉人。理宗淳祐元年（1241 年）进士，由国子监主簿知台州。德祐初，由秘书郎迁军器少监，辞病不起。撰有《周易家说》《四书家说》《六书故》等。

清人朱彝尊《经义考》卷三十五，载"戴氏侗《周易家说》，未见"。

《易传》，戴仔撰。佚

清人朱彝尊《经义考》卷三十五，载"戴氏仔《易传》，佚"，并引《姓谱》："仔，字守铺，永嘉人。常以孝廉荐，年四十，即弃去场屋，肆力于学，《诗》《书》

《易》《周礼》《四书》皆有传述。"

《易外传》五卷，方逢辰撰。未见

方逢辰（1221—1291），字君锡，号蛟峰，淳安（今浙江杭州）人。淳祐十年（1250年）举进士。曾任秘书省正字、校书郎、著作左郎、权尚书郎官、司封郎官兼国史院编修、实录院检讨官、起居舍人、秘阁修撰、江东提刑、江西转运副使、兵部侍郎编修、国史实录院修撰兼侍读、吏部侍郎等职，累官至户部尚书。撰有《孝经解》《易外传》《尚书释传》《学庸注释》《格物入门》等。

《易外传》五卷，只解释经文，以发明程朱之学。《读易举要》卷四载："严陵方逢辰，号蛟峰，撰《周易外传》，止解六十四卦，盖发明程、朱之说。卷首有辨讹原数，定九六七八例，考变占例原象，德祐丙子后著笔，至元壬午成书刊行。理宗时状元及第。"

清人朱彝尊《经义考》卷三十五，载"方氏逢辰《易外传》五卷。未见"，并引：

逢辰《自序》曰："以文王、周公之辞证伏羲之画，以孔子之《传》求文王、周公之心，非愚己说也。或曰：'子以《乾》之《彖》《象传》各附经《下》，不僭乎？'曰：'古《易》《经》《传》各为一书，至汉以《上下经》及《十翼》为十二篇，则已合《经》《传》为一矣。后汉郑氏惧学者未能一贯，遂以《彖》《象》传附各卦《经》后，魏王氏又以《彖》、《象传》各附《经》下，独《乾》则郑氏之旧耳。《乾》，圣人之事，全体大用，规模宏扩，非切己实下工夫，则羲、文、周、孔之心实未易窥之。予暗室屋漏，自谓进德功夫，正欲以文王、周、孔之辞求伏羲之画，以孔子之《传》求文王、周公之心，不得不引《传》各附《经》下，以便省察，以自求切己实践之益，非为人为之也。'"

董真卿曰："蛟峰《易外传》五卷。其书以《上下经》各分一二，作四卷。《乾》《坤》《彖辞》附入《彖传》，又附入《文言传》说《彖》处，继以《大象传》；《爻辞》附入《小象传》，又附入《文言》于《小象》之下。凡《传》低一字，余六十四卦仿此。外有《周易辨伪》，辨诸本互有不同，《易数图》《易象图》各附论说，共为一卷。"

《浙江通志》："方逢辰，字君锡，淳安人。淳祐十年举进士第一，累官兵部侍郎、国史修撰，兼侍读，除吏、礼尚书，俱不拜。宋亡，元世祖诏御史中丞崔彧起之，辞不赴，卒于家。学者称为蛟峰先生。"

《周易见一》，胡仲云撰。佚

清人朱彝尊《经义考》卷三十五，载"胡氏仲云《周易见一》，佚"，并引《江西通志》："胡仲云，字从甫，高安人。淳祐十年登进士第，历官枢密院编修，摄尚书右司，以忤贾似道，出为浙东提举，兼权绍兴安抚、九江太守。将避地南海，至庐陵，卒。所撰有《六经蠡测》《周易见一》《四书管窥》等书，总百余卷。"

《水村易镜》一卷，林光世撰。存

林光世，字逢圣，莆田人。撰有《水村易镜》等。

《水存易镜》，《四库全书总目》卷七称："《水村易镜》一卷，宋林光世撰。光世，字逢圣，莆田人。《馆阁续录》载其淳祐十一年以《易》学召赴阙，充秘书省检校文字。十二年，教授常州文字，职事如旧。宝祐二年，补迪功郎，添差江西提举司事办公事。《闽书》则谓淮东漕臣黄汉章上所著《易镜》，由布衣召为史馆检阅，迁校勘，改京秩，自将作出知潮州。开庆元年，召为都官郎中，入为司农少卿，兼史馆，官阶颇有异同。又称其景定二年赐进士出身，在都官郎中后二年。均未详孰是也。是书《序》称丙午，盖成于理宗淳祐六年。大旨据《系辞》之语，谓诸儒诂《易》，独遗仰观俯察之义，因居海上，测验天文，悟天、泽、火、雷、风、水、山、地八宫之星，皆自然有六十四卦，遂以星配卦，先取《系辞》所列自《离》至《夬》十三卦，推阐其旨以发。大凡所列星图，穿凿附会，自古说《易》之家未有纰缪至此者。夫庖牺仰观天文，亦揆其盈虚消息之运耳，何尝准列宿画卦哉！后永丰陈图作《周易起元》，又以名山大川分配六十四卦，谓之察于地理，充乎其类，殆不至以鸟兽配卦不止矣！"

清人朱彝尊《经义考》卷三十五，载"林氏光世《水村易镜》一卷。存"，并引：

光世《自序》曰："'古者包牺氏之王天下也，仰则观象于天，俯则观法于地，观鸟兽之文与地之宜，近取诸身，远取诸物，于是始作八卦，以通神明之德,以类万物之情。'此数语者,实先圣夫子教人入《易》之序也。古之君子,天地、日月、星辰、阴阳、造化、鸟兽、草木,无所不知,不必读《彖辞》《爻辞》,眼前皆自然之《易》也。世道衰微,《易》象几废,孔圣惧焉,于是作《大象》《小象》,又作《系辞》,明明以人间耳目所易接者立十二象,令天下后世皆知此象自仰观俯察而得也。曰鸟兽、曰身、曰物,则次之《大象》《小象》者,释《易》也;《系辞》者,又释《大象》《小象》也;十二象者,又释《系辞》也。后世诸儒释《易》,凡天地变化、阴阳消长、君子小人进退之道,言之详矣,不可复加矣,独仰观俯察之学,则置而不言。臣拘拘尘世,磨蚁酰鸡,何能透彻? 家有藏书万卷,少年父师律举子业,不许读,晚始窥先大父删定臣霆手校《灵宪图》。时秦师垣为同年,屡诋和戎之非,挂冠归莆,怆然语郑夹漈曰:'吾向在汴,送季父主客郎中臣冲之使北也,至孟津,夜见天床星动,未几国事忍言,今约子夜观星,问何年当太平。'臣读《灵宪图》,虽知天,然未知星与《易》合。岁在丙午,朝贤喧《易》九之戒,天子恐惧修省,星之逆者皆轨道。臣时居海上,自幸此身不死,可以观星,可以读《易》,从事心目,不顾寒暑。忽一夕观天有所感,纵观天、泽、火、雷、风、水、山、地八宫之星,皆自然六十四卦也,遂顿悟圣人画卦初意。臣何修得此于天,隐而不言,怖天也,敢先以《系辞》自《离》至《夬》十三卦,凡十二象笔之书。愿与通天地人之君子,演而伸之,亦以补诸儒之所未言焉。"

《馆阁续录》:"林光世,字逢圣,兴化军莆田县人。淳祐十一年,以《易》学召赴阙,充秘书省检校文字。十二年,教授常州文学,职事仍旧。宝祐二年,补迪功郎,添差江西提举司干办公事。"

《闽书》:"林光世,景定二年赐进士出身。初,淮东漕臣黄汉章上其所著《易镜》,由布衣召为史馆检阅,迁校勘,改京秩,自将作丞知潮州。开庆元年,召为都官郎中,后入为司农少卿,兼史馆。"

林光世《水村易镜》,今存通志堂本,《四库全书》本。

《存斋易说》,阳枋撰。佚

阳枋(1187—1267),字正父,原名昌朝,字宗骥,合州巴川(今四川铜梁东南)人。淳祐元年(1241年),赐同进士出身。历任监昌州酒税、大宁理掾、大宁监司法参军、绍庆府学官等职。清人朱彝尊《经义考》卷三十五,载"阳氏枋《存斋易说》,佚",并引《四川总志》:"阳枋,铜梁人,淳祐中进士。"

《易说》,阳岊撰。佚

阳岊,号存斋,阳枋之族侄,称小阳先生,合州铜梁人。师从谯定,有《易说》等书。

清人朱彝尊《经义考》卷三十五,载"阳氏岊《字溪易说》,佚"。朱彝尊下按语云,按:二阳《易说》,其学本于朱子门人暖氏,黄晋卿所谓大阳先生枋、小阳先生岊也,其后裔又有《玉井易说》,而杨用修志全蜀艺文、曹能始记蜀中著作,均未之及,何与?

《周易大义》《周易卦赞》,时少章撰。佚

时少章,字天彝,婺州(今浙江金华)人。理宗宝祐元年进士(1253年),时年近六十,初授丽水簿,改婺州教授、兼丽泽书院山长,后为南康军教授、兼白鹿书院山长,擢史馆检阅,罢归,卒。有《所性丛稿》等,已佚。

清人朱彝尊《经义考》卷三十五,载"时氏少章《周易大义》,佚。《周易卦赞》,佚。"并引:

> 吴师道曰:"少章,字天彝,澜之季子,著撰最多。其《所性丛稿》,起嘉定甲戌,止淳祐壬子,惟用编年,不复铨序,凡三十六卷。至若《易》《诗》《书》《论》《孟大义》六十余卷,《春秋四志日记》二十余册,皆无所考,则今之所得,又特其细者而已。时子年余五十始登一第,用荐者擢史馆检阅,未上而罢。"

> 《金华志》:"少章博极群书,谈经多出新意。登宝祐癸丑进士,调丽水县主簿,改婺州教授,兼丽泽书院山长,又改南康军教授,兼白鹿书院山长,用荐擢史馆检阅,改授保宁军节度掌书记。"

《大易卦体》五十卷,季可撰。佚

季可(1226—?),字与可,又字处仁,小名斯可,籍贯为龙泉县,后寄居飞溪。宝祐年间进士,初授婺州义乌县主簿,后知镇江府,历任工部侍郎,知常州兼浙西安抚使,监察御史,右正言,兵部尚书,行枢密院都承旨等。南宋灭亡,归隐山林,并自号"古来山人"。

清人朱彝尊《经义考》卷三十五,载"季氏可《大易体卦》五十卷。佚"。

《学易说》一卷,周方撰。未见

清人朱彝尊《经义考》卷三十五,载"周氏方《学易说》一卷。未见",并引《宋登科录》:"方,字义翁,小名介,小字方俶。"并引曹溶曰:"周方,建昌南城人。宝祐四年文信公榜登第,其书昆山叶氏《菉竹堂目》有之。"

《读易日抄》一卷,黄震撰。存

黄震(1213—1280),字东发,人称于越先生,南宋庆元慈溪(今浙江慈溪)人。宝祐四年(1256年)进士,曾任史馆检阅、知绍兴府、浙东提兴常平等职。撰有《黄氏日抄》《戊辰修史传》《古今纪要》《礼记集解》《春秋集解》等。

清人朱彝尊《经义考》卷三十五,载"黄氏震《读易日抄》一卷,存",并引:

震《自序》曰:"《易》,圣人之书也,所以明斯道之变易,无往不在也。王弼间以《老》《庄》虚无之说参之,误矣。我朝理学大明,伊川程先生始作《易传》,以明圣人之道,谓:'《易》有圣人之道四焉,以言者尚其辞,以动者尚其变,以制器者尚其象,以卜筮者尚其占。吉凶消长之理、进退存亡之道备于辞,推辞考卦,可以知变,而象与占在其中。'故其为传,专主于辞,发理精明,如揭日月矣。时则有若康节邵先生,才奇学博,探赜造化,又别求《易》于辞之外,谓今之《易》后天之《易》也,而有先天之《易》焉,用以推占事物,无不可以前知。自是二说并兴,言理学者宗伊川,言数学者宗康节,同名为《易》,而莫能相一。至晦庵朱先生作《易本义》、作

《易启蒙》,乃兼二说,穷极古始,谓《易》本为卜筮而作,谓康节《先天图》得作《易》之原,谓伊川言理甚备,于象数犹有阙。学之未至于此者,遂亦翕然向往之,揣摩图象,日演日高,以先天为先,以后天为次,而《易经》之上,晚添祖、父矣。

　　愚按:《易》诚为卜筮而作也,考之《经》《传》无有不合者也;爻者诚为卦之占,吉凶悔吝者诚为占之辞,考之本文,亦无有不合者也。且其义精辞核,多足以发伊川之所未及,《易》至晦庵,信乎其复旧而明且备也。然吉者必其合乎理,凶悔吝者必其违乎理,因理为训,使各知所趋避,自文王、孔子已然,不特伊川也。伊川奋自千余载之后,《易》之以卜者,今无其法,以制器者,今无其事,以动者尚变,今具存乎卦之爻,遂于四者之中,专主于辞以明理,亦岂非时之宜而《易》之要也哉? 若康节所谓先天之说,则《易》之书本无有也,虽据其援《易》为证者凡二章,亦未见其确然有合者也。其一章援'《易》有太极,是生两仪,两仪生四象,四象生八卦',曰:'此先天之卦画。'于是尽改《易》中伏羲始作八卦之说,与文王演《易》、重为六十四卦之说,而以六十四卦皆为伏羲先天之卦画。其法自一画而二,二而四,四而八,八而十六,十六而三十二,三十二而六十四。然生两、生四、生八,《易》有之矣;生十六,生三十二,《易》此章有之否耶? 其一章援'《易》言天地定位,山泽通气,风雷相薄,水火不相射',曰:'此先天之卦位也。'于是尽变《易》中《离》南《坎》北之说,与凡《震》东方卦、《兑》西方卦之说,而以《乾》南《坤》北为伏羲先天之卦位。其说以《离》为东、以《坎》为西,以《兑》《巽》为东南、西南,以《震》《艮》为东北、西北。然天地定位,安知非指天位乎上、地位乎下? 而言南方炎为火、北方寒为水,亦未见《离》与《坎》之果属东与西,而可移《离》《坎》之位以位《乾》《坤》也?《易》之此章,果有此位置之意否耶? 且《易》之此二章,果谁为之也? 谓出于孔子,孔子无先天之说也;谓出于伏羲,伏羲未有《易》之书也:何从而知此二章为先天者耶? 图方画于康节,何以明其为伏羲者耶? 然闻先天为演数设也,夫《易》于理与数固无所不包,伊川、康节皆本朝大儒,晦庵集诸儒之大成,其同其异,岂后学所能知? 顾伊川与康节生同时、居同洛,相与二十年,天下事无不言,伊川独不与言《易》之数,康节每欲以数学传伊川,而伊川终不欲。康节既没,数学无传,今所存之空《图》,

殆不能调弦者之琴谱。晦庵虽为之训释,他日晦庵答王子合书,亦自有康节说伏羲八卦近于附会穿凿之疑,则学者亦当两酌其说,而审所当务矣。伊川言理,而理者人心之所同,今读其《传》,挈然即与妙合。康节言数,而数者康节之所独,今得其图,若何而可推验?此宜审所当务者也。明理者,虽不知数,自能避凶而从吉。学数者傥不明理,必至舍人而言天,此宜审所当务者也。伊川之言理,本之文王、孔子,康节之言数,得之李挺之、穆伯长、陈希夷,此宜审所当务者也。穷理而精,则可修己治人,有补当世;言数而精,不过寻流逐末,流为技术,此宜审所当务者也。故学必如康节,而后可创言先天之《易》;学必如晦庵,而后可兼释先天之《图》。《易》虽古以卜筮,而未尝闻以推步,汉世纳甲、飞伏、卦气,凡推步之术,无一不倚《易》为说,而《易》皆实无之。康节大儒,以《易》言数,虽超出汉人之上,然学者亦未易躐等;若以《易》言理,则日用常行,无往非易,此宜审所当务者也。"

《浙江通志》:"黄震,字东发,慈溪人。宝祐四年进士,历官史馆检阅。门人私谥曰文洁先生。"

《五十家易解》四十二卷,杨文焕撰。佚

《周易启蒙翼传·中篇》:杨文焕《五十家易解》四十二卷。杨文焕,字彬夫,释褐状元,秦州人。清人朱彝尊《经义考》卷三十五,载"杨氏文焕《五十家易解》,《宋志》四十二卷,佚",并引董真卿曰:"文焕,字彬夫,泰州人。释褐状元。"

《易注》,郑起撰。佚

清人朱彝尊《经义考》卷三十五,载"郑氏起《易注》,佚",并引子思肖《家传》曰:"先君,字叔起,号菊山,名与字之下字同。以道自鸣,白首六经,不言私事。自庚辰出闽游京师,庚子主于潜学。早年场屋不利,即潜心穷理尽性之学,至老造诣益深。有《太极无极说》,并《易》六十四卦。"

《易图》一卷,吕中撰。佚

清人朱彝尊《经义考》卷三十五,载"吕氏中《易图》一卷,佚",并引《闽书》:"中,字时可,晋江人。为国子监丞,兼崇政殿说书。丁大全忌其直,徙知汀州,演《易》为十图。景定中,复官秘书郎。"

《易释》二十卷,舒浒撰。佚

清人朱彝尊《经义考》卷三十五,载"舒氏浒《易释》二十卷,佚",并引《宁波府志》:"舒浒,字平叟,奉化人。景定元年入太学,讲明正学,寒暑勿懈。"朱彝尊并下按语云,按:奉化二舒,兄津,字通叟。弟浒,字平叟,著《易释》《系辞释》共二十有三卷。王氏《续通考》指为通叟所作,误也。

《周易附说卦变图》,齐梦龙撰。佚

《读易举要》卷四载:"鄱阳齐梦龙,号节初,解六十四卦,彖辞与彖传混为一说,爻辞与爻传亦混为一说,兼取象数。登戊辰第,与黎时中同榜,丞相江古心之门客。"清人朱彝尊《经义考》卷三十五,载"齐氏梦龙《周易附说卦变图》,佚",并引董真卿曰:"梦龙,字觉翁,号节初,饶州德兴人。与兄兴龙先后登宋宝祐、景定年第。"

《玩易汇编》,王懋撰。佚

《读易举要》卷四载:"新安王懋,号太古遗民,撰《玩易汇编》。又有《图说象数》甚详。谓旧本《先天方图》未可面南看,遂以旧图反刊之,移乾于东南,坤于西北,而十二月卦皆正,但谓阳虚阴实,则失之矣。"

《周易辑闻》六卷（存）、《约说》八卷（佚）、《或问》四卷（佚）、《指要》四卷（佚）、《续问》八卷（佚）、《补过》六卷（佚），赵汝楳撰。

赵汝楳，商王元份之七世孙。资政殿大学士善湘之子。《经义考》引袁桷语也云："汝楳，善湘子，为宰相壻。卑退自修，精《易》象，有《易叙丛书》（即上三书也）可传。官至户部侍郎，晚岁以理财进用，失士誉。"

考《宋史·赵善湘传》，其说《易》之书，有《约说》八卷，《或问》四卷，《指要》四卷，《续问》八卷，《补过》六卷。对于《周易辑闻》，清人朱彝尊《曝书亭集》卷三十四《周易辑闻序》称：

> 《周易辑闻》六卷，宋赵汝楳撰。取《杂卦》反对之义，上下二篇各一十有八卦，每六卦析为一卷，附《文言》于《乾》《坤》释《象》之后，而《系辞》《说卦》诸传皆阙焉。余既抄而藏诸笥，序之曰：《易》之为教，本穷理尽性之言，自周官掌之太卜筮人，而秦以其卜筮之书未燔。迄于汉孟喜、京房、焦赣之徒，多藉以考验灾异而已。郑康成主象数，王辅嗣主名理，言数者或失之诬，言理者或失之凿，往往得其偏曲而未穷其奥赜焉。考之《隋经籍志》，说《易》凡六十九部，唐《四库书目》益之，凡八十八部。至宋增至二百一十三部，而是书未与焉，可谓详矣。迨后家守程朱之书，未暇广究诸家之说，久之《本义》单行，并程氏《传》亦辍不复观，况凡有小异朱子之说，为制举所不取，则见者非仅不观，将唾而远之，惟恐子弟之入于目，此自隋迄宋，诸家之撰述日至于放失无存也。是书晰理而兼详夫象数，援据精洽，足以益学者之神智。万历中，周藩宗正灌甫曾雕刻行之，顾流传者寡，惜世无有重刻之者，汝楳为资政殿大学士，天水郡公善湘之子，商恭靖王元份七世孙。善湘以儒生破李全，身历戎马，乃能注意经学，六易稿而授之子。汝楳不以世禄自矜，远游闲服玩之习，惟遗编是辑，又归其善于亲，益以征宋时经术之盛，化俗之厚，而灌甫亟刻其书。虽流传已少，是书实藉以无失，皆宗室之贤，宜附著之，以告后之君子读是书者。

清人朱彝尊《经义考》卷三十六，载"赵氏汝楳《周易辑闻》六卷，存"，并引：

汝楳《自序》曰："《易》道函三极而神万化，《易》书立三极而万化神。道主于有，书主于用也。体《易》君子，处而用身，出而用世，皆于此焉。出以用为动，则静者其体也。动之变无穷，近而显者，百姓与能，远而微者，贤智未易知。夫道，妙于无形，而著于有象，确乎不易，而变动不居，以虚而言，则至于无畔，以固而言，则或有所不通，圣人于是立象倚数，探赜索隐，载之于书，莫非日用常行之实。使人因有象而悟无形之妙，即变易以求不易之方，玩而体之，服而行之，言有据而动有则。措诸事业，自诚意正心，以至于齐家治国平天下，随用辄效，此体用兼该之学，伏羲画卦之旨，文、周忧世之情，夫子传《易》之志也。汝楳齿耄学荒，何敢言《易》！独念先君子自始至末，于《易》凡六稿，日进日益。末稿题曰《补过》。汝楳得于口授者居多，外除以来，逾二十载，因辑所闻于篇，庶不忘先君子之教，且以观吾过云。"

《周易辑闻》六卷，今存最早刊本为明朱睦㮮聚乐堂刻本，四川省图书馆藏，又国家图书馆有残本（存三卷，二至三卷、六卷）。国家图书馆藏清康熙纳兰成德刻《通志堂经解》本四册，此即四库著录之底本。又《摛藻堂四库全书荟要》收《周易辑闻》六卷，而不及《易雅》《筮宗》二书。

《易雅》一卷，赵汝楳撰。存

《易雅》一卷，仿《尔雅》作。《自序》云："《尔雅》训诂之书也，目张而汇聚读之，事义物理秩然。此则统释易之事义物理，俾便人之学《易》"。全书共十八篇，篇名为《通释》《书释》《学释》《情释》《位释》《象释》《辞释》《变释》《占释》《卦变释》《爻变释》《得失释》《八卦释》《六爻释》《阴阳释》《太极名义释》《象数体用图解》《图书释》。

清人朱彝尊《经义考》卷三十六，载"《易雅》一卷，存"，并引：

汝楳《自序》曰："《尔雅》，训诂之书也，目张而汇聚读之，事义物理，秩然在前，富哉书也，经之翼乎？厥后《广雅》《博雅》《埤雅》，虽依放为书，大概于道无所益，《易雅》之作则异于是。《易》，变易也，卦殊其义，爻异其旨，万变毕陈，众理丛载，学者如乍入清庙，目炫于尊彝币玉，体烦于升降盥荐，耳乱于钟鼓磬箫。凡礼之文、乐之节，且不暇品名，况能因之以知其实乎？又若泛沧海而罔识乡往之方，游建章而不知出入之会。汝楳尝病焉，乃复熟画辞而为此书，庶几缘是指入《易》之迷津，求体《易》之实用。或曰：'子何沈锢辞画，不能融浑希微若是哉？'余曰：'程子论为学之害，曰："昔之害乘其迷暗，今之害则因其高明。"自谓之穷神知化，实则不足以开物成务；言为无不周遍，实则外于伦理。嗟乎！浅深非二水，体用非二物，精粗无二理也。《易》之为书，言近而指远，不知言，何以知其指通乎？近则远固在是，傥慕远而失诸近，吾知两失之而已尔。世或外辞画以求《易》，则此书为赘，否则不易吾言矣。程子之论，真为学之大闲欤？"

《筮宗》三卷，赵汝楳撰。存

清人朱彝尊《经义考》卷三十六，载"《筮宗》卷，存"，并引：

汝楳《自序》曰："神哉蓍乎！圣人所以决疑定志，明吉凶以成大业，斯兴治辅化之务，君子所当尽心非卜史事也。圣人无惑，众人未能免惑，圣人不欲以己意解人之惑，天生神物，以前民用，圣人托之，虽曰神道设教，非无是理而矫污斯世也。太极既判，气化而凝，寒暑之往来，三光之运烛，动者植之者荣瘁消长，夫孰使然？必有妙于其间者。故祸福之至，有开必先，斯实然之理，若而吉，若而凶，曷去曷就，众人惑焉。圣人洞其几而发其蕴，而神蓍告焉，是以事举而民信，业钜而名巍，若夫进德修业之君子，趋吉避凶之众人，莫不以之。嗟夫！有蓍道，道生于庖牺，有蓍用，用蓍于妫帝，而详于箕畴，筮有职，大宗伯率之。撰有法，大传明之。占有验，《左氏传》《国语》可考也。孔圣没，销歇至唐，始有裔孙推明其法，幸经程子、朱子之订正，后学得讲求之。汝楳承先君子之训，且俾博考先传，粗得其说，作《筮宗》。宗，聚也，筮之学聚此编也。抑尝谓太极未判，则为阴为阳不可测；判，则阴阳著矣。蓍未分，则为九六为七八未可辨；分，则九六七八定矣。人心未动，则为吉为凶未可必；动，则吉凶断矣。方无思无为，寂然不动之时，吾心犹太极也，犹未分之蓍也。一有感焉，图存而亡兆，计安而危伏，固不待驷舌之追，措诸事业，而吉凶祸福已对立于胸中，是知吉凶界限判于心动之初。君子必恐惧于不闻不睹，而致谨于喜怒哀乐之未发，使此心凝然湛焉，昭乎絜如，常若太极之未判，蓍策之未分，则天理全,人欲尽,念兹释兹,语默出处,皆纯乎道。夫如是,有不动,动斯吉;有不筮,筮斯神。此圣人心筮之妙,是为蓍筮之本。"

袁桷曰:"汝楳,善湘子,为宰相塿。卑退自修,精《易》象,有《易序丛书》(即上三书也)。可传。官至户部侍郎,晚岁以理财进用,失士誉。"

《易序丛书》十卷,赵汝楳撰。存

《四库全书总目》卷七载:"《易序丛书》十卷。旧本题"宋赵汝楳撰"。汝楳有《周易辑闻》六卷、《易雅》一卷、《筮宗》三卷,总谓之《易序丛书》,已著于录。此本亦分十卷,卷各为目,惟首二卷为《易雅》《筮宗》,自第三卷至七卷则言兵法,所载营陈队伍图法甚备,皆与《易》绝不相涉。又所题《衍义》《拾遗》等目,核之书中,亦多不甚分晰。其中惟第八卷《六日七分论》及第九卷、十卷《辨方》《纳甲》二篇,尚颇存汉学之旧,然文字亦多脱误,疑好事者偶得其残本,不知完帙尚存,杂钞他书以足十卷之数也。卷首有董其昌名印,则其来已久,殆明人所杂编欤?"

《周易传义附录》十四卷,董楷撰。存

董楷(1226—?),字正翁,号克斋,卒年不详,台州临海(今浙江临海)人。宝祐四年(1256年)进士,官至礼部郎中。撰有《克斋集》《程子易》等。事见雍正《浙江通志》卷一七六。

《周易传义附录》共十四卷,旨在整合程颐、朱熹易学,《四库全书总目》称"是编成于咸淳丙辰,合程子《传》、朱子《本义》为一书,而采二子之遗说附录其下,意在理数兼通。又引程、朱之语以羽翼程、朱,亦愈于臆凿空,务求奇于旧说之外者"。清人朱彝尊《经义考》卷三十七,载"董氏楷《周易传义附录》十四卷。存",并引:

楷《自序》曰:"昔者圣人之作《易》也,因《河图》而画卦命爻,因卦爻而取象系辞,更三圣人而卦爻象辞始备,其要依卜筮以为教,使天下后世之人得以决嫌疑、定犹豫,不迷于吉凶悔吝之途而已。至夫子《象传》与《大、小传》之辞,则推明其所以为卦爻象辞之理,而《大传》之书,又自夫

卦爻象辞以推极乎阴阳变化、性命道德之蕴奥,而《河图》大衍之数、太极两仪四象八卦相生之序、蓍策分揲挂扐之法,无不备具,其所以承三圣、开来学,功至大也。及秦焚灭典籍,此书以卜筮得不亡,而千余年间,诸儒无有能明其义者,于是借异端空妙之说,而欲阐夫极深研几之旨,以术数拘泥之学,而欲究夫开物成务之方,其去《易》也不其远?而程子奋乎千载之下,始以随时变易从道而发明阴阳变易之妙,因象以明理,由理以贯事,该体用,合显微,使夫学是书者,立言制行,处己治人,守常应变,莫不有度。迨乎朱子《本义》,辞益简严,深探古圣因卜筮教人之本意,而不堕于诸儒术数之末流,释《彖传》则第明,其为卦象、卦变、卦体、卦德,而不费于辞说,释《大传》则又精密微妙,明白简易,有先儒所未及者。故楷窃尝妄论,以为三圣之《易》惟夫子能明之,而夫子《十翼》之外,其有功于《易》道者,则唯程子、朱子之书而已,其他不失于支离破碎,则失于诞谩怪僻,皆非卓然有见于斯道者也。抑楷尝读程子、朱子《文集》《语录》,其间有成书所未备者,辄随所得,附于各章之下,岁月既久,集录益多,因目曰《周易程朱氏说》,以与同志共之。极知难乎免于僭逾之罪,然学者苟能因是书以求四圣之心,则于学《易》未必无小补云。咸淳丙辰。"

又《序》曰:"楷既纂集此书,或曰:'程子言理而不及卜筮,朱子则推本古圣人因卜筮教人之意,二者固不同矣,子比而同之,何耶?'楷闻之北溪陈氏曰:'《易》之起,原于象数,自象数之既形,则理又具于象数之中,而不可以本末二其观也。《易》之作,本于卜筮,自占筮之既立,则理又寓于占筮之内,而不可以精粗二其用也。此正程子所谓体用一源、显微无间者。若偏于象占而不该夫理义,则孔子之意泯;一于理义而不及夫象占,则羲、文、周公之心亦几乎息矣。朱文公《本义》之书作,所以必表伏羲图象,冠诸篇端,以明作《易》根源之所自来,一出于天之自然,而非人为智巧之私。又复古《经》《传》次序,推原四圣所以成书之本意,递相解释,而惟占法之明,随人取决,而无偏辞之滞,而天下义理为之磨刮精明,依然涵萃于其中,本末精粗兼该具,举近以补程《传》之所不足,而上以承四圣之心。所谓开物成务之大用,至是益又周备,而《易》道之盛于此无余蕴矣。'又曰:'凡文公之说,皆所以发明程子之说,或足其所未尽,或补其所未圆,或白其所未莹,或贯其所未一,其实不离乎程说之中,必如是而后谓有功于程子,未可以优劣校之。'此楷区区纂集之意也,夫朱子之书,固以补程子之所未及,而程子之名言,盖有朱子不能加毫末于其间者,谓二书为不同可乎?读者详之。"

又凡例曰:"程子《易传》依王弼次序,而朱子则用古《易》次序,以《彖传》《大、小象传》《文言》各自为卷。今不敢离析程《传》,又不敢尽失朱夫子之意,于是仿节斋蔡氏例,以《彖传》《大、小象传》《文言》各下《经》文一字,使不与正《经》紊乱。而程《传》及朱子《本义》又下一字,程子、朱子《附录》又下一字,则其序秩然矣。"

《浙江通志》:"董楷,字正翁,宝祐进士。"

张云章曰:"楷,字正叔,台州临海人。从潜室陈器之游,得朱子再传之学者也。中文天祥榜进士,官至吏部郎中。"

朱彝尊下按语云,按:程子《传》依王氏本,朱子《本义》依吕氏本,本不可合而为一,克斋董氏乃强合之。倪正甫曰:"《易》以理寓象数,因象数以明理,汉儒多明象数,而于理或泥而不通,自王弼以玄理注《易》,儒者于谈理日胜,乃复尽略象数,二者皆得《易》之一偏。至本朝言理则程伊川为最,兼象数则朱子为详,集二书为一,庶几理与象数兼得之。"

《周易传义附录》,今国家图书馆藏有元至正二年居敬堂刻本,书名与卷数均与《四库》及《同志堂本》不同,并有附刻三种,题为"董楷辑"。上海图书馆藏十四卷元刻本(存十卷)。丛书《通志堂经解》《摛藻堂四库全书荟要》对之均有收入。

《学易记》九卷,李简撰。存

李简,字敬可,生平事迹不详。撰有《学易记》等。

《学易记》共九卷,主要是兼采子夏以来诸家易学而成。《学易记·原序》称:"壬寅春三月,予自泰山之莱芜,挈家迁东平。……己未岁承乏,倅泰安山城,事少,遂取向之所集《学易记》观之,重加去取焉……它日必有能辨之者。中统建元庚申秋七月望日,信都李简序。"《自序》谓:"仆居莱芜几二载,当时所读之《易》止有王辅嗣与《粹言》而已,诸家之说则未之见也。六百日之间,节取《粹言》凡三度,前贤之说,或中心有未安,则思之,夜以继日,虽在道路鞍马间,与窗下无少异,脱有所得,随即书之,以待它年读之,验其学之进与否也。比迁东平,积谬说百余段。及得胡安定、王荆公、南轩、晦庵、诚斋诸先生全书及杨彬夫所集《五十家解》单沨所集《三十家解》读之,谬说暗与前贤相合者十有二三,私心始颇自信。……几未岁承乏,倅泰安山城,事少,遂取向之所集《学易记》观之,重加去取焉。"

《四库全书总目》称其书"仿李鼎祚《集解》、房审权《义海》之例",采《子夏易传》以下六十四卦之说,间附己意。诸家之书,十不存一,其佚文赖此以存。总之,这部书很好地保存了子夏以来诸家诸派的易学文献。

《易发挥》,徐端方撰。佚

徐端方,《江西通志》卷六十七作"徐端",称:"徐端,字矩叔,丰城人。弱冠以文学见知,所著有《易发挥》《庄子章句》。晚岁号絜矩病叟,叙平生大略授其子,俟属纩刻石表墓,自作祭文挽歌,超然无所芥蒂。一日手录忠孝大致数百言集,家人对酒,索笔书曰:'若以为了,多少未了。以为未了,何时而了?'题曰《了了道人自赞》,投笔而逝。按:《人物志》作'徐端方',与林《志》异。"

清人朱彝尊《经义考》卷三十七,载"徐氏端方《易发挥》,佚"。

《易图》,程新恩撰。佚

清人朱彝尊《经义考》卷三十七,载"程氏新恩《易图》,佚",并引黄震《序》曰:

《易》出于《河图》,故学《易》者往往为之图,然于《易》未必皆有补。邵子画《先天图》,自《震》至《乾》,阳长而三,自《巽》至《坤》,阴长而三,圆其外以象天之动,《乾》始于西北,《坤》极于东南,方其内以象地之静。于以推测伏羲画卦之本体,与《说卦》八卦相错之说合,其学始见尊信于天下。然亦未有能整圆转方,棱角为图,以应甲子、节气变而合文王后天之用者。宣城程君自右庠擢第,将归,别余于官宅,留示其兄玉塘君《爻象承乘之图》,以《乾》位乎正南,以《坤》位乎正北,而包六子其内。自《坤》而东转,一阳为《复》,二阳为《临》,至三阳为《泰》,则位正东;《大壮》之四阳,《夬》之五阳,又自东而南,极于《乾》焉。而西转,一阴为《姤》,二阴为《遯》,至三阴为《否》,则位正西;《观》之四阴,《剥》之五阴,又自西而北,极于《坤》焉。《坤》再为《复》,生生无穷,伏羲先天之体,遂有合于文王后天之用。《易》道隐赜,虽非余晚学之所能知,然使玉塘君非真有精深之力、超特之见,亦安能变通先天之妙如此哉?抑闻邵子以图数言《易》,虽二程与之同时,亦未尝过而问,继此兼明其说者,惟一朱子。朱子尝采《先天图》八卦为一节,不论月气先后,今玉塘君变先天而顺月气,其分其合,果何居邪?异日朱子又谓《震》一阳,《离》《兑》二阳,《乾》三阳为图之左,属阳;以《巽》一阴,《坎》《艮》二阴,《坤》三阴为图之右,属阴。夫既以三而分属左右,自三而各重之,即为十有二矣。又谓《先天图》一日有一日道理,一月有一月道理,且以自《坤》而《震》,象月之初生,《乾》以象月之望,《坤》以象月之晦。夫自日而月,可配之弦望晦朔,则自月而年亦可配之十二月气矣。玉塘君得无以朱子之学,善学邵子,不泥其论月气之论,则亦不泥其方圆之图耶?先圣作《易》,以前民用,邵子《先天》本之华山陈氏,亦以气数占来,使民知吉凶避就之所在。玉塘君图之辞曰:"以之经世,尚奚难哉?其用心探讨,思济斯世为如何?"然邵子本以经言常,以世言变,常变相生,推演以至元会,而世者三十年一小变云耳。玉塘君将移其说以治世,岂无自得之妙乎?面质未能,姑远贻其说以谂之。

《读易记》,陈沂撰。佚

清人朱彝尊《经义考》卷三十七,载"陈氏沂《读易记》,佚",并引《闽书》:"沂,字伯澡,号贯斋,仙游人,光祖之子。笃志文公之学,受业陈淳之门。"清人朱彝尊并下按语云,按:《北溪集》中载《与伯澡书》三卷、《答问》二十篇,又为作《贯斋记》,称其"天姿粹澹,用功恳切",盖其高弟也。

《易说》,黄以翼撰。佚

《闽中理学渊源考》卷十二载:"黄以翼,字宗台,维之从子也。尝受业陈圲溪、蔡白石之门,庄毅有立,析理精诣。晚年记问益富,所著有《周易、礼说》。"同书卷二十八又云"江与权,惠安人。与黄以翼从学蔡和及陈淳"。清人朱彝尊《经义考》卷三十七,载"黄氏以翼《易说》,佚"。

《易说》,饶鲁撰。佚

饶鲁(1194—1264),字伯舆,一字仲元,饶州(今江西鄱阳)余干人(其故里于明代划归新设之万年县)。从黄榦学,为朱熹再传弟子。撰有《五经讲义》《易说》等,已佚。

清人朱彝尊《经义考》卷三十七,载"饶氏鲁《易说》,佚"。

《易辑》,徐几撰。佚

徐几,字子与,号进斋,建宁府崇安(今福建武夷山)人,一作建安(今福建建瓯)人。受学于真德秀,景定五年(1264年)以荐补迪功郎,添差建宁府教授,兼建安书院山长,授崇政殿说书。

《读易举要》卷四载:"建安徐几子与,撰《进斋易说》,蔡节斋门人。"清人朱彝尊《经义考》卷三十七,载"徐氏几《易辑》,佚",并引董真卿曰:"几,字子与,号进斋,建安人。宣教郎崇政殿说书,通判建宁府。学于节斋蔡氏,《易辑》解环中意。"

《玩易手抄》,毛友诚撰。佚

毛友诚,字伯明,学者称竹简先生,平江(今湖南岳阳)人。平生不事科举,闭户读书,尤邃《易》学,曾为岳阳学正数十年。有《玩易集》等,已佚。

《玩易手抄》,又称《玩易集》。清人朱彝尊《经义考》卷三十七,载"毛氏友诚《玩易手抄》,佚",并引《湖广通志》:"毛友诚,字伯明,平江人,移居巴陵。谢弃科举,阖户读书,龚安国高其行谊,延领泮宫,李蟠教岳阳,尤加礼敬,既殁,岳阳泮宫祠之。"

《周易释传》,章元崇撰。佚

章元崇,字德昂,歙环溪人。《万姓统谱》卷四十九,载:"章元崇,字德昂,歙环溪人。父愈元崇博通诸经,尤长于《春秋》。两冠乡书,占南省前名,特授于潜簿。筑堂读书于杏城溪,人号环溪先生。有著述数卷,名《蟹螯集》。终奉议郎。有《周易释传》《尚书演义》《学诗管见》《春秋大旨》《四书管见》《两汉笔记》《蜀阜集》《冠婚记》《百行冠冕集》,学者称融堂先生。"

清人朱彝尊《经义考》卷三十七,载"章氏元崇《周易释传》,佚"。

《周易会粹》,杨明复撰。未见

杨明复,字履翁,号浦城,临海(今浙江台州)人。少从瓮丹山学,博通经学,景定间,台州郡守王华甫聘为郡学正,学者称曰浦城先生。此书据弘治《临海志》及《台学源流》,今佚。《明一统志》卷四十七,载:"杨明复,临海人。操履纯正,博通经籍。著述有《周易会粹》《尚书畅旨》《诗学发微》《冠昏丧祭图》。号浦城先生。"

清人朱彝尊《经义考》卷三十七,载"杨氏明复《周易会粹》,未见",并引谢铎曰:"《周易会粹》,临海杨明复著,今亡。"

《易筌蹄》,胡维宁撰。佚

胡维宁,字季怀,庐陵(今江西吉安)人。绍兴乡举,闭门著书,有《易筌蹄》《诗集善》《春秋类例》及《周官左氏类编》传世。

清人朱彝尊《经义考》卷三十七,载"胡氏维宁《易筌蹄》,佚"。

《周易正义》,戴希贤撰。佚

戴希贤,字与斋,台州人。淳祐特科,任馆职。《台州经籍志》云:《周易正义》佚。

《易象》二卷,李桂老撰。佚

李桂老,黄岩人。嘉熙二年(1238年)进士,官秘书。《易象》见《台州府志》及雍正《浙江通志》,今佚。

《易统论》,李彖撰。佚

《江西通志》卷八十三称:"李彖,字材叔,南城人。躬行孝弟,居山中,于诸经无所不说,而尤用意于《诗》《易》,著《诗、孟子讲义》《易统论》。"

清人朱彝尊《经义考》卷三十七,载"李氏彖《易统论》,佚"。

《复古蓍法》,孙义伯撰。佚

《明一统志》卷四十九称:"孙义伯,丰城人。于书无所不读,谓治历当备三法:曰象,曰器,曰数。作《六历论》《浑盖同归图》,写《古今七十六家法数》,作《大历赋》《复古蓍传》,其他著述尤盛。虽瓶无储粟,澹如也。"

清人朱彝尊《经义考》卷三十七,载"孙氏义伯《复古蓍法》,佚"。

《周易阐微诗》六卷,冀珍撰。佚

清人朱彝尊《经义考》卷三十七,载"冀氏珍《周易阐微诗》,《宋志》:'六卷。'佚"。

《周易罔象成名图》一卷,张杲撰。佚

清人朱彝尊《经义考》卷三十七,载"张氏杲《周易罔象成名图》,《宋志》:'一卷。'佚"。

《周易说》九卷，李赞撰。佚

清人朱彝尊《经义考》卷三十七，载"李氏赞《周易说》，《宋志》：'九卷。'佚"。

《大易观象》三十二卷，郑子厚撰。佚

清人朱彝尊《经义考》卷三十七，载"郑氏子厚《大易观象》，《宋志》：'三十二卷。'佚"，并引《宋史》云，有张埜补注。

《易擿卦总论》十卷，朱承祖撰。佚

清人朱彝尊《经义考》卷三十七，载"朱氏承祖《易擿卦总论》，《宋志》：'十卷。'佚"。

《易解》十卷，刘禹偁撰。佚

清人朱彝尊《经义考》卷三十七，载"刘氏禹偁《易解》，《宋志》：'十卷。'佚"。

《周易讲义》三卷，汤义撰。佚

清人朱彝尊《经义考》卷三十七，载"汤氏义《周易讲义》，《宋志》：'三卷。'佚"。

《易解》六卷，邹巽撰。佚

清人朱彝尊《经义考》卷三十七，载"邹氏巽《易解》，《宋志》：'六卷。'佚"。

《周易解义》二卷,安泳撰。佚

清人朱彝尊《经义考》卷三十七,载"安氏泳《周易解义》,《宋志》:'卷亡。'佚"。

《周易口诀》七卷,陆太易撰。佚

清人朱彝尊《经义考》卷三十七,载"陆氏太易《周易口诀》,《宋志》:'七卷。'佚"。

《易义》五卷,赵仲锐撰。佚

清人朱彝尊《经义考》卷三十七,载"赵氏仲锐《易义》,《宋志》:'五卷。'佚"。

《易统》,刘赞撰。佚

清人朱彝尊《经义考》卷三十七,载"刘氏赞《易统》,佚",并引《括苍汇记》:"刘赞,遂昌人,特奏名。"

《易述古言》二卷,林起鳌撰。佚

清人朱彝尊《经义考》卷三十七,载"林氏起鳌《易述古言》,《宋志》:'二卷。'佚"。

《羲易正元》一卷,刘半千撰。佚

清人朱彝尊《经义考》三十七,载"刘氏半千《羲易正元》,《宋志》:'一卷。'佚"。

《易解》,江泳撰。佚

清人朱彝尊《经义考》卷三十七,载"江氏泳《易解》,佚",并引楼钥《志墓》曰:"君讳泳,字元适,世居衢之开化。再应乡举不利,遂不仕。所居西庄,堂室轩馆,下至器用悉有铭,榜家塾曰时善,《易》《中庸》皆有解。"

《周易管见》,田君右撰。佚

清人朱彝尊《经义考》卷三十七,载"田氏君右《周易管见》,佚",并引《括苍汇记》云:"缙云人。"

《易说》《观象元契图》,潘植撰。佚

清人朱彝尊《经义考》卷三十七载"潘氏植《易说》,佚",并引丁易东曰:"安正潘氏植,字子醇。"朱彝尊又下按语云,按:《闽书·韦布传》:"侯官有潘植,字立之,与弟柄从朱文公游。"当别是一人。按:清乾隆间编纂《福州府志·艺文》载:"潘植《观象元契图》二卷。"

《易说》,刘泽撰。佚

清人朱彝尊《经义考》卷三十七,载"刘氏泽《易说》,佚",并引丁易东曰:"易斋刘氏泽,字志行。"

《易说》,冯大受撰。佚

清人朱彝尊《经义考》卷三十七,载"冯氏大受《易说》,佚",并引丁易东曰:"东越冯大受。"

《易说》,储泳撰。佚

清人朱彝尊《经义考》卷三十七,载"储氏泳《易说》,佚",并引丁易东曰:"云间储氏,名泳。"朱彝尊下按语云,按:泳,号华谷,尝注《老子》,又有《祛疑说》。

《易说》,吴绮撰。佚

清人朱彝尊《经义考》卷三十七,载"吴氏绮《易说》,佚",并引熊良辅曰:"绮,字忠亩。"

《易解》,陈义宏撰。佚

清人朱彝尊《经义考》卷三十七,载"陈氏义宏《易解》,佚"。

《易口义》一卷,方泳之撰。佚

清人朱彝尊《经义考》卷三十七,载"方氏泳之《易口义》一卷,佚"。

《易说》,谭大经撰。佚

清人朱彝尊《经义考》卷三十七,载"谭氏大经《易说》,佚"。

《周易思斋口义》,翁泳撰。佚

清人朱彝尊《经义考》卷三十七,载"翁氏泳《周易思斋口义》,佚",并引董真卿曰:"泳,字永叔。"又引《闽书》:"翁泳,建阳人。从蔡节斋游,注释《河》《洛》讲义,学者称思斋先生。"

《周易讲义》三卷，汤焕撰。佚

《读易举要》卷四载："延平汤焕亨夫撰《南窗周易讲义》，嘉定己卯成书。"《周易启蒙翼传·中篇》："汤焕《周易讲义》三卷（小注：《宋志》）"按语：本人认为"涣"系"焕"之误。清人朱彝尊《经义考》卷三十七，载"汤氏焕《周易讲义》，□□：'三卷。'佚"。

《易说》，徐君平撰。佚

清人朱彝尊《经义考》卷三十七，载"徐氏君平《易说》，佚"，并下按语云，按：徐氏《易说》，李氏《学易记》引之。

《易解》十卷，郭长孺撰。佚

清人朱彝尊《经义考》卷三十七，载"郭氏长孺《易解》十卷。佚"，并引曹学佺曰："长孺，不知何许人，侨居成都，见《隐逸志》。"

《易经集解》《学易管见》七卷，吕大圭撰。佚

吕大圭（1227—1275），字圭叔，泉州南安人。师事杨昭复，昭复之学得之陈淳，淳之学得之朱文公，世号温陵截派。历任潮州教授、福州通判、尚书吏部员外郎、崇政殿说书等职。撰有《易经集解》《学易管见》《春秋或问》等。

《读易举要》卷四载："温陵吕大圭，字圭叔，自号朴卿，泉州德化人。为潮州教授时，撰《周易详解》，大概皆祖朱子之说。"清人朱彝尊《经义考》卷三十八，载"吕氏大圭《易经集解》，佚。《学易管见》七卷，佚"，并引：

胡一桂曰："吕氏《学易管见》，《上、下经》五卷及《系辞上、下》二卷，专取阴阳对卦并论，如《乾》《坤》作一论，《夬》《剥》作一论之类，发明多好。"

《读易管见》,孙嵘叟撰。佚

孙嵘叟,字仁则,浙江余姚人。官至官至礼部侍郎兼太子宾客。曾撰有《读易管见》等。《周易启蒙翼传·中篇》:"孙嵘叟《读易管见》一部,首列《图》《书》《先、后天》等图及说,仍逐卦爻解说,不著经文,末有《系辞举易》。"清人朱彝尊《经义考》卷三十八,载"孙氏嵘叟《读易管见》,佚",并引胡一桂曰:"《读易管见》首列《图》《书》《先、后天》等图及说,仍逐卦爻解说,不著经文,末有《系辞举易》。嵘叟,会稽人,咸淳丙寅倅新安,刊于郡斋。"又引《绍兴府志》:"孙嵘叟,字仁则,余姚人。第进士,复中博学宏词科,官至礼部侍郎兼太子宾客。卒,谥忠敏。"

《易通》一卷,王幼孙撰。佚

王幼孙,字季稚,庐陵人。曾撰有《易通》等。清人朱彝尊《经义考》卷三十八载"王氏幼孙《易通》一卷。佚",并引程钜夫《碣》曰:"幼孙,字季稚,庐陵人。宝祐丙辰赴阙上书,言国事余万言,不报,归,教授于乡。宋之亡,其友文丞相兵败,执以归,过庐陵,谒于驿舍,为文祭之,期以必死,辞气慷慨,左右呜咽,莫能仰视。自是与宾客过从,守经执礼,浩然以终也。"

《读易析疑》《易中正考》《易吟》,方回撰。佚

方回(1227—1305),字万里,别号虚谷,徽州歙县(今安徽黄山)人。清人朱彝尊《经义考》卷三十八,载"方氏回《读易析(一作'释')疑》,佚。《易中正考》,佚。《易吟》一百首,存。"(载《桐江续稿》)

《周易说约》一卷,黎立武撰。佚

《读易举要》卷四载:"临江黎立武号时中撰《周易说约》一卷。论大衍之数,太极一、两仪三、四象十、八卦三十六,总为五十,是之谓衍。其书板行。咸

淳戊辰进士第二人。"

清人朱彝尊《经义考》卷三十八,载"黎氏立武《周易说约》一卷。佚",并引:

吴澄撰碑曰:"元中子黎氏,讳立武,字以常,临江新喻人。擢进士第三人,授承事郎,金书镇南军节度判官,召试馆职,除秘省校书,转著作郎、国子司业。"

《江西通志》:"立武,淳熙四年进士,累官国子司业、文华阁待制,考试临川,得吴澂,时称其知人。其学宗白云郭氏,自号寄翁,学者称为所寄先生。与文山、叠山相友善,建金凤书院,以淑后学。"

《易肤说》,高斯得撰。佚

高斯得,字不妄。清人朱彝尊《经义考》卷三十八,载"高氏斯得《易肤说》,佚",并引《中兴馆阁续录》:"高斯得,字不妄,贯邛州,登己丑榜。咸淳五年,除著作佐郎。"又引周密曰:"高耻堂自世变后,极意经史,著述甚多,手抄日以万字。"又曰:"姚子敬处有耻堂《易肤说》。"又曰:"子昂云高耻堂有《易说》《诗、书解》。"又引《姑苏志》:"高斯得,举进士,官至签书枢密参知政事。学者称为耻堂先生。"

《易解》六卷,徐直方撰。未见

徐直方,字立大,元杰长子,号古为先生,信州上饶(今江西上饶)人。性渊静,嗜学,尤邃于《易》。度宗朝,举明经。授广东路经略使后,特授起居郎兼侍讲。曾撰有《易解》等书。

《易解》,《周易启蒙翼传·中篇》称:"徐古为《易解》六卷。"对徐直方《易》学,宋人赵汝腾《庸斋集》卷一《答徐直方问无极歌》称:"谓无极不可状兮,造化之枢;谓无极可状兮,声臭俱无。至哉濂翁兮,是创是图。后来诸老兮,交辨鹅湖。彼是此非兮,眭眕何殊。究其指归兮,风乎舞雩。吾默会于心兮,征以《通书》。阴阳动静兮,何始何初。人人有是兮,奚问乎吕、陆、张、朱。"

清人朱彝尊《经义考》卷三十八,载"徐氏直方《易解》六卷。未见",并引胡一桂曰:"直方,字立大,号古为先生。初补迪功郎,咸淳三年,进《易解》六卷,只《上、下经》,前有《进表》及图象,后除正言,官至江东宪。"

《余学斋易说》,胡次焱撰。未见

清人朱彝尊《经义考》卷三十八,载"胡氏次焱《余学斋易说》,未见",并引董真卿曰:"次焱,字济鼎,徽州婺源人,有《余学斋易说》。"又引《姓谱》:"次焱,咸淳四年登第,授湖口主簿,改贵池尉。德祐乙亥归家,以《易》教授乡里。"

《易衍》二卷,何梦桂撰。未见

何梦桂(1229—1303),字岩叟,别号潜斋,谥号文建,淳安文昌(今浙江淳安)人。历任台州军判官、太常博士、监察御史、大理寺卿等职。撰有《易衍》《中庸致用》等。

《读易举要》卷四载:"严陵何梦桂,号潜斋,易稿两巨编,解六十四卦《象》《爻》《象》《文言》《系辞》《说卦》《序卦》《杂卦》。又有图说,其说兼象数,多有发明。咸淳乙丑进士第三人,与吾乡阮菊存秘监同榜,阮为状元,何为探花。"清人朱彝尊《经义考》卷三十八,载"何氏梦桂《易衍》二卷。未见",并引《姓谱》:"梦桂,字岩叟,淳安人。咸淳乙丑进士第三,为太常博士,历监察御史。宋亡,不仕。所撰有《易衍》《中庸致用》等书,于《易》尤精,有先儒所未发者。"

《古易口义》,方公权撰。佚

清人朱彝尊《经义考》卷三十八,载"方氏公权《古易口义》,佚",并引《闽大纪》:"方公权,字立道,莆田人。咸淳元年进士,历广东教授、太常丞,景炎后不仕,人称石岩先生。"

《易解大全》三十卷,孟文龙撰。佚

清人朱彝尊《经义考》卷三十八,载"孟氏文龙《易解大全》三十卷。佚",并引《姑苏志》:"孟文龙,字震翁,浙东提举常平干办公事,元平章史弼等荐起之,致书以死辞,不出户庭者三十年,著《易解大全》三十卷。"

《周易辑说》,曾子良撰。佚

曾子良(1224—?),字仲材,号平山,抚州金溪(今江西抚州)人,学者称平山先生。咸淳四年(1268年)进士,曾任知淳安县等职。撰有《周易辑说》《中庸大学语孟解》《圣宋颂》《百行冠冕诗》《续言行录》《诗广崇类稿》《咸淳类稿》《凝真观记》等,已佚。

清人朱彝尊《经义考》卷三十八,载"曾氏子良《周易辑说》,佚",并引:

> 吴澂《序》曰:"《易》之道,其大如天,其广如地,其悉备也,如天地间之万物,无所不有。世之说《易》者,各随所见,苟不悖于理,其为言也必有可观。无他,《易》广大悉备,无不包罗,无不该遍故也。金溪曾先生,讳子良,在宋两贡于乡,擢进士科,仕至县令,晚节隐居教授,以通经学古、能诗能文为后进师。临川饶宗鲁游其门,每日授《易》,所闻皆能记忆。师既卒,乃祖述其意,撰著新辞,文口谈之质俚,如传注之纯雅,名曰《周易辑说》。意或未安,不敢辄改,盖有汉儒治经守家法之遗意焉。先生之年,吾父党也,素所敬慕者,今因所辑,得窥前辈之所学,又嘉宗鲁之能守其师说也,是以为之序。"

《朴山易说》十四卷,严肃撰。佚

清人朱彝尊《经义考》卷三十八,载"严氏肃《朴山易说》十四卷。佚",并引:

> 吴澂曰:"太和严肃辞达官,以秘书省校勘而亦不仕,所著《易解》进于朝。"
>
> 揭傒斯曰:"《朴山易说》十四卷,宋末吉之太和严先生肃所著也。咸

淳中，江丞相万里、马丞相廷鸾皆好其书，为献之天子，征为秘书省校勘。宋亡之岁三月，亦以疾亡。原夫《易》之道深远矣，世之言《易》者至众矣，严氏之书最晚出，致使名宰相献之天子，藏之秘府，固有以得圣人之心乎？先生以四圣人之心，竭四十年之力，其书不与国俱尽，宜哉。"

《易管见》六十卷、《筮易》七卷、《太玄潜虚图说》十卷，吴霞举撰。佚

清人朱彝尊《经义考》卷三十八，载"吴氏霞举《易管见》六十卷，佚。《筮易》七卷，佚"，并引《新安文献志》："霞举，字孟阳，号默室，休宁人。所撰有《易管见》六十卷、《筮易》七卷、《太玄潜虚图说》十卷。"

《易究》十卷，史蒙卿撰。佚

史蒙卿（1247—1306），字景正，号果斋，又号静清处士，宋明州鄞县人。史弥巩孙。咸淳元年（1265年）进士，授景陵主簿，历江阴、平江教授。少入国子学，通《春秋》《周官》。其后著书立言，一以朱熹为法。入元不仕。有《静清集》等。

清人朱彝尊《经义考》卷三十八，载"史氏蒙卿《易究》十卷。佚"，并引：

袁桷曰："蒙卿，字景正，鄞人。仕宋，为迪功郎、景陵县主簿。喜奇说，礼部尚书王公应麟多传授之，卒以奇不合于王公。"

邓文原曰："先生《易究》十卷，虽未及见，然闻所论《河图》《洛书》，足以抉先儒未发之蕴。"

黄溍曰："四明之学祖陆氏而宗杨、袁，其言朱子之学者，自黄氏震、史氏蒙卿始。继朱子之学者，自暨氏渊、大阳先生枋、小阳先生岊，以至于史氏。黄氏主于躬行，而史氏务明体以达用。"

《周易辑解》十卷、《学易说约》五篇，丘富国撰。佚

丘富国，字行可，宋建安（今福建建瓯）人。尝受学于朱熹门人。淳祐中

登第,为端州(今广东肇庆)金判。宋亡,不仕。撰有《周易辑解》十卷、《经世补遗》三卷、《易学说约》五篇,发明"朱子宗旨"。

《读易举要》卷四载:"建安丘富国行可撰《易说》,徐进斋门人。其《易》说,每卦《象》下、《爻》下各有说,又有总论六爻说。"清人朱彝尊《经义考》卷三十八,载"丘氏富国《周易辑解》十卷,佚;《学易说约》五篇,佚",并引《闽书》:"丘富国,字行可,建安人,受业朱氏之门人。为端阳签判,宋亡,不仕。著《周易辑解》十卷,《易学说约》五篇,《经世遗书》三卷。"

《易注》,包天麟撰。佚

包天麟,宋元间学者,字仁甫。咸淳四年(1268年)举博学宏词科。入元,避世著述,撰有《易》《书》《诗》《春秋》四经传义行世。

清人朱彝尊《经义考》卷三十八,载"包氏天麟《易注》,佚",并引《姓谱》:"天麟,字仁甫,江阴人。咸淳间举博学宏词科,尝注《易》《诗》《书》《春秋》。"

《易图说》,郑仪孙撰。佚

清人朱彝尊《经义考》卷三十八,载"郑氏仪孙《易图说》,佚",并引《闽书》:"郑仪孙,号翠屏,建安人,从丘富国学《易》。咸淳癸酉应贤良举,明年,少帝北行,仪孙退而著书,作《易图说解》《大学、中庸章句》。"

《易学蠡测》,魏新之撰。佚

清人朱彝尊《经义考》卷三十八,载"魏氏新之《易学蠡测》,佚",并引《宋潜室》曰:"故宋迪功郎、庆元府学教授魏新之,著《易学蠡测》,又见先儒列卦为方圆图,乃以己意成《三隅图》,曲尽妙理,门人王德先演而传之。"又引:

张时彻曰:"魏新之,字德夫,桐庐人。咸淳辛未进士,为庆元府教授,在官以濂、洛、关、闽正学为己任。德祐丙子,元兵入临安,游军至鄞,时学设两教授,号东、西厅教授,王桦惧曰:'吾侪死生决于今日矣。'新之从容曰:'非止今日,有生之初已定,不若听之。'颜色不少变。"

《周易占例》,汪深撰。佚

清人朱彝尊《经义考》卷三十八,载"汪氏深《周易占例》,佚",并引:

深《自序》曰:"昔者圣人作《易》以明民,托之卜筮,然所得之辞,或有悬隔者,如问婚而得田猎,问祭祀而得涉川,问此答彼,阔然不相对,岂有迁就迂诞而用之者哉?若是,则卦爻之辞皆赘言矣。《传》曰:'其言曲而中,其事肆而隐,因贰以济民行,以明失得之报。'又曰:'明于天之道,而察于民之故,是兴神物,以前民用。'又曰:'探赜索隐,钩深致远,以定天下之吉凶,成天下之亹亹者,莫大乎著龟。故系辞焉,所以告也,定之以吉凶,所以断也。'今占筮所得之辞,乃不应合,而在于迁就用之,则奈何哉?盖尝思之,《易》以卜筮设教,古人之卜筮,盖少也,非有大疑,不筮不卜也。其见于《书》者,虞有传禅之筮,周有征伐之卜而已,故《洪范》曰:'汝则有大疑,谋及乃心,谋及卿士,谋及庶人,谋及卜筮。'而从逆之间,人谋先之,卜筮次焉,盖诚以事有两可之疑,而后托之卜筮也。而其占又必诚敬专一,积其求,决之真情,至诚以达于神明,故神明感应之诚亦正,告之以利害趋向,而不浪漫也。且《易》之初,其以六十四卦示人以占之例,亦已广矣。求君父之道于《乾》,求臣子之道于《坤》,婚姻于《咸》《恒》《渐》《归妹》,待于《需》,进于《晋》,行师于《师》,争讼于《讼》,聚于《萃》,散于《涣》,以至退于《遯》,守于《困》,安于《泰》《鼎》,厄于《夷》《蹇》,盈于《丰》《大有》,坏于《损》《蛊》,《家人》之在室,《旅》之在涂,《既》《未济》《损》《益》《大、小过》《大、小畜》,得失进退之义。虽卦名之为七十九字,文义明白,条例具足,亦可决矣。此未有文王《卦辞》之前,已可占而断者,况又三百八十四爻而示之以变乎?夫人诚有大疑,谋及卜筮,必积其诚意,备其礼物,斋戒专一以占之。《大传》曰:'是以将有为也,将有行也,问焉而以言。其受命也如响,无有远近幽深,遂知来物。'此占筮必得应合之辞,受命者,神明受祷占者之命辞也,如响者应之端的,而不漫浪以告也。傥有一毫不敬不诚不一之心,则问此而答彼,阔焉而不与事相酬,实神明之所不主而不告者也,又何受命如响之云?曷不即《卦辞》考之,文王于《蒙》尝起其占,童蒙筮之教矣,其言曰:'匪我求童蒙,童蒙求我。

初筮告,再三渎,渎则不告,利贞。'周子曰:'筮者,扣神也,再三渎,渎则不告矣。'此文王之所以起其例也。夫占而揲蓍,积十有八变,必成一卦,卦必有卦辞,爻必有爻辞,何以言其告不告也?盖诚意专一而筮,则神之告之,《卦辞》《爻辞》应合所问。如占婚姻,与之《咸》《恒》,曰'纳妇吉'、曰'勿用取女'、曰'归妹征凶,无攸利';占征伐,曰'利用侵伐'、曰'在师中,吉'、曰'不利行师'、曰'勿用师';占田猎,曰'田获三狐'、曰'田获三品'、曰'即鹿无虞'、曰'田无禽'。若此者,皆所谓告也。若夫《卦辞》《爻辞》不应所占之事,此则诚意不至,二三之渎,而所谓不告者也,此即文王之所谓不告也。不然,则得卦爻,必有辞以告之,又何以有不告之云?夫诚敬不至,则吾心之神明不存,而神明之神亦爽,得不合之辞,而犹曰:'神明之告我也,必有他意。'揣摩臆度,迁就曲推,强取以定吉凶,以至狂妄侥幸,悖乱之念,皆自此生者,古有之矣,是惑之甚也。况世之占者,忽略灭裂,亵渎琐细,不敬尤甚,乃欲以此求神明之指其所之,至于不验,又妄以为卜筮之理不可信,彼岂知夫告不告之道哉?余之有见于此也,乃取《卦、爻辞》以人事分门别例,编为一书,俾世之占者以类求之,必本乎诚敬专一之道,而知占之不妄以告人也。岂不有以解千古之惑,而发圣人之蕴乎?羲、文、周、孔在天之灵,不易吾言矣。"

胡一桂曰:"鄱阳汪深所性,先人私淑之友也。尝作《占例》,自为之序,足以发朱子之所未发。"

《大易发微》,练耒撰。佚

清人朱彝尊《经义考》卷三十八,载"练氏耒《大易发微》,佚",并引《闽书》:"练耒,(或作来)字彦本,建安人。宋遗民,闭门著书,有《大易发微》《二礼疑释》。"

《易解义》,丘葵撰。佚

清人朱彝尊《经义考》卷三十八,载"丘氏葵《易解义》,佚",并引《闽书》:"丘葵,字吉甫,同安人。早有志考亭之学,初从辛介甫,继从信州吴平甫授

《春秋》，亲炙吕大圭、洪天锡之门。宋末科举废，杜门励学，居海屿中，因自号钓矶翁。所撰有《易解义》《书解》《诗口义》《春秋通义》《四书日讲》《周礼补亡》。"

《周易互言总论》十卷，石一鳌撰。佚

清人朱彝尊《经义考》卷三十八，载"石氏一鳌《周易互言总论》十卷，佚"，并引：

黄溍《表墓》曰："一鳌，字晋卿，义乌人，宋乡贡进士。初，徐文清公倡道丹溪上，及门者或仕或不仕，皆时闻人，文清之学盖亲得于考亭，而秘书丞王君世杰则有得于文清者也。先生少受业于王君若讷，既又从秘丞游，晚而覃思于《易》，其为说皆本于徐氏。"

吴澂《序》曰："上古圣人作卦象以先天，而其体备于八八，作蓍数以前民，而其用衍于七七。八八之象本于一，而一无体，七七之数始于一，而一不用，合卦与蓍，是谓之《易》。中古圣人体卦用蓍，系之《象》，系之《爻》，其辞虽为占设，然拟议所言，理无不贯，推而行之，占云乎哉？秦、汉而下，泥术数者漏、演辞义者泛，而《易》道晦矣。至邵子极探卦象蓍数之原，而《易》之道大明，夫子以来一人而已，而于文王、周公之辞，有未暇及也。若程子之《传》，则因文王、周公之辞，以发其真知实践之理，推之为修齐治平之用，宜与三古圣人之《易》而为四，非可以传注论。昔夫子年将七十，有'假我数年，卒以学《易》'之语，是经岂易学哉？主簿傅君，以其师石君晋卿所著《易说》示余，余读之，喜其说理之当、说象之工，盖于象数理学俱尝究心，世之剽掠掇拾以为说者，何能几其十一？闻石君两目无见，古之瞽者为乐师，取其用志不分也。乐，一艺耳，《易》之道，讵一艺所可比？瞽而为《易》师，亦其外物不接，内境常虚，故能专致若是欤？或曰：'子之于《易》，与石君不同，何也？'曰：'予补朱《义》者也，石广程《传》者也。君释象，予亦释象，则皆程、朱之所未言者，虽有不同，而言固各有当也。予又安敢以予之未必是，而废石君之是哉？'"

《易传庸言》，饶宗鲁撰。佚

清人朱彝尊《经义考》卷三十八，载"饶氏宗鲁《易传庸言》，佚"，并引《江西通志》："饶宗鲁，字心道，临川人。"又引黄虞稷曰："宗鲁尝辑所闻于平山曾子良者，为《周易辑说》，别自撰《易传庸言》。"

《周易讲义》，熊采撰。佚

清人朱彝尊《经义考》卷三十八，载"熊氏采《周易讲义》，佚"，并引《万姓谱》："采，建阳人，宁武州参军，入元，不仕，著《易讲义》《书说》。"

《易经集说》，卫富益撰。佚

清人朱彝尊《经义考》卷三十八，载"卫氏富益《易经集说》，佚"，并引《浙江通志》："卫富益，崇德人，从金履祥学，深探《易》旨。宋亡，富益日夜悲泣，设坛为文，祭故相文天祥、陆秀夫、张世杰，闻者无不堕泪。晚岁隐居湖之金盖山，年九十六，卒。门人谥曰正节先生。"

《易经解注》二册（未见）、《易讲义》一卷（存），陈普撰。

陈普（1244—1315），居石堂山。入元，隐居教授，从学者数百人。三辟为本省教授，不起。当聘主云庄书院。晚居莆中，造就益众。程传《石堂遗稿》四卷。

清人朱彝尊《经义考》卷三十八，载"陈氏普《易经解注》二册。未见"，"《易讲义》一卷，存"。并引：

《闽书》："陈普，字尚德，别号惧斋，福宁人，居石堂山，学者称石堂先生。宋鼎既移，三辟本省教授，不起。作《四书句解钤键》《学庸旨要》《孟子纂图》《周易解》《尚书补微》《四书六经讲义》，凡数百卷。"

闵文振作《传》曰："石堂先生闻恂斋韩氏倡道浙东，负笈之会稽，从之游。韩之学出庆源辅氏,辅氏,朱门高弟也,渊源所自,屹为嫡派,故其学甚正。尝曰:'聆韩先生夜旦诵《四书》,如奏《九韶》,令人不知肉味。'故其用功本诸《四书》,《四书》通,然后求之《六经》,不贵文辞,不急禄仕,惟真知实践,无愧古之圣贤。宋鼎既移,决意卷藏,朝廷三使辟为本省教授,不赴。闭门授徒,岿然以师道自任,四方及门数百人。"

《易传宗》,陈焕撰。佚

清人朱彝尊《经义考》卷三十八,载"陈氏焕《易传宗》,佚",并引《江西通志》:"陈焕,字时可,丰城人,两与乡漕荐。入元,隐居不仕,学者称为罋山先生。"

《易说》,谢枋得撰。未见

清人朱彝尊《经义考》卷三十八,载"谢氏枋得《易说》,未见",并引董真卿曰:"谢氏《易说》,十三卦取象。"又引《宋登科录》:"枋得,字君直,小名钟,小字君和,贯信州贵溪县,见居弋阳新政乡儒林里,宝祐四年二甲第一名。"

《易学启蒙发挥》二卷,何基撰。未见

何基(1188—1269),字子恭,号北山,婺州金华人。早年师从陈震学习,后随父到临川,师从朱熹高徒黄榦为学。《宋元学案》记载云:"(何基)父伯熭,丞临川,而黄勉斋榦(黄榦)知其县事,伯熭使二子师事之。勉斋告以必有真实心地、刻苦工夫而后可,先生悚惕受命。于是研精覃思,平心易气,以俟义理之自通,未尝立异以为高,徇人而少变也。凡所读书,朱墨标点,义显意明,有不待论说而自见者。"①这就说明,何基在其早期受学于朱熹嫡传弟子黄榦,在黄榦的指导下研习经典,"研精覃思,平心易气",严格遵守师说,希望由此

---

① [清]黄宗羲著,全祖望补修:《宋元学案》卷八十二《北山四先生学案》,中华书局1986年版,第2726页。

获知经典之思想义理,"以俟义理之自通,未尝立异以为高"。

《易学启蒙发挥》主要是对朱熹易学的注解,以羽翼朱熹之学。《读易举要》卷四载:"何基《朱氏大传发挥》,纂朱子《系辞》《说卦》《序卦》《杂卦》解。基,号北山,乃黄勉斋门人。"清人朱彝尊《经义考》卷三十九,载"何氏基《易学启蒙发挥》二卷。未见",并引:

> 基《自序》曰:"《图》《书》出而《易》之数显,卦、爻画而《易》之象明,蓍、策设而《易》之占立。曰数、曰象、曰占,是三者乃圣人作《易》之大用,舍是则无以为《易》。一以贯之,则画前太极之妙,又《易》道之根源也。在昔伏羲氏继天立极,不过因造化自然之数,推卦画自然之象,仿蓍策自然之变,作为卜筮,以告天后世,使人得以决疑成务,而不迷吉凶,惟若指涂云尔。至文王之系《彖》,周公之系《爻》,虽曰因事设教,丁宁详密,然又不过即卦象之所值,依卜筮以为训,俾之观象玩占、避凶趋吉,以为处己应物之方,而不失其是非之正而已。观其为书,广大悉备,冒天下之道,变通不穷,尽事物之理,然其于《易》道之根源、义理之精蕴,未始数数言也。迨夫世变日下,《易》之为用,浸淫于术数,故夫子《十翼》之作,始一以义理言之,而不专求之象数占筮之间,是故因俗淳漓为教,不得不然也。然圣人之书,本末不遗,而显微无间;极深研几,固以为开物成务之方;洗心藏密,亦岂忘与民同患之意。今观《大传》之篇,高极于阴阳变化之理,精究于性命道德之微,虽其闳远蕴奥,未易窥测,然而细研之,则亦莫非象数之深旨与夫占筮之妙用。至所谓君子居则观象玩辞者,则又使人虽平居无事,亦得以从容玩释,即燕闲静一之中,而自得夫斋戒神明之用。推之日用云为,有不待列蓍求卦而占自显者。其视羲、文之《易》,其为教益备、为用益广、为理益精耳。紫阳子朱子自少玩《易》,尽洗诸儒之曲说,而独得四圣之本心,谓《易》本为卜筮而作,故观《爻》《象》者要尝深探占象之精意,而不必强合以外求之义理。至夫子《大传》,虽曰发天之蕴,莫非极致,然亦不过穷象数之本原,括卦爻之凡例,若其微辞奥义,则又曲畅旁通,因而及之。故其言曰:'周子《通书》有云:"圣人之精,画卦以示;圣人之蕴,因卦以发。"以是观之,经文主于占象者,画卦以示之精也;《大传》详于义理者,因卦以发之蕴也。其说的确简明,圣人复起,不易吾言矣。'始愚读《大传》《说卦》诸篇,见其渊微浩博,若无津涯,而说者类皆汗

漫不精，涣散无纪，及得朱子《本义》之书，沉潜反复，犁然有会于吾心，洙泗微旨乃可得而寻绎。然其辞尚简严，未能尽达也。因遍阅《文集》《语录》诸书，凡讲辨及此者，随义条附于《本义》之后，首尾毕备，毫析缕解，疑义罔不冰释。标曰《朱子系辞发挥》，因藏之笥椟，以备遗忘。畏斋王君用功程《传》，顷以精本刻梓盱江，谓《大传》未有善解，见愚所论《发挥》，爱之不释，已刊之家塾，盖将融会二先生之书，以求《经》《传》之深旨。书成，复俾基题识其首，乃本朱子论《易》之意，僭述梗概，与同志共焉。至若朱子指示所以读《系传》之要旨，已具见于《纲领》，兹不赘叙，亦在乎善读之而已。"

王柏《后序》曰："冲漠无朕，而万象已具；风气渐开，而人文渐明；非一圣一贤之所能尽发。故伏羲氏之画八卦也，仰观俯察，近取远取，得《河图》而后成，虽曰阐阴阳变化之妙，而其用不过教民决可否之疑而已。历唐、虞、夏、商，有占而无文，至文王始系之以《彖》，周公系之以《爻》，吾夫子又从而为之《传》。更三古四圣人，而《易》之为书始备，盖非一时之所能备也。文王变后天之卦，而先天之《易》几于亡；《大传》发义理之奥，而变占之用几于隐。后世不能会通而并观，于是尚义理者淫于文辞，尚变占者沦于术数，而《易》道始离矣。我朝盛时，邵子密传羲画而缺于辞，程子晚绎周《经》而缺于象，先后不二十年，而从游非一日，乃不相为谋，而各自成书，皆临终而后出书，虽不同，而各极其精微，反若分传而互足。异哉！《易》道之所以大明也。由是朱子著为《本义》，谓《易》本于占，而义为占而发，惧后学梏于见闻而未易信也，又作《启蒙》四章，先开其秘而祛其惑。首之以《本图书》《原卦画》，示《易》之所由始也；次之以《明蓍策》《考变占》，示《易》之所以用也。然亦各为一书，而学者犹未能融会而贯通之。北山何先生受业勉斋之门，闻此义为最蚤（早），晚年纂辑朱子之绪论，羽翼朱子之成书，不敢自加一字，而条理粲然，群疑尽释。至于引《本义》之《彖辞》，参于变占之后，使千百年离而未合者，两无遗恨，真有得于体用一原、显微无间之深旨，岂不为后人之大幸欤？先生无恙时，因约斋王使君请刊梓于盱江，尝命仆序其首，仆固辞不敢承。先生今亡矣，不可使观者不知编摩之大意，于是忘其疏卤，述其略于后云。"

吴师道曰："北山先生何基，字子恭，婺州金华人。淳祐中赵汝腾守婺,延聘请讲,辞不就。景定五年,补迪功郎,添差婺州州学教授,兼丽泽书院山长。咸淳改元,除史馆校勘,兼崇政殿说书,控辞再三,改承务郎,主管华州西岳庙,终亦不受也。四年十二月,卒,国子祭酒杨文仲请于朝,谥文定。"

《读易记》十卷、《涵古易说》一卷、《大象衍义》一卷,王柏撰。未见

王柏(1197—1274),字会之,婺州金华人。少慕诸葛亮为人,自号长啸,三十岁后以为"长啸非圣门持敬之道",遂改号鲁斋。从何基学,为朱熹三传弟子,以教授为业,曾受聘主丽泽、上蔡等书院。卒,谥文宪。柏著述繁富,有《诗疑》《书疑》等,大多已佚。

清人朱彝尊《经义考》卷三十九,载"王氏柏《读易记》,《宋志》:'十卷。'未见;《涵古易说》,《宋志》:'一卷。'未见;《大象衍义》,《宋志》:'一卷。'未见"。

《三易备遗》十卷,朱元升撰。存

朱元升(? —1275),字日华,号水檐,温州平阳(今浙江平阳)人。开庆元年(1259年)进士,历任承节郎、政和县巡检等职。

《三易备遗》亦称《三易备忘》。清人朱彝尊《经义考》卷三十九,载"朱氏元升《三易备遗》十卷。存",并引:

家铉翁《进状》曰:"窃惟义理之学,托象数而传者也。昔河南程氏倡道于洛时,则邵雍发《经世》不传之妙;新安朱氏讲学武夷时,则蔡元定明《图》《书》未发之旨。今其遗编皆在,而世之学者知读程、朱之书,而不知穷邵、蔡之学,象数之传无传焉。幸而有一人事此为事、学此为学,盖千百而一二者也,而沉滞下僚、埋厄冗役,无以自振拔于当世,适仕于铉翁之部内,是用忘分出位,具以名闻。窃见承节郎差处州龙泉、遂昌、庆元县,建宁府松溪、政和县巡检朱元昇,苦心旧学,笃志遗经,独探象数之传,自悟羲、黄之蕴,著《中天归藏书》数万言、为图数十,以述其所自得之学。其

说谓伏羲《易》,先天学也,黄帝《易》,中天学也。《乾》南《坤》北、《离》东《坎》西、《震》《艮》《巽》《兑》奠于四隅,而为八卦,八其八而为六十四卦者,先天《易》也;十日、十二子纳而为六十甲者,中天《易》也。中天,自先天来者也,其名虽异,其理则一,于是以中天六十甲配先天六十四卦,而六十甲之序与先天六十四卦之序,自然吻合,不爽锱铢。以是知黄帝作六十甲,所以发先天六十四卦不尽之义,载阴阳五行之功,用被之天下万世者,《中天归藏易》也。孔子于商道而取《坤》《乾》,所取者,商之《归藏》,而中天之《易》于是乎在。商《易》名《归藏》,而黄帝亦以《归藏》为氏,商《易》用《归藏》,而商之诸君皆以甲丙辛壬为号,以见《归藏》之书作于黄帝,而六十甲与先天六十四卦并行者,乃《中天归藏易》也。《归藏易》自汉初已亡,元升述其意而为此书,以自然之数纳自然之音符、自然之象,纵施横设,无一不合,皆元升所自悟者也。至于邵氏之《经世》,蔡氏之《图》《书》,与近代诸儒象数之学,皆能洞究其义,为之折衷。其用功甚勤,其探讨甚精,非徒掇拾前人之文字语言为之讲解,漫以学问自见者比。其人早游场屋,有声,屡举不第,舍而以右科奋,图窃升斗之禄,以供菽水之养,身堕右弁,官为徼巡,而探赜钩深,卧起不辍。穷壮老坚,贞士之有志于学者,而恬于进取,不求人知,人亦无有能知之者。铉翁将指于粤,始识其人,是用冒犯斧钺之诛,僭以元升所学,上彻于朝,仰祈万一之采录。除已具录奏闻,乞特赐甄擢,收之冗散之役,处以校雠之任,使海内学士知以象数为学,不惟陈言旧说之是务。其于兴起文治、作新斯人,实非小补,伏候指挥。咸淳八年六月。"

林十之《序》曰:"自昔圣智开物,必有为之先者。圣人有作,天不爱其道,发祥阐灵,无复隐秘,圣人则而象之,天地阴阳之情,始为天下泄。此《河图》《洛书》,天所以开圣人,而圣人所以画卦,以开天下后世也。《大传》曰:'河出《图》,洛出《书》,圣人则之。'是《图》《书》并出于伏羲之世矣。其言《河图》示羲,《洛书》赐禹者,非也。《周官》:'掌三《易》之法,一曰《连山》,二曰《归藏》,三曰《周易》,其经卦皆八,其别皆六十有四。'是八卦已重于伏羲之世矣,其言文王重之者,非也。秦燔《六籍》,《易》以卜筮之名得全,然《坤》《乾》之义,夏时之等,吾夫子已叹杞、宋文献之不足征,则二书不待至汉而亡久矣。水檐朱公博极群书,尚友千载,绝识异辞,玄感冥契,自初年于邵子之书有所悟入,著《邵易略例》若干卷。首明《河图》《洛书》之辨,以为:'孔安国、马融、郑康成、关子明诸儒皆谓自一至十为《河图》,自一至九为《洛书》,惟刘牧反是,牧非无见而然也。按:《春秋纬》:"《河图》之篇有九,《洛书》之篇有六,《河》以通《乾》出《天苞》,《洛》以流《坤》出《地符》。《河图》本于天,宜得奇数而居先;《洛书》本于地,宜得偶数而居后。"此其所据依以为左验者也。由是因往顺来逆之八卦,推五行纳音,以明四十五数之为《河图》;因起《震》终《艮》之八卦,推五行生成,以明五十五数之为《洛书》,而三《易》之大纲定矣。《连山》,夏《易》也,贾公彦谓《连山》作于伏羲、因于夏后氏,夏后氏之《易》不可见,即伏羲之《易》可见矣。夏时之行,自汉《太初历》至于今,未之有改。《连山》之《易》不可见,即春首纯《艮》之义可见也。《说卦》曰:"《艮》,东北之卦也,万物之所成终而成始也。"又曰:"终万物、始万物者,莫盛乎《艮》。"邵子虽以此一节为明文王之卦,要之首《艮》之秘,固已具于"所成终始""万物"之两言。是以述《连山象数图》,以备夏后氏之《易》之遗。《大传》曰:"显诸仁,藏诸用。"《说卦》曰:"《乾》以君之,《坤》以藏之。"贾公彦《周官疏》曰:"《归藏》以纯《坤》为首,万物莫不归藏于其中。"按:《归藏》,黄帝《易》也,商人用之。昔黄帝命大桡作甲子,使伶伦造律吕。日辰有十干十二支,而其相承之数究于六十;律吕有五声十二律,而其相承之数亦究于六十。《乾》老阳之策三十有六,《坤》老阴之数二十有四,此六十也;《震》《坎》《艮》少阳之策三十二,《巽》《离》《兑》少阴之策二十有八,亦六十也。稽之以纳音,定之以策数,己亥为阴阳之终,子午为阴阳之始。六甲、纳音遇己亥子午之间、阴阳终始之际,数必交、音必藏。交则生生之机不息,藏则化化之迹不露。一象一数,莫不与《图》《书》合。是以述《归藏象数图例》,备商《易》之遗。八卦之象,不易者四,反易者二,此以六变而成八也。重卦之象,不易者八,反易者二十有八,此以三十六变而成六十四也。其说尚矣,未有究先天、后天之体用,因象数之合以验羲、文之合者。《乾》《坤》之体不互,《夬》《姤》《剥》《复》具;《乾》《坤》之体不互,《既济》《未济》具;《坎》《离》之体不互,其余互体为卦五十六。其说尚矣,未有悉以《繇辞》《爻辞》《彖》《象》之辞证之者。是以演《反对互体图例》,备《周易》之遗。'公于三《易》,可谓补苴隙漏,张皇幽渺,寻坠绪之茫茫,独旁搜而远绍者矣。抑公之于《图》《书》,非求与文公先生之说异也。先生释'圣人则之'之义曰:'则《河图》者虚其中,则《洛书》者总其实。虚五与十者,太极也,则虚其中者,亦太极也,奇耦之数各二十者,皆两仪也。以一二三四为六七八九者,四象也。一二三四而含九八七六,纵横十五而互为七八九六,四象也。析四方之合以为《乾》《坤》《离》《坎》,补四隅之空以为《兑》《震》《巽》《艮》者,八卦也。四方之正以为《乾》《坤》《坎》《离》,四隅之偏以为《兑》《震》《巽》《艮》,则亦八卦也。'且毕之曰:'又安知《图》之不为《书》,《书》之不为《图》也邪?'由是观之,公之说若与文公异,而未尝不与之合也。《备遗》既脱稿,当路以之传闻,悉上送官,籍记后省,而公老矣,亡禄即世。其子起予在丙子岁以示千之,时方干戈抢攘,欲考订肯綮,未皇也。明年,起予即世,仲子起潜独抱手泽于风波溟涬中,十有八年于兹,公遗言我书必得能一为序,于是缮写成编,惠而好我,口授手画,亹亹忘倦,其间眂旧书,多所补正,犹司马子长成一家言于周南执手之后,而《太玄》可无俟后世之子云。幸哉有子如此夫。千之少以《三礼》从公之族子元夫先生游,辱公忘年定交,虽不获面受此书,请问论著大指,厥既从起潜尽见其书而读之,窃窥其概。后死不佞序,焉敢辞?起予名仕可,世登右科;起潜名仕立。癸丑腊月朔。"

葛寅炎《序》曰:"《连山》,包牺先天《易》也;《归藏》,黄帝中天《易》也;《周易》,西伯后天《易》也。是三《易》也,皆遇孔圣,皆脱秦火,皆厄汉九师也。宋室龙兴,五星奎聚,天生大贤于龟马初出之地,岂偶然哉?余读《经世书》,而知先天之传在邵子;读《易传》,而知后天之传在程子,独怪夫中天旷千百余年无传焉。余尉青田,以王事会水檜朱君于沐鹤溪,公退之暇,出一编书示余,曰《三易备遗》。其推原《归藏》中天之妙,引之于先天,不见先天之为先,推之于后天,不见后天之为后。是将合邵、程为一书,独传有熊氏不传之妙也。呜呼!道之兴,天也,废亦天也。其废而复兴,庸非天乎?孔子曰:'吾欲观商道,是故之宋,而文不足征也,吾得《坤》《乾》焉。'使天不生孔子于皇风既邈之后,黄帝之道将无传焉;不生微子于商绪将坠之初,汤之道独得而存乎哉?吾想其抱祭器而来归也,《坤》《乾》之道,已得之宋矣。呜呼!姬辙之东,茫茫禹迹,知有是书者谁也？宋虽有是书,知有是道者谁也？夫子,商人也,乃独知焉。呜呼！天遗商道于商之后,而必使商人知之,是可以观天意矣。呜呼！旷千百余年,朱君何从而知之乎？其间之邵、程子乎？闻之有熊氏乎？曰闻之天。时咸淳癸酉四月朔日书。"

　　元升《自序》曰:"《周礼·春官》:'掌三《易》:一曰《连山》,二曰《归藏》,三曰《周易》。'《连山》作于伏羲,用于夏;《归藏》作于黄帝,用于商;《周易》作于文王,用于周。一代之兴,必有一代之《易》,虽不相沿袭,而实相贯通。《连山》首《艮》,《归藏》首《坤》,《周易》首《乾》,其经卦皆八,其别皆六十有四。是数圣人者,岂各出己见以为斯《易》哉？龙马之所呈、神龟之所授,是皆得之天者也。周公相成王,设官分职,命太卜、命筮人并掌三《易》,不以周用《周易》而置《连山》《归藏》于无用,是天固将以斯《易》诧斯人也？周辙既东,周礼废阙,天之未丧斯文也,复生孔子为天下木铎,黜《八索》,阐《十翼》,韦编三绝,而《周易》系矣。之杞,而得夏时焉;之宋,而得《坤》《乾》焉。故天下后世有亡书无亡言,而《连山》《归藏》易传矣,是天又将以斯《易》诧斯人也。孔子既没,经秦历汉,《连山》《归藏》寂然无闻,惟《周易》孤行于世。汉儒用心徒勤,著眼不及,或破碎一卦,以直六日七分;或牵强四卦,以管二至二分;或杂之以谶纬之文;或引之以老、庄之境,如盲摸象,如管窥天,万端臆说,千差并起,是何《易》道之不幸也。天开我宋,五星奎聚,两曜合璧,异人间出。希夷陈抟以《先天》一图传种放,放传穆修,修传李之才,之才传邵子康节。康节以超诣绝尘之姿,加以融会贯通之学,著《皇极经世书》,包罗万象,该括三《易》,本领正大,规模宏远,是天又将以斯《易》诧斯人也。呜呼！《易》固坠也,天固兴之;《易》固晦也,天固彰之;天之心,欲以斯《易》福斯世也昭昭矣。元升结发读书,冥心《易》学,慨皇王之道泯泯没没,其不绝者,若一线之系千钧也。元升上无位、下无应,徒以疏贱,抱此勤志,根极理要,铺陈规范,掎揭沦坠,显发幽渺,尚拟补皇王之绝学于千百世之上,存皇王之良法于千百世之下,辄不自揆,本诸《河图》《洛书》,述《三易备遗》。因世次而冠以先天、中天、后天之名,庶几《连山》《归藏》得与《周易》并显于世。后之人或因此知邵子之心,则知孔子、周公之心与文王、黄帝、伏羲之心;知孔子、周公与文王、黄帝、伏羲之心,则知天之心。咸淳庚午冬至。"

　　子士立《跋》曰："夫子既没,迄今千七百年间,诸以《易》立家者,专于理则简于象数,专于象数则荒于理,因注迷经,因疏迷注,致《十翼》本旨不白于世,而世之学者,果于袭旧,疑于知新,罕研圣人作《易》之根柢。我先君子述《三易备遗》,曰:'河出《图》,洛出《书》,圣人则之。此夫子明作《易》之根柢也。'故言理必考象,言象必考数,理象数无抵牾,然后措诸词、写诸图,自谓得圣人之心,于注疏解释之外,有先儒所未发者。视诸家言《易》,理自理,象自象,数自数,三《易》自三《易》,《河图》《洛书》自《河图》《洛书》,判然不相符者不伴矣,噫!此其于《易》也,功不在名世诸儒下。咸淳庚午,《备遗》成帙,部使者则堂家先生一见,奇先子书,用闻于朝会,国督戍事严,未遑暇也,送中书籍记载。三载,先子殁,先兄起予甫继志纂述,时事且别,多所散失,起予甫亦下世矣。士立弗克肖似,夙夜罔敢斁,惟父兄之志是酬,补遗苴阙,仅完其帙,敬锓诸梓,非敢曰论撰其先人之美,以显扬之后世也。《易》之晦也、明也有时也,人焉得而已诸。时元贞乙未立春日。"

　　《三易备遗》今存版本,主要有清康熙十九年(1680年)成德刻本(山东省图书馆有藏)、《四库全书》本等。

《见易篇》《周易分注》,王垫翁撰。佚

　　清人朱彝尊《经义考》卷三十九,载"王氏垫翁《见易篇》,佚;《周易分注》,佚",并引:

　　太古《见易篇·自序》曰:"尝观于《易》,意契杳茫,见九宫宗五四,象数藏参伍,错综离合,纵横湿燥,艸木逆相制形,以触万汇,蔑往不通。则知伏羲画卦,河图是放,《乾》《兑》下重奇,太阳金生;《艮》《坤》出水,数六,太阴为祥。故天多于南,川泽注旁,昆仑亥地,地厚朔方;《离》《震》少阴,木之子;《巽》《坎》厥父,火少阳。故大明未彻,阴解雷行,阳破凉风,月孕西光,是曰先天,为《易》钜纲。又见《洛书》出,数十,五五位得合,生成族聚,金火变至,凉秋炎夏。《周易》拟之男女,当柄父母,以老避于野,《坎》降《离》生中气,遂执子午。左兄司木,春生阳初,右姊秉金,秋杀阴

末。是取《巽》以阴萌,《恒》随雷《兑》,以重刚不违父,《艮》累则《坤》胖,媲中土对峙,寅申食水寝火,消息五行,四序顺布,是曰后天,《洛书》为祖。何汉孔臆说,亥豕鱼鲁,二刘附和,交肆慢侮,绵历千五百岁,有如日月弗睹。我虽颛蒙,独不喻于洛龟河马,于是诎众说,复本文,作《见易》,绸圣言,证今质古,沿委溯原,一逆一顺,体用彪分,方圆斜竖,同《易》门户,不顾鬼责人,非为《易》雪冤,杂志墙屋,语远于烦,爰总厥旨,以诏后昆,亦足自娱乐,何必后世子云。"

又自序《分注》曰:"《传》曰:'《易》者,象也;象者,像也。'圣人立象以尽意,说《易》而不以象,捕风逐影者也。先儒取象,拘于《说卦》,殊不知《说卦》出河内女子所献,与伪《泰誓》并传,得失相半。先师文公曰:'《易》本为筮作,其曰皆依象数以断占吉凶。'愚今仿诸经,为仪象卦爻所用例,象数大略可知。其取象有取用一画之仪者,有取用二画之象者,有取三画之卦及互体、积体、覆体者,有取六爻之位者。《传》曰:'变动不居,周流六虚,上下无常,刚柔相易,不可为典要,惟变所适。'此互体、积体、覆体之所由寓也。触类而长,于《易》焕然,且《象辞》《爻辞》各有象占;有象无占,占显于象;有占无象,象显于占;通变而观可矣。"

方回《志墓》曰:"埜翁,字太古,新安婺源人。工词章,晚嗜《易》,先儒论《易》,阳实阴虚,太古《注》独谓天气运,地形停,阳虚阴实,似以迹言。自为一家之说,与当世无甚合者,而坚执其说,终身不变。许公月卿为之序。江浙省处以镇江学正,谓:'此职数十年,亦不至执政。'弃,弗顾而归。"

汪幼凤曰:"王埜翁,字太古,宋遗民。隐居教授,书无不读,必推本始,尤潜心《易》学,以其所自得之说,述而集之。《见易篇》极卦画象数之所以然,而皆本于《河图》《洛书》自然之法象。既即《图》《书》而详论人所以取则而画卦作《范》之故,复改证《洛书》已兆于神禹以前,且援《列御寇》《子华子》《乾凿度》与《黄庭经》之辞,以证刘长民九为《图》之说,而复辨孔安国、刘向父子、班固、伪关氏《易》相承立说之非。又有《周易分注》,主于明象以考变。其书既成,颇自重,时诏命有山林著述者,有司具书以闻,故本府以先生所注《易》进朝廷,付翰林院国史院校勘。其时尚程、朱《易》说,皆骇所闻见,吴草庐先生方为胄监师,见而说之,故所注

《易纂言》,多采其说。"

《周易集疏》,熊禾撰。未见

《周易集疏》,亦作《易讲义》。清人朱彝尊《经义考》卷三十九,载"熊氏禾《周易集疏》(《一斋书目》作'《讲义》'),未见",并引:

李让《状》曰:"勿轩熊先生,名鈆,字去非,又号退斋,建阳崇泰里人。宋咸淳甲戌以禾名登进士第,任汀州司户。值元,不仕,筑室云门,从学者累百人。成《春秋通解》一书,厄于火,修《仪礼外传》,未及成书而卒。今有《大学讲义》《标题四书》《易讲义》行于世。"

史药房(名未详)曰:"退斋家建阳,当世变之会,束书入武夷山,筑洪源书堂,与朋友讲习旧业,凡一星终,乃归故山。创鳌峰书堂,肆其力于《六经》,如《易》《诗》《书》《春秋》皆有《集疏》。每经取一家之说为主,而裒众说以为之疏,工夫浩博,义理明畅,《六经》之道如指诸掌。"

《易论》二卷,方汝一撰。佚

清人朱彝尊《经义考》卷三十七,载"方氏汝一《易论》二卷。佚",并引《闽书》:"方汝一,字清卿,莆田人。著《易论》十二篇。"

《易象宝鉴》,王镃撰。佚

王镃,《江南通志》卷一百六十四《池州府》:"宋王镃,字时可,石埭人。登绍兴八年登进士第,授兴国军司户。高宗以时事召对,称旨,累擢监察御史。有风力,历中书舍人,兼直学士院侍讲。镃素通经术,善训导,向多门徒。及高宗为吴后家置大小教授,以镃领其职,其所撰《戚里元龟》,为后家起也。又著《春秋门例通解》《易象宝鉴》。"

清人朱彝尊《经义考》卷三十七,载"王氏镃《易象宝鉴》,佚",并引《姓谱》:"镃,池州人,为中书舍人,兼侍讲。著《春秋门例通解》《易象宝鉴》。"

《易抄》,薛舜俞撰。佚

薛舜俞,字钦父,同安(今福建厦门)人。绍熙元年(1190年)进士,历南剑州教授,知金华县,嘉定五年(1212年)为主管吏架阁文字。撰有《易抄》《诗书指》及文集共三百余卷。

清人朱彝尊《经义考》卷三十七,载"薛氏舜俞《易抄》,佚",并引《闽书》:"舜俞,字钦甫,泉州同安人。教授南剑州三府,交荐差江西漕司干官,罢。起江东常平干官,改知金华县,罢归。有《易抄》《诗、书指》。"

《大易内解》,詹天锡撰。佚

清人朱彝尊《经义考》卷三十七,载"詹氏天锡《大易内解》,佚",并引俞琰曰:"詹氏《内解》,其说虽繁,尽有可观。"

《易义指归》四卷,陈廷言撰。未见

陈廷言,字君从,宁海人,以进士官集贤侍讲。光绪《台州志·宦业》有传。是书见《千顷堂书目》。撰有《贻笑集》,载光绪《台州志》。今佚。

清人朱彝尊《经义考》卷三十七,载"陈氏廷言《易义指归》四卷。未见",并引黄虞稷曰:"廷言,字君从,宁海人。"

《易心》三卷,王恺撰。未见

清人朱彝尊《经义考》卷三十七,载"王氏恺《易心》三卷。未见",并引黄虞稷曰:"台州宁海人。"并下按语云,按:叶氏《菉竹堂目》有之。

《易学启蒙通释》二卷,胡方平撰。存

胡方平,生卒年不详,字师鲁,号玉斋,徽州婺源(今江西婺源)人。早受

《易》于董梦程(字介轩,其学出自黄幹),继师沈贵瑶,精研《易》旨,沉潜反复二十余年,而后著书发明朱子之意。其子胡一桂也精于《易》理。

《易学启蒙通释》乃是对朱熹《易学启蒙》一书的注解,此书兼采众家之长,对朱熹之学不足之处也多有驳正。清人朱彝尊《经义考》卷四十,载"胡氏方平《易学启蒙通释》二卷,存;《外易》(一作'翼')四卷,未见;《易余闲记》一卷,未见",并引:

方平自序《通释》曰:"圣人观象以画卦,揲蓍以命爻,使天下后世之人皆有以决嫌疑、定犹豫,而不迷于吉凶悔吝之途,其功可谓盛矣。然其为卦也,自本而干,自干而支,其势若有所迫而自不能已。其为蓍也,分合进退,纵横逆顺,亦无往而不相值焉。是岂圣人心思智虑之所得为也哉?特气数之自然,形于法象、见于图画者,有以启于其心而假手焉耳。近世学者类喜谈《易》,而不察乎此;其专于文义者,既支离散漫,而无所根据;其涉于象数者,又皆牵合傅会,而或以为出于圣人心思智虑之所为也。若是者,予窃病焉,因与同志颇辑旧闻,为书四篇,以示初学,使毋疑于其说云。"

又《后序》曰:"《易本义》一书,阐象数理义之原,示开物成务之教,可谓深切著明矣。《启蒙》又何为作也?朱子尝言《易》最难读,以开卷之初,先有一重象数,必明象数而后《易》可读。《启蒙》四篇,其殆专明象数,以为读《本义》者设与?象非卦不立,数非蓍不行,象出于《图》《书》而形于卦画,则上足以该太极之理,而《易》非沦于无体;数衍于蓍策而达于变占,则下足以济生人之事,而《易》非荒于无用。且其文多发造化尊阳贱阴之义,《易》之纲领,孰有大于是者哉?明本乎此,则《本义》一书如指诸掌矣。然《启蒙》固为读《本义》设,而读《启蒙》者,又未可以易而视之也。"

熊禾《跋》曰:"伏羲因《河图》画卦,大禹因《洛书》叙畴,孔安国以来有是言矣。《易大传》曰:'河出《图》,洛出《书》,圣人则之。'且曰:'《易》有四象,所以示也。'若然,则《河图》《洛书》皆圣人则之以作《易》者也。及以先后天八卦方位考之,与《图》《书》之数,已有自然之配合,所谓《易》有四象者,尤昭然可见矣。何则?《洛书》一居北,六居西北,老阴之位也,故《坤》《艮》居之;九居南,四居东南,老阳之位也,故《乾》《兑》

居之;三居东,八居东北,少阴之位也,故《离》《震》居之;七居西,二居西南,少阳之位也,故《坎》《巽》居之;五居中,则固虚之为太极也。此非先天之四象乎?《河图》天一地六为水,居北,故《坎》亦居北;地二天七为火,居南,故《离》亦居南;天三地八为木,居东,故《震》亦居东;地四天九为金,居西,而《兑》亦居西;天五地十为土,居中,分王于四季,故《乾》《坤》《艮》《巽》亦居四维之位。此非后天之四象乎?大抵先天方位,言对待之体也,天上地下、日东月西、山镇西北、泽注东南、风起西南、雷动东北,《乾》《坤》之位,六子成列,乃质之一定而不可易者也。后天方位,言流行之位也,春而夏,夏而秋,秋而冬,冬而复春,五气顺布,四时行焉,乃气之相推而不可穷者也。此皆自然吻合,不假安排。天地之间,开眼即见圣人所以即《图》《书》以画卦者,盖非苟焉而作也。汉儒不此之察,毋亦惑于《书》所谓'天乃锡禹《洪范》九畴'之说乎?不知此亦'天乃锡王智勇'之类,九畴大法非人所能为,则亦天之所与耳。古人之言九数,何莫不出于《图》《书》,又岂特九畴为然哉。若夫圣人作《易》,则但当证以吾夫子之言可也。每恨生晚,无从质之文公,徒抱此一大疑而已。己丑春,余读书武夷山中,有新安胡君庭芳来访,出其父书一编,曰《易学启蒙通释》。其穷象数也精深,其析义理也明白,且其间有言先后天方位,暗与《图》《书》数合者,不符而同,然后知天下之公理,非但一人之私论也。兹因刻梓告成,辄述所见,以识其后云。"

刘泾《跋》曰:"尝记儿时从家庭授《易》,闻之先君子云:'昔晦庵先生之讲学于云谷也,我先文简、云庄兄弟与西山蔡先生父子从游最久,讲《四书》之余,必及于《易》,与诸生时时凌绝顶登眺,观天地八极之大,察阴阳造化之妙。'盖其胸中已有真《易》一部在宇宙,故所论象数义理,自有以见其实而造其微。晦庵、云中、谷中皆书室名也。旧藏云庄所抄诸经师说数钜帙,兵烬之余,其存者盖千百之什一耳。一日,约无咎詹君、退斋熊君访云谷遗迹,适值新安胡君庭芳来访,出《易学启蒙通释》一编见示,谓其父玉斋平生精力尽在此书。亟阅谛玩,见其论象说理允谓明备,而其所援引,则云谷当日及门之士遗言余论多在焉。时熊君以《易》学授儿辈,谓是诚读者不可阙之书,因言庭芳再入闽,惟汲汲焉父书无传是惧,且欲以见属。仰惟一时师友从游之盛,重念先世问学渊源之旧,辄为刊置书室,以寓惓惓景慕之意,且以成胡君之志焉。噫!《易》之为学,非潜心之深,玩理之熟者,未易言也。学者诚能由《通释》以悟四篇之大旨,由四篇以窥四圣之全书,则是编亦非小补云。"

董真卿曰:"方平玉斋先生,徽州婺源人。师鄱阳介轩董先生、毅斋沈先生。著《易学启蒙通释》,至元己丑自序。"

杨士奇曰:"朱子《易学启蒙》,惟胡方平本最善。洪武乙卯,司仓伯罢官,归,见予初读《易》,出一编以示,曰:'孺子勉之,《易》精蕴具在此书,即熟程、朱《传》《义》,后宜熟此,吾藏以待汝。'即胡氏《启蒙》也。无几,为人窃去,伯父不乐累日,至形于诟詈,予后出教童蒙,始得此本。"

此书现存最早刊本有元刻明修本一册,国家图书馆、北京大学图书馆、武汉大学图书馆等藏。南京图书馆藏明刻本,题"朱子《易学启蒙通释》二卷《启蒙图式》一卷"。杭州大学图书馆藏清嘉庆十五年(1810年)庆余堂刻本。另外还有日本享和二年(1802年)刻本,粤东书局清同治十二年(1873年)刻本。

《周易集说》四十卷(存)、《读易举要》四卷(未见)、《易图纂要》二卷(存)、《易古占法》一卷(未见)、《易外别传》一卷(存)、《易经考证》(佚)、《易传考证》(佚)、《读易须知》(佚)、《六十四卦图》(佚)、《卦爻象占分类》(佚)、《易图合璧连珠》(佚)、《大易会要》(佚),俞琰撰。

俞琰(1253—1314),字玉吾,宋吴郡(今江苏苏州)人。生于宋,宋亡,不复有仕进,隐居林屋山,学者称石涧先生。精于《易》学,撰有《周易集说》《读易举要》《易外别传》《易图纂要》《阴符经注》《书斋夜话》《席上腐谈》《林屋山人集》等书。子仲温,克承其志,孙贞木。

清人朱彝尊《曝书亭集》卷三十四《周易集说序》云:

《周易集说》一十三卷,各冠以序,吴人俞琰玉吾叟所著也。叟于宝祐间以词赋称,宋亡,隐居不仕,自号石涧道人,又称林屋洞天真逸。其书草创于至元甲申,断手于至大辛亥,用力勤矣。世之言《图》《书》者,谓马毛之旋、龟文之坼,独叟之持论以《尚书·顾命》文:"弘璧,琬琰在西序,大玉、夷玉、天球、《河图》,在东序。"《河图》与天球并列,则《河图》亦玉也,玉之有文者尔。昆仑产玉,河源出昆仑,故河亦有玉。洛水至今有白石,《洛书》盖石而白有文者。此《易》家之异闻也。

清人朱彝尊《经义考》卷四十,载"俞氏琰《周易集说》四十卷,存;《读易举要》四卷,未见;《易图纂要》二卷,存;《易古占法》一卷,未见;《易外别传》一卷,存;《易经考证》《易传考证》《读易须知》《六十四卦图》《卦爻象占分类》《易图合璧连珠》《大易会要》一百三十卷,俱佚",并引:

《吴中人物志》:"俞琰,字玉吾。生于宋,宋亡,遂不复有仕进意,隐林屋山,撷诸家《易》说,名曰《大易会要》,一百三十卷,及注《上、下经》并《十翼》,凡四十卷。又有《经传考证》《读易须知》《易图古占法》《卦爻象占分类》《易图合璧连珠说》。授温州学录,不赴。后得异人金液还丹之秘,注魏伯阳《参同契发挥》三卷,《阴符经解》一卷,《易外别传》一卷。以吾儒性命之学,推阴阳消息之理。雅好鼓琴,乃作《弦歌毛诗谱》。别有《幽明辨惑》《席上腐谈》《书斋夜话》等书。"

琰自序《集说》曰:"《周易集说》者,集诸说之善而为之说也。曷为善?能明三圣人之本旨则善也。夫《易》始作于伏羲,仅有六十四卦之画而未有辞,文王作《上、下经》乃始有辞,孔子作《十翼》其辞乃备。当知辞本于象,象本于画,有画斯有象,有象斯有辞,《易》之理尽在于画,讵可舍六画之象而专论辞之理哉?舍画而玩辞,舍象而穷理,辞虽明,理虽通,非《易》也。汉去古未远,诸儒训解多论象数,盖亦有所本。至魏王弼以老、庄之虚无倡于前,晋韩康伯又和于后,圣人之本旨遂晦。沿袭至于唐,诸儒皆宗之,太宗诏名臣定《九经正义》,于《易》则取王、韩,而孔颖达辈以当时所尚,故虽其说未尽善,亦必为之回护,由是二三百年间皆以虚无为高。至宋,濂、洛诸公,彬彬辈出,一扫虚无之弊,圣人之本旨始明。奈何世之尚占而宗邵康节者,则以义理为虚文;尚辞而宗程伊川者,则以象数为末技。而邵、程之学分为两家,羲画周《经》亦为两途,遂使学者莫之适从。逮夫紫阳朱子《本义》之作,发邵、程之未发,辞必本于画,理不外于象,圣人之本旨于是乎大明焉。琰幼承父师面命,首读朱子《本义》,次读程《传》,长与朋友讲明,则又有程、朱二公所未言者,于心盖不能无疑。乃历考诸家《易》说,撷其英华,萃为一书,名曰《大易会要》,凡一百三十卷。不揣固陋,遂自至元甲申集诸说之善而为之说,凡四十卷,因名之曰《周易集说》云。"

又《自序》曰:"予自德祐后,集诸儒之说,为卷一百三十,名曰《大易会要》。以程、朱二公为主,诸说之善者为辅,又益以平昔所闻于师友者,为《周易集说》四十卷。"

孟淳《序》曰:"九经惟《易》有象数,其义最奥,解者最多。元贞丙申秋,会玉吾叟于王氏书塾,讲《坤》之《六二》,谓《六二》既中且正,是以其德直方,惟从《乾》阳之大,不习《坤》阴之小,故无不利;又指示《象传》'刚柔上下,言来不言往'之微意,则皆以两卦相并而取义;兹盖秦、汉至于唐、宋诸儒所未发者也。是时匆匆回雪,弗复请益,今观其书,集众说之善,又述己所闻,证以《经》《传》,反覆辨论,无一字放过,辞意明甚,有如鉴之照物,纤悉不遗,请名之曰《易鉴》云。至大庚戌冬。"

王都中《序》曰:"石涧先生《周易集说》,大概以晦庵为主,而参以程氏,又集诸家之善为之说,凡三十余卷。都中至元乙丑尝从先生指授,未几,奔走宦途,弗能卒业。兹守鄱阳泉监,与先生偕行,公余听讲,又得闻所未闻。是书作于甲申,迨今二十有七年,未尝一日去手,凡三脱稿矣。书成,不可不传,敬请锓诸梓,以与同志者共之。至大庚戌冬至。"

李克宽《序》曰:"石涧先生,吴中老儒也。著《周易集说》,自至元甲申,逮今三十九年。考论文义,证以《五经》,岁月弥久,其说益精,世有张平子,当知扬子云之《太玄》也。至治壬戌春。"

白珽《序》曰:"《易》言吉凶悔吝,进退存亡,无非切己之用。迩年以来,谈《易》者梦梦藉藉,三人是之,二人非之,则攘袂瞋目而与之争。《谦卦》谓何?三人非之,一人是之,则扬眉顿足而喜,《颐卦》谓何?呜呼!徒能言不能行,《易》之道几乎熄矣。苏台俞玉吾,乐贫安道,华皓一节,于《易》则不但能言之,又能行之。辑先儒诸名家之传为是书,条列胪分,醇正明白,深有益于后学。所居榜石涧,学者称石涧先生云。皇庆元年。"

张瑛《序》曰:"古圣人作《卦辞》《爻辞》,盖皆取象数之义理而发明之耳。石涧俞先生于诸家《易》说无不披阅,独以朱子《本义》为主,仍采诸家之善,萃为一编,名曰《周易集说》。即象数言义理,精粗本末,一以贯之。今之言《易》者,孰则能出其右哉? 皇庆二年七月。"

颜尧焕《序》曰:"《易》其至矣乎?三圣人之言,三圣人之心也,《易》其可易言哉?后世谈《易》者,何啻数百家,邵子以数,程子以理,其后朱子以占,三子之说《易》可谓至矣。《易》其可易言哉?余友俞石涧家传《易》学,潜心于此三十余年,作《集说》,主之以朱子《本义》,而邵子之数,程子之理一以贯之。其辞简而严,明而理,将以扩三子之蕴,开后学之蒙,有功于《易》学多矣。余年迈,目力衰,弗能遍阅石涧之说,但略窥一斑,为之肃衽致敬。至治二年春。"

杨载《序》曰:"石涧俞氏《周易集说》,本于程、朱氏之书,而证以诸家之言,征余为序,冠于篇首。余闻汉世初得一经,必聚《五经》诸儒,使共读之,以求其训诂。今石涧俞氏于《易经》之文,有字义特出者,必旁考《五经》,其为学之近古如此,三十年间积三十余卷。说虽多,何害其为多?故余乐为之序而不辞焉。至治壬戌冬。"

黄溍《序》曰:"古者三《易》皆掌于太卜,四学之教,《诗》《书》《礼》《乐》而已。孔子晚好《易》,与七十子之徒难疑答问,固未有以《易》为言者。《易》在秦,独为卜筮之书。汉兴,言《易》自田何始,何之传为施、孟、梁丘,其别出为焦赣、为费直。赣专于阴阳占察之术,直惟以《彖》《象》《文言》等十篇解《上下经》。至唐贞观中,又断然俾学者以王、韩为师,费氏藉以仅存,焦氏又废矣。谈者率以为理学近于费,数学近于焦,而不知河南两先生之精义独存,有非汉儒所及知者,未可置同异于其间也。考亭夫子合两先生之学以为书,七十子之徒所未闻于孔子者,三尺之童咸得诵而称之。今传其书仅百年,述作之士不阿以为同,则矫以为异,其所望于来哲者,果若是耶? 溍窃闻之:'善立言者,不必出于古,不必不出于古也。非有异焉,则其书可无作也;非有同焉,则其书亦不能以独传也。惟夫同不为阿,异不为矫。'斯言之善者也,俞氏之《集说》有焉。溍是以乐道而为之序,读者所宜知也。嘉定元年十月。"

于文传《序》曰:"余少之时,已识石涧俞君,知其为善言《易》者,然未之学《易》,不果承教。延祐二年,予以进士受官南归,时石涧尚无恙,闻有所著《易说》,未获一寓目焉。去年冬,自集贤退休,吴中石涧之子子玉手一编过余,且曰:'先子平生精力尽于此书,愿先生赐之言。'余受而读之,乃《易说》也。及观《自序》,有云:'朱子《本义》之作,辞本于画,理不外象,圣人之本旨大明,于是首读《本义》,次及程《传》,旁考诸家之说,撷其精华,萃为一书,名曰《周易集说》,凡四十卷。'以岁月考之,起至元甲申至元贞丙申,凡十有二年而后成,其积学久,其用功深,概可见已。又十有八年,诏以《五经》取士,《易》主程、朱氏之说,兼用古注疏,则与前所云者略同,非明古识今,其孰能与于此。然则俞氏《易说》当与蔡氏《书传》并传,学《易》者苟能玩味此书,则思过半矣。虽然,'或出或处,或嘿或语',《易》之道也;'变动不居,周流六虚',《易》之用也;圣人作《易》,岂直为学者干禄之资而已?床头《易》在,万钟于我何加焉?九京可作,石涧必然我言。至正六年七月。"

琰《自序》其后曰:"予生平有读《易》癖,三十年间,虽隆冬大暑不辍。每读一字一句而有疑焉,则终日终夜沉思,必欲释其疑乃已。洎得其说,则欣然如获拱璧,亲戚朋友咸笑之,以为学虽勤而不见用于时,何乃不知时变而自苦若是耶?予则以理义自悦,犹刍豢之悦口,盖自得其乐,罔知所谓苦也。粤自至元甲申下笔解《上下经》并六十四《彖辞》与夫《象传》《爻传》《文言传》,期年而书成,改窜者二十余年,凡更四稿。或有勉余者云:'日月逝矣,《系辞传》及《说卦》《序卦》《杂卦》犹未脱稿,其得为完书乎?'予亦自以为欠。至大辛亥,自番禺归吴,憩海滨僧舍,地僻人静,一夏风凉,闲生无所用心,因取旧稿《系辞传》读之,不三月,并《说卦》《序卦》《杂卦》改窜皆毕,遂了此欠。噫!予发种种矣,向尝与余共讲明者,如西蜀苟在川、新安王太古、括苍叶西庄、番禺齐节初,悉为古人,独予未亡。今也书既完矣,癖既瘳矣,则当自此收心归腔,以乐余年,留气暖脐,以保余生,弗复更自苦矣。如《易经考证》、如《易传考证》、如《读易须知》、如《易图纂要》、如《六十四卦图》、如《古占法》、如《卦爻象占分类》、如《易图合璧连珠》、如《易外别传》,乃予旧所编者,将毁之,而儿辈皆以为可惜,又略加改窜,而存于后。"

琰自序《别传》曰:"《易外别传》者,《先天图》环中之秘,汉儒魏伯阳《参同契》之学也。人生天地间,首《乾》腹《坤》,呼日吸月,与天地同一阴阳。《易》以道阴阳,故伯阳借《易》以明其说,大要不出《先天》一图。是虽《易》道之绪余,然亦养生之切务,盖不可不知也。图之妙,在乎终

《坤》始《复》,循环无穷,其至妙则又在乎《坤》《复》之交,一动一静之间。愚尝学此矣,遍阅《云笈》,略晓其一二,忽遇隐者授以读《易》之法,乃尽得环中之秘。反而求之吾身,则康节邵子所谓太极、所谓天根月窟、所谓三十六宫,靡不备焉,是谓身中之《易》。今为图如左,附以先儒之说,明白无隐,一览即见,识者当自知之。"

又《后序》曰:"《易外别传》一卷,为之图,为之说,披阐《先天图》环中之极玄,证以《参同契》《阴符经》诸书,参以伊川、横渠诸儒之至论,所以发朱子之所未发,以推广邵子言外之意。愚虽不暇专志从事于此,而丹之妙用,非苟知之,盖尝试之者也,故敢直指方士之所靳,以破学者之惑。尝慨夫世所传丹家之书,庾词隐语,使览者无罅隙可入,往往目炫心痒,掩卷长叹。如蔡季通、袁机仲尝与朱子共订正《参同契》矣,虽能考其字义,然不得其的传,未免臆度而已。愚今已得所传,又何忍缄嘿以自私,乃述是书附于《周易集说》之后,名之曰《易外别传》,盖谓丹家之说虽出于《易》,不过依仿而托之者,初非《易》之本义也。丹家之大纲要领,愚于是书言之悉矣;丹书之口诀细微,则具载于《参同契发挥》三篇,兹不赘云。"

子仲温《跋》曰:"《易外别传》一卷,先君子之所著,而附于《周易集说》之后者也。先君子尝遇隐者,以《先天图》指示邵子环中之极玄,故是书所著,发明邵子之学为多。"

王彝曰:"先生所述,《易会要》百有四十卷,《集说》三十六卷。先生生宋季年,以经义有声场屋间,以科第起家。而吴内附,山林之士往往讴歌而兴,以为一日之用,先生乃惟家居读《易》,玩象观理,著书以自见。"

白云霁曰:"石涧《易外别传》,述康节先生《心为太极图》,朱紫阳《太极虚中先天图》《先天六十四卦直图》《地承天炁图》《日受月光图》《乾坤坎离》《天地日月》等图,皆先天之学。"

纳兰成德《序》曰:"《周易上下经说》二卷、《彖辞说》一卷、《象传说》二卷、《爻传说》二卷、《文言传说》一卷、《系辞传说》二卷、《说卦说》一卷、《序卦说》二卷、《杂卦说》一卷,合一十三卷,各冠以《序》,统名曰《周易集说》。而《易图纂要》一卷、《易外别传》一卷附焉,吴人俞琰玉吾叟所著也。叟于宝祐间以词赋称,宋亡,隐居不仕,自号石涧道人,又称林屋洞天真逸。其书草创于至元甲申,断手于至大辛亥,用力可谓勤矣。世之言《图》《书》者,类以马毛之旋、龟文之坼,独叟之持论谓《尚书·顾命》:'天球、《河图》,在东序。'《河图》与天球并列,则《河图》亦玉也,玉之有文者尔。昆仑产玉,河源出昆仑,故河亦有玉。洛水至今有白石,《洛书》盖石而白有文者。其立说颇异。至其集众说之善,以朱子《本义》为宗,而邵子、程子之学,义理象数一以贯之,诚有功于《易》者也。考叟之说《易》,尚有《经传考证》《读易须知》《六十四卦图》《古占法》《卦爻象占分类》《易图合璧连珠》诸书,咸附于《集说》之后,而今已无存。当日共讲《易》者,则有西蜀苟在川、新安王太古、括苍叶西庄、鄱阳齐节初,其名字官阀亦不复可考矣。于乎!惜哉!"

《清全斋读易编》三卷,陈深撰。未见

清人朱彝尊《经义考》卷四十,载"陈氏深《清全斋读易编》三卷。未见",并引卢熊曰:"陈深,字子微,世为吴人。生于宋,宋亡,笃志古学,闭门著书,有《读易编》《读诗编》《读春秋编》。天历年间,奎章阁臣以能书荐,潜匿不出,学者称为宁极先生。"

《易说》,龚焕撰。佚

清人朱彝尊《经义考》卷四十,载"龚氏焕《易说》,佚",并引《江西通志》:"焕,字右文,进贤人,时称泉峰先生。"

《易纂图》一卷,刘整撰。佚

清人朱彝尊《经义考》卷四十,载"刘氏整《易纂图》一卷,佚",并引《闽书》:"整,字宋举,古田人,自号蒙谷遗老。教授生徒百余人,少从合沙郑少谋学《易传六十四卦图说》及《春秋元经》,其《纂集图序》甫就而卒。"

《易象发挥》《易孟通言》
《易童子问》一卷，陈宏撰。未见

清人朱彝尊《经义考》卷四十，载"《易象发挥》，佚"，并引黄虞稷曰："宏，莆田人。宋末徙华亭，以儒业起家，同知吴江州事。"又云"陈氏宏《易童子问》一卷。未见"，并下按语云，按：陈氏《易童子问》，《菉竹堂目》有之。《江南通志》卷一百六十三《松江府》载："元陈宏，字君宏，华亭人。以儒业著闻，邃于《易》，尝著《易象发挥》《易孟通言》《童子问》。"

《易象占》，周敬孙撰。佚

周敬孙，字子高，台州临海人。宋太学生，王柏门生，入元，隐居不仕。事迹详《台州府志·儒林传》。

清人朱彝尊《经义考》卷四十，载"周氏敬孙《易象占》，佚"，并引《元史》："敬孙，台州临海人，宋太学生。初，金华王相主台之上蔡书院，敬孙与同郡杨珏、陈天瑞、车若水、黄超然、朱致中、薛松年师事之，受性理之学。著《易象占》《尚书补遗》《春秋类例》。"又引谢铎曰："《易象占》，临海周敬孙著，今亡。"

《周易通义》二十卷、《周易或问》五卷、
《周易释蒙》五卷、《周易发例》三卷，黄超然撰。佚

黄超然，字立道，号寿堂（一作云），黄岩人。曾师事王柏，宋末两与乡贡，入元，不仕，晚年筑西清道院以居。英宗至治初卒，年六十二。《新元史》卷二百三十五载：

黄超然，字立道，天台人。幼有高志，尝游王柏门下，得闻性理之旨。尤深于《易》，以朱子《本义》欲再修而未及，乃参订互考，采之先儒，以尽其变，本之经义，以敛其归，作《周易通义》二十卷。又以读《易》之法，当先推卦义，以求六爻之情；情有难通，则参以象；象有难通，则参以位；位有

难通，则参以三百八十四爻之例。别为《发例》三卷，《或问释蒙》各五卷。宋亡，不仕，筑西清道院居之。卒，世祖嘉其节，赐谥康敏。

清人朱彝尊《经义考》卷四十，载"黄氏超然《周易通义》二十卷；《周易或问》五卷，佚；《周易释蒙》五卷，佚；《周易发例》三卷，佚"，并引：

超然自序《通义》曰："《易》有太极，是生阴阳，阴阳交易，而成对待，《易》之体也，所谓先天也。阴阳变易，而有流行，《易》之用也，所谓后天也。体中有用，用中有体，万化之原、万古之会、万象之蕴、万物之情、万用之经、万物之时，尽在是矣。《大传》曰：'《易》之兴也，其于中古乎？'言其兴，则昔之废可知也。《春秋传》：'韩宣子聘鲁，始见《易》象'。《易象》，周公所作，《象辞》独见于鲁，则其晦又可知也。先天当天地开辟之运，中暗，得后天；后天当再开辟之运，又中暗，得《十翼》。孔安国谓赞《易》道以黜《八索》，虽其详不可考，意盖可推矣。《彖传》《象传》《文言》《序卦》《杂卦》，所以翼文王也；《系辞》《说卦》，兼牺、文而并翼也。世皆以后天赖《十翼》而明，为夫子之功，不知先天由《十翼》而传，微夫子，后世殆不知有伏羲之《易》也。子之功所以大也，所以关天地盛衰之运也。此道若废若兴、若晦若明，更千有余载，然后有《太极图说》，有邵子《皇极经世书》，发挥先天之蕴，尤为暴白，其于天地盛衰之运，亦非偶然出者。于戏！至矣！超然少而读《易》，不得其门，后乃求之周子、邵子之书，又取朱子《本义》读之，始粗窥蹊隧，尚恨《本义》朱子尝欲再修而未及，于是悉其疲蕀，参会互考；始则采之先儒，以尽其情；中则反之蔀暗，以极其陋；终则本之经意，以敛其归；因而成帙，目曰《通义》。《通义》者，盖将即夫子通之文王之义，以上溯伏羲之义也。嗟夫！观吾之名书，则知吾释经之意矣。昔者圣人之作《易》也，非但以包罗理气、剖析象数而已，一画一辞，乃理气象数凝结而成文者也，此所以辟天地之运也。伏羲画之、文王系之、夫子翼之，同为出于理气象数之自然，亦犹之自本而干，自干而支，不但太极自生出之后序为然，三圣之序犹是也。此《通义》之所以作也。"

又自序《发例》曰："余尝窃譬，笺《易》当如画家，写六十四卦之义、三百八十四爻之情，正邪险易、利害攻取，犹之老少妍媸、意态情状，各随其人，不但位置耳目口鼻而已。后世明智之士，数喜谈《易》，观其笔力驰骋，上磅下礴，可谓健矣。然未免自以意置位，故虽极天下之至工，而其人则不似也。似不似未暇论,或置口与鼻、易耳以目,则又不复为人矣。凡掩集时义,悖乱上下,象外生占,占外生说者,皆颠倒耳目口鼻之数也。《易》以德位时义为重,有此德当此位、适此时、行此义,处己治人之道、趋吉避凶之机,差之毫厘,谬以千里。如其实象失真,虚理任意,当静反动,当承反应,听其说虽美,考其事实乖,是又如比五音而强目以听,盛八珍而责鼻以食,其不至贼人之性也几希。予为此惧,每以读《易》之法,当先推卦义以求六爻之情;情有难通,则参以象;象有难通,则参以位;位复难通,则参以三百八十四爻之例;例明,而圣人之意十得其五六矣。朱子尝言上古之书莫大于《易》,中古之书莫大于《春秋》;窃谓《易》有吉凶,即《春秋》之有刑德也。《易》以吉凶寓于三百八十四爻之行事,《春秋》以刑德寓于二百四十二年之行事,是故读二书者,皆宜究圣人命辞之例。《易》例圆通,苟能深明其意,然后知圆通之中,极为谨严,与《春秋》等。今学《春秋》者,必求《春秋》之凡例,独《易》之例,乃置而不讲,上者凿理,下者凿象,精粗不同,凿均也。凡例既明,《易》乃可窥,作《发例》。"

《赤城集》:"黄超然,字立道,黄岩人。宋末两中乡科,元至治初卒。"

《赤城新志》:"超然,字寿云。与车玉峰往来金华王鲁斋之门,得理学之传,而尤精于《易》。既卒,赐谥康敏,其谥议曰:'故寿云先生黄超然,文肃华胄,《诗》《礼》名家,学贯《六经》,尤邃于《易》。安居恬静,不以贫窭动其心;性识高明,不以功名易其志。博达之才、道德之化,渐于乡里也远;渊源之学、仁义之教,被于后人也深。故既没而名益彰。所著《周易通义》等书,羽翼程、朱,开明后进,是宜于设教之所,赐以书院之号,所谓乡先生殁而祭于社者,先生有焉。定议易名,国有令典,按《谥法》:"寿考且宁曰康,好古不怠曰敏。"请谥康敏。'"

《台州府志》:"超然推本伏羲《先天图》,翼以邵子《皇极经世》,著《周易通义》二十卷,发程、朱《传》《义》未尽之意,别为《或问》五卷、《发例》三卷、《释象》五卷。"

谢铎曰:"《周易通义》,黄寿云著,今有抄本。"

黄超然易学著述,上海图书馆藏有明抄本,惜诸书多有缺失,今收入《续四库全书》第2册。卷次作《周易通义》八卷、《发例》二卷、《识蒙》一卷、《或问》三卷。

《经进易解》,朱知常撰。佚

清人朱彝尊《经义考》卷四十,载"朱氏知常《经进易解》,佚",并引《金华赤松山志》云:"先生名知常,字久道,号此山,本郡人也。通儒学,为黄冠师,主佑圣观。开庆间,赐左街道录。先生少学《易》于乡先生卢端叔,后得《易》说于池阳周元举,遂以《见闻集》为一编,进之于上,遗籍藏此山道院。"

《齐博士易解》,不详撰者。佚

见尤袤《遂初堂书目》,《经义考》卷四十亦著录。

《董氏易传觉》,不详撰者。佚

见尤袤《遂初堂书目》,《经义考》卷四十亦著录。

《李氏易辨证》,不详撰者。佚

见尤袤《遂初堂书目》,《经义考》卷四十亦著录。

《三宫易》一卷,朱失名撰。佚

《周易启蒙翼传·中篇》:"《朱氏三宫易》一卷,其说分圆宫、方宫、交宫,以初二中四终未序。"清人朱彝尊《经义考》卷四十,载"朱氏失名《三宫易》,《宋志》:'一卷。'佚",并引胡一桂曰:"其说分圆宫、方宫、交宫,以初二中四终为序。"

《周易讲疏》十三卷,何失名撰。佚

《宋史·艺文志》载"《何氏易讲疏》十三卷(不著名)"。清人朱彝尊《经

义考》卷四十,载"何氏失名《周易讲疏》,《宋志》:'十三卷。'佚"。

《周易六十四卦赋》一卷,陈佚名撰。佚

《周易启蒙翼传·中篇》:《陈君周易六十四卦赋》一卷。(黄宗旦云:颖川陈君,不知其名)清人朱彝尊《经义考》卷四十,载"陈氏失名《周易六十四卦赋》,《宋志》:'一卷。'佚",并引黄宗旦曰:"颖川陈君,不知其名。"

《易说》九卷,林德祖撰。佚

林德祖,生卒事迹不详。《周易启蒙翼传·中篇》(《宋史·艺文志》见)载:"林德祖《易说》九卷。"

《周易发题》一卷,任奉古撰。佚

任奉古,生卒事迹不详。《周易启蒙翼传·中篇》(《宋史·艺文志》见)载:"任奉古《周易发题》一卷。(成都乡贡)"

《愚庵易注》,沈佚名撰。佚

清人朱彝尊《经义考》卷四十,载"沈氏失名《愚庵易注》,佚",朱彝尊下按语云,按:愚庵沈氏,未详其名。方万里赠其子复亨诗云:"乃翁辛苦注《周易》,曾梦神人谈太极。"则业有成书,然并卷帙亦亡矣。

《易解》,尹彦颐撰。佚

清人朱彝尊《经义考》卷四十,载"尹氏彦颐《易解》,佚",并引《高丽史》:"尹彦颐,瓘第四子。仁宗朝国子司业,赴经筵讲论经义,赐华犀带一腰,迁宝文阁直学士。卒,谥文康。尝作《易解》传于世。"朱彝尊下按语云,按:《高丽史》称仁宗,恭孝王楷也。

《易传灯》四卷,徐总干撰。存

《易传灯》四卷,《四库全书》收录。《四库全书总目》卷三称曰:

《易传灯》一书,诸家书目俱不著录,朱彝尊《经义考》亦不载其名,惟《永乐大典》散见于各卦之中,题其官曰徐总干,而不著名字。又载其子子东《序》,谓其父尝师事吕祖谦、唐仲友。考《宋史》,徐侨尝受业于祖谦,著《读易记》《尚书括指》等书。祖谦门人又有徐侃、徐俸,《序》无明文,不能定其为谁也。"传灯"本释氏之语,乃取之以名经解,殊为乖剌。又谓《系辞》下,传《易》之为书三章,皆汉儒易纬之文,讹为夫子之作,以诳后世,亦沿欧阳修之误。又谓圣人观《河》《图》,有数有象,以纵横十五之妙配乾坤九六之数。白紫者吉,黄黑者凶,是直以易数为五行家言,尤未免驳杂。然其八卦总论十六篇,参互以求,颇能得易之。类例如曰《大壮》《大有》《夬》乾乾在乾、兑、离、震之下者也,《乾》九三曰君子,而余卦九三皆有君子小人之词。以君子在重刚中,君子则吉,小人则凶,故分别言之也。其处于巽、坎、艮、坤之下者,曰《小畜》《大畜》《需》《泰》凡九三上遇阴爻,皆有畏谨之义,剖析更为微细。又谓《易》之取象,该三代制度,如《比》九五言"王用三驱",见"王田不合围,三面而驱"之礼。《巽》九二言"史巫纷若",见古有太史、男巫、女巫之制,论《易》礼之相通,亦有证据,盖一知半解可取者,颇不乏。虽有丝麻无弃菅蒯,固说易者之所旁采尔。

此书版本据邵氏《增订四库简明目录标注》载有《函海》本、《经苑》本。又有袁芳瑛批注、李木斋跋清传抄《四库全书》本,现藏北京大学图书馆。《丛书集成初编》也收有此书。

《厚斋易传》五十二卷,冯椅撰。存

冯椅,字仪之,一作奇之,号厚斋,生卒年不详,南康都昌(江西今县)人。据《宋史·冯去非传》云,椅家居授徒,所注《易》《书》《诗》《语》《孟》《太极图》《西铭辑说》《孝经章句》《丧礼》《小学》《孔子弟子传》《读史记》及《诗文志录》,合二百余卷。其书今多不传,惟所辑《易说》尚散见于《永乐大典》中。

《厚斋易传》五十二卷,清人朱彝尊《经义考》卷三十一,载"冯氏椅《厚斋易学》,《宋志》:'五十卷。'未见",并引:

《宋史》:"椅,字仪之,南康都昌人。家居授徒,所著《易》《书》《诗》《语》《孟》《太极图》《西铭辑说》《孝经章句》《丧礼》《小学》《孔子弟子传》《读史记》及《诗文志录》,合二百余卷。"

《中兴艺文志》:"宁宗嘉定十年,冯椅为《辑注》《辑传》《外传》,以程沙随、朱文公虽本古《易》为注,犹未及尽正《孔传》名义,乃改'《彖》曰'、'《象》曰'为'《赞》曰'。以系辞之卦即为《彖》,系爻之辞即为《象》,王弼本'《彖》曰'、'《象》曰'乃孔子释《彖》《象》,与商飞卿说同。又改《系辞上、下》为《说卦上、中》,以《隋经籍志》有'《说卦》三篇'云。"

董真卿曰:"按:朱子谓:'《彖传》释《彖辞》,《象传》释《爻辞》,《系辞传》则通释卦爻之辞,故统名曰《系辞传》,恐不可改《系辞传》为《说卦》。盖《说卦》之体乃分别八卦方位与其象类,故得以《说卦》名之,《系辞传》两篇释卦爻之义例,辞意为多,恐不得名之《说卦》也。'此足以辨冯氏之非。"

胡一桂曰:"冯厚斋讲《明夷·六五》'箕子之明夷'云:'"箕"字蜀本作"其"字,此继统而当明扬之时之象,其指大君当明扬之时而传之子,则其子亦为明夷矣。'又谓:'文王作《爻辞》,移置君象于《上六》,以初登于天,后入于地。况《明夷》之主《六五》在下,而承之《明夷》之主之子之象也。子继明夷之治,利在于贞,明不可以复夷也。后世以"其"为"箕",遂傅会于文王与纣事,甚至以《爻辞》为周公作,而非文王。盖箕子之囚,在文王羑里之后,方演《易》时,箕子之明未夷也。'李隆山深然其说。"

何孟春曰:"厚斋冯氏辑《易》注,本吴斗南,颇与朱子异。"

杨时乔曰:"汉初得《说卦》三篇,后以上下二篇混作《系辞》。宋吴仁杰以今《系辞》上篇为《说卦上》,《系辞》下篇为《说卦中》,今《说卦》为《说卦下》,冯椅《易辑》如之,《说卦》始全。而以俗所作《大象上、下》者,复正为《系辞上、下》,于是《系辞》《说卦》各复其旧矣。"

《厚斋易学》的版本,除《四库全书》本外,据邵氏《增订四库简明目录标注》载,尚有路氏抄本传世。丛书《四库全书珍本初集》收有此书(民国中央图书馆筹备处辑,商务印书馆据文渊阁本影印)。

《易通》六卷,赵以夫撰。存

赵以夫,字用父,号虚斋,长乐(今福建长乐)人。曾任知邵武军、知漳州、枢密副使、资政殿学士等职。撰有《易通》等书。

《易通》六卷,此书《自序》称:"丙午之夏,书成,名之曰《易通》,不敢自秘,将以进于上,庶几仰裨圣学缉熙之万一云。"这部书注重思想义理,乃赵以夫与黄绩相互讨论而成。《四库全书总目》称:

> 宋赵以夫撰。以夫,字用父,宋宗室子。居于长乐,登嘉定十年进士,历官资政殿学士。《闽书》称以夫著《易通》,莆田黄绩相与上下其论,则是书实绩所参定。以夫《自序》皆自称,臣末有不敢自秘,将以进于上,庶几仰裨圣学缉熙之万一云云。则拟进之本也。胡一桂云:《易通》六卷、《或问类例图象》。朱彝尊《经义考》曰:《宋志》十卷,又注曰《聚乐堂书目》作六卷,盖《宋志》连《或问类例图象》言之。聚乐堂本,则惟有《易通》,此本亦止六卷,而《无或问类例图象》。其自静乐堂本传写欤?其书大旨在以不易、变易二义,明人事动静之准,故其说曰奇偶七八也,交重九六也,卦画七八不易也,爻画九六变易也。卦虽不易而中有变易,是谓之亨;爻虽变易而中有不易,是谓之贞。《洪范》占用二贞悔贞即静也,悔即动也,故静吉动凶则勿用;动吉静凶则不处,动静皆吉则随遇而皆可。动静皆凶,则无所逃于天地之间,于圣人作《易》之旨,可谓深切著明矣。

今存清代刻本。

《集注朱子本义》,张清子撰。佚

《读易举要》卷四载:"建安张清子希献《集注朱子本义》。清子所集诸家姓氏,如杨彬夫所录,外有晁说之、李子思、李开、程迥、毛璞、项安世、冯时行、冯椅、赵汝楳、赵汝腾、黄以翼、蔡渊、吴绮十三家,每卦皆有徐进斋、丘行可之注,清子之注则附于其后。"

《易学启蒙小传》一卷、附《古经传》一卷。税与权撰。存

税与权,生卒年不详,字巽甫,恭州巴县(今重庆市)人。宋理宗宝庆时,受业于魏了翁之门,历二十余载,究心理学,世称儒宗。著有《校正周易古经》十二卷,已佚。今存《易学启蒙小传》一卷、附《古经传》一卷,收入《四库全书》。

《易学启蒙小传》此书成于淳祐八年(1248年),旨在阐明邵雍关于《易》学之说,以补朱熹《易学启蒙》之未备。此书《自序》中称:

> 朱文公采二吕氏、晁氏所传,著《易本义》,厘正文王、周、孔《上、下经》与《十翼》共十二篇,而各还其旧。又作《易学启蒙》,多发邵氏《先天图》意。间与袁机仲(枢)谈后天《易》,则谓尝以卦画纵横,反复求之,竟不得文王所以安排之意,是以畏惧不敢妄为说。与权昔从魏鹤山讲究邵氏书,于《观物篇》得《后天易上下经序卦图》,反复观之,皆成十有八卦。然后知《乾》《坤》《坎》《离》《颐》《中孚》《大小过》不易之八卦,为上下两篇之干,其互易之五十六卦,为上下两篇之用。非邵氏此《图》,则后天《易》之旨千载不明矣。因此《图》而推之,《上、下经》皆为十八卦者,始终不出九数。以明羲、文之《易》,似异而同。

案此所谓先天《易》,即太羲所画之易。后天之《易》,即文王所演之《易》。文王之《易》,亦即后之孔子所为作《传》者。此书宗旨,即阐发邵雍先天《易》之说,以补朱熹《启蒙》之未备。与权友史子翚《跋》称,巽甫谓《先天图》皆两卦相对,合为二九之数,而后天《上、下经》皆为十八卦者,始终不出九数,予玩而乐之云云,赞其有精义。《四库提要》也赞其"所谓持之有故,而执之成理者也"。《读易举要》卷四载:"巴郡税与权巽甫撰《易学启蒙小传》一卷。谓先天卦以对,待观《图》虽列左右,而画皆十八;后天卦以反覆观,经虽分上下,而卦皆十八。《周易》一书,始终反覆,二二相偶者,文王以两卦十二爻互观阴阳之消长、祸福之倚伏,孔子盖于《杂卦》发之,又编《周易古经》。如《屯》《蒙》《需》《讼》可反者,止画一卦,其《彖辞》则系于卦下,《爻辞》则各系于爻下;如《乾》《坤》《坎》《离》不可反者,则叠画两卦,而发爻所系亦如《屯》《蒙》《需》《讼》。极诋王弼、韩康伯分《经》合《传》之失。淳祐戊申成书。魏鹤山

门人。"

清人朱彝尊《经义考》卷三十六,载"《易学启蒙小传》一卷。存",并引:

与权《自序》曰:"《易》函万象者也,三《易》经卦皆八,其别皆六十有四。至孔子时,《周易》独存,汉、魏诸儒颇纷错之。朱文公采二吕氏、晁氏所传,著《易本义》,厘正文王、周、孔《上、下经》与《十翼》共十二篇,而各还其旧。又以伏羲先天理数之原,特于《易学启蒙》而抉其秘,图象咸本诸邵氏。间与袁机仲谈后天《易》,则谓尝以卦画纵横,反覆求之,竟不得文王所以安排之意,是以畏惧,未敢妄为之说。与权曩从先师鹤山魏文靖公讲究邵氏诸书,乃于《观物篇》得《后天易上下经序卦图》,反覆观之,皆成十有八卦,然后知《乾》《坤》《坎》《离》《颐》《中孚》《大小过》不易之八卦,为上下两篇之干,其互易之五十六卦,为上下二篇之用。自汉扬子云谓文王重《易》,六爻互用,两卦十二爻;而唐孔颖达亦谓验六十四卦,二二相偶,非覆即变,孔子取《上下经》名而序其相次之义;非邵氏此《图》,则后天《易》之旨,千载不明矣。窃尝因此《图》而推之,《上下经》皆为十八卦者,始终不出九数而已。九者,究也,万物盈牣于天地间者,究之象也,是故《易》以十八变而起卦,玄以十八策而生日。大抵《易》六十四卦,不越《乾》《坤》奇偶之九画,而《乾》《坤》奇偶之画,又重为二九而穷,穷则变,故《革》在先天当十八二九之究也,在后天当四十九著数之极也。四十九而《革》去故,五十而《鼎》取新,开物于寅,帝出乎《震》,而循环无穷矣。盖天地五十有五之数,《河图》《洛书》实互用之,先天则《河图》之九而分左右,皆叠二九而周乎六十四,后天衍《洛书》之九而分上下,亦合二九而总乎三十六。邵氏此《图》,岂非明羲、文之《易》同中异、异中同也欤?呜呼!孔子《杂卦》一传,专以反对而发后天《易》互用两卦十二爻之深旨也,学者潜玩《杂卦》,而参以子云、颖达之说,则于邵氏此《图》,信其为写出天地自然之法象矣。朱文公殆亦留斯义以俟后人耶?辄不自揆,敬述而申之,曰《易学启蒙小传》。"

史子擎《跋》曰:"予质颛蒙,固尝读《易》,实未始有得也。友人税巽甫别十二年而会于京,一日,出所著《易学启蒙小传·序》及《图》举示予,曰:'非吾臆说,此邵子奥学精义,前人偶未之思,吾故发明之尔。'予手其书不能释者累日,盖犁然有会于心也。巽甫谓《先天图》皆两卦相对,合为二九之数,而后天《上、下经》皆为十八卦者,始终不出九数而已。予玩而乐之,因悟《乾》《坤》纳甲之义,《乾》自甲而壬,《乾》自乙而癸,其数皆九也。巽甫以后天以《震》《兑》为用,故孔子谓:'《归妹》,天地之大义。'予因谓《艮》《巽》者,《震》《兑》之反也,《震》东《兑》西,乃天地生成之方,日月出没之位,实备《乾》《坤》《坎》《离》,而为《下经》之用也。故《泰》之《六五》亦曰:'帝乙归妹。'亦以互体有《震》《兑》焉尔。然则巽甫有得于邵子者固深,予因巽甫之书而有发焉。虽然,巽甫谓《乾》九能兼《坤》六,《坤》阴不能包《乾》阳,予谓六之中有一三五焉,则九数固藏于六也,《乾》《坤》二卦阴中包阳、阳中包阴,巽甫以为如何?"

此书《宋史·艺文志》及卢文弨《宋史艺文志补》均失载。版本除《四库全书》本外,尚有《通志堂经解》本。

《校正周易古经》十二卷,税与权撰。缺

清人朱彝尊《经义考》卷三十六载"税氏与权《校正周易古经》十二卷。阙",并引:

与权自序其后曰:"按:吕汲公元丰壬戌昉刻《周易古经》十二篇于成都学官,景迂晁生建中靖国辛巳并为八篇,号《古周易》,缮写而藏于家。巽岩李文简公绍兴辛未谓北学各有师授,经名从吕,篇第从晁,而重刻之。逮淳熙壬寅,新安朱文公表出东莱吕成公《古文周易经传》《音训》,乃谓编古《易》自晁生始,岂二公或不见汲公蜀本欤?然成公则议晁生并《上下经》为非,而文公《易本义》则篇第与汲公脗合,与权乡侍先师鹤山魏文靖公讨论此经,将以邵子《观物》所言为断,著文王、周公正者八卦、变者二十八卦之《繇辞》于册,题曰《周易古经上下篇》,冠于《十翼》,以还孔子韦编之旧,使百世之下学者复见全经,而附数公序辨于末。天不慭遗,先师梦奠,倏逾一纪,慨师友之凋谢,惧异学之支离,不量固陋,推本邵子所述,刊定《周易古经上下篇》如前,以卒先师之志。而羲、文经卦、重卦大义,则于《易学启蒙小传》详之。若夫训诂之真伪,讲解之得失,则有汉、魏以来诸儒之说在,学者其审于决择哉!"

俞琰曰:"税氏《周易古经》分为二篇:《象·上传》一、《象·下传》

二、《象·上传》三、《象·下传》四、《系辞上传》五、《系辞下传》六、《文言传》七、《说卦传》八、《序卦传》九、《杂卦传》十。其经卦如《乾》《坤》不可反，则画两卦；如《屯》《蒙》可反，止画一卦；从邵氏本刻石而反复互观，此古竹书体也。是书借陈笑闲写本抄录，其正《经》二篇并《十翼》与晦庵无异，其注《十翼》即晦庵本。"

《淙山读周易》八卷，方实孙撰。存

方实孙，字端仲，福建莆田人。庆元五年（1199年）进士。曾撰有《读书》一卷、《读诗》一卷、《经说》五卷、《读论语孟子中庸大学》四卷、《史论》一卷、《太极说》《西铭说》等。

《淙山读周易》旧本题"读周易"，《经义考》作"淙山读周易记"，知旧本传写脱讹。清人朱彝尊《经义考》卷三十六，载"方氏实孙《淙山读周易记》，《宋志》：'八卷。'存"，并引：

实孙《自序》曰："《易》者，道也，象数也，言道则象数在其中矣。道果有耶？《系辞》曰：'《易》无体。'道果无耶？《系辞》曰：'《易》有太极。'是道自无而有也。有太极则有阴阳，阳奇属《乾》，阴耦属《坤》，《易》则有奇耦画矣。有阴阳则有天地，天位于上，地位于下，《易》则有上下画矣。有天地则有人，人位于中，曰三才，《易》则有三画矣。有人则有男女，有三画则有三索，《说卦》曰：'《乾》，天也，故称乎父；坤，地也，故称乎母。《震》一索而得男，故谓长男；《巽》一索而得女，故谓长女；《坎》再索而得男，故谓中男；《离》再索而得女，故谓中女；《艮》三索而得男，故谓少男；《兑》三索而得女，故谓少女。'譬诸天地有六子，如风、雷、日、月、山泽之类，《易》则有八卦矣。伏羲之《易》止于如是，岂其王天下也，始画八卦以示教，自父子兄弟□□之外，亦未暇尽传耶？《系辞》曰：'八卦成列，象在其中。因而重之，爻在其中。'又曰：'兼三才而两之，故六。'是《易》有三画，则有六画，有八卦，则有六十四卦也。使道果不离于象数，又何待文王而后得其传哉？囚于羑里而演《易》，果何心也？《周易》六十四卦，先《乾》后《坤》，《易》则有定序矣。初二三爻是下卦也，唯二为中爻，二，臣位也，属于阴耦，故贱，孰敢以贱为嫌乎？四五上爻是上卦也，唯五为中爻,五,君位也,属于阳奇,故贵,孰敢以贵为嫌乎?《易》则有贵贱矣,《系辞》曰:'天尊地卑,乾坤定矣。卑高以陈,贵贱位矣。'是孔子知文王之心也。然考之于《易》,《随·上六爻》云:'王用享于西山。'《升·六四爻》云:'王用享于岐山。'《明夷·象》云:'内文明而外柔顺,以蒙大难,文王以之。'不知文王演《易》之后,亦自称王乎?否乎?《革·象》云:'天地革而四时成,汤、武革命,顺乎天而应乎人。'又不知文王演《易》之后,能预知有武王之事乎?否乎?《序卦》曰:'有父子,然后有君臣;有君臣,然后有上下;有上下,然后礼义有所错。'呜呼!君臣父子之间,人所难言,作《易》者其有忧患乎?若谓《彖》、《象》等辞非□□作于文王,既追称王之后,则不可也。或问:'《乾》用九,《坤》用六,何也?'曰:'由天地数而论,天一、地二、天三、地四、天五,是天地之生数也。一三五为九,二四为六,是三天两地而倚数也。阳有余,阴不足也。地六、天七、地八、天九、地十,是天地之成数也。阳数极于九,阴数极于十,阴不可极而逾乎阳,故反而用六也。一三五七九,是天数也,而五为中,二四六八十,是地数也,而六为中,五六者,天地之中合也。《乾》不用五而用九,是《易》有四象,不用五也,不用五者,尊之也。《坤》不用十而用六,是阴不可终逾乎阳,惟用六则得中也。又由卦画而论,《乾》画三连,与《坤》之六为九,是《乾》得有《坤》也。《坤》画六断,但得用六,是《坤》不得有《乾》也。又由爻位而论,二三四五,是卦之中位也,九二、九三、九四、九五爻则用九,以居于爻位之上,是尚刚也;初九、上九爻则变而用九,以居于爻位之下,是阳爻终始亦不欲专尚刚也。六二、六三、六四、六五爻则用六,以居于爻位之上,是尚柔也;初六、上六爻则变而用六,以居于爻位之下,是阴爻终始亦不欲专尚柔也。《易》三百八十四爻,或九或六,迭相为用,是刚柔各随时所尚也。又由蓍法而论,九为老阳,是《乾》数,用九,以进为老也;六为老阴,是《坤》数,用六,以退为老也;七为少阳,是《震》《坎》《艮》数也,爻则例言九而不言七,是少阳可进而言九也;八为少阴,是《巽》《离》《兑》数也,爻则例言六而不言八,是少阴可退而言六也。崇阳抑阴,是《易》进退之道,蓍法遇老阳老阴,所以又变也。变者以不变为体,不变者又变为用,刚中有柔,柔中有刚,阳中有阴,阴中有阳,是道亦无定位也,吾愿从有道者而取正焉。'宝祐戊午三月朔日。"

又《后序》曰:"孔颖达云:'重卦之人,诸儒不同,凡有四说:王辅嗣等以为伏羲重卦,郑玄以为神农重卦,孙盛以为大禹重卦,史迁等以为文王重卦。'愚按:《系辞》曰:'《易》之兴也,其当殷之末世,周之盛德邪?当文王与纣之事邪?'皇甫谧曰:'文王在羑里,演六十四卦,著七八九六之爻,谓之《周易》。'自此而论,则知伏羲始画八卦,但有其画耳;神农取诸《益》《噬嗑》卦,但取其象耳。夏曰《连山》,殷曰《归藏》,皆未必有言语文字之可传,今所谓《易经》者,先《乾》后《坤》,名以《周易》,乃文王所演之《易》也。《坎卦》独加名以'习坎'者,文王在羑里时,陷于坎窞,习为出坎之道,终欲事殷,而知有尊卑贵贱之定分,是文王之本心也。孔颖达又云:'《左传》:"韩宣子适鲁,见《易》象,曰:'吾乃知周公之德。'"周公被流言之谤,亦得为忧患也,验此诸说,以为《卦辞》文王,《爻辞》周公也。'然考之《大有·六三爻》云:'公用享于天子。'《解·上六爻》云:'公用射隼于高墉之上。'《小过·六五爻》云:'公弋取彼在穴。'所谓公者,岂周公果自言之乎?又按孔颖达云:'《彖》《象》等《十翼》之辞,以为孔子所作,先儒更无异论。'又云:'《上彖》一、《下彖》二、《上象》三、《下象》四、《上系》五、《下系》六、《文言》七、《说卦》八、《序卦》九、《杂卦》十。'然考之《随卦》云:'元亨利贞。'即《卦辞》也。《左氏·襄九年传》:'穆姜曰:"《随》,元亨利贞,无咎。元,体之长也。亨,嘉之会也。利,义之和也。贞,事之干也。"'穆姜已有是言矣,是时孔子犹未生也,岂《文言》皆孔子为之乎?或谓文王作《卦辞》,周公作《爻辞》,孔子作《十翼》,《彖》一、《卦·象》二、《爻·象》三、《乾·文言》四、《坤·文言》五、《上系》六、《下系》七、《说卦》八、《序卦》九、《杂卦》十,是亦一说也。或问:'卦名何如?'曰:'"《乾》,健也。《坤》,顺也。《震》,动也。《巽》,入也。《坎》,陷也。《离》,丽也。《艮》,止也。《兑》,说也。"《说卦》已言之矣。《说卦》又曰《震卦》"其究为健",岂《震卦》与《乾》果同体耶?《离卦》"其于人也,为《乾》卦",岂《离卦》亦可以谓之《乾》耶?《巽》"其究为躁卦",岂《巽卦》亦名为《躁卦》耶?《坎》"正北方之卦也,劳卦也",又谓《坎》"于人为血卦",岂《坎卦》亦名为《劳卦》,又名为《血卦》耶?《序卦》曰:"《涣》者,离也。"岂《涣卦》亦可谓之《离》耶?然则言卦名者不可以一例拘矣。'或问:'《卦辞》何如?'曰:'卦有大小,辞有险易,辞者各指其所之,《系辞》已言之矣。然有以卦名而两言之者:《复卦》曰:"复,亨。"又曰:"反复其道。"《颐卦》曰:"颐,贞吉。"又曰:"观颐自求口实。"《节卦》曰:"节,亨。"又曰:"苦节不可贞。"《未济卦》曰:"未济,亨。"又曰:"小狐汔济。"是也。有以卦名而三言之者,《蒙卦》曰:"蒙,亨。匪我求童蒙,童蒙求我。"是也。有以卦名而五言之者,《井卦》曰:"井,改邑不改井。"又曰:"往来井井,汔至,亦未繘井。"是也。有两言贞者,《坤卦》曰:"利牝马之贞。"又曰:"安贞吉。"是也。有两言亨者,《萃卦》曰:"萃,亨。"又曰:"利见大人,亨。"是也。有两言吉者,《解卦》曰:"其来复,吉。"又曰:"夙吉。"是也。有两言利者,《坤卦》曰":利牝马之贞。"又曰:"后得,主利。"《屯卦》曰:"利贞。"又曰:"利建侯。"《同人卦》曰:"利涉大川。"又:"利君子贞。"《大畜卦》曰:"利贞。"又曰:"利涉大川。"《恒卦》曰:"利贞。"又曰:"利有攸往。"《益卦》曰:"利有攸往。"又曰:"利涉大川。"《巽卦》曰:"利有攸往。"又曰:"利见大人。"《涣卦》曰:"利涉大川。"又:"利贞。"《中孚卦》曰:"利涉大川。"又曰:"利贞。"是也。有三言利者,《萃卦》曰:"利见大人。"又曰:"利贞。"又曰:"利有攸往。"是也。有言利不利者,《讼卦》曰:"利见大人。"又曰:"不利涉大川。"《无妄卦》曰:"元亨利贞。"又曰:"不利有攸往。"《蹇卦》曰:"利西南,不利东北。"又曰:"利见大人。"《夬卦》曰:"不利即戎。"又曰:"利有攸往。"是也。又如《乾卦》曰:"元亨利贞。"《屯》《随》《临》《无妄》卦亦曰:"元亨利贞。"《坤卦》则曰:"元亨利牝马之贞。"《旅卦》曰:"小亨。"《巽卦》亦曰:"小亨。"《贲卦》则曰:"贲,亨。小利有攸往。"《遯卦》则曰:"遯,亨。小利贞。"《既济》则曰:"亨,小利贞。"他如《坤卦》曰:"利牝马之贞。"《说卦》则曰:"《坤》为子母牛。"而不言马。《离卦》曰:"畜牝牛,吉。"《说卦》则曰:"《离》为雉。"而不言牛。《中孚卦》言"豚鱼",《小过卦》言"飞鸟",《未济卦》言"小狐",《说卦》皆不言其为何象,然则言《卦辞》者亦不可以一例拘矣。'或问:'《彖》与《象》何如?'曰:'《易》者,象也。象者,像也。《彖》者,材也。《系辞》言之矣。然《鼎卦·彖》曰:"鼎,象也。"《小过卦·彖》曰:"有飞鸟之象焉。"岂《大象》、《小象》之外,《彖》亦言象耶?他卦《大象》无不言卦名者,唯《乾卦》但言"天行健"而不言"乾"。他卦无覆言上下卦象者,唯《泰卦》,《坤》上《乾》下。而言:"天地交,泰。"《噬嗑卦》,《离》上《震》下而言"雷电,《噬嗑》。"他卦多言君子以当其象,惟言大人者一,《离》是也;言后者二,《泰》《姤》卦是也;言先王者六,《比》《豫》《观》《噬嗑》《无妄》《涣》是也;言先王而又言后者一,《复卦》是也;言上下而不言其人者一,《剥卦》是也。然则言《象》与《象》者亦不可以一例拘矣。'或问:'爻象何如?'曰:'"道有变动,故曰爻。爻有等,故曰物。"《系辞》已言之矣。然卦有六爻而全取象者,如《井》卦《初六》言"井泥",《九二》言"井谷",《九三》言"井渫不食",《六四》言"井甃,无咎",《九五》言"井冽,寒泉食",《上六》言"井收勿幕";鼎卦《初六》言"鼎颠趾",《九二》言"鼎有实",《九三》言"鼎耳革",《九四》言"鼎折足",《六五》言"鼎黄耳,金铉",《上九》言"鼎玉铉";《渐卦·初六》言鸿"渐于干",《六二》言"鸿渐于磐",《九三》言"鸿渐于陆",《六四》言"鸿渐于木",《九五》言"鸿渐于陵",《上九》言"鸿渐于陆"是也。有六爻而五取象者,如《乾》卦《初九》言"潜龙勿用",《九二》言"见龙在田",《九四》言"或跃在渊",《九五》言"飞龙在天",《上九》言"亢龙有悔",唯《九三》言"君子乾乾"而不言龙;《咸》卦《初六》言"咸其拇",《六二》言"咸其腓",《九三》言"咸其股",《九五》言"咸其脢",《上六》言"咸其辅颊舌",唯《九四》言"朋从尔思"而不言心;《艮卦·初六》言"艮其趾",《六二》言"艮其腓",《九三》言"艮其限,列其夤,厉熏心",《六四》言"艮其身",《六五》言"艮其辅",唯《上九》言"敦艮吉"而不言背是也。有六爻而皆言卦名者,《比》《履》《临》《观》《贲》《复》《蹇》《困》《震》卦是也。有六爻而五言卦名者,《蒙》卦《六三》不言"蒙",《需》卦《上六》不言"需",《讼》卦《六三》不言"讼",《师》卦《上六》不言"师",《谦》卦《六五》不言"谦",《蛊》卦《上六》不言"蛊",《剥》卦《六五》不言"剥",《颐》卦《六五》不言"颐",《遯》卦《六二》不言"遯",《明夷》卦《上六》不言"夷",《损》卦《六五》不言"损",《旅》卦《六五》不言"旅",《兑》卦《九五》不言"兑",《涣》卦《初六》不言"涣"是也。有六爻而四言卦名者,《同人》卦唯《九三》《九四》不言"同人",《豫》卦唯《六二》《六五》不言"豫",《噬嗑》卦唯《初九》《上九》不言"噬",《无妄》卦唯《六二》《九四》不言"无妄",《坎》卦唯《六四》《上六》不言"坎",《晋》卦唯《六三》《六五》不言"晋",《家人》卦唯《六二》《上九》不言"家",《益》卦唯《初九》《九五》不言

"益"，《升》卦唯《九二》《六四》不言"升"，《革》卦唯《九四》《九五》不言"革"，《归妹》卦唯《九二》《上六》不言"归妹"，《丰》卦唯《初九》《六二》不言"丰"，《节》卦唯《初九》《九二》不言"节"，《小过》卦唯初六、六五不言"过"是也。有一爻而两取象者，如《否》卦《六二》曰："小人吉，大人否亨。"《恒》卦《六五》曰："妇人吉，夫子凶。"《随》卦《六二》曰："系小子，失丈夫。"《六三》曰："系丈夫，失小子。"之类是也。有一爻而三取象者，如《大有》卦《九三》曰："公用亨于天子，小人弗克。"《剥·上九》曰："硕果不食，君子得舆，小人剥庐。"之类是也。有一爻而四取象者，如《坎》卦《六四》曰："樽酒簋，贰用缶，纳约自牖。"《小过》卦《六二》曰："过其祖，遇其妣，不及其君，遇其臣。"之类是也。有一爻而五取象者，如《离》卦《九四》曰："突如其来如，焚如，死如，弃如。"又如《中孚》卦《六三》曰："得敌，或鼓，或罢，或泣，或歌。"之类是也。有一爻而六取象者，如《小畜·上九》曰："既雨既处，尚德载，妇贞厉，月几望，君子征凶。"是也。有一爻而七取象者，《睽》卦《上九》曰："睽孤，见豕负涂，载鬼一车，先张之弧，后说之弧，匪寇婚媾，往遇雨则吉。"是也。有爻不以象而言者，《讼》卦《九五》曰："讼元吉。"《恒》卦《九二》曰："悔亡。"《大壮·九二》曰："贞吉。"《解》卦《初六》曰："无咎。"《无妄》卦《初九》曰："无妄，往吉。"是也。有爻反其卦名而言者，《损》卦《九二》《上九》皆言"弗损"，《小过》卦《九三》《九四》皆言"弗过"是也。有爻取卦名而复言者，如《乾·九三》曰："终日乾乾。"《坎·六三》曰："来之坎坎。"《谦·初六》曰："谦谦君子。"《夬·九三》曰："君子夬夬。"之类是也。有爻取他卦名而互言者，如《小畜·初九》曰："复自道。"《九二》曰："牵复，吉。"是《小畜》亦言复也；《临·初九》曰："咸临，贞吉。"《九二》曰："咸临，吉，无不利。"是《临》卦亦言咸也；《夬》卦《初九》曰："壮于前趾。"《九三》曰："壮于頄。"是《夬》亦言壮也。他如《乾》卦《九四》而有"乾道乃革"之象，《兑》卦《九五》而有"孚于剥"之象，《离》卦《初九》而有"履错然"之象，然则言爻象者亦不可以一例拘矣。'或问：'爻用九六何如？'曰：'"二与四同功而异位，其善不同，二多誉，四多惧，近也。柔之为道，不利远者，其要无咎，其用柔中也。三与五同功而异位，三多凶，五多功，贵贱之等也。其柔危，其刚胜邪？"《系辞》已言之矣。以见九二爻不如六二之为柔中，六五爻不若九五之为刚胜也。伊川曰:"凡六居五、九居二者,则由多助而有功,《蒙》《泰》之类是也。九居五,六居二,则其功多不足者,《屯》《否》之类是也。"是亦一说,故并录之,以为《后序》。'"

  曹溶曰:"实孙,字□仲,其书《宋志》八卷,《澹生堂目》作十卷,《聚乐堂目》作十六卷。今本不分卷,不知孰合之。"

《淙山读周易》现存明抄本一册,存四卷(上经六至八,下经一),书名题《读周易》二十卷,国家图书馆藏。另有《四库全书》本,《四库全书珍本初集》本。

《大易集传精义》六十四卷,陈友文撰。存

陈友文,号隆山。曾撰有《大易集传精义》等书。

《大易集传精义》共六十四卷,是书乃作者兼采十八家之说,择善而从,以陈此书。《周易启蒙翼传·中篇》载:"陈隆山《大易集传精义》六十四卷、(无《系辞》以后)《读易纲领上中下》三卷,通十门。按:隆山所集王辅嗣、孔颖达、周濂溪、司马涑水、邵康节、程明道、程伊川、张横渠、苏东坡、游广平、杨龟山、郭兼山、郭白云、朱汉上、朱文公、张南轩、杨诚斋、冯缙云,又两家失姓名,但称先正先儒别之。自序于宝祐甲寅年。《纲领》三卷,甚正大可观,所集解详赡,时及象数,学斋史绳祖《序》云:'学者不可曰《易》论理不论数,数非《易》所先。善《易》者必当因羲《图》之象数而明周《经》之《彖》《象》,方能得其门而入也。'诚哉是言。"

清人朱彝尊《曝书亭集》卷三十四云:

  《集传精义》,一十八家之说有取焉,合而订之,成八十卷,择焉精,语焉详,庶几哉有大醇而无小疵也乎。刑部尚书昆山徐公嘉其志,许镂板,布诸通邑大都,用示学者。乍发雕,而容若溘焉逝矣。昔王辅嗣注《易》,每取旧解所悟者,多深斥阴阳灾异、小数曲学,专明人事论者,谓其独冠古今,出荀、刘、马、郑之上。顾官止尚书郎,年仅二十四而夭,说《经》者恒惜之。容若清才逸辨,兼工风骚、乐府书法,即其会粹二书,不专言理,变占象数并收,补《大传》训注之阙,虽老儒亦逊焉。岂意短命而终读其书,不禁兰摧而蕙叹也。

清人朱彝尊《经义考》卷三十七载，"陈氏友文《大易集传精义》六十四卷（纲领三卷），存"，并引：

胡一桂曰："隆山《大易集传精义》六十四卷，无《系辞》以后，《读易纲领》上中下三卷，通十门，纲领正大可观，集解详赡，时及象数。学斋史绳祖《序》云：'学者不可曰《易》论理不论数，数非《易》所先。善《易》者必当因羲《图》之象数而明周《经》之《彖》《象》，方能得其门而入也。'诚哉是言。"

董真卿曰："友文，号隆山，所集王辅嗣、孔颖达、周濂溪、司马涑水、邵康节、程明道、程伊川、张横渠、苏东坡、游广平、杨龟山、郭兼山、郭白云、朱汉上、朱文公、张南轩、杨诚斋、冯缙云，又两家失姓名，但称先正先儒别之，宝祐甲寅自序。"

《周易象义》十六卷，丁易东撰。存

丁易东，字汉臣，号石坛，常德府龙阳（今湖南汉寿）人。咸淳四年（1268年）进士，累官至朝议大夫、太守寺簿兼枢密院编修，后辞官归里。入元，累征不起。曾撰有《周易象义》十六卷、《大衍索引》三卷等。

《周易象义》十六卷，《四库全书》收录。《四库全书总目》称：《周易象义》十六卷，宋丁易东撰。易东，字汉臣，武陵人。仕至朝奉大夫太府寺簿，兼枢密院编修官，入元，不仕，教授乡里以终。是编因《易》象以名义，故曰《象义》。其取象之例凡十有二：曰本体，即《乾》天《坤》地之类；曰互体，即杂物撰德之旨；曰卦变，《彖》所谓"大往小来"、《传》所谓"柔来文刚""刚上文柔"是也；曰正应，《传》所谓"刚柔内外之应"是也；曰动爻，阳老则变为阴，阴老则变为阳是也；曰变卦，《左传》所载古人占筮之法，曰："《乾》之《姤》""《乾》之《同人》"是也；曰伏卦，《乾》则伏《坤》，《震》则伏《巽》，《说卦》所谓"天地定位""雷风相薄"是也；曰互对，即汉儒之旁通，卦义与伏通，而有本体全体之异；曰反对，《损》之与《益》，五二之辞同，《夬》之与《姤》，四三之辞同，可以类推者是也；曰比爻，初比二，二比三是也；曰原画，阳皆属《乾》，阴皆《属》坤是也；曰纳甲，《蛊》之"先甲、后甲"，《巽》之"先庚、后庚"是也。其于前人之旧说，大抵以李鼎祚《周易集解》、朱震《汉上易传》为宗，而又谓李失之泥，朱伤于巧，故不主一家。如卦变之说则取邵子、朱子，变卦之说则取沈该、都絜，筮占之说则取朱子、蔡渊、冯椅。远绍旁搜,要归于变动不居之旨,亦言象者所当考也。诸家著录多作十卷,唯朱睦《授经图》作《易传》十二卷,焦竑《经籍志》作《易传》十四卷。考易东所著别无《易传》之名,盖即此编。朱氏併其《论例》一卷数之,为十一卷。焦氏又併其《大衍索隐》三卷数之,遂为十四卷耳。清人朱彝尊《经义考》作十卷,注曰:"存",然世仅存十之二三,又非彝尊之所见,唯散见《永乐大典》中者。排比其文,仅缺《豫》《随》《无妄》《大壮》《睽》《蹇》《中孚》七卦及《晋卦》之后四爻,余皆完具,与残本互相参补,遂还旧观。以篇页颇繁,谨析为一十六卷,以便循览。原本附有《大衍策数》诸图,多已见《大衍索隐》中,今不复录。其《论例》一卷,自述撰著之旨颇备,今仍录以弁首焉。

《新元史》卷二百三十五载:

> 丁易东,字石潭,龙阳人。宋进士,官编修。入元,累征不起。著《周易传疏》十卷。《易》上十经,古既为二卷,通孔子所传十篇,为十二卷。至费直,分象象二传附于经后,以便学者,今《乾卦》是也;后人又附爻象传文于当爻之下,今《坤卦》以下是也。吕微仲尝正之为十二篇,晁以道又正之为八篇,皆以为经象传《文言》,《系辞》《说卦》《序卦》《杂卦》为次。吕伯恭又定为经二卷、传十卷,合王肃本,朱子《本义》用之。吴斗南又谓:《说卦》三篇,汉初出于河内女子,今止存其一。又有《系辞》上下二篇,即所谓《说卦》上中篇,而今所传《说卦》,特下篇也。乃合《象·大象》各为一卷,而以《小象》分上下。《系辞传》以今《系辞》合《说卦》为《说卦》三篇,然《象》《象》依本义分为二,故上下二经外,《十翼》之序,《象上》一,《象下》二,《象上》三,《象下》四,《文言》五,《说卦上》六,《说卦中》七,《说卦下》八,《序卦》九,《杂卦》十。其说固似有理,但改《系辞》为《说卦》,尚有可疑,而置《文言》于《系辞》前,则不可易。易东从其序。而《系辞传》之名,则仍依本义,考订尤确。尝建石潭精舍,教生徒。事闻,赐额沅阳书院,授山长。

《易象义原序》:

> 《易象义原序》:易者,未定之辞也。其杂物取象尚可知也,故三百八十四爻者,其例有深有浅,间而出于人事焉,以明物象者,皆人事也?而实则主象也,象无数也。窃意其元吉永贞无咎者,其最下之占辞耳,未成象也。乃其象之云云,犹有物也。凡占道皆如此也。充类有出于其辞之外

者,必可见之象也。谓三百八十四爻为三百八十四事,而三百八十四事为易,止此足以尽天下后世之变者,愚儒之论也。又有拟《易》而并拟其名,拟其辞,如重言重意者,尤愚儒之论也。后有知来者,其为物必非前世之所有,则其占其辞亦未必今世之所有也。故易者,常易也。惟易为无穷,易故无穷也。自伊川谈理而象之不可通者,通康节衍数而物之不能言者,言不可通者,通经义也。不能言者,言声韵也。不言理,不言数而壹出于占筮,占筮是已。然使执本义者坐簾肆日阅人而不知变,其占必穷,何则？未得其所以易也。吾今日之易,易昨日矣,奈何株而守之？易者,神明之道也。随所感而生焉,有若启之者焉。而象外有其象,辞外有其辞矣。庶几哉! 汉上为识其辞之所由生,象之所自出,易故至是始极矣。虽然以互变飞伏求之,不得于互,必得于变,不得于互变,必得于飞伏类。多方迁就,以求其已成之辞,使必通,而不知当日之可取象者尚多也。何以不为彼而为此？又何以变而又变,而各为其道,而或出于飞伏而复返乎! 其初何其舞法、亡法而无定操以至此也,岂作者意也。此则汉上之功而汉上之过也。武陵丁石潭君为《象义》,核汉上而博诸家,其洁静也不杂,得易之体,其互变也不泥,得《易》之通。疏而明,渐而近,其不可为典要也,未尝不出于典常而可以为训。虽先儒复起,其辩不与易矣! 而又未尝有意于辩也。自吾见近世成书若此者少,至《大衍索隐》横竖离合,无不可考,则自得深矣。《易》肇于气,成于数象与辞,虽其子而胎息远矣,君能得之于大衍之先,又能衍之于大衍之后,则声韵律吕将无不合,而经世之所以知来者,具是象与辞如响矣! 君成书如屋。年如加我,尚旦暮见之。甲午春二十二日庐陵刘辰翁序。

《易》之为道,大而天地风雷,细而鳖蟹蠃蚌之属,无不寓八卦之理,亦犹庄子言道在瓦砾稊稗,亦犹子思言鸢飞鱼跃,上下察也。圣人有以见天下之赜而拟诸形容象其物宜,故谓之象。然不特为鼎、为颐、为飞鸟、为虚舟之类而已,触类而通之。若以《巽》为绳直,遇《坎》为矫揉,又是一事。《坎》为盗,遇《离》为甲胄干戈,又是一事。《坎》为心病、为耳痛,遇《兑》为巫,又是一事也。易先尽用,即此可推。庄子曰:"天地与我并生,万物与我为一,自此以往,巧历不能得,而况其凡乎?"知此语则知《易》取象之物类同是一机,本无间隔,惟昧者莫之知也。噫! 是《易》也,言理至于程伊川极矣,言象数至于朱汉上精矣,倪兼山有云:"若二书为一,庶几理与象数兼得之。"诚笃论也。石潭丁君汉臣,观象玩辞,探赜索隐,用功于《易》,亦既有年。谓伊川既详于论理则略于论象,自谓止说得七分,正以是也,真足以窥见伊川言外之旨。又谓朱汉上之说,原于李鼎祚,然鼎祚或失于泥,汉上微伤于巧。不若博采兼收而要其大归,此《象义》一书所由作也。观其序曰:"错之以三体,综之以正变,则统之有宗,会之有元,就使诸老复生,不易斯言矣!"试举其大略以明之,如《坤》纳乙故称帝乙。《兑》纳丁,故取武丁。《巽》为白,故曰素履。《乾》为衣,故曰苞桑。燕为燕,安之燕。爵为爵禄之爵,鸣谦以兑之口而鸣。熏心以离火而熏,《巽》为发,加《震》之竹,则有簪之象。《乾》为玉,用玉于东方,则有圭之象。《巽》为绳,则有系与维之象。《兑》为毁折,则有虒与漏之象。至于豚鱼不宜析为二物,濡首不当泥诸饮酒,丘园实取义于《艮》山,弓轮盖取义于《坎》月,事事皆有祖述而非傅会也,字字皆有据依而非穿凿也。虽本之鼎祚、汉上,而兼撼虞翻、干宝诸子之所长,故能萃聚而成一家之书。伊川《易传》三分之未说者,至是补其阙而会其全,是可为智者道,难与俗人言也。惜不令兼山见之,予恐洩道之密,漏神之机,分张太和,磔裂元气,不能不为负苓者窃议于松下矣!而何言之敢赘?抑余尚记往年初入馆,汤东涧为少蓬,时有以《易解》进者,不之秘省看详,东涧因谓余曰:"曾茶山有《易释象》五卷,凿凿精实,发汉上所未发,余深以未见其书为恨。"今于石潭《象义》而有得,虽不及见茶山之《易》,亦可无憾矣,于是乎书。至元二十八年丙月朔,古甲李珏稚圭序。

《易》之道其神乎?以象数,则象数不可穷;以卜筮,则占验不可违;以义理,则义理之妙愈求而愈邃。《象义》之作,石潭之得于《易》者深矣。或曰:"《易》穷理尽性,以至于命之书也。近代河南氏之《易》,学者宗焉,以其根于理也。今专以象言,得无蹈诸儒一偏之失乎?"噫!天下无理外之物,《河图》未出,此理在太极;六爻既画,此理在易象。以象观象,则《易》无非象;以理观象,则象无非理。舍象以求《易》,不可也;舍理以求象,可乎哉?善乎石潭之言曰:"不得于象则不得于理,不得于理则亦不得于象。"是书也,当合河南氏之《易》互观之。至元中秋朔,杭山寓叟章鉴书。

《自序》:《易》有圣人之道四焉:象、辞、变、占而已矣。予少而学《易》,得王辅嗣之《注》焉,得子程子之《传》焉,得子朱子之《本义》焉,王氏、程子明于辞者也,子朱子明于变与占者也,独于象无所适从焉。逮壮游四方,旁搜传注,殆且百家,其间言理者不可缕数。若以象言,则得李鼎祚所集汉、魏诸儒之说焉,朱子发所集古今诸儒之说焉,冯仪之所集近世诸儒之说焉。间言象者则有康节邵氏之说焉,《观物》张氏之说焉,少梅郑氏之说焉,吴兴沈氏之说焉,京口都氏之说焉,长乐林氏之说焉,恕斋赵氏之说焉,平庵项氏之说焉,节斋蔡氏之说焉,山斋易氏之说焉,朴卿吕氏之说焉,古为徐氏之说焉,是数家者非不可观也。而邵氏、张氏则明《易》之数,本自著书,非专为卦爻设也。沈氏、都氏则明卦之变,赵氏、项氏、易氏、冯氏、徐氏则明卦之情,蔡氏、徐氏祖述《本义》,皆非专为观象设也。林氏之说则反覆八卦,既为朱子所排,郑氏之说又别成一家,无所本祖。其专以说卦言象者,不过李氏鼎祚与朱氏子发耳,朱氏之说原于李氏者也,李氏之说原于汉儒者也。李氏所主者康成之学,于虞翻、荀爽所取为多,其源流有自来矣,然汉儒之说于象虽详,不能不流于阴阳术数之陋,朱氏虽兼明乎义,而于象变纷然,杂出考之,凡例不知其几焉。良以统之无其宗,会之无其源也。予病此久矣,山林无事,即众说而折衷之。大抵《易》之取象虽多,不过三体,所谓:本体、互体、伏体是也。然其为体也,有正有变,故有正中之本体,有正中之互体,有正中之伏体焉;有变中之本体,有变中之互体,有变中之伏体焉。(正非中正之正,但谓其卦中未变之体耳。案:以上诸体皆本汉儒及唐李氏、近世汉上朱氏,非予之臆说也。但其中卦爻,先儒取象有未尽者,亦以其例推而补之)其余凡例,固非一途,要所从来,皆由此三体推之耳。盖以正体取象者,不待变而其象本具者也;以变体取象者,必待变而其象始形者也。故自其以正体示人者观之,正而吉而无咎者,变则凶则悔吝也;正而凶而悔吝者,变则吉则无咎也。自其以变体示人者,观之变而吉而无咎者,不变则凶则悔吝也;变而凶而悔吝者,不变则吉则无咎也。兼正变而取象者,可以变,可以无变,惟时义所在也。是可但论其正,不论其变乎?夫《易》,变易也,先儒言理者皆知之矣。至于言象,乃止许以正体言,不许以变体言,凡以变言象,率疑其凿,是以《易》为不易之《易》,不知其为变易之《易》也。既不通之以变易之《易》,则毋怪以象为可忘之筌蹄也。既以象为可忘之筌蹄,毋怪以象变之说率归于凿也。故善言《易》者,必错之以三体而综之以正变,则统之有宗,会之有元,《易》之象可得而观矣。予于是窃有志焉。是编之述,因象以推义,即义以明象,固错之以三体,综之以正变,而必以正中之本体为先,而其余诸体,则标于其后,又以示主宾之分也。至于言数,虽非专主,而间亦及之焉,盖将拾先儒之遗,补先儒之阙云耳。虽因辞明理不如程子之详,言变与占不如朱子之约,至尚论其象,自谓颇不失汉儒之旧,于李氏鼎祚、朱氏子发未敢多逊焉,后之言象者不易吾言矣。于是而玩索焉,上可以遡汉儒之传,亦可以免汉儒之凿,庶几君子居观之一助云。作《周易象义》。柔兆阉茂蕤宾甲午,武陵丁易东序。

  《易》之为书,自王辅嗣以前,汉儒专以象变明辞,固失之泥,及辅嗣以后,又止以清谈解义,于象变绝无取焉。伊川纯以义理发明,固为百世不刊之书,然于象变则亦引而不发。康节虽言象数,然不专于象象发明。朱子归之卜筮,谓邵传羲《经》,程演《周易》,得之矣,其于象数也,虽于《易学启蒙》述其大概,而《本义》一书尚多阙疑。仆用功于此有年矣,窃谓泥象变而言《易》固不可,舍象变而论《易》亦不可。于是历览先儒之说,依《本义》体分经与象象各为一编,大率以理为之经,象变为之纬,使理与象变并行不悖,庶几不失前圣命辞之本旨,以示初学,使知其大意云。易东又序。

《大衍索隐》三卷,丁易东撰。存

  《大衍索隐》三卷,元丁易东撰。《四库全书》收录。这部书专言大衍之数,丁易东兼采众家之长,并断以己意。

  《四库全书总目》称:"是书专明大衍之数,胪采先儒绪论,而以己意断之。王宏撰山志曰:丁氏萃五十七家之说为《稽衍》,又自为《原衍》《翼衍》。据易东《自序》云:既成《原衍》《翼衍》二书,复为《稽衍》,则王氏未见原本也。其书篇第盖自大衍之数五十,其用四十九,以下三十六图为《原衍》,自河图五十以下二十九图为《翼衍》。自《乾凿度》以下列诸家之说,而系以论断者为《稽衍》,凡三卷。卷各有序。《永乐大典》既脱去目录及原衍之序,又讹《翼衍》为

《翼衍》,而错《稽衍》篇题于《翼衍》内,前后至为紊杂。清人朱彝尊《经义考》则误以《原衍·序》为全书《自序》,而世所传别本又全佚。去《稽衍》一篇,盖流传既稀,益滋讹谬,幸别本所载。原目尚有全文,谨据《永乐大典》补足,《稽衍》一卷,其次序之凌乱者,则据原目厘正,仍为完帙焉。"

《青城山人揲蓍法》一卷,不详撰者。佚

清人朱彝尊《经义考》卷四十一,载"《青城山人揲蓍法》,《宋志》:'一卷。'佚"。

《方舟先生易互体例》一卷,李石撰。存

李石,字知几,资阳人。《宋史》无传。进士及第,官至成都转运判官。撰有《方舟先生易互体例》等。李石精于易学,其书《方舟先生易互体例》专论互体,对王弼之学多有驳斥。

清人朱彝尊《经义考》卷四十一,载"《方舟先生易互体例》一卷。存",并引:

《自序》曰:"《易》者以天地五行而生数,由数而生卦,因三而成六,贞悔内外,以数通于天地五行,而八卦相资为用。以三而五,而五行互体;以六而八,而八卦互体。若非互体,则《易》之变化,内外上下不相应,数有所穷,数穷则生成之理或几乎熄矣!《易》之有互体,出汉人二郑,学《易》者以互体出刘牧,非也。因取《说卦》占象与卦爻相通者为互体,以应天地五行之数,作《互体例》。"

清人朱彝尊下按语云,按:《方舟先生集》只存二卷,昆山徐中允秉义家藏中有《易互体例》,卷首不著撰人姓氏,但题门人刘伯熊编。考焦氏《经籍志》载李石《方舟集》五十卷,意者石之遗书欤?

《四库全书总目》卷七载:

《方舟易学》两卷。宋李石撰。石,字知几,资阳人。陆游《老学庵笔记》载其本名知几,后感梦兆,改名石,而以知几为字。《宋史》不为立传。《资州志》载其举进士高第,绍兴末以荐任太学博士,黜成都学官,乾道中

再入为郎,后历知合州、黎州、眉州,皆以论罢,终于成都转运判官。邓椿《画继》亦载其少负才名,既登第,以赵逵荐任太学博士,今倅成都,盖椿与石同时,故举其现居之官也。是书专论互体,每卦标两互卦之名而以爻辞证之。考汉儒说《易》,多主象占,后孟喜、焦赣、京房流为灾变,郑玄又配以爻辰,固不免有所附会。自王弼扫涤旧文,并谓互体、卦变皆无足取,于是弃象不论。夫纳甲、五行本非《易》义所重,弃之可也。若互卦及动爻之变,其说见于《系辞》,其法著于《左传》,历代诸儒相承有自,概从排斥,未免偏涉虚无。故石专辟王弼之学,其上卷详言互体之义,下卷曰《象统》,曰《明闰》,《象统》但存一序,其说未竟,《明闰》以六十四卦分月,以明置闰之法也。朱彝尊《经义考》曰:"《方舟集》止存二卷,昆山徐秉义家藏有《易互体例》,卷首不著撰人名氏,但题门人刘伯熊编。"此本卷首有"竹垞"二字小印,岂其书后归彝尊欤?考《书录解题》载李石《方舟集》五十卷,《后集》二十卷,而《永乐大典》所载《左氏君子例》《诗如例》《诗补遗》及此书皆题曰李石《方舟集》,则是四书皆其集中所载,徐氏惟得其两卷,故卷端无姓名耳。今《方舟集》已于《永乐大典》中裒辑成帙,此四书亦仍其旧例,并入集中,故不复重录,而附存其目于此焉。

《白云子周易元统》十卷,不详撰者。未见

清人朱彝尊《经义考》卷四十一,载"《白云子周易元统》十卷。未见",并引:

蔡攸《进表》曰:"白云子述《周易元统》十卷,不著姓氏,其书成于庆历乙酉岁。大略谓《乾》《坤》,阴阳之根本;《坎》《离》,阴阳之性命;《坎》为《乾》之游魂,《离》为《坤》之游魂。仲尼云'游魂为变',神机泄矣,《易》道明矣,乃作《元统》。其一明混元,其二明五太,其三明天地,其四述《乾》《坤》,其五示《龙图》,其六画八卦,其七衍揲蓍,其八明律候,其九敷礼乐之元,其十说《序卦》之由。凡二十八宿、五行十日、十二辰、四时、八节、六律、六吕、三统、五运,以至一人之身、五藏六气,皆总而归之于《易》。故备存之,以广异闻云。"

《不为子揲蓍法》一卷。不详撰者。佚

《经义考》卷四十一著录。佚。

《灵隐子周易河图术》一卷，不详撰者。佚

《经义考》卷四十一著录。佚。

《天门子周易卜法》二卷，不详撰者。佚

《经义考》卷四十一著录。佚。

《乐只道人羲文易论微》六卷，不详撰者。佚

《宋志》："六卷。"《经义考》卷四十一著录。佚

《金华先生易辨疑》，不详撰者。佚

尤袤《遂初堂书目》著录，未详撰人姓氏。《经义考》卷四十一著录，称"卷亡"。

《玉泉易解》，不详撰者。佚

尤袤《遂初堂书目》著录，未详撰人姓氏。《经义考》卷四十一著录，称"卷亡"。

《太学新讲义》三十七篇（又《统例》一卷），不详撰者。佚

《经义考》卷四十一，载"《太学新讲义》三十七篇（又《统例》一卷）"，并引

胡一桂曰:"《太学新讲义》三十七篇,《统例》一卷,不著其人,绍圣丁丑中都本。"

《刘郑注周易》六卷,不详撰者。佚

《经义考》卷四十一,载"《刘郑注周易》六卷",并引胡一桂曰:"集刘牧、郑夬二家所著,集者不知名。"

《周易十二论》一卷,不详撰者。佚

《经义考》卷四十一,载"《周易十二论》,《通考》:'一卷。'"并引晁公武曰:"未详撰人,论日月五星直年,以占吉凶。"

《周易外义》三卷,不详撰者。佚

《经义考》卷四十一,载"《周易外义》,《通考》:'三卷。'"并引陈振孙曰:"不知何人作,载于《三朝史志》,则其来亦久矣。大抵于《易》中所言,及于制度名物者,皆详注之,于《易》之本旨无所发明,故曰《外义》。"又引胡一桂曰:"多案诸经传释注疏之言。"

《易正误》一卷,不详撰者。佚

《经义考》卷四十一,载"《通考》:'一卷。'"并引陈振孙曰:"不知何人作也,但称其名曰扬,又称元祐以来云云,则近世人也。据《序》,为书三篇,曰《正误》、曰《脱简》、曰《句读》,今所存惟《正误》一篇。大抵增益郭、范之说,故并附二书册后。"

《周易传》四卷,不详撰者。佚

《经义考》卷四十一,载"《周易传》,《宋志》:'四卷。'"并引胡一桂曰:

"自《乾》至《益》。"

《周易口义》六卷,不详撰者。佚

《经义考》卷四十一,载"《宋志》:'六卷。'"并引胡一桂曰:"书多残阙。"

《周易枢》十卷,不详撰者。佚

《经义考》卷四十一,载"《周易枢》,《宋志》:'十卷。'"并引胡一桂曰:"释六十四卦。"

《周易解微》三卷,不详撰者。佚

《经义考》卷四十一,载"《周易解微》,《宋志》:'三卷。'"并引胡一桂曰:"言八卦,《象辞》。"

《周易卦类》三卷,不详撰者。佚

《经义考》卷四十一,载"《周易卦类》,《宋志》:'三卷。'《通志》:'一卷。'"并引胡一桂曰:"本王弼《注》分八卦画,以类相从。"

《周易明疑录》一卷,不详撰者。佚

《经义考》卷四十一,载"《周易明疑录》,《宋志》作'《易正经明疑录》'。《宋志》:'一卷。'"并引胡一桂曰:"《明疑录》一卷,设问对二十九。"

《易说精义》三卷,不详撰者。佚

《经义考》卷四十一著录,称此"见《绍兴书目》"。佚。

《周易节略正义》一卷,不详撰者。佚

《经义考》卷四十一著录,称此"见《绍兴书目》"。佚。

《易旨归义》一卷,不详撰者。佚

《经义考》卷四十一著录,称此"见《绍兴书目》"。佚。

《周易经类》一卷,不详撰者。佚

《经义考》卷四十一著录,称此"见《绍兴书目》"。佚。

《周易括囊大义》十卷,不详撰者。佚

《经义考》卷四十一著录,称此"见《绍兴书目》"。佚。

《易义类》三卷,不详撰者。佚

《经义考》卷四十一著录,称此"见《绍兴书目》"。佚。

《周易释疑》一卷,不详撰者。佚

见郑樵《通志·艺文略》,《经义考》卷四十一著录,佚。

《周易隐诀》一卷,不详撰者。佚

见郑樵《通志·艺文略》,《经义考》卷四十一著录,佚。

《易箍精义》二卷,不详撰者。佚

见郑樵《通志·艺文略》,《经义考》卷四十一著录,佚。

《穷理尽性经》一卷,不详撰者。佚

见郑樵《通志·艺文略》,《经义考》卷四十一著录,佚。

《周易义证总要》二卷,不详撰者。佚

见郑樵《通志·艺文略》,《经义考》卷四十一著录,佚。

《周易类纂》一卷,不详撰者。佚

见郑樵《通志·艺文略》,《经义考》卷四十一著录,佚。

《周易通真释例》一卷,不详撰者。佚

见郑樵《通志·艺文略》,《经义考》卷四十一著录,佚。

《周易三备杂机要》一卷,不详撰者。佚

见郑樵《通志·艺文略》,《经义考》卷四十一著录,佚。

《周易问卜》十卷,不详撰者。佚

见郑樵《通志·艺文略》,《经义考》卷四十一著录,佚。

《八卦小成图》一卷，不详撰者。佚

见郑樵《通志·艺文略》，《经义考》卷四十一有著录，佚。

《周易稽颐图》三卷，不详撰者。佚

郑樵曰："见荆州田家《书目》。"朱彝尊《经义考》卷四十一有著录，并下按语云，按：宋田伟居荆南，家藏书三万卷，其子镐编《书目》六卷，元祐中，袁默序之。

《周易八仙诗》一卷，不详撰者。佚

见郑樵《通志·艺文略》著录。《经义考》卷四十一亦载"《周易八仙诗》一卷，《宋志》：'三卷。'佚"。

《周易鬼谷林》一卷，不详撰者。佚

见郑樵《通志·艺文略》，《经义考》卷四十一著录为"一卷，佚"。

《周易六神颂》一卷，不详撰者。佚

见郑樵《通志·艺文略》，《经义考》卷四十一著录为"一卷，佚"。

《周易六十四卦歌》一卷，不详撰者。佚

见郑樵《通志·艺文略》，《经义考》卷四十一著录为"一卷，佚"。

《周易十门要诀》一卷，不详撰者。佚

见郑樵《通志·艺文略》，《经义考》卷四十一著录为"一卷，佚"。

《周易玄鉴林》三卷，不详撰者。佚

见郑樵《通志·艺文略》，《经义考》卷四十一著录为"三卷，佚"。

《周易卜经》一卷，不详撰者。佚

见郑樵《通志·艺文略》，《经义考》卷四十一著录为"一卷，佚"。

《周易灵真述》一卷，不详撰者。佚

见郑樵《通志·艺文略》，《经义考》卷四十一著录为"一卷，佚"。

《周易备要》一卷，不详撰者。佚

见郑樵《通志·艺文略》，《经义考》卷四十一著录为"一卷，佚"。

《周易象罔玄珠》五卷，不详撰者。佚

见郑樵《通志·艺文略》，《经义考》卷四十一著录为"五卷，佚"。

《八卦杂决》一卷，不详撰者。佚

见郑樵《通志·艺文略》，《经义考》卷四十一著录为"一卷，佚"。

《周易卦纂神妙决》一卷，不详撰者。佚

见郑樵《通志·艺文略》，《经义考》卷四十一著录为"一卷，佚"。

《周易鬼灵经》一卷，不详撰者。佚

见郑樵《通志·艺文略》，《经义考》卷四十一著录为"一卷，佚"。

《周易三十八章》一卷，不详撰者。佚

见郑樵《通志·艺文略》，《经义考》卷四十一著录为"一卷，佚"。

《周易竹木经》一卷，不详撰者。佚

见郑樵《通志·艺文略》，《经义考》卷四十一著录为"一卷，佚"。

《周易杂筮占》四卷，不详撰者。佚

见郑樵《通志·艺文略》，《经义考》卷四十一著录为"四卷，佚"。

《周易枯骨经》一卷，不详撰者。佚

见郑樵《通志·艺文略》，《经义考》卷四十一著录为"一卷，佚"。

《周易断卦梦江南》一卷，不详撰者。佚

见郑樵《通志·艺文略》，《经义考》卷四十一著录为"一卷，佚"。

《周易断卦例头》一卷,不详撰者。佚

见郑樵《通志·艺文略》,《经义考》卷四十一著录为"一卷,佚"。

《周易飞燕绕梁歌》一卷,不详撰者。佚

见郑樵《通志·艺文略》,《经义考》卷四十一著录为"一卷,佚"。

《周易飞燕转关林竅》一卷,不详撰者。佚

见郑樵《通志·艺文略》,《经义考》卷四十一著录为"一卷,佚"。

《周易辘轳关杂占》一卷,不详撰者。佚

见郑樵《通志·艺文略》,《经义考》卷四十一著录为"一卷,佚"。

《周易要决占法》一卷,不详撰者。佚

见郑樵《通志·艺文略》,《经义考》卷四十一著录为"一卷,佚"。

《周易灰神寿命历》一卷,不详撰者。佚

见郑樵《通志·艺文略》,《经义考》卷四十一著录为"一卷,佚"。

《周易轨限算》一卷,不详撰者。佚

见郑樵《通志·艺文略》,《经义考》卷四十一著录为"一卷,佚"。

《轨革易赞》一卷，不详撰者。佚

见郑樵《通志·艺文略》，《经义考》卷四十一有著录为"一卷，佚"。

《周易八帖》四卷，不详撰者。佚

《经义考》卷四十一，载"《周易八帖》，《宋志》：'四卷。'佚"。

《地理八卦图》一卷，不详撰者。佚

《经义考》卷四十一，载"《地理八卦图》，《宋志》：'一卷。'佚"。

《六十四卦火珠林》一卷，不详撰者。未见

《经义考》卷四十一，载"《六十四卦火珠林》，《宋志》：'一卷。'未见"，并引陈振孙曰："今卖卜者掷钱占卦，尽用此书。"季本曰："《火珠》者，出于京房，而为此书者，不知何人。"

《龁骨林》一卷，不详撰者。佚

《经义考》卷四十一，著录为"《龁骨林》，《宋志》：'一卷。'佚"。

《周易钻颂》六卷，不详撰者。佚

《宋志》："六卷。"《经义考》卷四十一著录为"佚"。

《周易神镜鬼谷林》一卷，不详撰者。佚

《宋志》："一卷。"《经义考》卷四十一著录为"佚"。

《周易灵祕诸关歌》一卷,不详撰者。佚

《宋志》:"一卷。"《经义考》卷四十一著录为"佚"。

《周易髓要杂诀》,一卷,不详撰者。佚

《宋志》:"一卷。"《经义考》卷四十一著录为"佚"。

《周易三略经》三卷,不详撰者。佚

《宋志》:"三卷。"《经义考》卷四十一著录为"佚"。

《诸家易林》一卷,不详撰者。佚

《宋志》:"一卷。"《经义考》卷四十一著录为"佚"。

《易旁通手鉴》八卷,不详撰者。佚

《宋志》:"八卷。"《经义考》卷四十一著录为"佚"。

《周易通真》三卷,不详撰者。佚

《宋志》:"三卷。"《经义考》卷四十一著录为"佚"。

《周易口诀开题》一卷,不详撰者。佚

《宋志》:"一卷。"《经义考》卷四十一著录为"佚"。

《周易括世应颂》一卷,不详撰者。佚

《宋志》:"一卷。"《经义考》卷四十一著录为"佚"。

《周易三空诀》一卷,不详撰者。佚

《宋志》:"一卷。"《经义考》卷四十一著录为"佚"。

《周易三十六占》六卷,不详撰者。佚

《宋志》:"六卷。"《经义考》卷四十一著录为"佚"。

《周易爻咏》八卷,不详撰者。佚

《宋志》:"八卷。"《经义考》卷四十一著录为"佚"。

《周易鬼镇林》一卷,不详撰者。佚

《宋志》:"一卷。"《经义考》卷四十一著录为"佚"。

《周易金鉴歌》一卷,不详撰者。佚

《宋志》:"一卷。"《经义考》卷四十一著录为"佚"。

《周易连珠论》一卷,不详撰者。佚

《宋志》:"一卷。"《经义考》卷四十一著录为"佚"。

《易辘轳图颂》一卷，不详撰者。佚

《宋志》："一卷。"《经义考》卷四十一著录为"佚"。

《易大象歌》一卷，不详撰者。佚

《宋志》："一卷。"《经义考》卷四十一著录为"佚"。

《周易玄理歌》一卷，不详撰者。佚

《宋志》："一卷。"《经义考》卷四十一著录为"佚"。

《周易察微经》一卷，不详撰者。佚

《宋志》："一卷。"《经义考》卷四十一著录为"佚"。

《周易鬼御算》一卷，不详撰者。佚

《宋志》："一卷。"《经义考》卷四十一著录为"佚"。

《易鉴》三卷，不详撰者。佚

《宋志》："三卷。"《经义考》卷四十一著录为"佚"。

《易诀杂颂》一卷，不详撰者。佚

《宋志》："一卷。"《经义考》卷四十一著录为"佚"。

《易林祕林》一卷,不详撰者。佚

《宋志》:"一卷。"《经义考》卷四十一著录为"佚"。

《易大象林》一卷,不详撰者。佚

《宋志》:"一卷。"《经义考》卷四十一著录为"佚"。

《易法》一卷,不详撰者。佚

《宋志》:"一卷。"《经义考》卷四十一著录为"佚"。

《周易窥书》一卷,不详撰者。佚

《宋志》:"一卷。"《经义考》卷四十一著录为"佚"。

《周易火窥》一卷,不详撰者。佚

《宋志》:"一卷。"《经义考》卷四十一著录为"佚"。

《周易旁通历》一卷,不详撰者。佚

《宋志》:"一卷。"《经义考》卷四十一著录为"佚"。

《周易八龙山水论》一卷,不详撰者。佚

《宋志》:"一卷。"《经义考》卷四十一著录为"佚"。

《易玄图》一卷，不详撰者。佚

《宋志》："一卷。"《经义考》卷四十一，著录为"佚"。

《周易图》三卷，不详撰者。未见

《周易图》三卷，撰者不详。这部书杂取诸家《易》图而成。
清人朱彝尊《经义考》卷四十一载"《周易图》三卷。未见"，并引：

陈弘绪《跋》曰："《周易图》三卷，出《道藏》，不详作者何人。其书杂取诸家图而为之，中一卷则宋儒郑少梅之《卦图》也。少梅名东卿，此作少枚，录者之误耳。马廷鸾极喜少梅论《易》，谓其无朱子发之琐碎，无戴师愈之矫伪，读之时有会心。少梅《图》有五行、卦气之说，此书亦有之，或即录其原本，而为之附益耳。尝慨图学兴而《易》道愈晦，非图之能晦《易》也，支离而为图者之使《易》道之晦也。《易》之所称图者，《河图》而已，伏羲取而则之，图乃变而为卦，图变而为卦，则《河图》虽存焉，可也，即不幸而或丧失其图焉，卦自在也。孔子《十翼》之作，惟论辞占象变之精微，而及于图者，只'河出《图》'一语。非孔子之智，不能创为后人之图也，以为卦画之理，吾学之五十年而犹未尽，图固可以置而不论也。自宋大儒邵康节有所谓先天四图者，得之于李之才，之才得之于穆伯长，伯长得之于陈希夷，皆传以为庖牺氏手创，而图学之说遂纷纷藉藉于汗简矣。夫使庖牺而果有此四图也，姬文何以不用其次序，而别为更定，且历年如是之久，而京、焦、王、郑诸儒何以无一言相发明也。然《先天图》左右配列，森然不紊，而寓循环无端之妙。其消长进退，足以抉三才之奥，而统万类之自然，虽使庖牺复起，不能易也。后之儒者，便谓《易》之精微，专在于图，舍《乾》龙《坤》马之辞，而寻外圆内方之图，其甚者务以新奇相胜，于是有汉上《图》，有石汝砺《乾生归一图》，有乐洪《卦气图》，有邓锜《大易图》，有蓬轩钱氏《图》，有张理《钩深图》，近又有会稽季本之《图》，有宣城沈寿昌之《图》，遂使简易之书、丹黄黑白之未已。吁！可怪也。夫扬子云之《玄》之有图也，其于《易》也，准之而已；关子明之《洞极》之有图也,其于《易》也,不敢拟之,拟《玄》焉而已。今之为图者,率皆托之《周易》,夫羑里之圣、负扆之元佐,我未之或遇也,谁绘之而谁授之乎?予家藏《易图》数十种,予所取者,朱枫林、陈季立数家而已,其余猥琐而牵强者悉屏去,不以疲吾目力,知我罪我任之。"

参考文献

一、基本典籍

1. [汉]司马迁:《史记》,中华书局1982年点校本。
2. [汉]班固:《汉书》,中华书局1962年点校本。
3. [汉]魏伯阳:《周易参同契》,台湾商务印书馆影印《文渊阁四库全书》本,1986年版。
4. [晋]王弼:《周易注》,台湾商务印书馆影印《文渊阁四库全书》本,1986年版。
5. [唐]陆德明:《经典释文》,中华书局1983年点校本。
6. [唐]孔颖达:《周易正义》,台湾商务印书馆影印《文渊阁四库全书》本,1986年版。
7. [宋]王昭素:《易论》,台湾商务印书馆影印《文渊阁四库全书》本,1986年版。
8. [宋]冯椅:《厚斋易学》,台湾商务印书馆影印《文渊阁四库全书》本,1986年版。
9. [宋]周敦颐:《太极图说》,台湾商务印书馆影印《文渊阁四库全书》本,1986年版。
10. [宋]刘牧:《易数钩隐图》,台湾商务印书馆影印《文渊阁四库全书》本,1986年版。
11. [宋]李觏:《易说》,台湾商务印书馆影印《文渊阁四库全书》本,1986年版。
12. [宋]胡瑗:《周易口义》,台湾商务印书馆影印《文渊阁四库全书》本,1986年版。
13. [宋]邵雍:《皇极经世书》,上海古籍出版社2007年版。
14. [宋]王安石:《临川文集》,台湾商务印书馆影印《文渊阁四库全书》本,1986年版。
15. [宋]苏轼撰,龙吟注评:《东坡易传》,吉林文史出版社2002年版。
16. [宋]程颢、程颐:《二程集》,中华书局1981年版。
17. [宋]张载:《张载集》,中华书局2012年点校本。
18. [宋]程迥:《周易章句外编》,台湾商务印书馆影印《文渊阁四库全书》本,1986年版。
19. [宋]朱熹:《周易本义》,台湾商务印书馆影印《文渊阁四库全书》本,1986年版。
20. [宋]黎靖德编,王星贤校点:《朱子语类》,中华书局1986年版。
21. [宋]朱震:《朱震集》,岳麓书社2008年版。
22. [宋]朱震:《汉上易传》,台湾商务印书馆影印《文渊阁四库全书》本,1986年版。
23. [宋]吕祖谦:《东莱集》,台湾商务印书馆影印《文渊阁四库全书》本,1986年版。
24. [宋]吕祖谦:《宋文鉴》,台湾商务印书馆影印《文渊阁四库全书》本,1986年版。
25. [宋]陈振孙:《直斋书录解题》,上海古籍出版社1987年版。

26. [宋]晁公武:《郡斋读书志》,上海古籍出版社 1990 年版。
27. [宋]尤袤:《遂初堂书目》,台湾商务印书馆影印《文渊阁四库全书》本,1986 年版。
28. [宋]王应麟:《玉海》,台湾商务印书馆影印《文渊阁四库全书》本,1986 年版。
29. [宋]曾穜:《大易粹言》,台湾商务印书馆影印《文渊阁四库全书》本,1986 年版。
30. [宋]魏了翁:《周易要义》,台湾商务印书馆影印《文渊阁四库全书》本,1986 年版。
31. [宋]俞琰:《读易举要》,台湾商务印书馆影印《文渊阁四库全书》本,1986 年版。
32. [宋]俞琰:《周易集说》,台湾商务印书馆影印《文渊阁四库全书》本,1986 年版。
33. [宋]项安世:《周易玩辞》,台湾商务印书馆影印《文渊阁四库全书》本,1986 年版。
34. [宋]董真卿:《周易会通》,台湾商务印书馆影印《文渊阁四库全书》本,1986 年版。
35. [元]马端临:《文献通考》,台湾商务印书馆影印《文渊阁四库全书》本,1986 年版。
36. [元]胡一桂:《周易启蒙翼传》,台湾商务印书馆影印《文渊阁四库全书》本,1986 年版。
37. [元]脱脱等:《宋史》,中华书局 1977 年点校本。
38. [明]李贤等:《明一统志》,台湾商务印书馆影印《文渊阁四库全书》本,1986 年版。
39. [明]来知德:《周易集注》,台湾商务印书馆影印《文渊阁四库全书》本,1986 年版。
40. [明]黄宗羲:《宋元学案》,中华书局 2006 年版。
41. [清]顾炎武:《日知录》,台湾商务印书馆影印《文渊阁四库全书》本,1986 年版。
42. [清]《续通志》,台湾商务印书馆影印《文渊阁四库全书》本,1986 年版。
43. [清]《续文献通考》,台湾商务印书馆影印《文渊阁四库全书》本,1986 年版。
44. [清]李光地:《周易折中》,台湾商务印书馆影印《文渊阁四库全书》本,1986 年版。
45. [清]江慎修著,郭彧注引:《河洛精蕴注引》,华夏出版社 2006 年版。
46. [清]王又朴:《翼易述信》,台湾商务印书馆影印《文渊阁四库全书》本,1986 年版。
47. [清]纪昀:《四库全书总目》,台湾商务印书馆影印《文渊阁四库全书》本,1986 年版。
48. [清]朱彝尊:《经义考》,上海古籍出版社 2010 年排印本。
49. [清]朱彝尊:《曝书亭集》,台湾商务印书馆影印《文渊阁四库全书》本,1986 年版。
50. [清]纳兰成德:《通志堂经解》,广陵书社 2007 年版。
51. [清]马国翰:《玉函山房辑佚书》,上海古籍出版社 1990 年版。
52. [清]江藩:《汉学师承记》,中华书局 1983 年点校本。
53. [清]王士祯:《池北偶谈》,台湾商务印书馆影印《文渊阁四库全书》本,1986 年版。
54. [清]胡渭:《易图明辨》,中华书局 2008 年点校本。
55. [清]康有为:《新学伪经考》,上海三联书店 1998 年版。
56. [清]皮锡瑞:《经学历史》,中华书局 2004 年版。
57. 《万姓统谱》,台湾商务印书馆影印《文渊阁四库全书》本,1986 年版。
58. 《江西通志》,台湾商务印书馆影印《文渊阁四库全书》本,1986 年版。
59. 《浙江通志》,台湾商务印书馆影印《文渊阁四库全书》本,1986 年版。
60. 《福建通志》,台湾商务印书馆影印《文渊阁四库全书》本,1986 年版。

61.《大清一统志》,台湾商务印书馆影印《文渊阁四库全书》本,1986年版。

二、著述

62.陈荣捷:《朱子门人》,华东师范大学出版社2007年版。

63.高怀民:《宋元明易学史》,广西师范大学出版社2007年版。

64.顾吉辰:《〈宋史〉考证》,华东理工大学出版社1994年版。

65.何广棪:《陈振孙之经学及其〈直斋书录解题〉经录考证》,台湾花木兰文化出版社2006年版。

66.黄尚信:《周易著述考》,台北编译馆2002年版。

67.金生杨:《〈苏氏易传〉研究》,巴蜀书社2002年版。

68.赖贵三:《项安世〈周易玩辞〉研究》,台湾花木兰文化出版社2007年版。

69.林庆彰:《经学研究论著目录》,台湾汉学研究中心1994年版。

70.林庆彰:《日本研究经学论著目录》,台湾中国文哲研究所筹备处1993年版。

71.林益胜:《胡瑗的义理易学》,台湾商务印书馆1974年版。

72.林忠军:《历代易学名著研究》,齐鲁书社2008年版。

73.林忠军:《象数易学发展史》(第一卷),齐鲁书社1994年版。

74.林忠军:《象数易学发展史》(第二卷),齐鲁书社1998年版。

75.刘珍:《中国学术思想编年》(宋元卷),陕西师范大学出版社2006年版。

76.刘大钧:《周易概论》(修订本),巴蜀书社2008年版。

77.潘雨廷:《读易提要》,上海古籍出版社2006年版。

78.束景南:《朱熹年谱长编》,华东师范大学出版社2001年版。

79.宋志锐:《宋明易学概论》,辽宁古籍出版社1996年版。

80.王健主编:《儒学三百题》,上海古籍出版社2001年版。

81.徐芹庭:《易经源流:中国易经学史》,上海书店2008年版。

82.徐芹庭:《易图源流:中国易经图书学史》,上海书店2008年版。

83.杨世文:《走出汉学:宋代经典辨疑思潮研究》,四川大学出版社2008年版。

84.张善文:《历代易家考略》,台湾顶渊文化事业有限公司2006年版。

85.张善文:《历代易家与易学要籍》,福建人民出版社1998年版。

86.张善文:《历代易学要籍解题》,台湾顶渊文化事业有限公司2006年版。

87.朱伯崑:《易学哲学史》,昆仑出版社2005年版。

88.朱伯崑:《周易通释》,昆仑出版社2004年版。

三、论文

89.伯精:《宋代哲学中象数派引论》,《郑州大学学报》1984年第2期。

90.陈登原:《易图明辨》,载《国史旧闻》,台湾明文书局1984年版。

91.戴君仁:《论宋易》,《新时代》第2卷第7期(1962年7月)。

92.戴君仁:《谈易之九:宋人图书之学及图书的传授》,《民主评论》第11卷第23期

(1960年12月)。

93.戴君仁:《重谈宋人图书之学》,《梅园论学三集》,台湾学生书局1979年版。
94.杜而未:《理学家受易经影响》,《恒毅》第10卷第10期(1961年5月)。
95.郭鸿林:《评宋人陆秉对周易"大衍之数"的解说》,《周易研究》1992年第1期。
96.胡朴安:《宋元明清易经学之派别》,《国学论横》第9期(1946年)。
97.江弘毅:《宋易大衍学研究》,台湾大学中国文学研究所1991年博士学位论文。
98.李申:《邵雍的皇极经世书》,《周易研究》1989年第2期。
99.李申:《太极图渊源辩》,《周易研究》1991年第1期。
100.李伟泰:《论宋儒河图洛书之学》,《孔孟学报》第26期(1973年9月)。
101.李远国:《"正易心法"考辨》,《社会科学研究》1984年第6期。
102.李致忠:《大易粹言十二卷(宋曾穜辑)》(善本书叙录),《文献》1992年第3期。
103.李致忠:《大易集义六十四卷(魏了翁辑)》(善本书叙录),《文献》1992年第3期。
104.李致忠:《童溪王先生易传三十卷(王宗传撰)》(善本书叙录),《文献》1992年第4期。
105.梁韦弦:《宋易在元代的发展》,《周易研究》1992年第3期。
106.林文镇:《俞琰及其易学研究》,台湾师范大学国文研究所1991年硕士学位论文。
107.林益胜:《宋义理派易学的研究》,1972年度台湾行政院"国家科学委员会"研究奖助论文。
108.刘瀚平:《宋象数易学研究》,台湾五南图书出版有限公司1994年版。
109.刘瀚平:《宋易之美:以象数图书学为范畴》,《文学与美学》第二集,台湾文史哲出版社1991年版。
110.刘宇仲:《周易和宋理学》,《求是学刊》1982年第2期。
111.卢国龙:《陈抟的易、老之学及无极图思想探微》,《江西社会科学》1989年第5期。
112.卿希泰、詹石窗:《心法与易学》,《哲学研究》1988年第11期。
113.庶僮:《论"太极"学说的演变》,《中国哲学史》1987年第2期。
114.孙以楷:《朱熹与太极图说》,《孔子研究》1992年第3期。
115.唐石窗:《正传别传二重化:俞琰易说浅析》,《福建师范大学学报》(哲社版)1988年第1期。
116.汪惠敏:《宋代易学之复古、疑古与改经》,《王静芝先生七十寿庆论文集》,台湾文史哲出版社1986年版。
117.汪惠敏:《宋代易学中的图与数》,《辅仁学志:文学院之部》第14期(1985年6月)。
118.汪惠敏:《宋代之义理易学》,《辅仁国文学报》第2期(1986年6月)。
119.王基西:《北宋易学考》,《国立台湾师范大学国文研究所集刊》第23集。
120.王茂、蒋保国:《清初学者对宋儒先天太极图说的批判》,《清代哲学》,安徽人民出版社1992年版。
121.徐芹庭:《宋代之易学》,《孔孟学报》第42、44期(1981年8月、1982年9月)。

122.徐芹庭:《元代之易学》,《孔孟学报》第 39 期(1980 年 4 月)。
123.徐志锐:《张载易学研究》,《周易研究》1988 年第 1 期。
124.姚瀛艇、李保林:《范仲淹的易论》,《中国哲学史》1987 年第 4 期。
125.张善文:《宋代易学中的"援史证易"派》,《福建师范大学学报》(哲社版)1992 年第 3 期。
126.张荫麟:《宋儒太极说之转变》,《新动向》第 1 卷第 2 期(1938 年 7 月)。
127.赵瑞明:《温公易说探佚》,《晋阳学刊》1991 年第 3 期。
128.郑吉雄:《论宋代易图之学及其后之发展》,1987 年度台湾行政院"国教科学委员"会研究奖助论文。收录于《中国文学研究》第 1 期(1987 年 5 月)。

责任编辑:姜　虹

图书在版编目(CIP)数据

宋代易学文献汇考/姜海军 编著. —北京:人民出版社,2020.6
ISBN 978－7－01－021288－3

Ⅰ.①宋…　Ⅱ.①姜…　Ⅲ.①《周易》-文献-汇编-中国-宋代　Ⅳ.①B221.5

中国版本图书馆 CIP 数据核字(2019)第 207970 号

宋代易学文献汇考

SONGDAI YIXUE WENXIAN HUIKAO

姜海军　编著

人民出版社 出版发行
(100706　北京市东城区隆福寺街99号)

北京中科印刷有限公司印刷　新华书店经销

2020年6月第1版　2020年6月北京第1次印刷
开本:710毫米×1000毫米 1/16　印张:27.25
字数:428千字

ISBN 978－7－01－021288－3　　定价:85.00元

邮购地址 100706　北京市东城区隆福寺街99号
人民东方图书销售中心　电话 (010)65250042　65289539

版权所有·侵权必究
凡购买本社图书,如有印制质量问题,我社负责调换。
服务电话:(010)65250042